歷史神學叢書

宗教改革運動思潮

增訂版

麥格夫 著
蔡錦圖
陳佐人 譯

基道出版社

▼

歷史神學叢書

宗教改革運動思潮
增訂版

Reformation Thought: An Introduction
Third Edition

作者
麥格夫 Alister E. McGrath

翻譯
蔡錦圖、陳佐人

審閱
林子淳

執行編輯
吳國雄

內文設計
陳琦

封面設計
胡立強

■

出版 / 發行
基道出版社
香港沙田火炭坳背灣街 26 號富騰工業中心 10 樓 1011 室
LOGOS PUBLISHERS
Unit 1011, 10/F, Fo Tan Ind. Centre, 26 Au Pui Wan St., Shatin, Hong Kong
電話：(852) 2687-0331　傳真：(852) 2687-0281
網址：https://www.logos.com.hk

承印
陽光（彩美）印刷有限公司

●

11/2006 初版
Cat. No. LP234A
ISBN-10: 962-457-320-4
ISBN-13: 978-962-457-320-6
Translated from Alister E. McGrath
Third edition published 1999
Reformation Thought: An Introduction

刷次	13	12	11	10	9	8	7	6	5	4
年份	2030	2029	2028	2027	2026	2025	2024	2023	2022	2021

封面說明：瓦特堡(Wartburg)為路德思考宗教改革運動思想及翻譯聖經之地，由蔡錦圖攝。
封面背面簽名為 1529 年 10 月 3 日馬爾堡對談中眾改教家的簽署。

中文增訂版序

我對於可以為《宗教改革運動思潮》中文之增訂版撰寫這篇序言，深感欣喜。歐洲宗教改革運動的研究是相當有趣的，而且也對新教和天主教的神學家、教牧和教會會眾深具重要意義。那時發展出來的觀念，對現代基督教的塑造有著主要的影響，而且也對中國人正顯露的對基督教信仰本質之理解，扮演了重要的角色。然而，許多人認為這些觀念是難以理解的，而且需要協助以便領會其重要性。本書正是為這些讀者而撰寫，要清楚解釋那些觀念的本質和重要性，以及它們出現的處境。

本書的英文初版在1988年出版，深受讀者的歡迎。本書是擴寫的版本，以回應來自學者、講師和學生所要求的更多歷史和神學材料，以及對某些教義更詳盡解釋的需要。本書的增訂版也應許多讀者的要求，包括了英格蘭宗教改革運動的材料。全書反映了自1988年以來在學術研究上的最新思想。我相信研究宗教改革運動的觀念，是在學術中最迷人和最有益的領域。我期望讀者會在本書中找到助益、吸引，甚至樂趣。

麥格夫

歷史神學教授，牛津大學

2006年8月

蔡序

在中文著作中，專門討論宗教改革運動發展和思想的著作彷如鳳毛麟角，可是認識這方面的需要卻相當大。基道出版社在10多年前取得牛津大學著名歷史學者麥格夫教授的《宗教改革運動思潮》一書，由陳佐人博士翻譯出版，以精湛的筆觸，把宗教改革運動的色彩繽紛呈現出來，陳博士的譯文筆觸細緻動人，讓讀者可以迅速掌握這段時期的思想脈絡。在《宗教改革運動思潮》英文初版出版之後，麥格夫教授對本書作出兩次重大修訂，最後撰寫了比初版篇幅多差不多一倍的增訂版。本社承蒙允許出版增訂版的中文譯本，為讀者提供迄今中文著作裏對宗教改革運動最全面的討論。由於本書是在初版的基礎上擴寫的，故此本書參考了陳佐人博士的譯文。縱然本書是重新檢閱，按照原文潤飾再譯，但由於珠玉在前，文中保留了部分初版譯文的精髓和優美之處。此外，林子淳博士審閱全書譯文，楊慶球博士撰寫推介，也讓我們銘感於心。

本書在譯語的考慮上，斟酌甚多，例如在教理方面，按上下文的情況，以「因信稱義」或「憑信稱義」譯稱義的教理；在地域方面，以「英格蘭」譯 England，「法蘭西」譯 France，「日耳曼」(民族) 和「德意志」(地方) 譯 German 和 Germany；在歷史用語方面，以「憲制的宗教改革」譯 magisterial Reformation，都是盡可能貼近原意的譯法。讀者如對書中的譯語有任何意見，敬請加以指正，讓我們對這段重要歷史有更深切的理解。

對於宗教改革運動，華人教會很多時是以敬畏的角度，遠距離遙望這段繽紛複雜的歲月，而甚少投身其中，領略箇中的浮沉起伏，以及這段日子對當代教會的意義和影響。我曾經有幾次機會探訪歐洲宗教改革運動的重鎮，不論路德在寒冬中伏案的書桌，抑或加爾文宣講聖道的講壇，都叫自己不斷反省事奉的意義。盼望本書可以引領讀者回到過去，重尋宗教改革運動的真貌，從而思索它對今天的意義。

蔡錦圖

2006年8月31日

陳序

若說中世紀與宗教改革運動之研究是日新月異或方興未艾，似乎是有點倒置時間之嫌，但這豈不正是歷史探究引人入勝之處嗎？歷史之反思正正表明過去不等同過時，這特別是近年英美與歐陸對宗教改革運動研究之寫照。因著浪漫主義之歷史觀，產生了無數之「運動」、「革命」與「革命英雄」之見解，而宗教改革運動便經常被視為一場宗教革命，路德與加爾文便變成了革命英雄，而大大小小之路德傳均致力呈現其生平之傳奇性。可惜這些努力均無法還歷史之原貌，更不能與史實相符。路德終一生仍不脫其中世紀之宗教觀，即使在改教之後，他仍然持守一種昇華式之修道主義。至於加爾文常被人神話化為現代民主之濫觴，但他明顯是擁護君主制或貴族制，縱然他在《基督教要義》中稍微批判專制政權，但仍然相異於現代之共和政體。1517年所揭櫫之宗教改革運動，絕不是我們所想像之現代運動，絕大多數之改教領袖均為中古世界觀之士，他們之著述、言論與抉擇，甚至殉道均在在表現了一種中古層階式之世界觀，這是一個由主教、貴族、武士、詩人、教父、神甫、修道士、神秘主義者、改教家與活生生信眾，一起組成之西方中世紀之基督教世界，這非但不是封建、老套、沉寂、迂腐與僵化之黑暗紀元，反而是充滿活力、生氣盎然之世代。許多史家與文化研究學者均重新發現中古世紀與現代世界之間，存著千絲萬縷之關係，因而有學者倡導將「中世紀」譯為「中近代」。此種以「中近代」之觀照來重新設定宗教改革運動之代表學者，有古典自由神學之特洛爾奇（Ernst Troeltsch），歷史學界之奧伯曼（Heiko Oberman），德國哲學界之布魯門伯格（Hans Blumenberg），文學界之魯益師（C. S. Lewis），福音派改教宗之米勒（Richard Muller），與及本書作者麥格夫。

麥格夫是英美神學界中著作等身之學者，而此書是他較認真之作，不單可讀性高，更具參考性。本書英文版第三版增添了一章論述英格蘭之宗教改革運動，更補充了主要改教家之生平資料，在觀點上亦包涵了有關文藝復興與改教時期之最新見解。其中尤以新添之〈英格蘭宗教改革運動思潮〉一章至為重要。近年在宗教改革運動的研究上，許多學者均在不同之領域中以不同之探究方法，結果不約而同地將宗教改革運動之研究歸結於一：清教徒。特別是近年中國學界對憲政與共和國理論之探討，亦因此追溯至具清教徒背景之霍布斯（Thomas Hobbes）與洛克（John Locke）。此種從史學、文學與神學，最終至法學觀點之探究，充份顯明了宗教改革運動之跨學科性，亦突顯了宗教改革運動之中心性。

總的來說，宗教改革運動不只是新教之肇始，更不是現代式之革命，而是正如其名，是一場宗教文化之重構，其所致力的，與其說是改革，不如說是更新，宗教改革運動是一場舊世界之更新，但正如大多數之「新文化運動」，不論就其立足點或終結點而言，均是無法完全擺脱其所反抗之舊有傳統的。

陳佐人

2006年10月

原書序

對歷史學家來說，16世紀歐洲的宗教改革運動是最具吸引力的研究範疇之一。對於那些對基督教會史及其宗教觀念感興趣的人來說，這範疇對他們仍有重大意義。宗教改革運動包括了若干範疇，即使有重疊之處，仍然是人類活動相當突出的範圍——教會與社會的道德與結構的改革，政治問題的新取向，經濟思想的轉型，基督教屬靈觀的更新，以及基督教教義的改革。這運動是基於一組差不多是緊扣相連的觀念，那相信足以說成是改教方案的基礎。

然而，這些觀念是甚麼？它們是從何而來的？它們又如何被當時的社會狀況影響？宗教改革運動的歷史學家正面對一個十分嚴重的問題——可能是最嚴重的問題——就是對這運動背後的觀念感到陌生。許多宗教改革運動的現代學生，對基督教神學涉獵甚少。例如，偉大的改教口號「惟獨憑信稱義」，對於今天很多人來說似乎是不能理解的，正如16世紀因聖餐而起的論爭那樣錯綜複雜。為甚麼這些似乎含糊的問題，在當時能牽起風雲際會？對於要了解宗教改革運動的同學來說，避免觸及這運動背後的觀念，而只把它視為一個純粹社會現象，那是明顯的試探。

本書的撰寫，是相信很多人並不滿足於膚淺地探求宗教改革運動，而是渴望認真處理——然而，他們在試圖理解這些觀念時遇到巨大困難，就會使他們感到沮喪。在研究宗教改革運動時，基督教神學永遠有一個重要的位置。

若是在某程度上缺乏對神學的認識，就難以理解宗教改革運動時代的文化和自覺意識。在宗教改革運動的發展和擴展中，宗教觀念主導了一個重要部分。若是研究宗教改革運動而沒有考慮刺激它發展的宗教觀念，就正如研究俄羅斯革命而不理會馬克思主義一樣。歷史學者不能漠視他們所研究時代的語言和觀念。

另一個同學在研究中會遇到的困難，是近40多年來的研究對宗教改革運動本身和其文藝復興後期背景的（特別是與中世紀後期經院哲學有關的）了解，有長足進展。很多這等著作已逐漸廣為同學知道，故此，現今迫切需要一部著作能解釋近期學術上的發現，並顯出其對了解宗教改革運動的重要性。

這部著作希望做到的就是這樣。本書假設讀者並不認識基督教神學，故此旨在提供一些觀念的入門指引，而這些觀念在這運動是被視為如此中心性的，同時為近代學者在這範圍中的發現提綱挈領。本書是源自筆者在牛津大學多年教授宗教改革運動的經驗，並且在此願意表明這是受惠於那些學生們的，他們教曉我，宗教改革運動中那常常被視為想當然的東西，實際上有需要闡釋的是何等的多。他們指出那些是有困難的地方，需要特別討論。他們也標示了對這部著作的需要——而假如讀者讀後發覺有幫助，要多謝的應該是那些學生才對。我也要感謝牛津大學神學系和歷史系的同事，當我要在現代時期教授宗教改革運動思想而遇到困難時，他們給予許多有幫助的討論。

本書英文版於1988年初次出版，立即發現它有真正的教學需要。第二版的增訂版在1993年出版。本書是最新的版本，保留了早期版本吸引學生的一切特色，同時加入直接有關的附加資料。除了按需要增訂之外，也反映了自從初版以來在學術研究上的發展，新版本提供了更多關於主要改教家的書目範圍，並且擴充包括英格蘭宗教改革運動的思想。

麥格夫
牛津
1999年1月

如何使用本書

本書的目的可總括為3點：介紹、闡釋、處境化地了解。本書旨在介紹16世紀上半葉歐洲宗教改革運動的主要觀念。本書就像一幅簡略的地圖，標示出其思想風貌的主要特色，而書中註釋和參考書目可讓讀者稍後詳加考究。其次，本書旨在闡釋這些觀念。這裏假設讀者對宗教改革運動背後的基督教信仰認識甚少，故此便會解釋「惟獨憑信稱義」和「預定」等詞彙的意思，以及它們與宗教和社會相關的原因。第三，本書也要處境化地了解這些觀念的智性、社會和政治的恰當背景。那些背景包括像人文主義和經院哲學等偉大的思潮運動、極端的宗教改革運動和羅馬天主教等其他宗教意識形態，以及16世紀早期的帝國城市的政治和社會實況。所有這些因素皆影響眾改教家的思想，以及它對公眾的影響——本書也解釋這些影響及其結果。

本書附錄協助讀者面對閱讀與宗教改革運動有關的作品時要處理的困難。這些縮略語是甚麼意思？我要怎樣理解從原始資料和二手資料而來的引文？「伯拉糾派」是甚麼意思？我可以從哪裏找到更多關於宗教改革運動的資料？諸如此類的問題，本書都會詳盡處理，使本書更完整。本書也假設讀者不懂英語之外的其他語言，故此所有拉丁文的引文或口語都會翻譯和解釋。雖然本書內容是相當依賴外語的學術成果，而它們還未有英文版本，本書仍然為讀者的需要提供可用的英文書目。

目錄

中文增訂版序 v
蔡序 vii
陳序 ix
原書序 xi
如何使用本書 xv

1 導論 1

改革的呼聲 2
「宗教改革運動」的概念 6
信義宗的宗教改革運動 8
改革宗教會 10
極端的宗教改革運動（重浸派） 12
天主教的改革運動 14
印刷術的重要性 15
宗教改革運動的社會背境 20
改教家的宗教觀念 26
宗教觀念的社會角色：日耳曼與英格蘭 29

2 中世紀晚期宗教 35

民眾宗教的增長 35
反教權主義的興起 36
教義多元主義的興起 42

權威的危機 44
英格蘭的個案研究：羅拉德派 48

3 人文主義與宗教改革運動 53

「文藝復興」的概念 54
「人文主義」的概念 56
　古典學術與語言學 57
　文藝復興的新哲學 58
　克里斯特勒對人文主義的觀點 59
Ad fontes：回到本源 60
歐洲北部的人文主義 62
　歐洲北部對意大利文藝復興的接受 62
　歐洲北部人文主義的觀念 64
　瑞士東部的人文主義 64
　法蘭西的法律人文主義 66
　英格蘭的人文主義 68
鹿特丹的伊拉斯姆 70
人文主義與宗教改革運動的評價 77
　人文主義與瑞士宗教改革運動 78
　人文主義與威登堡宗教改革運動 80
　宗教改革運動與人文主義的張力 82

4 經院哲學與宗教改革運動 91

「經院哲學」的定義 92
經院哲學與大學 95
經院哲學的類型 96
　唯實論對唯名論 96

「伯拉糾主義」與「奧古斯丁主義」 99
新路派(「唯名論」) 102
新奧古斯丁派(「奧古斯丁主義」) 105
中世紀經院哲學對宗教改革運動的衝擊 106
路德與中世紀晚期經院哲學的關係 107
加爾文與中世紀晚期經院哲學的關係 109
經院哲學的社會處境 113

5 改教家生平導論 119

馬丁・路德 120
慈運理 126
墨蘭頓 129
布塞珥 130
加爾文 132

6 因信稱義的教義 139

奠基性主題:藉基督得救贖 139
恩典的概念 141
馬丁・路德的神學突破 142
稱義的教義 143
路德早期的稱義觀 144
路德對「上帝的義」的發現 146
稱義之信心的性質 152
路德稱義的教義的原因和結果 157
「法律式稱義」的概念 164
改教家對稱義的分歧 168
稱義與瑞士宗教改革運動 168

後期的發展：布塞珥和加爾文論稱義 171
天主教的回應：天特會議論稱義 173
稱義的性質 174
稱義之義的性質 176
稱義之信心的性質 178
拯救的確據 178

7 預定的教義 183

慈運理論上帝的主權 183
加爾文論預定 187
後期加爾文主義的預定 195
恩典的教義與宗教改革運動 198

8 回到聖經去 201

中世紀時期的聖經 202
「傳統」的觀念 202
聖經的〈武加大譯本〉 204
聖經的中世紀地方語言譯本 205
人文主義者與聖經 206
聖經與宗教改革運動 208
聖經的正典 209
聖經的權威 211
傳統的角色 214
解釋聖經的方法 217
解釋聖經的權利 222
天主教的回應：天特會議論聖經 228

9 聖禮的教義 235

聖禮與恩典的應許 238
路德論聖禮 243
　路德論真實臨在 248
慈運理論聖禮 251
　慈運理論真實臨在 253
　慈運理論嬰孩洗禮 260
路德與慈運理的對比：總結與評價 262
加爾文論聖禮 265
天主教的回應：天特會議論聖禮 272

10 教會的教義 277

宗教改革運動爭論的背景：多納徒派的爭議 279
宗教改革運動教會觀的思想背景 282
路德論教會的本質 284
極端派的教會觀 287
路德教會教義的張力 290
加爾文論教會的本質 292
　教會的兩個記號 293
　加爾文論教會與宗教法庭 296
　加爾文論教會的角色 299
教會大公性的爭論 302

11 宗教改革運動的政治思想 309

極端的宗教改革運動與俗世政權 309
路德兩個國度的教義 313

慈運理對國家與地方官員的看法 321
布塞珥對地方官員與教會事奉的看法 325
加爾文對地方官員與教會事奉的看法 326

12 宗教改革運動思潮的擴散 333

擴散的自然途徑 333
地方語言 333
書籍 334
民眾的交流 336
教理問答 338
信條 341
加爾文的《基督教要義》 345

13 英格蘭宗教改革運動思潮 353

英格蘭宗教改革運動的起源：亨利八世 353
英格蘭宗教改革運動的鞏固：從愛德華六世至伊利莎白一世 357
在英格蘭宗教改革運動中的因信稱義 360
在英格蘭宗教改革運動中的「真實臨在」 363

14 宗教改革運動思潮對歷史的影響 369

對世界持肯定的態度 371
新教工作倫理 376
宗教改革運動思想與資本主義的根源 379
人權與有據弒君的概念 382
宗教改革運動思想與自然科學的出現 386
結論 391

附錄1：神學及歷史用語彙編 395
附錄2：主要原始資料的中英譯本 402
附錄3：主要期刊和資料的標準縮略語 405
附錄4：如何引用主要的原始資料 408
附錄5：16世紀引用詩篇的方式 411
附錄6：宗教改革運動的最新書目 413
附錄7：政治與思想歷史年表 416
精選參考書目 421
中英對照索引 431

導論

許多學生探討宗教改革運動的問題，就像中世紀的旅行者接近德意志南部廣大的黑森林一般，有點猶疑，並帶焦慮，經常擔心前頭盡是難以通過的地帶，或至少是他們極易迷失方向的地方。他們往往像是探險者，冒險深入新的領域，不曉得可以找到甚麼，有時在未經勘探的曠野迷途，有時卻因意想不到的遠景與山谷而興奮雀躍。正如但丁 (Dante Alighieri) 一樣，他們發現自己也在期待一位引導他們的嚮導維吉爾 (Virgil)，通過這似乎是難以明瞭，顯然相當錯綜複雜的事情。這些學生的試探之一，就是忽略了所有宗教改革運動的「**觀念**」(ideas)，而只是集中於它的社會或政治層面。不過，這種較容易掌握宗教改革運動的方法，代價卻是難以捕捉它作為歷史現象的精髓，以及不能明瞭當代許多關於宗教世界及其他領域的爭論，為何仍然是以宗教改革運動作為基本參照點。

對於一位同情現代西方文化俗世主義的學生來說，要認識一個由宗教觀念推動的運動，困難程度可想而知。我們常常傾向把這些觀念置於邊緣位置，並以現代的世界觀來了解16世紀。不過，正如任何歷史現象一樣，宗教改革運動也要求它的詮釋者進入**它的**世界觀中。我們必須學習融入其關懷與觀點中，藉此明白這些事情如何影響歷史的洪流。瑞士及日耳曼的宗教改革運動，直接建基於需要值得考慮的宗教觀念。即使是在英格蘭，當地形勢使政治因素比宗教因素有更大影響，這些觀念仍然對改教發展具有核心的意義。本書的目的是盡量清楚解釋宗教改革運動實際上所建基於的宗教觀念，而這些觀念又如何影響接受它們的人。

本章導論旨在處理一些初步的問題，藉此提供以下各章對宗教改革運動思潮的討論基礎。

改革的呼聲

「宗教改革運動」(Reformation) 一詞立即顯示了某些事情 (在此則是指西歐的基督教) 要改革。正如被歷史學者用來表明人類歷史時期的許多其他名稱，例如「文藝復興」或「啟蒙運動」一樣，「宗教改革運動」一詞也是備受批評的。例如，在12世紀西歐教會出現過類似的改革努力，但「宗教改革運動」一詞卻不會用來形容這麼早期的運動。某些人可能認為，還有其他名稱更適合我們談到的這個16世紀的現象。無論如何，「宗教改革運動」一詞一直**是**廣泛地被接納為這運動的適當名稱，部分由於這運動承認，西方教會不論在建制上、實踐上與觀念上，都需要激烈而徹底的檢修。這個名稱有助表明其所指稱的運動，同時具有社會性與思想性的層面。

在16世紀初葉，西歐的教會顯然再次急需改革。「首腦與成員的改革」的呼聲，可以說是總括了這危機的性質，並預告了解決的方案。教會生命的血液似乎不再於其血脈中流動。教會司法制度迫切需要徹底革新，而教制的官僚主義已經變得聲名狼籍，腐敗無能。聖職人員的道德生活經常散漫，變成是會眾的醜聞來源。聖職人員（即使是最高層的）經常不在他們的牧區。在德意志地區，據說14個牧區中才有一個是有牧者留駐的。法蘭西桑斯（Sens）大主教安東尼（Antoine du Prat）只在他的座堂舉行過一次宗教儀式；而且他在這次儀式中的出現與角色都是極為被動的，因為這次是他的喪禮。大多數高層的教制職位都是通過曖昧的途徑而獲得的，一般是倚仗候選人的家庭關係、政治或經濟地位，而不是他們的屬靈素質。故此，薩伏依的阿瑪迪斯八世（Amadeus VIII of Savoy）公爵於1451年為他的兒子弄到日內瓦（Geneva）主教的高級職位任命；倘若有任何人因著新主教只得8歲，從沒有受過按立而疑慮不安，他們也會智慧地閉口不言。教宗亞歷山大六世（Alexander VI）是以瘋狂宴樂聞名的博爾吉亞（Borgia）家族成員，雖然擁有數位情婦與7名兒女，仍能在1492年當選為教宗，這主要是因為他能夠以較高價錢購得教職，打敗最接近的對手。

馬基維利（N. Machiavelli）把文藝復興晚期意大利的散漫道德，歸咎於教會及其聖職人員的腐敗榜樣。對於許多人來說，改革的呼聲是要求改革教會的行政、道德與法治：歪行與敗德的事必須除掉；教宗必須較少關注俗世的事務；聖職人員一定要受合宜的教育；教會的行政必須簡化，清除所有濫用職權的弊端。對於其他人來說，教會的靈性才是最緊迫的需要。如何重新捕捉基督徒信仰的活力與生氣，是迫切的需要。許多人回顧公元1世紀，緬懷使徒時代基督教的簡樸與激情。究竟可否重拾這個基督教信仰的黃金時期？或許藉著反思新約聖經的文獻？這種改革的方案，成為半個歐洲所有知識分子的夢想。然而，那些文藝復興時期的教宗似乎就對俗世事務較屬靈事情更感興趣，在他們之間造成了許多前所未有的貪婪、賄賂、敗德和觸目卻不成功的權力政治。意大利哲學家皮科 (Gianfresco Pico della Mirandola，常被誤為其叔父 Giovanni) 於1517年3月簡潔地總結了在當時許多知識分子心中痛苦掙扎的思想：「假如我們要贏取敵人和背叛我們信仰者回來，那麼我們應該讓敗壞的道德重新恢復至古代善行的準則，這比我們用艦隊來縱橫黑海更為重要。」

不過，還有其他人在這清單上加添另一個要求——對基督教教義、神學與宗教觀念的改革要求。對於像威登堡 (Wittenberg) 的馬丁．路德 (Martin Luther) 與日內瓦的加爾文 (John Calvin) 來說，教會已經失掉它的思想遺產。現在正是時候，重新開拓基督教會黃金時代的觀念。教會在16世紀初的可悲情況，根本就是更嚴重疾病的徵兆——偏離了基督教信仰的獨特**觀念**；失去了智性的身分認同；未能掌握基督教的真正本質。除非我們首先了解基督教的真正意義，否則我們斷不能予以改革。對於這些人來說，文藝復興後期教會的明顯衰落，是始自12世紀神學復興的逐漸發展過程——基督教教義與道德的腐化。對於路德與加爾文這樣的思想家來說，基督教信仰與實踐所根據的獨特觀念，即使不是完全受到扭曲，也是被蒙蔽了，這些是由中世紀以來一連串的發展所造成的。這些思想家認為，現在是時候改正這些轉變，消除中世紀的工作，以致可以返回更純正和清新的基督教形態，就是歷代向他們召喚的信仰。宗教改革家呼應著當時人文主義者的口號：「回到本源」(*ad fontes*)，返回教會的黃金時代，藉此在陳舊與腐化的時代，重拾清新、純正與生氣。

當代的著作無疑描繪了一幅教會不斷腐化與無能的圖畫，顯示中世紀晚期的教會迫切需要改革。不過，我們卻要在解釋這些資料來源上輔以謹慎的態度。這些資料來源很可能同時記錄了人們對中世紀晚期教會不斷提高的期望，以及教會不斷低沉的表現。中世紀晚期教會思想史的一項重要因素，就是受教育的信眾增加，導致對教會的批評愈來愈多，原因是教會**是如何**與**應如何**之間有明顯差異。不斷提升的批評層次，也許正好反映了更多人通過受教育機會的增加，可以對教會加以批評——而不一定是反映了當時教會標準的更多倒退。

然而，誰能夠改革教會呢？到了16世紀的最初10年，歐洲大陸權力的重要轉移基本上已經完成。教宗的權力日漸衰微，俗世的歐洲政府權力日漸增加。1478年，西班牙的異端裁判所成立，擁有高於聖職人員與修會（最後甚至高於主教）的權力——控制這審訊制度的不是教宗，而是西班牙國王。〈波隆那協定〉(Concordat of Bologna, 1516) 賦予法蘭西國王權力，委任法蘭西教會的所有高級聖職人員，讓他有效地直接控制教會及其財政。橫跨整個歐洲，教宗對教會加以改革的能力正日漸式微；即使在文藝復興後期的教宗之間不乏有改革的雄心者（只有少數人有此迹象），但改革的能力卻不斷下降。不過，上述教廷權威的積弱，並沒有導致本地或國家教會權力的下降，這些教會仍然對國家民族構成重要影響。教宗擁有在我們這個時代已經衰落的能力，控制著本地或國家的權力。

所以，我們要特別留意新教改教家如何與地區或城鎮的權力聯盟，以便有效推行他們的改革計劃，這是十分重要的。為了改革，路德訴諸於日耳曼貴族，慈運理(Huldrych Zwingli)則求助於蘇黎世(Zurich)市議會，表明改革的結果對兩者所會造成的好處。由於我們即將解釋的種種原因，英格蘭的宗教改革運動與歐洲的運動，整體上截然不同(政治的因素較大，神學上的考慮淪為次要)。歐洲大陸的宗教改革是由改教家與國家或城鎮權力的共生聯盟所推動，雙方均相信宗教改革運動的結果對國家有利。改教家沒有過分關注他們對國家功能或「神聖諸侯」(godly prince)的理論對俗世統治者國家賦予過多的權力：最重要的是，這些俗世統治者支持宗教改革運動的事業，即使他們這樣做的原因不是完全值得稱許。

主流的改教家都是務實主義者，他們都預備容許俗世統治者那無情需索，只要宗教改革運動的目的得以順利展開。當然，同樣地，宗教改革運動的反對者也毫不猶疑地求助於俗世權柄的支持，就是那些覺得維持宗教的現況(*status quo*)才是他們利益的最佳保障者。任何對宗教改革運動的研究，都不應忽視其政治與社會層面，當時歐洲北部的俗世政權正見到他們可以從教會奪回權力的機會，即使因此要附和新的宗教秩序也在所不惜。無論如何，某些獨特的宗教觀念廣泛流傳，實際上也影響了16世紀的西歐社會。對於任何研究宗教改革運動的人來說，這些觀念都不應遭忽視或排斥。本書的目的就是希望對這些觀念加以介紹、解釋和考慮。

「宗教改革運動」的概念

「宗教改革運動」一詞包含多種意義，加以辨別會有助理解。它的定義包括4個元素，每個均會在下文略述：信義宗（Lutheranism）、改革宗教會（the Reformed church，往往是指「加爾文主義」〔Calvinism〕）、極端的宗教改革運動（the radical Reformation，往往是指「重浸派」〔Anabaptism〕）和「反宗教改革運動」（Counter-Reformation）或「天主教的改革運動」（Catholic Reformation）。從最廣義來說，「宗教改革運動」一詞是統稱上述4個運動。這名稱也經常用於較狹義的「新教宗教改革運動」（the Protestant Reformation），而不包括天主教的改革運動。從這意義來說，它是指述上述的3個新教宗教改革運動。不過，在許多學術著作中，「宗教改革運動」一詞卻經常用來代表有時稱為「憲制的宗教改革運動」（the magisterial Reformation）或「主流的宗教改革運動」（the mainstream Reformation）——換言之，那是指信義宗與改革宗的教會，而不包括重浸派在內。

「憲制的宗教改革運動」一語並不常見，故此要略為解釋。它所著重的是主流改教家與俗世政權的關係，例如諸侯、地方行政官員或市議會。極端的改教家認為這類當權者無權干涉教會，而主流的改教家則認為教會（至少在某程度上）是臣服在俗世的政府機構之下。地方行政官員在教會中有權行使職權，正如教會可以倚靠地方行政官員的職權去執行教規、壓制異端或維持秩序。「憲制的宗教改革運動」一語旨在表明地方行政官員與教會之間的密切關係，這是馬丁．路德或布塞珥（Martin Bucer）等作者心中對宗教改革方案的想法。

上述3個「宗教改革運動」用語的意義，都可以在閱讀16世紀作品的過程中遇見。「憲制的宗教改革運動」一詞愈來愈多是用來指到前兩方面的意義（即指信義宗和改革宗教會），而「極端的宗教改革運動」則代表第三個意思（即指重浸派)。本書的內容主要是關於憲制的宗教改革運動的觀念。

「新教」(Protestant；譯按：另譯「更正教」或「抗議宗」，「新教」是華人教會較多採用的泛稱)一詞也要加以解釋。這詞是源自第二次斯派爾議會(the Second Diet of Speyer，1529年2月)之後，該次會議投票結束在當時德意志地區對信義宗的寬容。同年4月，6名日耳曼諸侯與14個城市一起抗議是次議會的壓制措施，維護良心自由與宗教少數派的權利。「新教」(即「抗議宗」)一詞就是源自這次「抗議」。故此，嚴格來説，把「新教」一詞用來指早於1529年4月的個別人士、或提到那日期之前的事件是屬於「新教宗教改革運動」，都是不正確的説法。「福音派」(evangelical)一詞往往出現在文獻中，指上述日期之前在威登堡及其他地方(例如法蘭西與瑞士)的宗教改革派別〔另參〈附錄1：神學及歷史用語彙編〉〕。雖然「新教」一詞經常用來指到這個較早時期，不過這用法嚴格來説是弄錯了時代。

信義宗的宗教改革運動

信義宗的宗教改革運動特別是關乎德意志地區，以及一個滲透個人魅力影響的人——馬丁·路德。路德尤其關心稱義的教義，以此成為他宗教思想的中心要點。信義宗的宗教改革運動最初是一種學術運動，基本上是關乎威登堡大學神學教育的改革。威登堡在當時是一所不太重要的學府，而路德及其同僚在神學系中所推動的改革也沒有引起多少注意。激起波瀾的是路德個人所做的事——例如他張貼著名的〈九十五條論綱〉(ninety-five theses)(1517年10月31日)和在萊比錫(Leipzig)的辯論

(1519年6至7月),才讓在威登堡流傳的觀念吸引到更多人的興趣。

嚴格來説,信義宗的宗教改革運動只是到了1522年才開始,當時路德從被逼匿居的瓦特堡(Wartburg)返回威登堡。路德在1521年的沃木斯帝國會議(the Diet of Worms)上受到譴責。由於憂慮他的安危,某些有勢力的支持者把他祕密送往被稱為「瓦特堡」的城堡,直至他的生命不再受到威脅。當路德消聲匿迹期間,他在威登堡的一個學術同僚迦勒斯大(Andreas Bodenstein von Karlstadt)在威登堡開始了的一項改革計劃,似乎陷入了混亂。路德相信,宗教改革運動若要在迦勒斯大的愚昧下倖存,就需要他,故此他離開安全的地方,返回威登堡。

在這時候,路德的學術改革方案逐漸變成教會與社會的改革方案。路德的活動領域不再是大學的觀念世界——他現在發現自己被視為是一場宗教、社會和政治改革運動的領袖,按照當代某些觀察家的想法,這場運動開啟了歐洲新的社會與宗教秩序。事實上,路德的改革方案,比他某些改革宗教會的同僚是遠較保守的,例如慈運理。此外,它的結果也沒有如想像中那麼成功。這運動一直牢牢地局限在德意志地區,而且(除了斯堪地那維亞〔Scandinavia〕地區以外)從沒有贏到期望瓜熟蒂落而得到的外國權力基地。路德對「神聖諸侯」角色的了解(即有效地確保君主對教會的控制),並沒有想像中那麼吸引,尤其是按照改革宗思想家(例如加爾文)普遍擁有共和政體的觀點而言。英格蘭的例子特別有啟發性:正如在低地國家(Lowlands)一樣,新教神學在此最後更多傾向改革宗,而不是信義宗。

改革宗教會

改革宗教會最初是起源於瑞士聯邦地區之內的。信義宗的宗教改革運動肇始自學術環境，改革宗教會則是源於改革教會的道德與崇拜的一連串嘗試(但不一定是它的**教義**)，以達至更符合聖經的模式。雖然大多數的早期改革宗神學家(例如慈運理)都具有學術的背景，但他們的改革方案在本質上卻不是學術性的。他們是針對教會的，那是他們在一些瑞士的城市(例如蘇黎世、伯恩〔Berne〕與巴塞爾〔Basel〕)所建立的。路德堅信稱義的教義對他的社會與宗教改革有極重要價值，早期的改革宗思想家卻對教義沒有那麼大興趣，更何況是某一具體的教義。他們改革的方案是以建制、社會與道德為中心的，有許多方面與源自人文主義的改革呼聲相近。本書將會較詳細討論人文主義的觀念，此刻要緊留意的是，所有主要的早期改革宗神學家都與人文主義運動有關係，不過路德卻是例外的，他對人文主義是持某程度的懷疑態度的。

改革宗教會的鞏固期，一般被視為是始於蘇黎世宗教改革運動穩定下來之時，那是慈運理在戰爭中逝世之後(1531年)，在他的承繼人布靈爾(Heinrich Bullinger)領導之下，最後結束於1550年代日內瓦冒起成為改革宗教會的權力基地和加爾文擔任領導發言人之時。改革宗教會內部的權力逐漸轉移(起初由蘇黎世移往伯恩，然後由伯恩至日內瓦)，大約是發生於1520至60年間，最終確立了日內瓦的政治體系(共和政體)與宗教思想家(最初是加爾文，他死後是伯撒〔Theodore Beza〕)作為改革宗教會之內的主力。這樣的發展也通過日內瓦學院(Genevan Academy)的成立而加強，該院是訓練改革宗牧者的。

「加爾文主義」一詞往往被用來形容改革宗教會的宗教觀念。雖然在討論宗教改革的作品中仍然通行，不過這種做法現今已普遍少見。16世紀晚期的改革宗神學，愈來愈清楚是取材自有別於加爾文個人思想的其他來源。把16世紀晚期與17世紀的改革宗思想稱為「加爾文派」(Calvinist)，暗示它基本上是加爾文的思想——可是現今普遍認為，加爾文的觀念是經過他的後繼者所巧妙修改的。(我們將會在討論預定的教義時解釋這一發展。)「改革宗」(Reformed)一詞現今較為可取，不論是指那些教會(主要是在瑞士、低地國家、德意志地區)或宗教思想家(例如伯撒、柏金斯〔William Perkins〕或歐文〔John Owen〕)，他們都是基於加爾文的著名宗教課本《基督教要義》(*The Institutes of Christian Religion*)或以此為基礎的教會文獻(例如著名的〈海德堡教理問答〉〔*Heidelberg Catechism*〕)。

「加爾文派」一詞還有另外一點值得一提。這詞大約起源於1560年代，當時德意志地區內的政治情況起了極大轉變。在1540年代與1550年代早期，德意志地區由於信義宗與羅馬天主教之間的衝突而變得動盪不安，而普遍認為這衝突正在破壞神聖羅馬帝國。〈奧斯堡和約〉(The Peace of Augsburg，1555年9月)藉著把當時德意志某些地區分配給信義宗，餘下的則歸給羅馬天主教，從而解決了當時日耳曼的宗教問題——這個著名的原則就是「你的地區決定了你的宗教」(*cuius regio, eius religio*)。不過對於改革宗信仰，卻沒有作出任何安排，實際上宣佈它在德意志地區「不存在」。然而，在1563年2月出版了〈海德堡教理問答〉，表明了改革宗神學直至此時在德意志地區的信義宗領地中佔得一席位。這份教義問答立即被信義宗抨擊為「加爾文派」——

換言之，即是外來的。「加爾文派」一詞被當時德意志信義宗人士採用，意圖懷疑這日漸具有影響力的新文獻，特別是藉此指稱其為缺乏愛國熱忱。由於此詞原來所具有爭論性的味道，歷史學家便覺得更合宜的做法是不用此詞，而傾向一個較為中性的用語——這樣，「改革宗」一詞毫無疑問就發揮了這用處。

在新教宗教改革運動的3個組成部分（信義宗、改革宗或加爾文派，以及重浸派）中，改革宗的一翼對於英語世界來說，特別具有重要性。清教徒主義（Puritanism）就是一種改革宗神學，在17世紀英格蘭歷史中扮演顯著的角色，對於同期及以後新英格蘭（New England）的宗教與政治觀，也是十分重要的。若要認識新英格蘭的宗教與政治發展史，或例如愛德華滋（Jonathan Edwards）等作者的觀念，我們就必須至少要對清教徒主義的一些神學觀念和宗教立場有所掌握，那是構成他們社會與政治取向的原則。本書希望有助於這個認識的過程。

極端的宗教改革運動（重浸派）

「重浸派」一詞的起源與慈運理有關（此詞的字義是「再次領洗者」〔re-baptizers〕，所指的可能是重浸派最獨特的做法——堅持只有那些作出個人公開認信者才應該受洗）。重浸派最初似乎是在蘇黎世四周開始的，那是1520年初慈運理在蘇黎世推動改革之後的一段時期。它以一羣人為中心（其中一個是格雷貝爾〔Conrad Grebel〕），認為慈運理並沒有忠於他的改革原則，教導的是一套，實行的卻是另一套。雖然慈運理宣稱忠於「唯獨聖經」（*sola scriptura*）的原則，格雷貝爾卻認為他某些做法是沒有聖經支持和命令的——

包括嬰兒洗禮、教會與地方行政官員的密切關係，以及基督徒參軍。「唯獨聖經」的原則是在這些極端的思想家手中，變得相當偏激：改革宗的信徒變得只相信和實踐那些在聖經中明確教導的事情。慈運理對此感到不安，認為這是一個不穩定的發展，顯示蘇黎世的改革宗教會有從其歷史根源及與過去基督教傳統的延續割離的危險。

重浸派對慈運理妥協態度的指責，是有其合理原因的。1522年，慈運理撰寫了一篇作品（*Apologeticus Archeteles*），在其中承認「凡物公共」的觀念是一個真正的基督徒理想。他寫道：「沒有一人說他的東西有一樣是自己，都是大家公用。」不過到了1525年，慈運理改變了他的看法，再次接受私有財產畢竟不是一件壞事的觀點。

雖然重浸派是在德意志與瑞士興起的，接下來卻在其他地區產生影響力，例如低地國家。這運動沒有產生多少神學家，一般認為最重要的3位是胡布邁爾（Balthasar Hubmaier）、馬爾貝克（Pilgram Marbeck）與門諾．西門（Menno Simons）。這方面的不足，反映了此運動缺乏任何實質的共同神學基礎。不過，那也是由於其他的因素，至少重浸派是受到俗世政權的壓制。

在這運動的不同分支中，我們可以分辨出一些共同的元素：對外來權威的普遍懷疑；拒絕嬰孩受洗而贊同成年信徒洗禮；財物的共同擁有權，以及強調和平主義與不抵抗原則。舉其中一點說明：在1527年，蘇黎世、伯恩和聖加侖（St Gallen）等地政府控訴重浸派信徒相信「真正的基督徒是不會給予或收取某筆資本的利息或收益；所有現世財物都是免費和公用的，所有人對其都有完全的所有權」。為此緣故，「重浸派」經常被稱為「宗教改革運動的左翼」

(培登〔R. H. Bainton〕)或「極端的宗教改革運動」(威廉斯〔G. H. Williams〕)。威廉斯認為,「極端的宗教改革運動」是相對於「憲制的宗教改革運動」,他認為後者大體上是指信義宗與改革宗的宗教改革運動。在研究宗教改革運動的學術圈子中,這些名詞愈來愈被普遍接受,而讀者十分可能在閱讀一些有關這運動的近期研究中,碰見這些名詞。

〈施萊特海姆信條〉(Schleitheim Confession)可能是這運動所產生的最重要文獻,由薩特勒(Michael Sattler)於1527年2月24日草擬。這信條的名稱取自沙夫豪森(Schaffhausen)州內一個小鎮,它的功能是把重浸派從四周的人中區別出來——尤其是文件中所指的「天主教徒和反天主教徒」(papists and antipapists,那是指沒有參與宗教改革運動的天主教徒,以及憲制的福音派信徒)。實際上,〈施萊特海姆信條〉整體上是「分離的條文」——即是說,那是一系列的信念和看法,把重浸派區別於宗教改革運動內外的其他對手,構成為團結的中心,不論他們之間有任何其他差異之處。

天主教的改革運動

這名稱通常是指在天特會議(the Council of Trent,1545年)召開之後的時期,羅馬天主教會內部的復興。在較舊的學術著作中,這運動常被稱為「反宗教改革運動」:正如這名詞所示,羅馬天主教會發展了一些對抗新教宗教改革運動的方法,藉此限制其影響力。不過,愈來愈清楚顯明,羅馬天主教會對宗教改革運動的抗衡,部分是由於它內部的革新,藉此抵消新教批評的根據。從這意義來說,這運動是羅馬天主教會的改革運動,同時是針對新教宗教改革運動的回應。

歐洲北部新教宗教改革運動所根據的關注，同樣地被引導成為天主教會的更新，特別是在西班牙與意大利。天特會議是天主教宗教改革運動最重要的面貌，會議上澄清了天主教會在某些困惑問題上的教導，而且提出了許多急切需要的改革，包括聖職人員的操守、教會紀律、宗教教育與宣教事工。羅馬天主教會內部這次改革運動，大大促使了許多舊修會的改革，以及一些新修會的成立（例如耶穌會〔Jesuits〕）。天主教的宗教改革運動特別考慮到的神學層面，是關乎聖經與傳統、因信稱義和聖禮的教導。

天主教宗教改革運動的結果之一，是許多原本造成改革要求的弊端都得以除掉，不論這改革要求是來自人文主義者，抑或是新教徒。不過，到了這階段，新教宗教改革運動已經發展到一個地步，只是除去歪行與弊端不足以扭轉局勢：對於教義、宗教意識形態與教會的改革，現已成為新教與羅馬天主教爭論的重要部分。這一點顯示出考慮「憲制的宗教改革運動」背後的宗教觀念的需要性，對於新教與羅馬天主教在16世紀中進行的辯論日漸重要。

印刷術的重要性

近代對於資訊處理與傳播領域的科技發展，已經對現代生活的許多方面產生革命性影響。在宗教改革運動前夕，有一項科技革新也注定要對西歐產生巨大影響力。當然，這項革新就是印刷術。若要低估它對宗教改革運動的影響，根本是沒有可能的。

雖然印刷術原本是由中國人在許多世紀以前發明的，第一批能夠可靠地確定年分的歐洲印刷文獻，要溯源至約1454年古騰堡（Johann Gutenberg）在美茵茲（Mainz）的印刷廠。1456年，同一印刷廠印刷了一本拉丁文聖經。跟著是1457年出版的所謂《美茵茲詩篇》(*Maininz Psalter*)，從此便確立了在書籍首頁標明印刷商、印刷地點、出版日期的傳統。這項技術由當時德意志地區被帶往意大利，在蘇比亞科(Subiaco，1464年)與威尼斯(1469年)都設立了印刷廠。1476年，卡克斯頓(William Caxton)在倫敦的威斯敏斯特(Westminster)開設了印刷店。1495年，羅曼(Aldus Manutius Romanus)在威尼斯成立了著名的阿爾迪內印刷所(Aldine Press)，這印刷所帶來後世兩樣重要發展：「小寫字款」(lower case letter，由於常置於兩格字盤的下格而稱之)，以及傾斜的「斜體字款」(italic type，這名稱的字面意思是「意大利字款」，英文書籍如此形容，是因為威尼斯位於意大利，羅曼稱它為「文書體」〔Chancery〕)。

印刷術為何對宗教改革運動產生如此巨大的影響力？以下的主要因素表明了它在這個問題中的重要性。

首先，印刷術表示宗教改革運動的宣傳可以迅速而便宜地傳播。抄寫文獻的冗長乏味過程已經不再需要。此外，抄寫過程所產生的錯誤，也可以消除；只要把一部作品排版妥當，就能夠印出沒有錯誤的複本。任何人只要懂得閱讀及可以付出書價，就有機會得知從威登堡與日內瓦而來的轟動消息。故此，英格蘭受過教養和富裕的階級，證明就是在16世紀30年代最認識信義宗思想的人。信義宗的書籍被當權者視為煽動而取締，卻沿著漢撒貿易路線(Hanseatic trade route)，經安特衛普(Antwerp)與易普威治(Ipswich)而偷運到劍橋。路德根本不用訪問英格蘭以傳播他的思想，因為印刷文字已經把其廣為流傳。

這一點對於早期宗教改革運動的社會研究來說，是相當有趣的。例如，不論在英格蘭與法蘭西，第一批新教徒通常是來自社會上層階級，正是因為這些階層擁有閱讀與購買書籍的能力（書籍往往是從外地偷運入境，故此一般較為昂貴）。同樣地，新教思想的影響力在劍橋較在牛津為大，部分是反映了前者較接近歐陸的港口，以致新教書籍得以由此（非法地）入口。

第二，宗教改革運動是基於某些特定的資料來源：聖經及首5個世紀的基督教神學家（通常稱為「教父」或「教父作家」〔patristic writers〕）。印刷術的發明對這些資料來源產生了兩個即時的影響，對於宗教改革運動的起源也有相當的重要性。首先，現在可以印行這些著作更準確的版本——例如，抄寫的錯誤可以避免。只要把著作的印刷版本與手稿來源作一比較，就可以確定最佳的版本，並以此作為神學反省的基礎。在15世紀末與16世紀初，人文主義的學者就翻遍歐洲許多圖書館，尋找可供他們編輯與印製的教父文獻。第二，這些資料來源得以廣泛流傳，是從前完全做不到的。到了1520年代，幾乎任何人都可以找到新約希臘文聖經或希坡主教奧古斯丁（Augustine of Hippo，改教家特別喜愛的一位教父作家）等著作的可靠版本。

奧古斯丁合共11冊的著作經過由1490至1506年的漫長編輯過程，由阿默巴赫（Amerbach）兄弟於巴塞爾印行。雖然每一冊似乎只是印刊了200本，它們卻廣泛流傳，成為對這個重要作者的最可靠參考版本。鹿特丹的伊拉斯姆（Erasmus of Rotterdam）在1516年出版了首本刊印的希臘文新約聖經（它的書題是 *Novum Instrumentum omne*），共分3個主要部分：新約希臘文原文；上述希臘文經文的拉丁文新譯本，修改了現存的不適當譯文，尤其是拉丁文〈武加大譯本〉(Vulgate);最後是對經文的延伸註釋,以註解的形式撰寫。這部作品廣泛受到贊同宗教改革理想的人所採用。對於改教家來說(特別是路德及其威登堡的同僚),宗教改革運動的宗教觀念主要是建基於聖經和奧古斯丁的。印刷術的出現,隨著書籍銷售的方法更有效率,顯示這些材料的準確可靠版本可以廣泛通行,因而有助於這些觀念在最初的發展和以後的傳播。正如魯普(Gordon Rupp)曾經指出的:

> 新的工具,新的文本,儘管它們是那麼的粗糙,沒加鑑別和不修邊幅,或許正如它們的編輯一樣,卻使專注聖經成為可能,結果是令人吃驚和十分有效的。威登堡、蘇黎世、巴塞爾、斯特拉斯堡(Strasbourg)和聖加侖的改教家知道他們是在做甚麼……在相距甚遠的劍橋和牛津,清楚顯示年青學者因著它們而極盡努力,具有危險卻熱切地尋找這些學習聖經的新工具。它們構成了宗教的、神學的改革基礎。把火種點起,燃亮里德利(Nicholas Ridley)的燭光的,不是政治家克倫威爾(Thomas Cromwell),而是書商加勒德(Thomas Garrard)。

印刷術的重要性對於宗教改革觀念的傳播來說,絲毫沒有誇大。綜覽法蘭西中產階級家庭的個人藏書,便顯示出這個趨勢有何宗教含義。勒菲弗爾在1523年出版的法文新約聖經(Lefèvre's French New Testament),強調是獻給「所有基督徒男女」(*à tous les chrestiens et chrestiennes*),

加上他在1524年出版的法文詩篇，通行整個法蘭西，甚至在莫城（Meaux）這個改革中的主教轄區免費派發。這些作品隨著伊拉斯姆、墨蘭頓（Philipp Melanchthon）和勒菲弗爾的註釋，經常出現在1520年代末**中產階級**（bourgeois）藏書的書架上。假如這些作品曾被藏書者閱讀（這是非常有可能的事），那麼就會發展出相當大的改革力量。

有一個例子可以説明印刷術對宗教改革觀念傳播海外的重要性。法蘭西宗教改革運動的一個關鍵轉捩點，就是加爾文的《基督教要義》法文版於1541年出版。忽然間，條理分明，論辯謹慎的宗教改革教義，就在法蘭西以大眾可以明白的語言出現。

有人似乎按下了恐慌的按鈕。1542年7月1日，巴黎的最高法院下令所有包含異端教義的作品（尤其是加爾文的《基督教要義》）必須3天內交給當局。政府官員查訪書店成為壓制異端運動漫延的重要方式。在接下來的一年，由法王委任維護正統教義的巴黎神學院列出含65部顛覆性作品名稱的清單，立即加以取締。其中36項可鑑別和確定出版日期的，有23項在日內瓦印刷。

這樣，加爾文的《基督教要義》，通過印刷文字為媒介，就被視為日內瓦攻擊法蘭西教會的先鋒。1545年6月23日出版了一份增訂的禁書清單。在含121項法文作品的清單中，差不多有一半是在日內瓦出版的。巴黎的書商立即有所反應：他們聲言若再被禁止售賣這些書籍，他們就會面臨破產。那些被神學院視為危險有害的書籍，顯然具有重大的市場——這是另一個證據，顯示受過教育而富裕的平信徒對發揚加爾文派宗教改革觀念的重要性。事實上，加爾文的朋友和書商勞倫特（Laurent de Normandie）發現走私書籍利潤豐厚，於是他移居日內瓦，以便他可以出版這些書籍，而不只是售賣它們。

不過，這不是説宗教改革運動完全是依靠一項技術上的革新。現存的證據顯示，印刷術是當時思想氣候轉變的媒介，而城市一般是因著宗教傳道者與名人的影響而歸向宗教改革運動的目標。我們必須記得，對於大多數是文盲的羣眾而言，講壇的影響力具有決定性的地位——而且許多印刷所的出版物，皆以講道集的形式面世。

宗教改革運動的社會背境

歐洲北部的宗教改革運動大部分以城市為基地。在德意志地區的65個「帝國城市」(Imperial Cities) 中，超過50個對宗教改革運動有積極的回應，只有5個選擇不加理會。在瑞士，宗改革運動起源於城市的處境（蘇黎世），通過同盟城市的公開辯論過程傳揚開去，例如伯恩和巴塞爾及其他通過條約而相關的中心（例如日內瓦和聖加侖）。法蘭西的新教思想是始於一場主要是城市的運動，扎根於里昂、奧爾良 (Orléans)、巴黎、普瓦捷 (Poitiers) 和盧昂 (Rouen) 等大城市。

愈來愈清楚顯明，在這些城市中宗教改革運動的成敗，部分是基於政治與社會因素。到了15世紀末與16世紀初，帝國直轄市的市議會已取得相當程度的獨立。事實上每個城市儼如小型國家，市議會就如政府，其他居民就是公民。

當時德意志城市的面積與重要性的增長，成為14世紀末至15世紀歷史的較重要因素之一。不斷增加的糧食危機，加上黑死病的蹂躪，引發了一場農業危機。從1450至1520年間，小麥的價格急降，叫人恐慌，導致農村人口減少，農民遷往城市，期望找到食物和工作。他們被拒於貿易商會與市議會的門外，不滿的情緒便在這些新興的城市無產階級中日漸增加。

因此，16世紀初見證了在許多城市中逐漸增加的社會不安，同時對有廣泛基礎與更具代表性的政府的要求，也漸趨強烈。在許多情況中，宗教改革運動都是關連於這些社會改革的要求，以致宗教與社會變遷互相連結，一起並進。我們不必以為對宗教的關注掩蓋了所有其他的思想活動——這些關注只是為其他思想活動提供了焦點。經濟、社會與政治因素，也同時解釋了宗教改革運動為何在紐倫堡(Nurembery)與斯特拉斯堡成功，卻在愛爾福特(Erfurt)失敗。

有些理論提了出來，解釋宗教改革運動對城市的吸引。莫勒(Berndt Moeller)認為，藉著城市之間逐漸增加的社會張力，以及愈來愈傾向依靠外來的政體(例如帝國政府或教廷)，社羣的城市意識已經在15世紀瓦解。莫勒建議，這些城市因著接納信義宗的宗教改革，能夠重建一套社羣的身分認同，包括一個共同宗教羣體維繫市民共享宗教生活的概念。值得注意的是，莫勒特別注意路德信徒皆祭司的教義的社會含義，打破了城市社會之間的某些傳統差別，促進了一種社羣合一的意識。

另一個解釋是由布雷迪(Thomas Brady)提出的，主要建基於他對斯特拉斯堡的城市分析。布雷迪認為，在斯特拉斯堡接納新教思想的決定是階級鬥爭的結果，在其中，一個由顯貴與商人結合的統治聯盟相信，他們的社會地位只能通過與宗教改革運動站在同一陣線來維持。城市的寡頭執政者引介宗教改革，把其作為保持自己利益的巧妙工具，當時他們的利益正受到羣眾抗議運動的威脅。布雷迪建議，相同的情況存在於許多其他城市中。

16世紀宗教改革運動吸引城市羣眾的第三個解釋，集中於因信稱義的教義(本書第6章會詳論這個觀念)。奧茲門特(Steven Ozment)在1975年出版的一份研究中，認為新教思想的羣眾訴求是源自它那因信稱義的教義，以致舒緩了中世紀晚期的悔罪系統以及相關的「半伯拉糾」(semi-Pelagian)稱義教義所帶來的心理壓力。他指出，這個心理負擔在城市社羣中是十分沉重和明顯的，正是在這些社羣中，新教思想得到了最多民眾的支持。奧茲門特認為，莫勒對路德與西南部神學家之間的差異言過其實。早期的改教家都有一個共同的信息，可以總括為個別信徒從中世紀晚期宗教所強加的心理負擔中解放出來。不論他們有何差異之處，憲制的改教家(例如布塞珥、慈運理和路德)都是同樣宣講憑信藉著恩典稱義的教義，從而消除了對赦罪權、煉獄和聖徒代求等問題的神學需要，也減輕了大眾對這些問題的關注。對本書來說，這個理論是十分重要的，因為它說明觀念在驅動改革和轉變中的角色：倘若奧茲門特是正確的，那麼促使社會改變的動力就是宗教觀念的**結果**，而不是**原因**。

上述每一個理論都具有意義，它們共同提供了一個重要的刺激，以致可以更詳細地研究城市新教思想在宗教改革運動第一階段中的發展。同樣地，若期望那是放諸四海皆準的理論，那麼每個理論都有其明顯的弱處。例如，正如我們將會見到的，在日內瓦的情況中，社會張力最後造成與新教城市伯恩的聯盟，以及接納慈運理的宗教改革，不是產生自階級的差異，而是源自在同一社會階級中對是否支持薩伏依(Savoy)或瑞士聯邦的分歧。擁護薩伏依的馬木路克派(Mammelukes)與擁護伯恩的預格諾派(*Eiguenots*)都是源自同一社會羣體，具有類似的經濟、家庭和社會關注。同樣地，奧茲門特提出一個對稱義教義的普遍關懷，在與瑞士聯邦有關的城市(例如蘇黎世、聖加侖和日內瓦)中沒有多少支持的證據，而且忽略了在許多瑞士改教家之中，不少對這個教義顯然抱有猶豫。

不過，研究宗教改革運動在歐洲北部某些主要城市的起源和發展，例如奧斯堡、巴塞爾、伯恩、科爾馬(Colmar)、康斯坦茨(Constance)、愛爾福特、法蘭克福(Frankfurt)、日內瓦、漢堡(Hamburg)、呂貝克(Lübeck)、梅根明(Memmingen)、烏爾姆(Ulm)和蘇黎世，都是出現某些共同特徵。對它們加以探討，是十分有幫助的。

首先，城市的宗教改革顯然是回應民眾要求改革的壓力的某種形式。紐倫堡是一個罕有的例子，市議會在事前沒有明顯的民眾抗議或要求之下，推動宗教改革。16世紀初城市人口之中的不滿，不一定只有宗教的性質；社會、經濟和政治的抱怨，在不同的程度上，無疑也是存在於當時的動盪不安中。市議會一般會回應當地的民眾壓力，往往根據他們自己的需要和目標而加以疏導。這樣對於民眾壓力的微妙操控，顯然是吸納和控制民眾潛在危險的抗議運動的一種方式。對於城市的宗教改革，其中一個較為重要的觀察是，現存的城市政體往往相對沒有那麼因著新的宗教觀念和實踐的引進而改變，暗示市議會有能力在回應這樣的羣眾壓力時，不用對現存的社會秩序作出激烈的改變。

第二、宗教改革在一個城市中的成功，取決於歷史上某些偶然發生的事件。接納宗教改革，就要在政治的結盟上冒災難變動的危險，與那些選擇仍然留在天主教會的地區或城市之間所訂定的條約和關係(軍事、政治和商業)，通常都是以毀約收場。一個城市的貿易關係——該市的經濟可能賴以為生——可能因而要不幸地被放棄。故此，宗教改革在聖加侖市的成功，部分是由於該市的亞麻布製品工業沒有因著接納宗教改革的決定而產生任何嚴重的不利影響。同樣地，一個城市(例如愛爾福特)與天主教城市(美因茲)和信義宗地區(薩克森〔Saxony〕)接壤，就有可能捲入與一個或其他有利害關係的集團的軍事衝突之中，這潛在對該市獨立構成破壞的結果。此外，決定引進宗教改革若帶來嚴重的內部不和，就有可能讓城市容易受到外界的影響——這是1520年代愛爾福特市議會決定把改革活動減半的一個主要考慮因素。

第三、一個改教家抵達一個城市宣講福音，隨即讓該市決定接納宗教改革原則的浪漫化及理想化憧憬，是必須被棄的不現實想法。在宗教改革運動的整段過程中，從最初決定實施改革的程序，直至後來決定改革提案的性質和步驟，都是由市議會控制著的。慈運理在蘇黎世推行的宗教改革，遠比他所想要的緩慢，原因是市議會在要緊關頭採納了一個謹慎的取向。布塞珥在斯特拉斯堡的行動自由，同樣是受到限制的。正如加爾文發現的，市議會完全能夠把改教家從他們的管轄區域中逐出，只要他們逾越了議會的公眾政策或決定。

事實上，市議會與改教家之間的關係一般而言是共生的。改教家藉著提出一個基督教福音的清晰異象，以及這對一個城市的宗教、社會和政治結構與實施有何含義，足以防止城市陷入混亂的潛在革命處境。不斷出現重投天主教會懷抱或受到重浸派運動顛覆的威脅，導致對改教家無可避免的需要。一個運動若是不受抑制或缺乏方向，就可能會陷入混亂，必須要有某個人賦予宗教的方向，因為那樣的混亂是市議會現存的權力架構和掌管它們的個人所不歡迎的嚴重後果。同樣地，改教家是在當局之下，他的行動自由是受到當權的政客所左右，後者會小心維護他們的權威，而且他們的改革議程往往會超過改教家的想法，延伸至包括鞏固他們的經濟和社會影響上。故此，改教家與市議會的關係是十分脆弱的，相當容易瓦解，因為真正的權力總是在後者的手中。

在日內瓦的情況中，該市的改教家（起初是法惹勒〔Guillaume Farel〕和加爾文，後來只有加爾文）與市議會之間的關係就相當脆弱。市議會意識到要小心維護它那得來不易的權力和自由，就決定不要由一個改教家來取代一個天主教主教的專制。1536年，該市剛從薩伏依得到獨立，而且儘管伯恩想要把該市變成殖民地，卻大致上維持了獨立。日內瓦並不想受到任何人所支配，除非他們是處於受到巨大的經濟和軍事壓力之下的處境。結果，加爾文的各種活動受到嚴格限制。他就是那種選擇的自由受到嚴格限制的人。加爾文於1538年被逐離開日內瓦，證明政治權力仍然穩固地掌握在市議會的手中。加爾文是「日內瓦的獨裁者」（dictator of Geneva）這個想法，完全是缺乏歷史基礎的。然而，市議會發現當加爾文不在時，本身難以處理一個正在惡化的宗教環境。在一個相當值得注意的社會實用主義和宗教現實主義的行動中，市議會召回他們的改教家，而且容許他繼續他的改革工作。日內瓦需要加爾文，正如加爾文需要日內瓦一樣。

我們可以留意到，信義宗與改革宗思想在這點上的一個重要分別。路德是來自一個細小的撒克遜(Saxon)市鎮，在地方貴族的統治之下成長，而偉大的宗教改革思想家慈運理與布塞珥卻是孕育於著名的自由城市蘇黎世與斯特拉斯堡。對於後者而言，宗教改革運動包括了對「公民」與「基督徒」的身分認同，非常強調生活的政治層面，而這些都是路德的思想中所缺少的。故此，慈運理十分強調對**羣體**改革和拯救的需要，路德則集中於**個人**改革與拯救的需要。路德藉著他的「兩個國度」(Two Kingdoms)的教義，有效地分隔了俗世生活與宗教觀念，而慈運理則強調它們的互相整合。所以，明顯的結果是改革宗教會在當時德意志南部與瑞士的城市中，取得最穩固的權力基地，而這些地區都是在社會、文化和經濟上較北方的城市先進的，而這些城市卻注定要成為信義宗的陣地。

宗教改革運動的社會處境本身是一個引人入勝的題目，不過在此主要是集中解釋它對改教家在某些宗教觀念上至少明顯有的影響。例如，有明確的理由顯示，慈運理的許多思想(特別是他對聖禮的社會功能的觀念)是直接受到蘇黎世的政治、經濟與社會環境所影響的。同樣地，加爾文對於一間基督教會的恰當結構的某些觀念，似乎也反映了日內瓦在他未抵達該市前已經存在的架構。我們在本書中將會再次探討這問題。

改教家的宗教觀念

本文在此介紹改教家的宗教觀念是十分合宜的。這些觀念將會在本書的探討中不斷詳述與發揮，故此本段旨在為讀者提供初步的概覽。正如一份粗略的地圖提供了一個地區的概括綜覽，以便稍後再繪製細節，本段也是為了幫助讀者對本書後文所會遇到的觀念有一初步的印象。

對於憲制的宗教改教家來說，推動他們的基本信念是藉著回到初期教會的信仰與操守，才是最能改革與更新基督教的途徑。最初5個世紀(通常被稱為「教父時期」〔patristic period〕)傾向被視為基督教的黃金時代。16世紀許多改教家的偉大理想，就是可以總結為「基督教的重生」(*Christianismus renascens*)這句拉丁文的口號。這樣的再生究竟如何才會出現？改教家指向使徒時代基督教的活力，正如新約聖經所見證的，而且辯稱我們能夠並且必須重拾基督教教會歷史中重要時期的精神與形態。我們必須回到新約聖經及其最早的詮釋者，為了可以向他們學習。這些都是基督教世界的權狀，也是基督教信仰與實踐的泉源。

改教家站在舊約先知的偉大傳統中，挑戰當時的宗教領袖。他們認為後者所犯的罪惡是容許對基督教信仰的加添與曲解——這些篡改反映了教會的籌款者的利益，同時滿足了普羅大眾的迷信心態。煉獄的教義與售賣贖罪券(indulgences)的相關做法，被標明為代表基督教的迷信行徑，利用了一般人民的希望與恐懼。這是清除這些腐敗的時候了，方法是不斷訴諸於早期教會的信仰與實踐，藉此建立一個改組和清除的榜樣，那是教會所急需的。

這樣極度強調早期基督教是16世紀「基督教的重生」的理想規範與參照點的看法，讓我們明白改教家為何如此強調新約聖經以及常被稱為「教父」或「教父作家」的早期基督教作者。教會改革與更新的藍圖，都可以見於這些著作，也可以在其中看到基督教的原初理想。故此，第一部希臘文新約聖經的出現，以及奧古斯丁 (被大多數改教家視為教父作家的**代表**) 著作的初版印刊，成為16世紀宗教改革運動的里程碑，而且在歐洲廣泛流傳。對於馬丁．路德來說，改革的方案可以總結於一句簡單的句子：「聖經與聖奧古斯丁」。

文藝復興時代人文主義的興起，一般都被視之為極有助益，在西歐對古籍相關的希伯來文與希臘文研究有重大的進步，預備了直接研究聖經之路，取代了不太可靠的拉丁文〈武加大譯本〉。人文主義者倡導新的文本學與語文學的技術，被公認為是通往新約世界 (因而是通往真正的基督教) 的鑰匙。正當16世紀踏入第二個10年時，許多人都感到新紀元正待破曉，而真正基督教沉寂已久的聲音，得以再次被人聽到。

宗教改革運動的方案雖然可能看來簡單，卻遇到令人畏懼的困難，本書後文將會提及。宗教改革的議程已經設定，所賴以成功的工具也準備好了。不過，我們若要明白這段人類歷史的舞台背景，就必須投入15世紀至16世紀初的思想洪流中。

然而，歐洲不是每一處地方都被宗教改革運動熔爐產生的新宗教觀念所影響的。在某些情況中，這些觀念對社會或教會造成的結果 (而不是這些觀念本身) 才是改變的催化劑。例如，德意志地區直接深受宗教觀念的影響，而英格蘭卻明顯沒有那麼受影響，反而發展出宗教改革運動一個較為政治化的形式。我們如何理解這些發展？它們有何意義？我們將會較為詳細地探討德意志地區與英格蘭的情況，嘗試明白宗教觀念在這兩個處境中的不同功能。

宗教觀念的社會角色：日耳曼與英格蘭

在亨利八世 (Henry VIII) 的統治下，16世紀英格蘭宗教改革運動與日耳曼的情況沒有甚麼關聯。歷史學者波威克 (F. W. Powicke) 指出，「英格蘭的宗教改革運動可說是一次國家的行動」，而且，「英格蘭的宗教改革運動是議會的事務」。[1]波威克的歸納是正確的，顯示出德意志地區與英格蘭的宗教改革運動的一個重要分別。

在德意志地區中，福音派信徒與天主教作者和教士之間在1530年代期間持續了漫長的鬥爭，雙方各自試圖在有爭議的地區中增加影響力。在英格蘭，亨利八世僅是宣告在他的領土上只有一個國家教會。通過皇家諭令，在英格蘭之中只可以有一個基督身體。故此，英格蘭的改革宗教會在界定它與同一地區的其他教會的關係上，沒有任何壓力。英格蘭的宗教改革運動起初推動的方式，毫無界定教義的需要，英格蘭教會的定義從社會的層面看，不論在政治上有何改動，根本與宗教改革之前沒有甚麼分別，不論在政治上有何改動。這不是說，英格蘭在宗教改革時期沒有任何神學上的爭議，而只是指出，那不涉及它的身分問題。[2]

德意志地區的信義宗教會被迫在宗教觀念的層面上為它的存在和範圍作出界定和維護，因為它是脫離自中世紀的天主教會——這個教會在信義宗地區的四周仍然一直存在，驅使信義宗藉著為它的觀念辯護，繼續證明它的存在是合理的。在1560年代和1570年代之間，隨著加爾文主義開始較多侵入以前是信義宗的地區，德意志地區的情況變得愈來愈複雜。基督教3大教派如今在同一地區中建立基業——信義宗、加爾文派和羅馬天主教會。他們都承受著建立自己身分的壓力。信義宗人士一方面被迫要解釋它與加爾文派有何不同，另一方面還有羅馬天主教會。教義證明是識別和解釋這些分別的最可靠方式：「我們相信這個，他們相信那個。」1559至1622年這段時期的特徵，就是重新強調教義純正的需要，這被稱為「正統教義時期」(period of orthodoxy)。

信義宗思想與加爾文主義在許多層面上都是類似的。兩者都宣稱自己是福音派；換言之，兩者都認為自己是植根在福音(拉丁文是 *evangelium*) 上，而不是人類的傳統。兩者都或多或少抗拒中世紀天主教會的同一核心層面。不過，雖然有這些明顯的相似，信義宗與加爾文主義卻必須加以區分。德意志地區的政治要求以某些簡單的方式識別信義宗與加爾文主義，而教義就證明是區分這兩個在其他方面都十分相似的羣體的最可靠方式。在大部分教義的論點上，信義宗與加爾文派大體上都能取得一致意見。不過兩者在一個問題上(預定的教義) 卻是南轅北轍。加爾文派在1559至1622年間對預定教義的強調，部分反映了一個事實，就是這教義與他們的信義宗同儕有所不同。

盧曼(Niklas Luhmann) 可能是近期研究基督教教義的社會功能這問題最重要的社會學家，他強調教義的出現，部分是為了回應一個羣體的獨特宗教身分所感受到的威脅，那可能是通過與其他宗教系統的接觸或衝突而產生的。盧曼認為，教義是一個宗教羣體的自我反省，藉此維持它的身分，調節它與其他這類羣體的關係。信義宗在面對同一德意志地區的加爾文派和羅馬天主教會的反對時，維護它的獨特身分的情況，很好地說明了這個原則。同時也清楚顯示，在英格蘭出現的改革宗教會為何沒有維護自己身分的需要，對付這樣的內部抗拒；在〈統一法案〉(Act of Uniformity) 之下，根本就不會有抗拒存在。

故此，在亨利統治下的英格蘭教會認為把自己界定為一個社會單位就足夠了，沒有必要進一步在教義層面上作出定義。在伊利莎伯一世 (Elizabeth I) 統治之下，情況大致相同。「伊利莎伯議決」(Elizabethan Settlement, 1559) 決定，在英格蘭只有一個基督教會——「英格蘭國家教會」(the Church of England)，保持宗教改革之前教會的宗教壟斷狀態，同時承認了君王 (而不是教宗) 的權威。正如霍爾斯伯理 (Halsbury) 在《英格蘭法律》(*Laws of England*) 一書中的定義，「英格蘭國家教會」一語在法律上絲毫沒有涉及它的教義：「英格蘭國家教會」被視為是英格蘭在公元597至686年間建立的教會的延續。羅馬天主教會、信義宗和加爾文派——這3個基督教會正在爭奪歐洲大陸的支配地位——不會在英格蘭中受到容忍。故此，英格蘭國家教會沒有要集中處理教義的特別理由。伊利莎伯保證，它在英格蘭沒有可以匹敵的對手。教義的目的之一，就是作出區分——而英格蘭國家教會是不必與誰區分的。宗教改革運動和後宗教改革時期在歐洲大陸讓教義顯得重要的因素，都沒有影響英格蘭。

事實上，確保所有英格蘭基督徒 (不論是傾向某類新教形式或羅馬天主教會) 在英格蘭國家教會中都感到合理適意的需要，導致有必要淡化教義的問題：對教義的強調，可能會引起新建立的教會之內的分歧，因而產生內部的弱點。當伊利莎伯試圖確保英格蘭在16世紀晚期危機重重的世界中享有安全時，她就不會願意見到英格蘭被教義的分歧所撕裂。一個分裂的英格蘭教會，就意味著一個分裂的英格蘭；而一個分裂的英格蘭就是一個軟弱和易受攻擊的英格蘭。

故此，宗教改革運動的社會處境對於宗教觀念發生作用的範圍具有重要的影響。在德意志地區中，這樣的觀念顯然是十分重要的；在英格蘭就非常微小。只有到了16世紀末，清教徒主義的興起在英格蘭成為一個值得注意的宗教和政治力量時，宗教觀念才開始在英格蘭處境中變得重要。

不過，德意志地區或許比英格蘭更能提供一個可靠的典範，讓我們理解宗教觀念在法蘭西、低地國家、意大利北部或瑞士等地的巨大衝擊。英格蘭由於北海（North Sea）和英吉利海峽（English Channel）的緣故而與歐洲大陸隔離，不用受到宗教觀念力量的影響，這不是典型的情況；宗教觀念的力量席捲歐洲，有時甚至引起宗教的戰爭。研究英格蘭宗教改革運動的人可能會辯稱，他們得到的印象是宗教觀念在當時只是扮演一個次要的角色；不過在其他地方，故事就不一樣的了。是時的英格蘭不能被視之為一個理解宗教觀念的角色和影響力的決定性典範（controlling paradigm）。

在探討過某些初步的問題之後，我們現在可以面對宗教改革運動了。最適當的入手處，就是探討中世紀晚期宗教的世界，也是現在要轉到的課題。

註釋

1 F. M. Powicke, *The Reformation in England* (London, 1941), pp. 1, 34。進一步參 A. G. Dickens, 'The Reformation in England,'

in *Reformation Studies* (London, 1982), pp. 443～456； J. J. Scarisbrick, *The Reformation and the English People* (Oxford, 1985), pp. 61～84。

2 有關分析，參 Alister E. McGrath, *The Genesis of Doctrine* (Oxford/Cambridge, Mass., 1990), pp. 37～52。

進深閱讀

關於宗教改革運動的整體綜覽，參：

John Bossy, *Christianity in the West 1400～1700* (Oxford, 1987).

Euan Cameron, *The Reformation* (Oxford, 1991).

Owen Chadwick, *Pelican History of the Church,* vol. 3: *The Reformation* (London, 1972).

A. G. Dickens and John M. Tonkin, *The Reformation in Historical Perspective* (Cambridge, Mass., 1985).

Steven E. Ozment, *The Age of Reform 1250～1550* (New Haven/London, 1973).

關於宗教改革運動的社會背景，參：

Hans Baron, 'Religion and Politics in the German Imperial Cities during the Reformation,' *English Historical Review* 52 (1937): 405～427, 614～633.

Basil Hall, 'The Reformation City,' *Bulletin of the John Rylands Library* 54 (1971): 103～148.

Berndt Moeller, *Imperial Cities and the Reformation: Three Essays* (Philadelphia, 1972).

Steven Ozment, *The Reformation in the Cities: The Appeal of Protestantism to Sixteenth-Century Germany and Switzerland* (New Haven/London, 1975).

關於印刷術所造成的影響，參：

M. U. Chrisman, *Lay Culture, Learned Culture: Books and Social Change in Strasbourg, 1480～1599* (New Haven/London, 1982).

Elizabeth L. Eisenstein, *The Printing Press as an Agent of Change:*

Communications and Cultural Transformations in Early Modern Europe, 2 vols. (New York, 1979).

關於16世紀與宗教改革運動有關實例的極佳彙集，參：

Pierre Chaunu, *The Reformation* (Gloucester, 1989).

2
中世紀晚期宗教

中世紀晚期是宗教改革運動的背景。在近年的學術著作中，愈來愈多人強調要將宗教改革運動置於中世紀晚期的處境，並把對中世紀晚期、文藝復興與宗教改革運動的研究成果，互相參照。這些領域的分割(例如，通過各自的大學講座教席、期刊與學術團體)，大大妨礙這種綜合與落實的過程，但這過程對了解宗教改革運動的觀念是極為重要的。在接下來的兩章中，我們會仔細檢討在中世紀晚期歐洲兩股最重要的思想力量：人文主義(humanism)與經院神學(scholastic theology)。本章處理的是中世紀晚期宗教的一些基本要點。

民眾宗教的增長

對於宗教改革運動背景的較舊研究，經常試圖把中世紀晚期描繪為一個宗教沒落的時代。這樣，部分是反映了這些研究對15世紀抨擊教會的文獻採取了不加批判的態度。現代研究運用了較為可靠的標準，顯示了剛剛相反的情況。從1450至1520年間，德意志地區正經歷了民眾宗教(popular religion)敬虔的顯著增長。這點尤其清楚見於莫勒的專文〈1500年間德意志的宗教虔誠〉(Piety in

Germany around 1500）。[1]

莫勒是基於一系列的研究，證明從各方面最可能的客觀標準看來，顯示在宗教改革運動前夕的德意志地區，民眾宗教出現了驚人的增長。從1450至1490年間，奧地利上層貴族所資助的彌撒數目持續增加，這在1490至1517年間達到頂點。宗教互助會的成立蔚然成風，目的是為了讓互助會成員逝世之時，可以聘請教士為其舉行彌撒。這些團體基本上是由窮人捐獻而成立的。這種情況存在的本身，關乎死亡與永生的信仰——例如煉獄與聖徒代求的觀念。單單在漢堡一地，在宗教改革運動前夕，就有99個這樣的互助會，大多數更是在1450年之後才成立的。興建教會的工程，在15世紀後期十分蓬勃，正如朝聖與收集不同聖物的時尚一樣。15世紀被形容為「神祕主義文學膨漲的時期」（奧伯曼〔Heiko A. Oberman〕），反映了民間對宗教興趣的增加。正是這種民間對宗教的興趣，引致對建制教會的批判，指其不能盡上其應有的責任。這種批判在以前的研究中，被說成是宗教**衰落**的證據，但這實際上卻是指向宗教的**興盛**。有趣的是，這些宗教敬虔的興盛，似乎大部分局限於平信徒會眾；當時的聖職人員沒有顯示出任何屬靈更新的徵兆。整個境況預備了反教權主義（anti-clericalism）的興起，聖職人員則被視為只是利用此種新興對宗教的興趣，而不是培養之。

反教權主義的興起

「反教宗主義」（anti-papalism）與「反教權主義」是15世紀日耳曼宗教現象的重要一環。[2] 反教權主義出現的一個因素，就是顯貴的聖職人員質素惡劣。在文藝復興的意大利中，教區的教士通常都沒有受過甚麼訓練；他們的有限知識都是源自觀察、協助和效法較年老(卻不一定較有智慧)的同工。主教轄區的巡訪，往往顯示教士是知識淺陋的，或經常遺忘了他們的日課經(breviaries)。教區聖職人員的惡劣質素，反映了他們的社會地位低下：在16世紀初的米蘭，專職教士的薪酬比沒有技術的工人還低。許多人藉著販賣牛馬，才足以餬口。同一時期在法蘭西的農村地區，低階教士的社會地位大概等同於流浪漢：他們不用繳稅，免受國民法庭檢舉，以及不必參與義務軍役，差不多與當時四處流浪的乞丐沒有分別。

聖職人員可以豁免大部分的課稅。這樣的寬免成為許多民眾憤怒的原因，尤其是在經濟困難的時候。在法蘭西的莫城主教轄區中(這地方在1521至1546年間成為宗教改革運動活躍分子的中心)，聖職人員獲豁免一切形式的稅項，包括與軍需供應和駐防有關的費用——這激起了當地相當大的憤慨。在盧昂的主教轄區中，民眾抗議教會在1520年代嚴重失收時還藉著售賣穀物而大發橫財。聖職人員免受國民法庭的起訴，進一步把聖職人員與市民大眾隔離開來。[3]

在法蘭西，1520年間的糧食危機，在鞏固反教權主義的態度上扮演了一個重要的角色。拉杜瓦(Le Roy Ladurie)在對朗格多克(Languedoc)的著名研究中，指出1520年代見證了擴展和復甦過程的完結，那段過程是百年戰爭之後兩代人的特徵。自此以後，一場危機開始出現，包括瘟疫、饑荒，以及貧農遷往城市尋找食物和工作。同樣的模式，現在已被視為是當時法蘭西北部羅亞爾(Loire)大部分地區的情況。這場糧食危機，把民眾的目光集中於勞動階級與教會建制之間的巨大社會差距。

文藝復興晚期在法蘭西的主教大多數是貴族出身，這個趨勢見於一個又一個的主教轄區。[4] 在莫城，教會建制的較高階層都是出身自城市的貴族階級，在布里 (Brie) 全地的高級教士就是這樣。同樣的模式可以見於盧昂，正如加爾文的出生地努瓦永 (Noyon)，當地的韓加斯 (de Hangest) 家族壟斷了教會的事務，掌握任命的實權，而且在超過四分一世紀中，提供了大部分豁區的主教。在朗格多克省中，高階的聖職人員大多是門外漢，往往是由貴族以王室任命權強加在主教轄區中。這些聖職人員甚少留在他們的轄區中，只把他們的屬靈和現世責任，視之為不勞而獲的收入來源，並用來促進在其他地方的政治雄心。主教與高級教士的貴族背景和地位，使他們遠離工匠和農夫和隔絕於1520年代的經濟存亡危機之外。1520年代高級教士 (主要是建基於鄉鎮和城市) 與農民之間不斷增加的張力，構成了宗教改革運動在法蘭西起源的背景。

在1510年代和1520年代的西歐大部分地區，人文主義者圈子對教育新的強調，導致教會建制被視之為反動的、敵視新學習的，而且受到教育的發展與強調信仰的個人應用所威脅。1520年代開始出現的作品顯示，聖職人員的衣著喜愛維持舊款、散漫的樣式，以致幾乎不會把他們視為是教師、屬靈導師或道德榜樣。拉伯雷 (Rabelais) 不是惟一揭露和嘲諷修士陋習的人，伊拉斯姆也不是惟一批評經院哲學 (scholasticism) 的枯燥和聖職人員的不當者。

反對教宗的感覺，在文藝復興的晚期也有所增加，尤其是在德意志地區。這類針對教宗的敵意的發展，往往涉及教宗是由意大利人掌握的看法。對教宗的敵意，在受過教育與統治階級之間可能最為強烈，他們對教宗干涉地方教會與政治事務深感憤慨；至於對聖職人員的敵意，則在平民百姓中間最為嚴重，尤其是在鄉鎮中，他們不滿聖職人員的特權(例如豁免賦稅)，另外聖職人員也經常像當時日耳曼的地主那般壓制農民。研究指出，對於反教權的傳統與反教宗的感覺，顯然存在於一種所謂「教會的牢騷文學」中。[5] 路德在他著名的改革論文《致德意志民族基督教貴族書》(*Appeal to the German Nobility*)中，列出了教宗與聖職人員的陋習，類似一個世紀之前流行的類似清單。路德似乎是承接了對教會長期不滿的傳統，藉此為他的改革方案贏取支持。

在一般日耳曼人民的心中，路德與其他諸如胡騰(Ulrich von Hutten)等人，都被視為是針對教會壓制的共同解放者。此外，有證據顯示日耳曼的民族主義，受到反教宗與反意大利情緒的煽動，在1517至1521年間達至高峯。當時出現了一種流行的傳説，認為日耳曼是上帝揀選成就其旨意的國家民族。雖然各傳説於1530至1560年間被人文主義者逐步除掉，仍然有許多人視當時由路德領導的日耳曼宗教改革運動為神聖的默示與引導。當然，這現象不只限於德意志地區，例如在英格蘭羅拉德派的運動(Lollard movement)也有相同的特徵。

關於中世紀晚期民眾宗教的興盛，最後還有一點值得注意。在某程度上，民眾宗教可説是企圖將神學家的抽象觀念轉化為一些較具體事物的一種嘗試。洗禮、婚姻與死亡成為一些充斥著民間信仰與習俗的事情(通常稱為「民俗宗教」〔folk religion〕)，雖然這些事情起初是源於神學家所寫的課本，最終卻往往沒有甚麼關連。民眾宗教通常是以農村社會的事務為中心，反映了他們的生活節奏和季節。這類農業社會的耕作需要（例如是製備乾草和收割莊稼），深深結合在民眾宗教的儀式中。因此，在法蘭西莫城的主教轄區中，宗教禮儀提升至迴避動物與嬰孩的疾病、瘟疫與眼疾，或祈求年青婦女找到合適的丈夫。

中世紀晚期民眾宗教最重要的元素，可能是一連串有關死亡的信念和習俗，其中必然有一位教士參與。出席這些死人禮儀的費用是十分昂貴的，反映在宗教互助會（fraternities）的興起中，這類團體就是為了預備其成員可以得到合適的禮儀而設的。正如上文所述，在經濟困難之時，難免出現反聖職人員的感受，因為聖職人員似乎就是從赤貧的活人為他們死去的親屬而憂慮中謀取利益。在這些習俗中，最核心的是煉獄的觀念，煉獄在但丁的《神曲》（*Divine Comedy*）卷二中被生動描繪出來，表達了死人在進入天堂之前，要為他們餘下的罪孽受罰和潔淨的觀念。事實上，那被想成是一種讓死人等候最後審判期間的清帳交易所。這個觀念對許多人特別吸引，正如以後贖罪券買賣大行其道所顯示的，贖罪券所提供的至不濟是一張加快通過煉獄的通行證，從最好方面看，卻可以藉它完全免責。

在德意志地區中，路德認為贖罪券的交易在道德上是可恥的，在神學上也是充滿問題地利用民眾對死者的自然感情。他的〈九十五條論綱〉（1517年10月31日）直接批評那些主張只要付出恰當的數額給獲授權的教會銷售商，死者的靈魂就會立即從煉獄中得到釋放。對於日耳曼民眾來說，他們更覺羞辱的是，他們所付出的費用最終是去了意大利，資助文藝復興教宗的奢華揮霍。路德尤其反對台徹爾（Johann Tetzel）宣傳贖罪券的廣告：

錢幣叮噹一聲落入銀庫，
靈魂立即從煉獄中跳躍出來！

路德那惟獨憑信稱義的教義，排除了煉獄和贖罪券的需要；死人可以安躺在平安中，這是因著他們的信心，讓他們與上帝建立正確的關係，而不是由於他們給了教會甚麼好處。在法蘭西，利奧十世（Leo X）和法蘭西斯一世（Francis I）在1515年也策動了一場贖罪券運動，以圖資助十字軍；然而，在1518年，巴黎神學院抗議這場運動所提出的某些迷信觀念。它被斥責為是「錯誤和可恥的」教導，因其主張「不論是誰投進十字軍的募捐中，捐獻一個銀幣或一個靈魂在煉獄中的價值，讓那靈魂立即獲釋，那靈魂就必然會到達天堂」。不過，這些信念雖然被學術界的神學家所質疑，卻深深迷倒一般普羅大眾。一個「非官方」神學開始形成，大部分與被認可的神學教科書無關，而是深深建基於社會大眾的盼望和恐懼之上。

正當民間信仰與神學之間的裂縫日漸擴大，改革的可能性也漸漸微弱。若要改革民間信仰，使其與「官方」神學互相吻合，就首先是假設大家都同意那神學的本質是甚麼——而在接著的下文中，我們可以見到教義多元化與混亂的發展，均最終否定此可能性。最後，改教家快刀斬開這難解之結的方法，在於同時抨擊民間的信仰與習俗，**以及**這些信仰至終所建基的神學基礎（即使那是日逐薄弱的關係），並且倡導大規模的教育計劃。可是，對於那些試圖改革中世紀晚期民眾宗教的人來說，這些宗教改革運動時期的大規模計劃是相對失敗的，而且也將他們面對的問題更清楚地顯明：民眾宗教與大眾迷信是極難根絕的。

教義多元主義的興起

中世紀宗教思想的最重要發展之一，是不同神學「學派」(schools) 的興起。正如20世紀見證了「佛洛依德派」(Freudian school) 與「阿德勒派」(Adlerian school) 在心理分析上的興起，以及「巴特派」(Barthian school) 在神學上的發展，中世紀也同樣經歷了許多卓然成家的神學思想學派的確立。其中兩個學派可以簡略一提：「多馬斯學派」(Thomist school) 是建基於多馬斯．阿奎那 (Thomas Aquinas) 的著作，而「蘇格徒學派」(Scotist school) 是基於約翰．敦司．蘇格徒 (John Duns Scotus) 著作中相當不同的思想。中世紀是歐洲的大學與學派擴展的時期。此種發展不可避免的結果，就是思想的多元化。換句話説，學術愈加以發展，結果是造成愈多意見的流傳。到了16世紀初，差不多有9個這樣的學派在西歐的教會之內建立起來。[6]

這些思想學派現在對一些主要的問題有十分不同的理解。譬如，他們對於稱義的教義 (本書第6章會再論及) 便顯示了在某些課題上的分歧——例如個人若要稱義，應作何事。其他相似的分歧，亦見於對個人宗教與教會體制有何直接重要性的一連串問題上。不過，哪一個思想學派才是**正確**的？哪一個是最接近教會的官方教導？以恰當的專門用語説，哪些只是「神學意見」，哪些才是「大公教條」？顯然，某些**衡量**新教義是否可靠的方法，應該加以運用。然而，正如我們在下文指出的一些原因，這些評估沒有一個被採用。教宗不願意定義甚麼才是「真正的教義」，而且顯然不能強推這些教義。結果難免是：混亂。幾乎沒有人可以十分肯定在某些問題上，究竟甚麼才是教會的官方教導。稱義的教義是這些問題之一，此教義後來成為主要宗教改革運動的中心——與馬丁．路德有關的——或許就毫不意外了。

上述的教義迷惘，實際的結果在文獻上顯而易見。在意大利文藝復興晚期的一段插曲，已經足以說明。在16世紀最初10年間，一小羣年青的意大利貴族定期聚會，為的是討論宗教的事情。這個小組的成員擁有共同的關懷：怎樣可以確保他們的靈魂得拯救。不過，這是如何達成的？為了得拯救，他們必須做甚麼事情？這條直接的問題，從教會當局那裏顯然得不到清楚明確的答案。在小組中出現了危機，在1510年達到頂點。這個小組分裂成兩部分。其中一個小組確信，拯救的達成，惟有是藉著拒絕世界和捨己，進入修道院避世，在那裏讓他們的拯救不受墮落世界的影響所侵害。另一個小組卻選擇留在世界中。他們解釋，以某種方法必然可以留在世界，而且得著拯救。不過，沒有人可以完全確定教會對這個重要問題的官方立場——這個問題就是路德後來在因信稱義的教義中論及的。

教會對稱義的官方教導的混亂，極大地促成了路德在德意志的改革方案的出現。最近知道與這教義有關，由一個被認受的教會團體所發出的權威公告是來自公元418年，而它那混亂和過時的陳述，在1100年之後的1518年，也沒有對這個問題的教會立場提出多少澄清。對路德來說，當時教會似乎已經陷入了伯拉糾主義（Pelagianism），這是涉及一個如何進入與上帝團契的不可接受的教導。路德相信，教會教導個人可以因著他們自己的成就和地位，在上帝眼中得蒙悅納，從而否定了恩典的整全概念。路德在這方面的憂慮上，大概並不正確——然而，當時教會存在相當大的混亂，沒有人能夠讓他知道教會在這個問題上的權威立場。即使是在亞威農的教廷統治的地區，也是普遍盛行無政府式的觀念。阿默巴赫(Boniface Amerbach)寫道：「任何人都可以有自己的意見」，他在1520年代間在這個教廷據點提倡「傑出博士馬丁」的觀念，為混亂的狀況雪上加霜。

我們在中世紀後期是談及一系列思想**譜系**(spectrum)。當時正流傳著範圍相當廣泛的教義體系。對於20世紀的作者來說，我們有著事後孔明的好處，自然很容易看出第一代改教家所發展的觀念帶有潛在的危險性——但在**當時**，這些觀念卻甚少受到保衛正統教義的官方護衛者所注意。正統與非正統之間的界線是如此模糊不清，根本沒有可能將一些個人例如路德定為異端——而到了必須採取這些行動時，宗教改革運動已經取得很大的動力，極難加以制止。中世紀晚期教會的教義多元化，便設下了未來宗教衝突的場景。

權威的危機

權威危機的增加是中世紀晚期的發展之一，清楚見於14世紀以後，這對宗教改革運動的研究十分重要。究竟我們應向何人或何方尋求對教義的權威性宣講？究竟甚麼人才有權柄清楚地宣告說「大公教會在**這樣**問題上的立場是**那樣**的」？在當時經歷了神學論爭急促發展的年代，十分需要一些人來界定甚麼只不過是神學的思辯，甚麼才是真正的大公教義。那時在教會內存在普遍的想法，認為神學的思辯是可以被接納的——畢竟，學術界要做些事情打發他們空閒的時間，而教會也對其教導的真理有十足的信心，容許它們經過仔細的審查。不過，顯然也有需要採取一些強制正統教義的措施（當然這是假設了「正統教義」是可以被定義的，但隨著時間過去，這卻逐漸受到懷疑）。教宗需要一些措施來強逼那些不合符正統教義觀點的人放棄其教訓，或至少抑制那些教訓的散播。

由於在中世紀晚期教會內兩方面發展的影響所及，以致在15世紀末與16世紀初時，若要對正統教義加以定義與強制施行，幾乎是沒有可能的。首先，因著西方教會大分裂（the Great Schism）及其餘波，教宗的權柄受到質疑。教會大分裂（1378～1417年）導致西方基督教世界在貴格利十一世（Gregory XI）死後決裂。意大利的陣營由烏爾班六世（Urban VI）領導，而法蘭西的陣營則由革利免七世（Clement VII）領導。這樣的情況持續直至1417年的康斯坦茨會議（Council of Constance）選出馬丁五世（Martin V）成為教宗才停止。在1409年左右的短暫時期中，竟然出現了3位自稱是教宗的人物。

上述情況的關鍵問題是：究竟怎樣才能解決誰是**真正**教宗的爭議？普遍認為，教宗是教會內所有教義紛爭的最後裁決者——但**哪位**教宗才能解決這場紛爭？最後決定，必須召開一次大公會議，連同掌權者一起尋求解決的方案。康斯坦茨會議（1414～1417年）的召開，就是要在3位敵對教宗的候選人之間（貴格利十二世〔Gregory XII〕、本篤十三世〔Benedict XIII〕與約翰二十三世〔John XXIII〕）作出選擇。這次會議略過了此3人，選擇了它自己的候選人（馬丁五世），因而方便地解決了事情。由此似乎確立了一個重要的原則：大公會議的權威高於教宗。不過，馬丁五世卻有不同的想法。

這樣，就形成了對教會內權威的兩種對立理論的發展境況：那些認為一個全體的會議具有至高的教義權威(「議會派」〔conciliarist〕立場)，以及那些認為教宗本人才擁有此權威(「教廷派」〔curialist〕立場)。正當教會需要改革的意識在15世紀日漸明顯之際，議會派人士便強調，這樣改革的惟一盼望是在於召開一次改革的全體會議。馬丁·路德在1520年他的《致德意志民族基督教貴族書》中反映了上述立場，他在文中辯稱，當時日耳曼諸侯是有權召開這樣的會議。議會派運動的失敗，一般被認為是宗教改革運動的主要原因，理由有兩方面。首先，它產生了盼望，以為教會可以從其內部改革——當這盼望破滅之後，許多人便轉而尋求其他方法，**強行**在教會進行改革，甚至可能藉著向俗世政權尋求幫助。其次，它也造成對教宗的教義權威的挑戰，由此加深了中世紀晚期神學思想的混亂情況。因著不知道誰才擁有最終的教義權威，許多神學家便自行發展他們的神學立場，不再過多追問這些立場的真確性。

第二方面的主要因素，涉及歐洲俗世統治者權力的興起，他們愈來愈傾向認為教宗的問題並不具有太大的重要性。此外，那些教宗似乎不願意運用一些已有的渠道來強制教義上的正統。例如，當時德意志地區的主教轄區和教省議會是具有審查異端的權力——可是這些議會卻沒有在16世紀初有需要時召開。許多歐洲統治者起初只是集中注意法蘭西與意大利的戰爭，接著是哈布斯堡王朝與瓦盧瓦王朝的衝突(Hapsburg-Valois conflict)，當時只要政治權力的首肯，宗教改革運動就**可能**用武力加以壓制。

不過，教宗召喚俗世統治者執行他們的宗教意願的能力，逐漸衰落消失。民族主義日漸成為重要的因素，削弱了阿爾卑斯山脈(Alps)以北的教廷權威，正如在法蘭西的情況所見的。1515年9月，法蘭西斯一世戲劇性地戰勝了教廷與瑞士在馬里尼亞諾(Marignano)的聯軍，讓他成為一股在意大利事務中足以抗衡的力量，而且提高他對法蘭西教會的權力。接下來〈波隆那協定〉(1516年)賦予法蘭西斯一世委任法蘭西教會所有高級教士的權力，有效地削弱了教宗對教會的直接控制。法蘭西斯察覺到在他的領土上有實施宗教正統教義的需要，便把這個問題的責任委派給巴黎大學神學院——這羣人很快被稱為「索邦神學院」(the Sorbonne)。法蘭西斯逐步朝向專制主義邁進，雖然他在帕維亞戰役(Pavia, 1525)戰敗，隨後在馬德里(Madrid)被監禁，因而暫時受阻，卻導致教宗在法蘭西事務上的權威相應降低，不論是國家或教會的事務。

結果，法蘭西的改革運動被視為是關乎法蘭西斯一世的事務，與教宗沒有多少關係。即使教宗想要插手法蘭西教會的事情，還有一連串外交上和法律上的艱巨障礙等著他。法蘭西斯剛剛在戰爭中擊敗教宗，顯示出他沒有多少興趣維護教宗在法蘭西的利益，除非它們是與法蘭西的君主統治一致。

教宗權威受到俗世統治者嚴厲限制的另一個例子，可以見於亨利八世企圖與亞拉岡的凱瑟琳(Catherine of Aragon)離婚一事。當亨利請求教宗允許他離婚(一般來說不會有甚麼困難)，教宗發現自己受到來自皇帝查理五世(Charles V)的巨大壓力——查理五世剛好與亞拉岡的凱瑟琳有關。由於查理最近攻入羅馬城大肆劫掠，在這地區駐留了龐大的軍隊，教宗就面對著冒犯國王(他從來沒有，似乎也永遠不會揮軍接近羅馬)或皇帝(他有這樣的軍隊，而且絕對可以隨時運用它們)之間的抉擇。結論早已確定了，亨利八世不會被允許離婚。

故此，在中世紀晚期教會內存在了權力的雙重危機。當時明顯地產生了**神學**權威運用的性質、範圍與方式的混亂局面，同時**政治**權威既不願也不能壓制宗教改革運動的新興觀念。正是在此教會混亂和沒有作為的境況中，宗教改革運動以急促的步伐前進，直至地方性的壓制對它而言已不足為慮之時。

英格蘭的個案研究：羅拉德派

宗教改革運動不是把教會從無變為有的；在歐洲各地，它是建基在現存的基礎上。愈來愈多人承認，英格蘭的宗教改革運動是建基於羅拉德派的基礎。因此，在本章對中世紀晚期宗教的分析中，以羅拉德派作為個案研究，說明民眾宗教的元素如何有助本地宗教改革的出現和形成的方式。

近期研究已經證明羅拉德派的複雜性，以致若要概括說明它的基本信仰，就會相當冒險，不像以往一樣。例如，雖然某些羅拉德派信徒反對煉獄的觀念，大多數人卻容忍它的存在；在英格蘭對這個概念的嚴厲抗拒，似乎只有隨著弗里思(John Frith)在1533年因這個問題受到處死而得到動力。然而，在這場運動中似乎廣泛通行著某些基本看法，可以歸納如下。一般而言，羅拉德派相信：

1. 聖經應該有本地方言的版本。
2. 尊敬雕像是不可以接受的。
3. 朝聖的習俗是要受到嚴厲批判的。
4. 每一個平信徒都是祭司。

5. 教宗行使了過度的權力。
6. 基督在聖餐餅中的臨在純粹是屬靈性的（反對中世紀變質説〔transubstantiation〕的教義）。

在某程度上，上述信念可以説是與牢騷文學的形式不相伯仲。不過，它指出了某些在羅拉德派圈子中盛行的看法，當路德的思想於1520年代在英格蘭出現時，這些看法提高了對路德思想的接受程度。因為，路德的教義與這些看法互相共鳴。例如，路德的「信徒皆祭司」的教義，就符合羅拉德派不喜歡教士的看法，羅拉德派相信所有平信徒都可以自稱為祭司。同樣地，路德對因信稱義的教義似乎（至少對羅拉德派來説）暗示，在拯救的過程中，不再需要教宗、教士或建制教會——這些全都是他們所熱烈憎惡的。每一個人都能夠與上帝和平共處，不用涉及讓人厭惡的教會統治集團。

類似羅拉德派的運動似乎在歐洲許多地方都存在，這提供了肥沃的溫床讓宗教改革運動的觀念可以發芽植根。羅拉德派並沒有發展出信徒皆祭司或惟獨憑信稱義等精深教義。他們充其量是擁有這種態度，或大體上那是嚴厲批判當時的教會。不過，當路德的觀念來到時，卻對羅拉德派帶來許多意義。他們與這些看法彼此共鳴，並增強了他們的論據，為羅拉德派的熱忱加添了智性上的精密，把一個新的神學基礎賦予他們對英格蘭教會的批判。

在此綜覽了在中世紀晚期教會中逐漸增加的壓力。不穩定的情況與日俱增。顯然某類改變不可避免是會出現的了。結果，它以宗教改革運動的形式出現，正如我們現在所知道的。文藝復興人文主義興起，是在這個中世紀現存宗教信念和習俗不穩定的過程中的一個重要額外因素。在不久前，人文主義的新方法對中世紀的教義觀點提出了嚴厲的提問。在下一章我們將會探討這方面的發展。

註釋

1 Berndt Moeller, 'Piety in Germany around 1500,' in *The Reformation in Medieval Perspective,* ed. Steven E. Ozment (Chicago, 1971), pp. 50～75.

2 最好的研究是 H.-J. Goertz, *Pfaffenhass und gross Geschrei: Die reformatorischen Bewegungen in Deutschland 1517～1529* (Munich, 1987)。另參 H. J. Cohn, 'Anti-clericalism in the German Peasants' War, 1525,' *Past and Present* 83 (1979): 3～31。

3 H. Heller, *The Conquest of Poverty: The Calvinist Revolt in Sixteenth-Century France* (Leiden, 1986).

4 M. Edelstein, 'Les origines sociales de l' épiscopat sous Louis XII et François Ier,' *Revue d'histoire moderne et contemporaine* 24 (1977): 239～247.

5 Gerald Strauss, *Manifestations of Discontent in Germany on the Eve of the Reformation* (Bloomington, Ind., 1971); A. G. Dickens, 'Intellectual and Social Forces in the German Reformation,' in *Reformation Studies* (London, 1982), pp. 491～503.

6 關於教義多元主義的起源和影響，參 Alister E. McGrath, *The Intellectual Origins of the European Reformation* (Oxford, 1987), pp.12～28。

進深閱讀

以下著作提供了宗教改革時期歐洲文化和社會的出色綜覽：

B. Moeller, *Imperial Cities and the Reformation: Three Essays* (Philadelphia, 1972).

K. von Greyerz (ed.), *Religion and Society in Early Modern Europe 1500～1800* (London, 1984).

E. I. Kouri and T. Scott (eds), *Politics and Society in Reformation Europe* (London, 1987).

F. Oakley, *The Western Church in the Later Middle Ages* (Ithaca, NY, 1979).

S. E. Ozment, *The Age of Reform 1250～1550: An Intellectual and Religious History of Late Medieval and Reformation Europe* (New Haven, CT, 1980).

關於中世紀晚期宗教文獻的出色綜覽，參：

F. Oakley, 'Religious and Ecclesiastical Life on the Eve of the Reformation,' in *Reformation Europe: A Guide to Research,* ed. Steven Ozment (St Louis, 1982), pp. 5～32.

關於反教權主義，參：

H. J. Cohn, 'Anti-Clericalism in the German Peasants' War 1525,' *Past and Present* 83 (1979): 3～31.

C. Haigh, 'Anticlericalism and the English Reformation,' *History* 68 (1973): 391～407.

R. N. Swanson, *Church and Society in Late Medieval England* (Oxford, 1989).

關於中世紀晚期教義分歧的重要性，參：

Alister E. McGrath, *The Intellectual Origins of the European Reformation* (Oxford, 1987), pp. 9～31.

Jaroslav Pelikan, *The Christian Tradition: A History of the Development of Doctrine. 4. Reformation of Church and Dogma (1300～1700)* (Chicago/London, 1984), pp. 10～22.

關於羅拉德派，參：

M. Aston, *Lollards and Reformers: Images and Literacy in Late Medieval Religion* (London, 1984).

J. F. Davis, 'Lollardy and the Reformation in England,' *Archiv für Reformationsgeschichte* 73 (1982): 217～237.

A. Hudson, *The Premature Reformation: Wycliffite Texts and Lollard History* (Oxford, 1988).

K. B. McFarlane, *Lancastrian Kings and Lollard Knights* (Oxford, 1972).

3

人文主義與宗教改革運動

在許多促成宗教改革運動洪濤的支流中，至今最為重要的仍然是文藝復興的人文主義。雖然宗教改革運動可能是開始於當時德意志與瑞士的城市中，卻極有理由顯示，這是14世紀意大利隨著我們現今稱為「意大利文藝復興」運動發展漸趨有力的必然結果。本章綜覽文藝復興人文主義的方法與觀念，藉此了解它對宗教改革運動的影響。

當20世紀的作者運用「人文主義」一詞時，我們通常是指一種強調人的尊貴，而沒有涉及任何有關上帝的反宗教哲學。「人文主義」具有十分強烈的俗世主義，甚至無神主義的含義。不過在16世紀，正如我們在下文將會見到的，「人文主義」一詞卻有相當不同的意義。14、15與16世紀的人文主義者都是極其宗教性的，他們所關心的是基督教會的**更新**，而不是**廢除**。故此，讀者必須放下現代對「人文主義」一詞的理解，才能準備好去認識在文藝復興晚期處境中的這種現象。

在我們開始討論人文主義與文藝復興，以及它們與宗教改革運動的關係之前，我們必須澄清專有名詞的重要問題。即使在英語的著作中，讀者很可能會遇到以下一些意大利文用語：*Trecènto*、*Quattrocènto* 與 *Cinquecènto*（重音符號常被省略）。這些名詞按次序是指1300年代、1400年代與1500年代，換句話說，這是指14世紀、15世紀與16世紀。同樣地，*quattrocentísta* 一詞是指15世紀的人物，而 *cinquecentísta* 一詞是指16世紀的人物。許多英語讀者誤以為 *Quattrocènto* 是指14世紀，結果造成嚴重的混淆。

「文藝復興」的概念

雖然「文藝復興」（Renaissance）這個法蘭西用語現今已被普遍用來代表14、15世紀意大利文學與藝術的復興，當代作者卻傾向以其他名詞來描述此運動：「復修」（restoration）、「復興」（revival）、「醒覺」（awakening）與「重新盛放」（re-flowering）。[1]（當然此處所說的「意大利」是指地理上，而不是政治上的體制）。在1546年，喬維歐（Paolo Giovio）形容14世紀為「拉丁文字母重生（*renatae*）的快樂年代」，便預見此發展。某些歷史學家（最著名的是伯克哈特〔Jacob Burckhardt〕）認為，文藝復興造成了現代（the modern era）的誕生。伯克哈特強調，正是在這個年代，人類才開始想到自己是**個體**（individuals）。中世紀的集體意識被文藝復興時期的個人意識所取代。佛羅倫斯（Florence）成為新的雅典，那是一個勇敢新世界的思想首府，由阿爾諾河（river Arno）分隔新與舊的世界。[2]

伯克哈特以純粹個人主義的用語來定義文藝復興，在許多方面都受到質疑，因為有強烈的證據顯示，意大利文藝復興的人文主義是具有強大的集體價值觀的層面——例如，對於城市生活（見於佛羅倫斯的公民人文主義〔civic humanism〕）、政治（例如*parte Guelfa*）、商業（見於羊毛同業公會）和家庭生活，均有集體性的取向。不過，在某程度上，伯克哈特無疑是正確的：在文藝復興的意大利中，出現了新穎和興奮的**某些事物**，足以讓數代的思想家陶醉於其中。

為何整個意大利，或特別是佛羅倫斯，成為這場思想史上輝煌新運動的搖籃，至今仍不太肯定。以下是一些被視為對這問題有關的因素：

1. 意大利浸淫於古代偉大事物鮮明可見的回憶中。古羅馬建築和遺迹的斷垣殘壁，散佈在這片土地上的每一角落。正如韋斯（Roberto Weiss）在他的《古典年代的文藝復興發現》（*Renaissance Discovery of Classical Antiquity*）中指出，這些斷垣殘壁代表了與偉大古代充滿活力的聯繫。它們顯然在文藝復興時期點燃起對古羅馬文明的興趣，極重要地刺激其思想家在一個他們認為是文化枯竭和貧瘠的時代中，重新發現古典羅馬文化的生命力。
2. 經院神學——中世紀最重要的思想力量——從來沒有在意大利產生特別的影響力。雖然許多意大利人成為了著名的神學家（例如多馬斯．阿奎那與黑米尼的貴格利〔Gregory of Rimini〕），但他們一般是在歐洲北部的大學活動的。故此，在14世紀的意大利就產生了思想上的真空。這真空急待填補——而文藝復興的人文主義填補了這獨特的空隙。
3. 佛羅倫斯是仗賴其共和政體（republican government），才得享政治上的安定。故此，它十分自然地轉向以羅馬共和政體作為其研究對象，包括它的文學與文化，以此作為佛羅倫斯的榜樣。

4. 佛羅倫斯的經濟繁榮創造了閒暇的時間，因而產生了對文學與藝術的訴求。對於文化與藝術的贊助，也被視為對盈餘財富的適當運用。[3]
5. 隨著拜占庭王朝（Byzantium）開始瓦解——君士坦丁堡（Constantinople）在1453年終於陷落——操希臘語的知識分子便大量向西遷移。意大利剛好十分接近君士坦丁堡，結果就有許多流亡者定居於意大利的城市中。這樣，無可避免地導致希臘語言的復興，以及隨之而來對希臘古典文學的興趣復現。

「人文主義」的概念

「人文主義」一詞是19世紀杜撰出來的用語。德語的 *Humanismus* 首先出現於1808年，指一種強調研讀希臘文與拉丁文古典著作的教育形式。英語的「人文主義」（humanism）一詞稍後才出現。它首次見於泰勒（Samuel Coleridge Taylor）的著作（1812年），用來指稱一個基督論的立場——認為耶穌基督純粹是人的信念。這個用語含有文化的意義，首次是用於1832年。

「人文主義」一詞在文藝復興時期並沒有使用過，認識這一點十分重要，雖然我們可以經常見到意大利文 *umanista*。這個字是指教授人文學或人文研究（*studia humanitatis*）的大學講師——即人文研究（human studies）或「博雅人文科」（liberal arts），例如詩詞、文法與修辭學。[4]（英語「人文主義者」〔humanist〕首先於1589年出現，意思是「文學學者，尤其是指精通拉丁文研究的人」。）「人文主義」一詞在相當後期才出現的情況中，暗示著文藝復興時期的作者本身並沒有意識到這個名詞現今所知的普遍看法和世界觀的存在。現代讀者傾向假設,「人文主義者」是個別贊同所謂「人文主義」的信念、態度和觀點等主體的人物,正如馬克思主義者就是贊同馬克思主義的人物。然而,這個假設缺乏歷史的證據。我們即將見到,這個信念、態度和觀點等主體是甚麼,顯然極難界定。

本節主要討論人文主義的定義問題。這用語至今仍然廣泛地在文藝復興與宗教改革運動的研究中使用,其不確定的含義往往教人困惑。「人文主義」的意義究竟是甚麼?在近期的研究中,有兩種對此運動的主要詮釋。首先,人文主義被視為是強調古典學術與語言學的運動。其次,人文主義是文藝復興的新哲學。正如即將清楚指出的,這些對人文主義的詮釋,都有其不足之處。

古典學術與語言學

毫無疑問,文藝復興時期見證了古典學術的興起。希臘文與拉丁文的古典作品都按照其原文被廣泛研讀。雖然某些早期研究建議,人文主義是起源於大學以外的處境,現存的證據卻指出,人文主義與意大利北部的大學毫無疑問有密切的關係。故此,人文主義基本上可以視之為是一場致力研究古典時代的學術運動。不過,這可能會忽視了人文主義者**為何**首先希望研讀古典作品的原因。從現存的證據來看,這些研究顯然是一種達到目標的**途徑**,而不是**目標**的本身。那目標就是提升當代寫作與說話表達的雄辯能力。[5]換句話說,人文主義者研究古典作品是以之作為寫作修辭的典範,藉此獲得靈感與指導。古典著作的研究與語言學的能力,只不過是運用古代資源的工具。正如許多人經常指出,人文主義者的著作不論對文字或語言修辭上的發揚，遠超過其對古典學術與語言學的重視。

文藝復興的新哲學

根據近年數位人文主義的詮釋學者來看，這運動是體現了文藝復興時期的新哲學，它的興起是作為對經院哲學的一種反應。故此，文藝復興被認為是柏拉圖主義（Platonism）的時代，而經院哲學則是亞里士多德主義（Aristotelianism）的時代。其他人則主張，文藝復興基本上是反宗教的現象，預示了18世紀啟蒙運動的俗世主義。巴倫（Hans Baron）認為，人文主義基本上是一場共和主義者的運動，藉研讀西塞羅（Cicero）的作品，吸收其中的政治思想。[6]

上述對人文主義相當大膽的詮釋，面對著兩個主要困難。首先，人文主義者的基本關注似乎是雄辯修辭的發揚。雖然我們不可以說人文主義者對哲學毫無建樹，事實上他們的興趣始終都是主要在於文字的世界。故此，與那些努力「追求修辭技巧」的人比較，顯然較少人文主義者的作品是涉及哲學的——即使有的話都是一些較為外行的作品。巴倫對於人文主義者閱讀西塞羅作品的看法，其弱處在於大多數人文主義者研讀西塞羅的作品，都是在於學習他的寫作技巧，而不是吸納他的政治觀念。[7]

其次，對於人文主義作品的仔細研究，亦發現了另一教人不安的事實，就是「人文主義」顯然是由不同的成分形成。例如，許多人文主義作家的確是喜愛柏拉圖主義——但也有其他人喜愛亞里士多德主義。整個文藝復興時期對亞里士多德主義的頑強堅持（例如在帕多瓦〔Padua〕大學），對於那些強調人文主義在哲學上是一元性的人，構成了嚴重的障礙。某些意大利人文主義者的確表現了似乎是反宗教的態度——但另一些意大利人文主義者卻是極為虔敬的人。某些人文主義者確實是共和主義者——但其他卻採納了不同的政治取向。近期研究也使人注意到人文主義鮮為人知的一面——某些人文主義者對法術與迷信的著迷——而這是相當難以與對此運動的慣常看法互相調和的。簡單來說，「人文主義」愈來愈清楚是沒有一致的哲學主張。沒有一套單一的哲學或政治思想，主導或涵括著整場運動。事實上，「人文主義」一詞似乎應該從歷史學家的詞彙中刪掉，因為它缺乏有意義的內涵。把一個作家冠以「人文主義者」的稱號，根本就不能表達他對哲學、政治與宗教的觀點。

事實上，意大利文藝復興顯然是如此多面的，以致任何對其「獨特觀念」普遍化的結論，都會易於曲解此現象。正是為此原因，克里斯特勒 (Paul Oskar Kristeller) 提出對人文主義的看法，就具有決定性的價值。克里斯特勒對人文主義的理解，在北美與歐洲的學術界廣受接納，但仍然有其不足之處。

克里斯特勒對人文主義的觀點

克里斯特勒視人文主義為一種文化與教育的運動，主要關心的是以不同形式發揚雄辯修辭的學問。它對道德、哲學與政治的關注，只佔次要的地位。作為人文主義者，最先和首要的關注是雄辯的能力，其他是附帶的事情。人文主義基本上是一種文化的方案，以古代的經典作為修辭的典範。不論在藝術與建築，或是書寫與說話的用詞上，古代遺留下來的東西都被視為文化的資源，可以被文藝復興所取用。佩脫拉克(Petrarch)稱西塞羅為他的父親，維吉爾是他的兄弟。15世紀的建築家刻意忽視歐洲北部的哥德式風格，為的是回到古代建築的經典風格。人們研讀西塞羅的作品是以他作為演說家來看，而不是視他為政治或道德作家。

簡單來說，人文主義所關注的是**如何獲得和表達觀念**，而不是**那些觀念的真正本質**。人文主義者可以是柏拉圖主義者或是亞里士多德主義者——但在這兩種情況中，其思想都是取材自古代。人文主義者可以是懷疑論者或宗教信徒——但這兩種取向都可以從古代得到維護。克里斯特勒對人文主義的理解，其極為引人入勝之處乃在於它能夠卓越地描述文藝復興異常多元化的特質。巴倫認為這一組是中心的思想，而伯克哈特則認為是另一組觀念，克里斯特勒卻指出這些觀念作為中心特性的產生與處理過程。文藝復興人文主義之**觀念**的多元性特質，是基於**如何獲取與表達這些觀念**的基本共識。

顯然，任何對人文主義與宗教改革運動關係的討論，將會完全視乎對人文主義所下的定義。克里斯特勒對人文主義的定義，容許了至今對這兩種運動之間關係的最可靠評估。

Ad fontes：回到本源

人文主義的文學與文化方案，可以總結於一句拉丁文的口號——「回到本源」(*ad fontes*)。越過中世紀的糟粕，為的是重拾古典時代思想與藝術的光輝。中世紀的釋經書籍(不論是有關法律或聖經的註釋)所形成的「過濾器」必須加以棄掉，才能直接回到原來的文本。以此用於基督教會，「回到本源」的口號就表示直接回到基督教的權狀上——即早期的教父作家，以及至終的聖經上。

不過，這句口號不只指出在文化更新中所採用的資料來源，也說明了對待這些資料來源所應採取的具體態度。我們應要記得，不論在地理上與科學上，文藝復興是一個發現的時代。美洲的發現觸發了後期文藝復興的想像力，正如對人類身體與自然界運作的嶄新理解，也帶來同樣的效果。故此，閱讀古典資料是為了重新發現它們所反映的經驗。維吉爾在他的史詩《埃涅阿斯紀》(*Aeneid*)中描述發現新奇古怪的土地，同樣地，文藝復興晚期的讀者也懷著期望來閱讀維吉爾的作品，因為他們亦是在尋索未知之知識領域(*terrae incognitae*)的過程。加倫(Galen)的作品也是在新亮光下重新理解：他向當代埋首於相同尋索的人，述說他在生理學上的發現。聖經也是一樣。新約聖經描述信徒與復活基督的相遇——文藝復興晚期的讀者也是懷著期望來閱讀聖經的文本，期望他們也能遇見復活的基督，而這相遇似乎是為他們那時代的教會所否定的。

這一點經常受到忽視，卻是理解人文主義者尊崇古代文本的關鍵所在。對於人文主義者來說，古典文本向後世傳達了一種經驗——這經驗是可以透過正確處理文本而重新獲取的。文藝復興時期思想家所發展的新語言學與文學方法，因而被視為是重拾古典時期活力的途徑。對於基督教會來說，這是打開了一個新穎、刺激和充滿挑戰的可能性——那是新約聖經描述的第一代基督徒的經驗，可以重拾並轉移至後世歷史的某一點。正是由於這個因素，可能多於其他原因，有助解釋為何在整個歐洲宗教改革運動的圈子中，人文主義者受到異常重視。對許多人來說，中世紀基督教的貧乏形態，似乎可以透過聖經的研讀，代之為另一更新、活力與動態的形式。「回到本源」不只是一句口號：對於許多為了中世紀晚期教會的狀況感到絕望的人來說，它是一條救生索。使徒時代教會的黃金時代，可以再次成為現今的實況。

對於一些現代的讀者來說，可能會較難體會到這種興奮和期待的感受。不過，我們若要進入宗教改革運動前夕歐洲的思想世界，就必須嘗試重溫此種期待的感受。對於許多當時歐洲的個人與羣體來說，教會歷史的新日子似乎即將來到，復活的基督復歸教會。對於許多像路德的人來說，上帝在祂的旨意中已將鑰匙(在嶄新的人文主義者的文本和語言學工具中) 交給了教會，藉此使新約聖經對基督的經驗得以解開，並可供人分享。

歐洲北部的人文主義

現在我們必須稍稍停下來，說明一個要點。影響宗教改革運動的「人文主義」，基本上是指**歐洲北部**〔譯按：當時歐洲北部地區並不完全等同今天所謂的「北歐」〕**的人文主義**，而不是意大利的人文主義。故此，我們必須了解歐洲北部這場運動的發展形態。

歐洲北部對意大利文藝復興的接受

愈來愈清楚顯明，歐洲北部的人文主義在每一發展階段上，都是受到意大利人文主義的影響。假如歐洲北部真的有任何獨立於意大利之外的本土化人文主義運動(這是十分存疑的)，那麼證據無疑指出，這些運動後來始終仍然是受到意大利人文主義的影響。這並不是說北部的人文主義者大體上只不過是襲取了意大利的觀念；相反地，這些觀念之所以被吸納和調適，似乎是由於它們符合北部的情況。例如，與佛羅倫斯城市聯繫在一起的公民人文主義（civil humanism），因而沒有廣泛地在歐洲北部得到吸納，只有少數德意志和瑞士城市例外。

意大利文藝復興的方法與觀念在歐洲北部傳播，大約有 3條主要渠道。

1. 歐洲北部的學者向南移居至意大利，可能是在意大利的大學唸書，或作為外交任命的部分。當他們回到自己的國土時，就帶回了文藝復興的精神。這方面的傑出例子是舍約爾（Christoph Scheurl），他在波隆那大學修讀法律，後來帶著法律博士學位和對文字的熱愛，返回新成立的威登堡大學。不久，這反映在威登堡學校課程的重要改革上，對於吸引路德在此任教極具重要性。
2. 意大利人文主義者的對外通信。人文主義關注寫作修辭的提升，而書信便被視為是具體表達與傳播文藝復興思想的途徑。意大利人文主義者對外通信的範圍十分廣泛，遍及歐洲北部的大部分地區。
3. 印刷書籍，大多數是來自像威尼斯的阿爾迪內印刷所。這些書籍通常是由歐洲北部的印刷廠加以重印，特別是在瑞士巴塞爾的印刷廠。意大利人文主義者經常將他們的著作獻給歐洲北部的資助者，因而確保它們受到各地人等的注意。威登堡的大學圖書館以擁有大量人文主義者的藏書而聞名，許多都是獻呈給智者腓特烈（Frederick the Wise）的。

歐洲北部人文主義的觀念

雖然歐洲北部的人文主義存在著重要的差異，在整場運動中卻是有3個主要觀念似乎是受到廣泛接納的。首先，正如意大利的改革一樣，大家都是同樣強調「優美文學」(*bonae litterae*)——書寫與說話的修辭是以古典時代的風格為圭臬。其次，我們可以發現直接指向基督教會整體復興的宗教方案。這方案的目的可以總結於一句拉丁文的口號「基督教的重生」，也表明了它與文藝復興有關的文字「再生」的關係。雖然伯克哈特認為，文藝復興引致對個人主觀意識的新強調，他的看法無疑是正確的，但歐洲北部的人文主義者卻在這個對個人的新強調上，補充加上個人所屬羣體(不論是教會與國家)更新的需要。在此需要特別指出這一點，文藝復興對個人主觀意識的強調是特別與因信稱義的教義有關的，而我們將會在本書第6章再論及此點。第三，歐洲北部人文主義的某些分支，在16世紀初採納強硬的和平主義者取向，這大部分是對法蘭西與意大利戰爭悲劇的反應。當時，尤其是在瑞士，大多數人文主義者都支持尋求國際之間的和平與互相了解。對於教宗玩弄政治權力的厭惡，就成了瑞士宗教改革運動背景的重要元素。

瑞士東部的人文主義

或許是由於它的地理位置，瑞士東部顯然特別容易接納意大利文藝復興的觀念。維也納大學(University of Vienna)吸引了大量來自這地區的學生。在文學院中出現了一次宮廷革命，主要通過采爾蒂斯(Konrad Celtis)的影響所操縱，確保維也納在15世紀末年成為一處人文主義者學習的中心，吸引了諸如瓦狄亞努斯（原名是 Joachim von Watt，瓦狄亞努斯〔英文拼寫可作 Vadian〕是他的化名）等偉大的人文主義作家。瓦狄亞努斯在維也納廣受學術上的榮譽，返回他出生的城鎮聖加侖，在1529年成為當地的傑出市民（*Burgomeister*）。巴塞爾大學在1510年代取得了相似的名聲，成為一羣人文主義者（通常稱之為「宗教社」〔sodality〕）的中心，聚集了諸如維騰巴哈（Thomas Wyttenbach）等人。

瑞士東部的人文主義已經成為深入研究的課題，它的基本精神特質相當容易理解。對於它的主要代表人物——瓦狄亞努斯、齊洛塔特斯（Xylotectus）、雷納努斯（Beatus Rhenanus）、格拉雷安（Glarean）和邁科尼烏斯（Myconius）——來說，基督教主要是一種生活方式，多過是一套教義。他們認為改革實際上是需要的——不過改革主要是關乎教會的道德生活，以及個別信徒在個人道德上的更新。沒有任何迫使教會教義改革的壓力。[8]

瑞士人文主義的精神特質具有強烈的道德色彩，聖經是被視為在基督徒道德行為的指引上正確，多過是敍述上帝的應許。這種精神特質有幾個重要的含義，尤其是關乎稱義的教義。首先，促使路德關心教義的問題，在瑞士的圈子中完全不見蹤影，稱義在他們當中根本不是問題。第二、隨著它成為德意志地區的一個課題，在1520年代瑞士人文主義者圈子中對於路德的稱義教義出現了某程度的焦慮。對於瑞士人文主義者來說，路德似乎是在提出一些對道德構成極大威脅的觀念，因而威脅到他們運動的獨特精神特質。

這些觀察在涉及慈運理時就十分重要，他先後在維也納大學（1498～1502年）和巴塞爾大學（1502～1506年）接受教育。慈運理在蘇黎世的改革方案始於1519年，具有瑞士人文主義的道德主義色彩。奧古斯丁作為「恩典博士」(doctor of grace)，直至1520年代才在慈運理的思想中扮演重要的角色(即使到了那時，他的影響也是主要在慈運理的聖禮思想上)。最後，慈運理衝破了瑞士人文主義的道德主義(可能在1523年左右，到了1525年已經確定)，不過直至此際，他的改革方案都是建基在道德式教育觀點上，故此具有當時瑞士人文主義者圈子的特徵。

法蘭西的法律人文主義

在16世紀初的法蘭西，法律的修習是處於激烈修訂的過程中。在法蘭西斯一世治下的專制法蘭西君主政體，隨著它愈來愈傾向中央集權管理，就視法律的改革對法蘭西的現代化來說是不可或缺的。為了加快法律改革的過程，至終導致在法蘭西遍地通行一套法律系統的構想，它資助了一羣學者，集中在布爾日(Bourges)和奧爾良的大學，致力在普世公認的原則上，研究法律規條的理論觀點。其中一個先驅人物是比代(Guillaume Budé)，他認為要直接回到羅馬的法律，這樣既有說服力，也合乎經濟，以此作為滿足法蘭西新的法律需要的工具。相對於意大利人慣例(*mos italicus*)是在評註(文本的註解)和中世紀法學家諸如巴托利斯(Bartholis)和阿庫修斯(Accursius)等人的註釋之亮光下，閱讀古典法律文獻，法蘭西人提出了一套步驟(*mos gallicus*)，直接以原文訴諸於原來的古典法律材料。

直接推動「回到本源」的人文主義者方案的一個直接結果，就是顯然難以再容忍評註和註釋。它們不再被視為是有用的研究工具，反而愈來愈被認為是研讀原來文本的障礙。巴托利斯和阿庫修斯等作者所撰寫的古典羅馬法律文獻的解釋，開始被視作是毫不相干的。它們就像是扭曲了的過濾鏡，置於讀者與文本之間。隨著人文主義學術愈來愈對自己的主張有信心，阿庫修斯等人的可信性就愈來愈受到法律人文主義者的質疑。偉大的西班牙學者聶伯里赫(Antonio Nebrija) 出版了一本詳盡的紀錄，列出他從阿庫修斯的評註中所發現的錯誤，而拉伯雷輕蔑地寫謂「阿庫修斯的笨拙見解」。法蘭西的法律人文主義(legal humanism) 的基礎，已經得到確立。

上述發展對宗教改革運動的重要性必須提出。在法蘭西的法律人文主義全盛時期，有一個在布爾日和奧爾良的學生，他就是未來的改教家加爾文，可能在1528年抵達奧爾良。加爾文通過在奧爾良和布爾日修讀民事法，能夠親身接觸這場人文主義運動的主要構成元素。這樣的接觸，讓加爾文成為一個稱職的律師：當他以後獲邀協助日內瓦的「法律和諭令」的法典編纂時，他能夠利用他對《民法大全》(*Corpus iuris civilis*) 的知識，作為契約、資產法律和司法程序的典範。不過，加爾文從法蘭西的法律人文主義所學到的，比這更多。

比代的作品顯示，他的信念不只是古典遺產(包括它的法律制度和法規) 對現今極具重要性，更在於古代遺物的研究是對耶穌基督的福音的恰當預備。加爾文在《基督教要義》1559年的重要版本中，採納了類似的取向，容許西塞羅引導讀者，從古代遺物的自然宗教走向耶穌基督的崇高福音。

加爾文可能是當時最偉大的聖經註釋家和講道家，他這方法的根源，可能是在於他在奧爾良和布爾日的開明氣氛中研讀法律。加爾文從比代學習，有迹象顯示他需要成為一個稱職的語言學者，可以直接閱讀重要的文本，在文中的語言和歷史特徵中加以解釋，而且把它應用在當時的處境中。正是這樣的態度，構成了加爾文解釋聖經的基礎，尤其是在他的講章中，他致力把聖經的視野與他聽眾的境況互相融合。法蘭西的法律人文主義同時給予加爾文鼓勵和工具，容讓過去歲月的文獻，對1550年代日內瓦城市的環境造成影響。

英格蘭的人文主義

在英格蘭宗教改革的背後，可以提出3個重要的宗教和思想元素：羅拉德派、信義宗思想和人文主義。這些元素每一個都被宗教改革運動學者視之為極具重要性：例如，魯普認為信義宗思想有決定性的影響，麥科尼克（J. K. McConica）認為是人文主義，而斯米頓（Donald Smeeton）則認為是羅拉德派。不論這場辯論最終證明了誰是誰非，這3個元素顯然也要包括在內，至少在某程度上，在1520年代至1530年代的英格蘭是面臨宗教與神學受壓改變的一代。我們在此所關心的，是人文主義的形式在這場辯論中被證明是極具影響力的。

在16世紀初的英格蘭，人文主義最重要的中心或許就是劍橋大學，儘管牛津和倫敦的重要性也是不容低估。劍橋是早期英格蘭宗教改革運動的家鄉，集中於「白馬圈子」（White Horse Circle，根據一間現今已經拆毀，接近女王學院的小酒館而命名），這羣人包括了巴恩斯（Robert Barnes）等人，在1520年代初聚在一起熱烈研讀和討論馬丁·路德最近期的著作。這間小酒館很快就被起了「小德意志」的渾名，正如英王街一帶地區 (King Street，一度是劍橋共產黨的發源地) 在1930年代被稱為「小莫斯科」一樣。

自從西博姆 (Frederick Seebohm) 的《牛津改教家》(*Oxford Reformers*, 1867) 出版以來，英格蘭思想史公認的傳統之一，就是提到人文主義作為「新學問」在劍橋及其他地方的發揚。然而，近代資料顯示，這句片語是用於1530年代，指的是早期新教的觀念。以此方式，拉蒂默 (Hugh Latimer) 致休伯丁 (William Huberdin) 的信函 (1531年) 提到，英格蘭教會可以通過新教改教家的活動而獲得「新學問」。

英格蘭的人文主義完全不是本土出現的運動，實質上是舶來品。韋斯已經證明，英格蘭人文主義可以溯源至15世紀的意大利。1430年代，波焦．布拉喬利尼 (Poggio Bracciolini) 旅訪英格蘭，接下來是意大利的文藝復興思想家。在15世紀末至16世紀初的劍橋大學傾向聘任意大利人——其中我們可以一提的有奧伯利諾 (Gaio Auberino)、蘇理戈納 (Stefano Surigone) 和特拉弗薩尼 (Lorenzo Traversagni)，不是由於缺乏本地的英格蘭教師，而是由於他們的意大利同儕被公認卓越。特拉弗薩尼是一個來自薩瓦羅納 (Savarona) 的方濟會修士，在劍橋發表了相當出色的修辭學演講，而且 (據我們所知，因著羣眾的要求) 很快刊行。

不過，人事的流通不是單向的。著名的英格蘭學者前往意大利，親身汲取文藝復興的精神。岡索普 (John Gunthorpe) 和塞林 (William Selling) 是這方面的先行者；他們的意大利遊記始自15世紀上半葉，為了下一世紀無數其他遊記定下範本。由於吸納了意大利人文主義的精神，他們便很難避免在返回英格蘭時把它的觀念傳播出去。

或許一次在文藝復興的劍橋的委任，尤能見證英格蘭對文藝復興觀念的接受程度。1511年，一位來自荷蘭的著名人文主義作家被委任當大學的道學教席，那是剛由瑪格麗特．波福(Margaret Beaufort)夫人建立的(環繞她身旁的是一羣16世紀初的熱心改教家)。他的名字是伊拉斯姆。

鹿特丹的伊拉斯姆

在芸芸歐洲北部的人文主義者中，有一位昂然佇立其中，對日耳曼與瑞士的宗教改革運動產生了無可估計的影響，他就是鹿特丹的伊拉斯姆(Erasmus of Rotterdam)。雖然伊拉斯姆對路德與加爾文的直接影響可能沒有想像中那麼大，但許多其他的改教家(例如慈運理與布塞珥)卻是深受他的影響。故此，必須較為仔細地檢視他對宗教改革運動思想的深遠貢獻。

不過，首先有一點需要注意。伊拉斯姆經常被視為是歐洲北部人文主義的最佳代表。雖然這點可以獲得許多支持，但我們卻必須注意，在歐洲北部人文主義中是存在某些張力的。其中兩點較為有趣的是：國族語言的問題，以及國族界線的問題。關於語言的問題，伊拉斯姆承認自己是「世界公民」，而西塞羅式的拉丁文是當時世界的語言。國族語言就成了他所憧憬由拉丁語所聯合的大都會式歐洲理想的障礙。對於其他人文主義者來說，特別在德意志和瑞士，國族語言卻被大力提倡，藉此提高國族的身分意識。不過，伊拉斯姆認為國家主義會威脅大都會式歐洲的憧憬，國家主義只會強化過時的概念，例如「國族的身分意識」，以及諸如國族邊界的相關觀念。相反地，其他人文主義者認為自己是在致力爭取**提升**國族身分。當伊拉斯姆寧願集中於**消除**國家主義的觀念和價值時，格拉雷安、邁科尼烏斯和齊洛塔特斯等瑞士人文主義者卻自認為具有藉著文學工具去維護瑞士的國族身分與文化的神聖義務。在「世界主義者」與「國家主義者」之間的上述張力，一方想要**廢除**而另一方想要**鞏固**國族身分，反映了在人文主義內流行的不同看法：這也顯示了伊拉斯姆正如一些學者所認為的，不應被視為是完全代表人文主義的發言人。

在16世紀最初10年間的歐洲，廣泛流傳最深具影響力的人文主義著作是伊拉斯姆的《基督精兵手冊》(*Enchiridion militis Christiani*)。[9] 雖然這書於1503年初版，1509年再版，它的真正影響力卻是始於1515年的第三版。從那時開始，這書成為風靡一時的著作，在以後6年間顯然印刷了23版。它是針對受過教育的男女平信徒撰寫的，這些人被伊拉斯姆視為是教會真正寶藏的所在。本書在1515年之後洛陽紙貴，讓人感到平信徒因此而對自我的理解經歷了一次重大的改變——而我們也不能忽略蘇黎世與威登堡的改革呼聲，也是在《基督精兵手冊》成為暢銷書之後不久發出的。伊拉斯姆的成功，也突顯了印刷術作為散播前衛新觀念的重要媒介——不論是慈運理與路德，在他們傳播這些觀念時，都沒有忽略這一點。

《基督精兵手冊》提出了極富吸引力的論點，聲稱當時的教會若整體回歸到教父與聖經著作上，就可以革新。恆常閱讀聖經是提升平信徒新敬虔的鑰匙，也是教會可以更新與改革的基礎。伊拉斯姆認為，他的著作是一本平信徒的讀經指南；書中提供了對「基督哲學」(*philosophia Christi*)簡單而富學術的詮釋。這「哲學」實際上是一種實踐道德的形式，而不只是學術性的哲學思想；新約聖經談及善惡的知識，藉此使其讀者可以避免後者，追求前者。新約聖經是「基督的律法」(*lex Christi*)，為基督徒蒙召遵從者。基督是基督徒蒙召學效的典範。不過，伊拉斯姆並不認為基督徒的信仰只是外在地遵守某種道德規條。他具有典型強調內在宗教信仰的人文主義觀點，以致他認為研讀聖經可以**轉化**它的讀者，使他們獲得新的動力去愛上帝及其鄰舍。

在此有數點是特別重要的。首先，伊拉斯姆認為基督教的未來活力是在於平信徒，而不是聖職人員。聖職人員只是被視為教育者，其作用是讓平信徒去達到與他們一樣的認知水平。沒有任何迷信的空間，使聖職人員可以擁有高於其牧養信眾的恆久地位。第二，伊拉斯姆對內在宗教信仰的強烈重視，產生了一種不須涉及教會(禮儀、教士與教制)的基督教觀念。伊拉斯姆質疑說，既然你可以直接向上帝認罪，為何還要向另一人告解認罪那麼麻煩，只不過因為他是一個教士？宗教是個人心靈與思想的事情；它是一種內在的狀態。伊拉斯姆在講解基督徒的生活時，直接避免提及任何聖禮。同樣地，他也抨擊「宗教的生活」(那是指修士或修女的修道生活)是基督教生活最高形式的看法：研讀聖經的平信徒，正如任何虔誠的修士一樣，都是忠於他的召命。

伊拉斯姆的《基督精兵手冊》的革命性特點，在於書中果敢的新建議，認為對平信徒基督徒召命的認可，正是教會復興的祕訣。聖職人員與教會制度的權威不受重視。聖經應該也必須供給所有人使用，藉此使所有人都可以「回到本源」，飲於基督教信仰又新又活的泉源，而不是中世紀晚期宗教濃濃混濁的一池死水。

不過，伊拉斯姆開始察覺在他所提倡的路線中，存在著嚴重的障礙；而他也承擔了一連串重要的發展來消除這些障礙。首先，有需要以原文來研讀新約聖經，而不是根據不準確的拉丁文〈武加大譯本〉。這樣便衍生了兩樣必備的工具，都是當時所闕如的：研讀新約希臘文經文所需要的語言能力，以及直接研讀經文本身。

第一類工具的取得，是因著伊拉斯姆發現瓦拉 (Lorenzo Valla) 在15世紀的新約希臘文經文註釋。這些註釋長埋在一間當地修道院的圖書館中，由伊垃斯姆發現，並在1505年出版。第二類工具是藉著伊拉斯姆出版他首本印刷的希臘文新約聖經 (*Novum Instrumentum omne*) 而獲得，該書是於1516年在巴塞爾的弗羅本 (Froben) 印刷所刊印的。雖然同一經文的另一較佳版本已經於兩年前在西班牙的阿爾卡拉 (Alcalá) 排版（稱為《康普路屯多語對照聖經》〔Complutensian Polyglot〕），卻可能是由於政治的原因，延至1520年才出版。伊拉斯姆的版本並不是想像中那麼可靠：他只得到僅僅4份新約聖經的抄本，包括大部分新約，最後部分的啟示錄則只有1份抄本。結果，那份抄本缺少了5節經文，伊拉斯姆惟有從拉丁文〈武加大譯本〉轉譯回希臘文。無論如何，這版本始終是文字出版上的里程碑。神學家第一次有機會得以將後來譯為拉丁文的〈武加大譯本〉與原來的希臘文新約聖經互作比較。

伊拉斯姆基於瓦拉的著作，顯示出〈武加大譯本〉在許多重要的新約經文上，都有嚴重的誤譯。由於中世紀教會的一些習俗與信念是建基於這些經文，許多天主教保守人士 (他們希望保存這些習俗與信念) 對伊拉斯姆的主張就感到十分惶恐，而改教家 (他們一心想要除掉這些東西) 對此卻同樣地大感欣喜。下文會提及一些例子，顯示伊拉斯姆在聖經學術研究上的相關性。

基督教教會經常對某些禮儀或敬拜形式賦予獨特的重要性，稱之為**聖禮**（sacraments）。早期教會承認兩個這類聖禮為「屬主的」（dominical，意思是它的權威可以追溯至耶穌基督）。這是洗禮，以及另一個現今具有不同稱謂的聖禮：「彌撒」（Mass）、「主餐」（Lord's supper）、「擘餅」（breaking the bread）與「聖餐禮」（eucharist）。偉大的教父神學家奧古斯丁在他講解好撒瑪利亞人的比喻的時候（路十25～37）指出，撒瑪利亞人交給店主的兩錢銀子（十35）是基督交給教會之福音的兩個聖禮的象徵。

不過，到了12世紀末，聖禮的數目卻增加至7個。教會聖禮制度的發展與鞏固，是中世紀神學其中最重要的一面，部分是由於中世紀神學的一部重要著作——倫巴都（Peter Lombard）的《四部語錄》（*Four Books of the Sentences*）。教會現今承認的7項聖禮，包括聖餐、洗禮、補贖禮、堅振禮、婚禮、按立禮和臨終膏油禮。

對於許多人來說，伊拉斯姆的新約聖經新譯本似乎是在質疑這整個制度。著名的英格蘭學者林納克（Thomas Linacre）為了擔任司鐸，放棄了行醫的工作，據載當他首次按照希臘原文閱讀福音書之後，說了以下的話：「要麼這不是福音，要麼我們就不是基督徒。」探討驅使林納克說出上述說話的某些事情，將會十分有助。

許多中世紀神學把婚禮包括在聖禮的名單內，理由是基於一段新約聖經的經文——至少是在〈武加大譯本〉中——提及婚姻時稱之為**聖禮**（*sacramentum*，弗五31～32）。伊拉斯姆根據瓦拉的研究，指出這個翻譯成「聖禮」的希臘字(*musterion*)其原意是「奧秘」。根本沒有任何證據顯示婚姻是一種「聖禮」。中世紀神學家用以支持把婚姻包括在聖禮名單內的其中一段典型經文證據，就這樣被判為無效了。

同樣地，〈武加大譯本〉把耶穌事工的開場白(太四17)譯為「**贖罪罷**(*Do penance*)，因為天國近了」。這段翻譯暗示，天國近了與補贖的聖禮有直接的關係。伊拉斯姆再次根據瓦拉的研究，指出此處的希臘文應該譯成「**悔改罷**(*repent*)！因為天國近了」。換句話說，〈武加大譯本〉在此似乎是指到外在的做法(補贖禮)，伊拉斯姆卻堅持此處是指內在的心理態度——即是「悔改」。教會聖禮制度的另一重要支持理由，再一次受到挑戰。

中世紀神學家另一遠超早期教會樸實觀點的神學範圍，涉及耶穌的母親馬利亞。對於許多中世紀晚期的神學家來說，馬利亞經常被視為是恩典的儲藏庫，在有需要時可加以支取。這看法部分是基於中世紀把恩典視之為某類實體(substance)的理解——這理解在宗教改革時期受到揚棄。它也是基於〈武加大譯本〉對加百列向馬利亞說話的翻譯(路一28)，譯成「恩寵豐滿(*gratia plena*)者」，因而暗示了一個盛滿(恩典)蓄水池的形象。不過，正如伊拉斯姆與瓦拉一同指出，此處的希臘文只不過是說「蒙恩者」或「蒙眷顧者」。中世紀神學的一個重要特徵，似乎又再次與人文主義者的新約聖經研究互相抵觸。

因此，大眾對〈武加大譯本〉(聖經的「官方」拉丁文譯本)的可靠性失去了信心。[10]「聖經」與「武加大經文」之間不可能再劃上等號。不過，對於改教家來說，這些發展絕不是偶然的。正如我們所見，改教家想要回歸早期教會的信仰與實踐——如果伊拉斯姆的新約聖經新譯本可以有助廢除中世紀對這些信仰與實踐的增添附會，那就更好了。人文主義者的聖經研究，因而被説成是有助於回歸使徒教會的純樸的一個奮鬥伙伴。[11] 中世紀晚期許多宗教觀念和習俗的複雜網絡，由於被視為是基督教早期簡樸形式的扭曲（或加添），因而可以放在一旁。

伊拉斯姆的改革方案也要求預備回到教父的著作裏。這樣便需要印製一些諸如安波羅修（Ambrose）、奧古斯丁與耶柔米（Jerome，他是伊位斯姆最喜歡的一位教父）等神學家著作的可靠版本。伊拉斯姆對一些編輯工作作出了重要的貢獻，出版了一系列成為當世瑰藏的教父著作集。雖然伊拉斯姆所編輯的奧古斯丁著作集，仍然比不上1506年阿默巴赫版本的11冊洋洋巨著，但他所編輯的耶柔米著作集卻被廣泛認為是思想世界的奇珍。

不要以為中世紀時期的神學家忽略了諸如奧古斯丁等教父作家的觀點。他們是尊重這些作品，卻從來沒有閱讀過完整和準確的版本。故此，中世紀作者傾向從教父著作中引用非常短的篇幅，一般稱之為「短句」（sentences）。這些短句的引用，往往是忽略了上文下理的。由於這些被引用作品的完整版本是被鎖於修道院圖書館的一些抄本，故此幾乎是沒可能去審查這些教父的觀點是否受到正確的表述。奧古斯丁尤其是經常被斷章取義而產生誤解者。這些著作印刷版本的出現，讓人可以研究這些引句的上文下理，以致對教父著作產生深入的理解，而這些理解是被早期中世紀作家所忽略的。

此外，許多流傳於中世紀附會為奧古斯丁的著作，其實都是由他人杜撰的。這些「偽奧古斯丁」的作品經常發展了一些與奧古斯丁相違的看法，以致讀者很難理解這些似乎是矛盾的引句。[12]人文主義學者帶來經文鑑別學的方法，讓人得以認出這些「偽奧古斯丁」作品，因而排除在奧古斯丁著作集的權威版本之外。由此，藉著刪除一些偽造的「教父」著作，從而開拓了一條較可靠的詮釋教父作品之路。辨別偽造作品的學術方法是由瓦拉在15世紀發展出來的，用以證明著名的〈君士坦丁御賜教產諭〉(Donation of Constantine)是偽造的文件(這份文件據稱是君士坦丁大帝所擬，把某些特權賦予西方教會)。

這樣，由人文主義學者例如伊拉斯姆和阿默巴赫兄弟所整理的教父著作版本，讓教父著作的神學得以在較過往更完整、更可靠的形式中呈現。結果，奧古斯丁等作家與那些中世紀晚期神學家的重點與要義之間的主要差異，就有可能加以識別。按照路德的看法，中世紀教會的思想需要改革，藉著回歸奧古斯丁的真正教導，尤其是涉及恩典的教義。因此，教父作家的新版本為教會的改革要求火上加油。

人文主義與宗教改革運動的評價

人文主義對宗教改革運動有何衝擊？為了要可靠地回答這條問題，我們需要區分宗教改革運動的兩大陣營：由馬丁·路德在威登堡領導的宗教改革運動，以及由慈運理在蘇黎世帥領的宗教改革運動。這兩大陣營具有十分不同的特性，若是把「宗教改革運動」一概而論，往往會把兩者混淆。某些討論宗教改革運動的著作所基於的假設——認為它在理性和文化上都是一致的——具有十分嚴重的缺點。正如我們較早時所強調的，雖然威登堡與瑞士的宗教改革運動(最終導致信義宗與改革宗教會的成立)是訴諸於大體上相同的神學材料(聖經和教父著作)，作為他們改革方案的基礎，兩者卻是採用了十分不同的方法，相應地引致不同的結果。這些宗教改革運動陣營之間的一大差異，就是他們與人文主義之間有相當不同的關係。我們將會分別討論，然後才回到較為全面的評論上。

人文主義與瑞士宗教改革運動

瑞士宗教改革運動的起源，可以追溯至1500年代早期在維也納與巴塞爾大學中人文主義團體(通常稱為「宗教社」)的興起。[13] 在15世紀時，瑞士學生傾向在一些與經院神學有特別關連的大學求學，可是現在他們卻寧願前往一些與人文主義有強烈聯繫的大學念書。瑞士在地理上接近意大利，在16世紀初，瑞士就儼如文藝復興思想在歐洲北部傳播的集散地。許多歐洲著名的印刷所——例如蘇黎世的弗洛斯豪爾(Froschauer)，巴塞爾的弗羅本與克坦德(Cratander)——都是位於瑞士的。正當瑞士的國族身分似乎日漸受到法意戰爭的威脅時，許多瑞士的人文主義者顯然受到憧憬激發，要建立瑞士的文學與文化的身分認同。

16世紀初瑞士知識分子生活給人的總體印象，乃是許多以瑞士大學城市為基地的知識分子羣體，開始孕育了「基督教的重生」的異象。這運動的轉捩點，是其中一位人文主義宗教社的成員慈運理於1519年1月被邀往蘇黎世擔任傳道者。慈運理利用他的職位，開展了一個大體上是基於人文主義原則的宗教改革運動，尤其是強調基於聖經與教父以集體更新教會與社會的異象。

慈運理早期就讀於維也納與巴塞爾的人文主義大學，而他的早期著作也反映了瑞士人文主義的獨特關注。慈運理曾經與伊拉斯姆會面，當時後者於1516年在巴塞爾視察弗羅本為他印製的希臘文新約聖經，慈運理深深受到他的思想與方法的影響。以下各點說明了伊拉斯姆對慈運理的影響：

1. 宗教被視為是屬靈與內在的事物；外在的事物不具有基本的重要性。宗教的基本目的是諄諄教誨信徒一系列內在的態度，例如謙卑和願意順服上帝。雖然慈運理大概認為，任何稱得上改革的方案都會延伸至外在的事物(例如敬拜的本質，以及教會管理應該採取的方式)，但他的主要重點顯然肯定是在於內在更新的需要。
2. 相當重要的是道德與倫理的更新與改革。許多學者認為，早期的瑞士宗教改革運動似乎基本上是一場道德的改革運動，強調個人與社會兩者都要更新的需要。
3. 耶穌基督對基督徒的相關性，基本上是一種道德的典範。伊拉斯姆發展了「效法基督」(*imitatio Christi*) 作為基督徒信仰的觀念，而慈運理在這方面也跟隨他的觀點。
4. 某些早期教父被選出為具有獨特的重要性。對於伊拉斯姆與慈運理來說，耶柔米與俄利根 (Origen) 都是特別有價值的。雖然慈運理後來開始認識到奧古斯丁的重要性，這樣的發展卻要直至1520年代才開始：慈運理宗教改革方案的來源，似乎不是歸因於奧古斯丁。
5. 宗教改革運動的基本關注是教會的生活與道德，而不是它的教義。許多人文主義者認為，「哲學」是生活的過程，而不是一套哲學性的教理 (例如，見於伊拉斯姆「基督哲學」的觀念，基本上是一種生活的法則)。起初，慈運理似乎並不認為教會的改革需要伸延至它的教義——

只是改革它的生活便可。故此，慈運理最初的改革行動只是關注蘇黎世教會的實踐——譬如崇拜秩序的方式，或是教會佈置的形式。

6. 宗教改革運動被視是一個訓學或教育的過程。它基本上是人為的過程，建基於從新約聖經與早期教父著作而得的亮光。只是到了1520年代初，我們才發現慈運理放棄了這觀念，接受宗教改革運動是上帝勝過人類軟弱的行動的觀念。

總的來說，瑞士宗教改革運動是由人文主義所主導，而這是當時該地區惟一具有影響力的思想力量。慈運理早期的改革方案完全是人文主義的，借用了瑞士人文主義和伊拉斯姆的典型觀點。人文主義對瑞士宗教改革運動，具有決定性的影響。這與威登堡的宗教改革運動形成對比，下文將會對此討論，明確地表明出來。

人文主義與威登堡宗教改革運動

雖然到了1500年代早期，人文主義已經成為德意志地區相當重要的思想力量，但它對馬丁．路德的影響卻似乎十分有限。[14]路德是一位學術上的神學家，他的世界是由經院神學的思想模式所主導。通過仔細研讀奧古斯丁的著作，路德開始確信他所熟習的經院神學是錯誤的。它不能正確了解上帝的恩典，而且傾向暗示個人可以賺取救恩。他的任務就是要抗拒這種神學。慈運理認為教會的**道德**需要改革，路德卻認為其實是教會的**神學**才要革新。路德的革新神學是在學術的環境(威登堡大學)之下從事的，以學術為目標(「唯名論」〔nominalism〕的神學，或是「新路派」

〔*via moderna*〕，下章將會詳細論及）。此外，路德與經院神學之間的論爭，還集中於稱義的教理——此一關注卻絲毫沒有反映在瑞士的宗教改革運動中。

同樣地，路德對**教義**的關注，也沒有見於人文主義或早期的瑞士宗教改革運動中。正如上文所述，人文主義認為宗教改革運動是關乎教會的**生活與道德**——而不是教義。事實上，許多人文主義者對教義的興趣，似乎等同於對經院神學的著迷。不過，我們在路德身上找到的是鑽研教會教導的決心，以按著聖經的亮光來加以改革為目的。當然，瑞士宗教改革運動後來（尤其是在布靈爾和加爾文的領導之下）真的較為關心教義的事情。不過，在這個早期的階段，在慈運理的領導之下，教義是受到忽視的。

為了打擊經院主義，路德主要是依靠聖經與教父著作（其中以奧古斯丁為最首）。在這樣做時，他運用了人文主義者所編輯的希臘文新約聖經，以及奧古斯丁著作集的新版本。路德認為，這些新資料可以及時出現，用來支持他的改革方案，根本就是上帝的護理使然。他對希伯來文的知識，他的奧古斯丁版本，他的希臘文新約聖經——全都是由人文主義的編者和教育家所提供的。在許多方面，路德和迦勒斯大在威登堡所發展的神學方案可以視之為人文主義者的。路德和人文主義者都強烈反對經院哲學（雖然彼此各有不同理由，正如下文所述的）。

事實上，路德是同情人文主義的印象是在1510年代末取得進展的，或許主要是由於1519年萊比錫辯論的結果，路德在其中與天主教的對手艾克（Johann Eck）就一系列課題辯論。在那次辯論中，路德大部分說話似乎都是在重複著人文主義者的關注。毫不意外地，在人文主義者圈子中開始流傳記載，提到這個以往是模糊的人物，已經公開地以這樣的聲勢為人文主義的觀念辯護。假如人文主義者不是這麼熱心地支持路德的目標，確信他是他們之中的一員，萊比錫辯論會可能只是一場晦澀難解的學術辯論。

不過，沒有真憑實據證明，路德對人文主義有任何這樣的興趣：他只不過是利用其成果，完成自己的目標。兩個方案之間在外表上的相似，掩蓋了深層的差異。路德及其同儕只是運用了人文主義的經文與語言技巧，卻對人文主義者一直採取敵對的態度。在本章的最後一段中，我們將會對這點加以發揮。

宗教改革運動與人文主義的張力

雖然正如上文所述，人文主義對宗教改革運動的發展具有決定性的貢獻，可是人文主義與宗教改革運動兩大陣營之間仍然存在張力。在此可以提出5方面作為評論：

1. 他們對待經院神學的態度。人文主義者、瑞士的改教家與威登堡的改教家都是絕不猶疑地拒絕經院主義的；然而，他們的原因十分不同。人文主義者否定經院主義是因著它的晦澀難懂與缺乏美感的表達方式；他們想代之以較純樸與更具說服力的神學。同樣的態度也存在於瑞士的宗教改革運動中。相對之下，威登堡的改教家（尤其是路德與迦勒斯大）對於**理解**經院神學卻是毫無困難；他們之所以拒絕經院哲學是基於他們相信其神學是犯了基本上的錯誤。人文主義者與慈運理排斥經院主義，視之為毫不適切，而威登堡的改教家卻認為它是建構改教神學道路上的重大障礙。

2. 他們對待聖經的態度。3派的人都認為聖經是改革教會的關鍵所在，因為聖經見證了基督徒信仰與實踐的最原始形態。對於人文主義者來說，聖經的權威是在於其流暢性、簡樸性與遠古性。相對之下，瑞士與威登堡的改教家卻將聖經的權威置於「上帝之道」的概念上。聖經被視為是具體體現了上帝的誡命與應許，因而使其地位超越及凌駕於任何單純是人類的文獻之上。「唯獨聖經」一語表達了宗教改革運動的基本信念，就是除了聖經之外，不需要用任何其他材料來參照基督徒的信仰與實踐等事情。在瑞士與威登堡改教家之間存在著另一張力：前者認為聖經基本上是道德指引的根源，而後者則認為聖經基本上是上帝拯救那些相信者的恩慈應許的記載。

3. 他們對待教父作品的態度。人文主義者認為，教父時期的作者代表了基督教的純樸與可理解的形式，而其權威是基於其遠古性與流暢性。一般來說，人文主義者似乎認為所有教父作品或多或少有同等的地位，因為他們大約全是來自同一年代。不過，伊拉斯姆認為某些教父作品具有獨特的重要性；在1500年代初期，他挑出俄利根（公元3世紀的希臘教父，其著作中不正統的思想，與其精確的思想同樣見稱）予以特別重視，到了1515年，他已經決定選擇耶柔米。他對耶柔米的新愛好，可以解釋為是基於他對新約聖經經文的研究，導致他在1516年出版了新約聖經希臘文版本。耶柔米在早期曾對聖經不同版本進行了廣泛的研究，而伊拉斯姆似乎為此緣故而對耶柔米產生了新興趣。伊拉斯姆這種對待教父作品的態度，也可以見於瑞士宗教改革運動中。

相對之下，威登堡的改教家路德與迦勒斯大卻認為奧古斯丁在教父作品中佔有崇高的地位。人文主義者以兩項準則來衡量教父作品：遠古性與流暢性——故此，伊拉斯姆對俄利根與耶柔米較為偏好。不過，威登堡的改教家明顯地以**神學**的準則來衡量教父作品：他們作為新約聖經的詮釋者，究竟有多可靠？基於這個準則，奧古斯丁受到偏愛，而俄利根則受到懷疑。人文主義者沒有打算以這麼明顯的神學準則來衡量教父作品之間的優劣，因而增加了這兩個運動之間的張力。

4. 他們對待教育的態度。在宗教改革運動中，一連串新的宗教觀念孕育誕生（或至少對大多數16世紀的人來說是新的，即使改教家辯稱他們是在重新發現古老的觀念），不論對於威登堡或瑞士的改教運動來說，開展宗教教育的主要方案是十分重要的。人文主義基本上是一場建基在博雅人文科改革上的教育與文化運動，結果大部分16世紀早期的人文主義者都是專業的教育家。故此十分有趣的是，大多數歐洲北部人文主義者加入宗教改革運動的事業，不一定是因為他們同意它的**宗教**觀念，而是因為他們被其**教育觀念**所強烈吸引。改教家所關注的是所教導的宗教觀念，視教育方法為達到那目的的途徑，而專業的人文主義教育家基本所關注的是如何發展教育技巧，而不是所教導的觀念。

5. 他們對待修辭學的態度。正如我們所見，人文主義所關注的是表達方式的流暢性，不論是書寫抑或說話。修辭學因而被視為是達至這目的之方法來研讀。不論是在當時在德意志或瑞士的改教家，所關注的是宣揚他們的宗教觀念，通過書寫的文字（例如像加爾文著名的《基督教要義》那一類書）或是宣講的說話（例如講章，1522年路德在威登堡的8篇講章就是出色的例子）。故此，修辭學是達至宣揚宗教改革運動觀念這目的之途徑。譬如，近期研究十分強調加爾文的風格是如何深受修辭學的影響。所以，不論是人文主義者或改教家都十分重視修辭學——不過各有不同的理由。對於人文主義者來說，修辭學是為了提升流暢的表達方式；對於改教家來說，修辭學則是為了推動宗教改革運動。我們再一次見到兩者在表面上的相似，卻是掩飾了深層的差異。

基於我們至今的討論，可以明顯地看見宗教改革運動的瑞士一方，深受人文主義的影響程度，遠超過威登堡的一方。不過，在許多人看來，即使在威登堡，研讀聖經與奧古斯丁作品的新方案，依然十分受著人文主義的啟發。由於我們有事後孔明的優勢，自然相當容易把路德和迦勒斯大從人文主義者那裏分別出來——然而在**當時**，這種分別幾乎是不可能作出的。對於許多觀察者來說，路德與伊拉斯姆致力的都是同一場鬥爭。

人文主義者這樣誤解路德的一個著名例證，可以在此一提。1518年，路德發表了著名的〈海德堡辯論講辭〉（Heidelberg Disputation），他在其中提出了一個極端的反人文主義與反經院哲學的神學。當時他的聽眾之一是年輕的人文主義者布塞珥，這人後來成為斯特拉斯堡的主要改教家。布塞珥滿腔熱誠地寫信給他的人文主義者筆友比亞圖斯．雷納努斯，宣稱路德只是陳述了伊拉斯姆的觀點，不過卻是更有力的表述。若是仔細把那封信與路德的著作對比，那麼布塞珥似乎顯然在每一點上都誤解了路德。再者，路德於1519年在萊比錫辯論中的立場——例如，反映出他對教宗權威的批判——廣泛被視為是人文主義者的，而且導致他成為人文主義者圈子中一個受到敬仰的人物。不過，路德在萊比錫的立場，無論在任何用詞意思上，都並不是特別「人文主義者」的；它所反映的是改革觀念，開始在當時歐洲福音派的圈子中得到廣泛的聆聽。

人文主義與宗教改革運動之間的張力，到了1525年才完全展現出來。那年，慈運理與路德執筆抨擊伊拉斯姆，兩人都是集中於討論「意志自由」的觀念。對於兩位改教家來説，伊拉斯姆所提倡人類意志之完全自由的教導，將會引致對人性過份樂觀的概念。隨著慈運理的《論真假宗教註釋》(*Commentary on True and False Religion*) 與路德的《論意志的捆綁》(*On the Bondage of the Will*) 出版之後，一直存在於人文主義與宗教改革運動之間的種種張力，也明顯地公諸於世了。

註釋

1 Wallace K. Ferguson, *The Renaissance in Historical Thought* (New York, 1948).

2 Jacob Burckhardt, *The Civilization of the Renaissance in Italy* (New York, 1935), p. 143.

3 參 Peter Burke 的寶貴研究：*The Italian Renaissance: Culture and Society in Italy,* revised edn (Oxford, 1986)。

4 參 W. Rüegg, *Cicero und der Humanismus* (Zurich, 1946), pp. 1～4；A. Campana, 'The Origin of the Word "Humanist",' *Journal of the Warburg and Courtauld Institutes* 9 (1946): 60～73。

5 Charles Trinkaus, 'A Humanist's Image of Humanism: The Inaugural Orations of Bartolommeo della Fonte,' *Studies in the Renaissance* 7 (1960): 90～147; H. H. Gray, 'Renaissance Humanism: The Pursuit of Eloquence,' in *Renaissance Essays,* ed. P. O. Kristeller and P. P.

Wiener (New York, 1968), pp. 199～216.

6 Hans Baron, *The Crisis of the Early Italian Renaissance: Civic Humanism and Republican Liberty in an Age of Classicism and Tyranny,* revised edn (Princeton, N.J., 1966).

7 Jerrold E. Seigel, 'Civic Humanism or Ciceronian Rhetoric? The Culture of Petrarch and Bruni,' *Past and Present* 34 (1966): 3～48.

8 E. Ziegler, 'Zur Reformation als Reformation des Lebens und der Sitten,' *Rorschacher Neujahrsblatt* (1984): 53～71.

9 「手冊」(*enchiridion*) 一詞的字面意思是「持於手中的某東西」，可以有兩個意思：在手中的**兵器** (即短劍) 或在手中的**書籍** (即「手冊」)。

10 關於〈武加大譯本〉，參本書第8章；另參 R. Loewe, 'The Medieval History of the Latin Vulgate,' in *Cambridge History of the Bible II: The West from the Fathers to the Reformation,* ed. G. W. H. Lampe (Cambridge, 1969), pp.102～154。

11 人文主義對改教家的影響極為深遠，比這裏的簡短概覽更為廣泛。讀者可以參考 Alister E. McGrath, *The Intellectual Origins of the European Reformation* (Oxford, 1987)，相關討論有兩個要點：(1) 人文主義對聖經文本的影響 (頁122～139) 和 (2) 人文主義對聖經詮釋的影響 (頁152～174)。關於「教父的印證」對宗教改革運動的全面重要性，參上書，頁175～190。

12 某些「偽奧古斯丁」的著作依然逃過了人文主義者的審查：奧古斯丁著作的阿默巴赫版本包括了《論真假懺悔》(*De vera et falsa poenitentia*)，書中多處重點與奧古斯丁著作互相矛盾。

13 詳參McGrath, *Intellectual Origins,* pp. 43～59。

14 詳參McGrath, *Intellectual Origins,* pp. 59～68。

進深閱讀

關於人文主義的概論，參：

Paul O. Kristeller, 'Valla,' in Kristeller, P.O., *Eight Philosophers of the Italian Renaissance* (Stanford, CA, 1964), pp. 19～36.

_____, 'The European Diffusion of Italian Humanism,' in *Renaissance Thought II: Humanism and the Arts* (New York, 1965), pp. 69～88.

_____, *Renaissance Thought and Its Sources* (New York, 1979).

Alister E. McGrath, *The Intellectual Origins of the European Reformation*

(Oxford, 1987), pp. 32～68.

Nicholas Mann, 'The Origins of Humanism,' in *The Cambridge Companion to Renaissance Humanism,* ed. J. Kraye (Cambridge, 1996), pp. 1～19.

Charles G. Nauert, *Humanism and Culture of Renaissance Europe* (Cambridge, 1995).

Albert Rabil (ed.), *Renaissance Humanism: Foundations, Forms and Legacy* (3 vols; Philadelphia, 1988).

C. H. Stinger, *Humanism and the Church Fathers* (Albany, NY, 1977).

James D. Tracey, 'Humanism and the Reformation,' in *Reformation Europe: A Guide to Research,* ed. Steven E. Ozment (St Louis, 1982), pp. 33～57.

Roberto Weiss, *The Renaissance Discovery of Classical Antiquity* (Oxford, 1988).

關於人文主義與聖經，參：

J. H. Bentley, *Humanists and Holy Writ: New Testament Scholarship in the Renaissance* (Princeton, NJ, 1983).

C. Celenza, 'Renaissance Humanism and the New Testament: Lorenzo Valla's Annotations to the New Testament,' *Journal of Medieval and Renaissance Studies* 24 (1994): 33～52.

Alasdair Hamilton, 'Humanists and the Bible,' in *The Cambridge Companion to Renaissance Humanism,* ed. J. Kraye (Cambridge, 1996), pp. 100～117.

G. Lloyd Jones, *The Discovery of Hebrew in Tudor England* (Manchester, 1983).

N. G. Wilson, *From Byzantium to Italy: Greek Studies in the Italian Renaissance* (London, 1992).

關於歐洲北部的人文主義，參：

Albert Hyma, *The Brethren of the Common Life* (Grand Rapids, 1950).

R. R. Post, *The Modern Devotion: Confrontation with Reformation and Humanism* (Leiden, 1968).

Lewis W. Spitz, *The Religious Renaissance of the German Humanists* (Cambridge, Mass., 1963).

關於伊拉斯姆，參：

Roland H. Bainton, *Erasmus of Christendom* (New York, 1969).

Margaret M. Philipps, *Erasmus and the Northern Renaissance* (London, 1949).

James K. McConica, *Erasmus* (Oxford, 1991).

Erica Rummel, *Erasmus' Annotations on the New Testament* (Toronto, 1986).

James D. Tracy, *The Politics of Erasmus: A Pacifist Intellectual and His Political Milieu* (Toronto, 1978).

關於英格蘭的人文主義，參：

B. Bradshaw and E. Duffy (eds), *Humanism, Reform and the Reformation* (Cambridge, 1989).

A. G. Chester, 'The New Learning: A Semantic Note,' *Studies in the Renaissance* 2 (1955): 139～147.

Roberto Weiss, *Humanism in Fifteenth-Century England,* 3rd edn (Oxford, 1965).

關於改教家的教育方法，參：

Gerald Strauss, *Luther's House of Learning: Indoctrination of the Young in the German Reformation* (Baltimore, 1978).

4

經院哲學與宗教改革運動

在人類的歷史中，經院哲學大概是其中一個最被人鄙視的思想運動。故此，英語的「笨伯」(dunce) 一詞，便是源自其中一位最偉大的經院哲學作家敦司．蘇格徒 (Duns Scotus) 的名字。經院哲學的思想家——稱之為「煩瑣哲學家」(schoolmen) ——經常被形容為熱衷於爭辯 (即使毫無意義) 究竟有多少天使可以在針頭上跳舞。雖然這一類辯論從沒有真正發生過，但結果卻毫無疑問會引起好奇，這例子正好説明了在16世紀初，經院哲學在許多人心目中 (尤其是人文主義者) 的印象：對無關痛癢之事所作的毫無意義、枯燥、理性的玄思。在15世紀末，伊拉斯姆曾經在由經院主義控制的巴黎大學度過了一些時間。他提到許多他對巴黎厭惡的事情：虱子、惡劣的食物、發出惡臭的公廁，以及煩瑣哲學家所爭論的乏味辯論。上帝可否成為黃瓜，而不是成為人？祂可以把一個娼妓變成一個處女，從而改變過去嗎？雖然在這些辯論的背後，存在著嚴肅的問題，伊拉斯姆尖鋭的機鋒卻讓人從這些問題本身，轉而注意它們辯論所用的無聊可笑的方式。

許多論及宗教改革運動的課本因而認為不理會經院哲學是合理的，卻沒有真正解釋它的本質，及它為何對威登堡的宗教改革運動如此重要。本章嘗試解釋上述兩者。

我們先嘗試為「經院哲學」下定義。

「經院哲學」的定義

「經院哲學」一詞可以說是人文主義者的創作，意圖醜化它所代表的運動。「中世紀」(Middlle Ages) 一詞無疑大部分是人文主義者的發明，由16世紀人文主義作家例如瓦狄亞努斯和雷納努斯杜撰，以貶抑的口吻來指在古代（古典時期）與現代（文藝復興時期）之間的一個淤塞停滯的沒趣時期。「中世紀」被視為只不過是古代的文化壯麗及其在文藝復興時期復甦之間的一段插曲。同樣地，「經院哲學」(*scholastici*) 在人文主義者手中也是一樣語含貶抑，用來指中世紀的觀念。人文主義者在醜化中世紀的觀念，意圖吸引人注意他們訴諸古典時期中，甚少有興趣區分不同類型的「經院哲學」——例如多馬斯主義者 (Thomists) 和蘇格徒主義者 (Scotists)。因此，「經院哲學」一語同時是有貶義和鬆散的；不過，歷史學者不可能避免使用它。

經院哲學可以如何定義？就像人文主義一樣，難以為它提供一個精確的定義，足以公平地描述中世紀時期所有主要學派各自的立場。或許以下的工作定義可以提供協助：經院哲學最好被視為是中世紀的運動，其全盛時期為1200至1500年間，特別強調宗教信仰的理性證明，以及那些信仰的系統闡述。故此，「經院哲學」不是指**一套特定的信仰系統**，而是指一種**整理神學的特獨方式**——那是一套高度發展的方法，把材料表述，提出精良的定義，而且試圖達致一個神學的綜合觀點。或許可以理解人文主義批評者為何認為，經院哲學似乎墮落成只不過是邏輯上的吹毛求疵了。

當歐洲西部終於脫離了所謂黑暗時期時，學術研究的每一領域都得到復興。在11世紀晚期，法蘭西回復某程度的政治穩定，鼓勵了巴黎大學的重新發展，並且很快被視為是歐洲的思想中心。在塞納河的左岸，以及著名的巴黎城島（Île de la Cité），一些神學「學派」相繼在剛建成的巴黎聖母院主教座堂的影子下成立。兩個主題迅速地主導了當時的神學論爭：對基督教神學加以**系統化**與**擴展**的需要，以及**證明**此神學**內在合理性**的需要。雖然大多數早期中古神學只不過是奧古斯丁觀點的再現，卻有愈來愈多的壓力，要求將奧古斯丁的觀念加以系統化，並進一步予以發揮。不過，這如何達成呢？藉著甚麼方法？究竟基於哪一種哲學體系才能證明基督教神學的合理性？

上述問題的答案來自對亞里士多德的重新發現，那時是12世紀晚期與13世紀初葉。[1] 到了大約1270年，亞里士多德已被確立為「哲學家」的典範。他的觀念開始主導神學的思想，儘管遭受過較保守一方的強烈反對。通過一些例如多馬斯．阿奎那與蘇格徒等作者的影響，亞里士多德的思想開始被確認為建立與發展基督教神學的最佳媒介。基督教神學的思想因此被系統化地整理與統合，建基於亞里士多德的前設上。同樣地，基督教信仰的合理性也是基於亞里士多德的思想而證明的。故此，阿奎那一些對上帝存在的著名「論證」（proofs），實際上是基於亞里士多德的物理學原理，多過是基於基督教的思想。[2]

例如，以他對運動的論證為例。阿奎那認為，基於在亞里士多德式的原理，任何事物的運動，都是由其他東西所推動。任何運動都有一個動因。事物不只是在運動——它們也是被推動著。（蘇格徒不同意這一點；他認為，天使是可以成為運動的獨立媒介的。）於是，每一個運動的動因本身都必須有一個動因。而**那**動因也必須有一個動因。故此，阿奎那認為我們所知的世界之下，有一整列運動的動因。阿奎那指出，除非這些動因是無窮無盡的，否則在系列的源頭必然有一個單獨的動因。從這個運動的源頭動因，至終衍生出所有其他運動。這是一連串因果關係的源頭，讓我們可以在世界運行的方式中見到。由於事物是在運動之中，阿奎那因而認為這一切運動的單一源頭動因的存在——這是最初的不動的首動者（Prime Unmoved Mover），而阿奎那推斷，它就是上帝本身。然而，正如以後對他的批評者指出，這是基於十分危險而且不能證明的假設，即最初的不被動的首動者與基督教的上帝是等同的。對於那些批評者來說（其中必然包括馬丁．路德），亞里士多德的神明與基督教的上帝似乎根本毫不相同。

那麼，這就是經院哲學的本質：藉著訴諸於哲學來證明基督教神學的內在合理性，並且通過仔細審查其不同成分的相互關係，來顯示這神學的完整和諧。經院派著作傾向長篇論述，往往建基於細密辯論的區分。故此，蘇格徒（常被稱為「精微博士」）就要分辨出拉丁文「理性」（*ratio*）一詞的15種意義，藉此支持他對神學功能的看法。

著名的中世紀歷史學家吉爾松（Etienne Gilson）十分正確地把龐大的經院哲學體系描述為「理性的殿堂」（cathedrals of the mind）。每一個經院哲學體系都嘗試從總體性的角度來涵括實在（reality），從中涉及邏輯、形而上學與神學。在無所不包的思想體系中，每一樣東西都被顯示它有的合理地位。以下我們會概覽在中世紀出現的經院哲學的幾個主要類別。不過，我們首先應該考慮經院哲學蓬勃的環境。

經院哲學與大學

由於明顯的原因，經院哲學的影響力在中世紀的大學中是最大的。經院哲學所影響的範圍十分有限，這與15世紀的人文主義十分不同，後者在大學中十分蓬勃，而且在社會中有相當大的影響力。人文主義吸引了教育、藝術與文化的世界，而經院哲學卻至多只可以有限地(以拙劣的拉丁文)來吸引那些喜愛辯證的人。在一個修辭學與辯證法被視為互不相容的時代中，前者的優勝吸引力幾乎是代表了後者的沒落。在15世紀後期，人文主義與經院哲學的衝突，可見於許多大學裏。[3]對於瑞士宗教改革運動的發展有特別影響力的維也納大學，在15世紀最後的10年中，就正正目睹了這種人文主義對經院哲學的反叛抗爭。在16世紀早期，許多學生似乎已經開始迴避一些傳統受經院哲學主導的大學，轉而趨向一些設有人文主義教育課程的大學。故此，當16世紀曙光初露之際，經院哲學在其許多學術陣地中，其影響力也日漸式微。

雖然經院哲學作為學術力量正在日漸式微，然而事實上馬丁·路德的神學發展仍然是對經院神學的反動。經院哲學在瑞士已是微不足道的思想力量，反而在當時德意志仍然十分重要，特別在愛爾福特大學(University of Erfurt，路德就學之地)。路德早期作為神學改革者的工作是在大學的處境中進行的，當時他是視之為學術上的對頭加以對抗。正如我們所見，瑞士改教家相反地是人文主義者，決心改革他們當時教會的生活與道德；他們完全不用理會經院哲學。相對之下，路德被逼與他當時思想領域中的主要力量(經院哲學)進行對話。瑞士改教家能夠取笑經院哲學，因為他們完全不受威脅——路德卻要與之正面交鋒。

這一點也進一步説明了瑞士與威登堡宗教改革運動之間的分別，兩者完全不同的處境亦往往被忽視。慈運理是從改革城市(蘇黎世)開始的，路德卻是始於改革大學的神學系(威登堡)。慈運理開始於對抗宗教改革前蘇黎世教會的生活與道德，路德卻始於反抗經院派神學的某一獨特形式。開始時，慈運理並無建議改革教會教義的需要，但對於路德來説，教義上的改革卻是他宗教改革運動的出發點。在下一章中，我們將會研究路德對經院神學的回應。現在讓我們看看中世紀晚期出現的經院哲學的類型。

經院哲學的類型

讀者在進一步閱讀本段前，首先應該諒解的是，下文所涉及資料根本沒法進一步簡化。我教授宗教改革運動神學的經驗，顯示許多讀者在我試圖解釋某些經院哲學的主要觀念時，很可能碰到冗長乏味的感覺(這實際上相當可以解釋人文主義在宗教改革時期為何如此有吸引力)。不過，為了理解路德的神學發展，我們必須嘗試掌握在中世紀晚期經院哲學中，兩個主要運動的基本原理。

唯實論對唯名論

為了明自中世紀經院哲學的複雜性，就有必要理解「唯實論」(realism)與「唯名論」的分別。經院哲學時期的早期(約1200～1350年)由唯實論主導，而後期(約1350～1500年)則受唯名論主導。此兩個系統的不同，可以總結如下。例如以兩塊白色石頭為例，唯實論主張這兩塊石頭包含的是「白色」這共相(universal concept)。這些個別的白色石頭具有「白色」的普遍特質。不過，白石存在於時空之中，但

「白色」的普遍性卻存在於一個不同的形而上層面。相對之下，唯名論卻認為「白色」的共相並無必要，反而強調我們應該集中於個體。那是這兩塊白色石頭——根本不必談及甚麼「白色的共相」。[4]

「共相」的概念在此沒有定義，需要進一步探討。以蘇格拉底(Socrates)為例。他是一個人，也是人類的一個例子。現在再看柏拉圖和亞里士多德。他們也是人，亦是人類的例子。我們可以繼續這樣子說下去，隨我們喜歡提到許多人物，不過相同的基本模式一再出現：某個人是人類的一個例子。唯實論認為，「人類」這個抽象觀念是自存的。它是一個共相，而某一個人物——例如蘇格拉底、柏拉圖和亞里士多德——是這個共相的個別例子。人類的共有特質把這3個人聯合起來，它本身是有其真實的存在。

這樣的論爭可能給許多讀者的印象是典型的經院哲學：毫無意義與賣弄學問的。不過，讀者需要看見「唯名論」一詞是涉及對共相的爭論，這是十分重要的。**它在神學上沒有直接的相關性，也沒有設定具體的神學立場。**我們稍後會再討論這點。

中世紀的早期由兩個受唯實論影響的經院哲學學派所主導，那是**多馬斯主義**(Thomism)與**蘇格徒主義**(Scotism)，分別源自多馬斯．阿奎那與蘇格徒的著作。這些學派對宗教改革運動都無甚重大影響，故此不需要進一步討論。[5]不過，有兩種經院哲學較晚期的形式卻似乎深深影響了宗教改革運動，故此值得仔細注意。這是**新路派**與**新奧古斯丁派**(*schola Augustiniana moderna*)。

許多課本在處理宗教改革運動時，經常提及在宗教改革前夕「唯名論」與「奧古斯丁主義」(Augustinianism)之間的衝突，並解釋宗教改革運動是後者戰勝前者的結果。不過，近年學者對中世紀晚期經院哲學的理解有了很大進展，由此引致早期宗教改革運動思想史的重寫。以下，我們將按照最近期學術研究的成果，描繪當時的情況。

在1920年至1965年間的上一代學者著作，認為「唯名論」是一個宗教思想學派，在中世紀晚期深深影響了大部分歐洲北部大學的神學系。不過，這種神學的具體特徵卻極難加以辨識。某些「唯名論」神學家（例如俄坎的威廉〔William of Ockham〕與比爾〔Gabriel Biel〕）似乎對人類的能力十分樂觀，暗示人類可以作任何與上帝建立關係的事情。其他「唯名論」神學家（例如黑米尼的貴格利與奧維多的于格利諾〔Hugolino of Orvieto〕）似乎對同一能力抱有極悲觀的態度，暗示人類若沒有上帝的恩典，完全是無法進入此關係中。學者開始絕望地談及「唯名論的多樣性」（nominalistic diversity）。不過，這問題的真正答案終於出現：事實上根本有**兩個**不同的思想學派，他們共同的特徵都是反唯實論的。兩個學派在邏輯與知識論上都採納了唯名論的立場——不過，他們的神學立場卻截然不同。在較早時，我們提及「唯名論」一詞只是涉及共相的問題，並沒有代表甚麼獨特的神學立場。故此，兩個學派都拒絕共相的必需性——但之後卻幾乎再沒有任何共同點。其中一派對人類的能力抱有極度樂觀的態度，另外一派則是相當悲觀的。這兩派現在通稱為「新路派」與「新奧古斯丁派」。我們現在會仔細探討這兩個學派。不過首先，我們會留意「伯拉糾主義」與「奧古斯丁主義」，這兩名詞必然會出現在有關中世紀晚期經院哲學的討論中。下文將會解釋這些名詞的意義。

「伯拉糾主義」與「奧古斯丁主義」

在路德的宗教改革運動中特別重要的稱義教理，論及的是個人如何進入與上帝的關係中這問題。究竟罪人如何才能被公義的上帝所接納？究竟個人應作何事才能被上帝接納？這問題在公元5世紀早期，奧古斯丁與伯拉糾(Pelagius)之間已有激烈爭辯。這場論爭通常被稱為「伯拉糾論爭」，而奧古斯丁針對這場論爭而撰寫有關恩典與稱義教理的著作，被統稱為「反伯拉糾著作」。[6] 在許多方面，這場論爭似乎在14與15世紀重演，而新路派傾向伯拉糾的立場，新奧古斯丁派則傾向奧古斯丁的立場。以下，我將會為各自的立場提供一個簡略的提綱。

奧古斯丁思想的中心主旨是人類本性的**墮落**。「墮落」的意象是來自創世記三章，表明人類的本性從起初純樸的狀況就已經「墮落」。故此，人類本性的現今狀況不是上帝的心意。創造的秩序不再是直接按照它原來完全的「美善」。它已經失陷了。它已經受到破壞或毀壞了——但那並非無法挽救的，正如救恩和稱義的教義所申明的。一個「墮落」的意象所傳達的觀念，就是受造物現在是處於比上帝所期望的較低水平。

根據奧古斯丁的說法，現今所有人類因此自從出生的那一刻開始，都受到罪的污染。相對於20世紀許多存在主義哲學家(例如海德格〔Martin Heidegger〕)主張「墮落」(*Verfallenheit*)是我們選擇的一個決定(而不是由某些東西為我們選擇了)，奧古斯丁把罪描繪成是人類本性與生俱來的。它是我們的存有所必有的一部分，而不是可有可無的。這樣的理解在奧古斯丁的原罪教義中有更精密的論述，對他的罪與救恩的教義極為重要。在其中，所有人都是罪人，都是需要拯救的。所有人都是虧缺了上帝的榮耀，所有人都是需要救贖的。

對奧古斯丁來說，人類若只有自己的技倆與資源，永遠無法進入與上帝的關係中。人類所作的一切事，不論男女，都無法足以打破罪惡的控制。以奧古斯丁幸運地從未遇上的一個譬喻來說，那就像是吸毒者嘗試脫離海洛英與可卡因的控制一樣。這情況不能從內裏得到改變；所以，如果若有任何改變的話，必須是來自一些人類處境以外的地方。奧古斯丁認為，那是上帝介入了人類的困境。祂本來不需要這樣做，但基於祂對墮落人類的愛，祂在耶穌基督的個人中，進入人類的處境，藉此施行拯救。

奧古斯丁如此強調「恩典」，以致他時常被冠以「恩典博士」(*doctor gratiae*) 的稱謂。「恩典」是上帝給我們所不配受與不當得的禮物，上帝藉此自願打破罪對人類的轄制。救贖只可能是神聖的禮物。這不是甚麼我們自己可以成就的事情，而是一些為我們成就的事情。奧古斯丁因此強調，拯救的來源必須在人類之外，在上帝那裏。上帝採取主動，展開拯救的過程，而不是由男或女所做的。

不過，在伯拉糾看來，情況截然不同。伯拉糾認為，拯救的源頭是在人類之內。個別的人是有能力拯救自己的。他們不是被罪所困，而是有能力成就一切藉此得救的事情。拯救是可以藉著好行為來賺取的事情，因而使上帝對人類負有義務。伯拉糾把恩典的觀念置於邊緣地位，把其理解為對人類的要求，藉此成就拯救——例如十誡或基督的道德教訓。伯拉糾主義的精神，可以總結為「藉功德得救」，而奧古斯丁則是主張「藉恩典得救」。

明顯地，這兩類不同的神學對人性有十分不同的理解。

對奧古斯丁來說，人性是軟弱、墮落與無能的；對於伯拉糾來說，人性卻是自主與自足的。奧古斯丁認為，人必須依靠上帝才可以得救，伯拉糾卻認為上帝只是指出達至拯救要作的事情，然後讓人(不論男女)在毫無輔助下達至該情況。奧古斯丁視拯救為不配得的禮物，伯拉糾則說拯救是公平賺得的報酬。

奧古斯丁對恩典的理解之其中一面，需要進一步論述。由於人類沒有能力拯救自己，而且因著上帝將祂恩典的禮物給某些人(但不是所有人)，因此上帝「預先揀選」了一些人可以得救。奧古斯丁運用在新約聖經中隱伏此觀念的線索，發展出預定的教義。「預定」(predestination)一詞是指向上帝原初與永恆的定意，要拯救某些人，而不是其他人。正是奧古斯丁思想的這一方面，讓許多他的同代人(何況是他的後人)覺得不能接納。更無需說及在伯拉糾的思想中，根本無法找到與此相等的觀念。[7]

在西方教會產生的論爭中，奧古斯丁的立場被視為真正基督教的立場，而伯拉糾的觀點則被視為是異端。奧古斯丁的觀點被兩個重要的會議確立為正統規範：迦太基會議(Council of Carthage, 418)與奧蘭治第二次會議(Second Council of Orange, 529)。有趣的是，奧古斯丁對預定論的觀點有點被淡化了，即使他餘下的系統被熱烈採納。「伯拉糾主義」一詞從此被醜化，用來描述「過度依賴人為能力，沒有足夠信靠上帝的恩典」。在宗教改革時期，路德深信大部分西方教會都失卻了「上帝恩典」的觀念，進而依賴人為的自給自足。因此，他視自己的任務為重新呼召教會，回到奧古斯丁的觀點，正如我們在本書第6章將會見到的。

我們現在必須看看14、15世紀在新路派與新奧古斯丁派之間，如何重演這場論爭，前者大致上接納了伯拉糾的立場，後者則接納奧古斯丁的看法。

新路派（「唯名論」）

「新路派」一詞現今已經大致上接納為描述所謂「唯名論」運動的最佳方式，包括了一些附和它的14、15世紀思想家，例如俄坎的威廉、德埃利（Pierre d'Ailly）、霍爾科特（Robert Holcot）和比爾。在15世紀時，新路派開始顯著地入侵許多歐洲北部的大學——例如巴黎、海德堡與愛爾福特。除了它在哲學上的唯名論立場外，這運動也採納了一種稱義的教理，被許多批評者冠之為「伯拉糾主義」。由於這種經院哲學的形式對路德神學上突破的重要性，我將在下文詳細解釋它對稱義的理解。[8]

新路派的救恩論（拯救的教義）的主要特色是上帝與人類的契約。中世紀晚期政治與經濟理論的發展是建基在契約（covenant）的觀念上（例如君王與子民之間），新路派的神學家很快就察覺此觀念在神學的潛力。君王與子民之間的**政治性**契約，規範了君王對子民與子民對君王的責任，那麼上帝與其子民之間的**宗教性**契約也規範了上帝對祂子民與他們對上帝的責任。[9] 當然，這契約不是由協商產生的，而是由上帝單方面頒布。因著上帝與人類之間契約的觀念是舊約讀者所熟悉的主題，新路派的神學家就借用他們自己政治與經濟世界的觀念，把此主題加以發揮。

根據新路派神學家的看法，上帝與人類之間的契約設定了稱義必要的條件。上帝命定了祂會稱一個人為義，只要此人首先滿足一些要求。這些要求可以總結為拉丁文的一句格言：*facere quod in se est*，字面意思是「作你心中之事」或「盡你所能」。當這人滿足了此先決條件時，上帝就會因著契約的條款，有責任稱他為義。這一點往往是用一句拉丁語表達：「上帝不會拒絕向那些行心中之事的人施予恩典」(*facienti quod in se est Deus non denegat gratiam*)。著名的中世紀晚期神學家比爾(眾所週知，他的著作影響了路德)解釋，「盡你所能」的意思是拒絕罪惡，努力行善。

在這點上，顯示了新路派與伯拉糾之間的相同點。兩者均主張，男女都可以藉著自己的努力和成就而得蒙接納。兩者都斷言人類的行為使上帝有責任來報酬他們。新路派的作者似乎不過是伯拉糾思想的翻版，只是運用了較為複雜的契約式架構。不過，在這點上，新路派的神學家採納了當代的經濟理論，來辯稱他們並無此意。他們對中世紀晚期經濟理論的運用十分引人入勝，其中說明了中世紀神學家在探討思想時，願意採納其社會處境的程度。我們將會較為詳細地查看他們的論點。

這些神學家經常援引君王與小鉛幣的經典例子，說明好行為與稱義的關係。[10]中世紀的貨幣制度大多數是以金幣與銀幣為主的。這樣的好處是保證貨幣的價值，即使這亦可能鼓勵了從錢幣邊「剪掉」貴重金屬的做法。後來引進了把錢幣軋齒邊的技術，試圖防止以此方法來削掉金銀。不過，君王有時(例如在戰爭的情況下)也會陷於經濟危機中。對付此情況的正常方法，就是收回這些金幣與銀幣，然後熔掉使用。這樣，收回的金銀幣便可以用來資助戰爭。

不過，與此同時，仍然需要某種形式的貨幣。為了滿足這需要，便會發行細小的鉛幣，這些鉛幣具有與金銀幣同等的面值。雖然它們的**內蘊**價值微不足道，但它們所**賦予**或**外加**的價值卻是十分可觀的。君王會答應一旦經濟危機過去，他必會把鉛幣換回等值的金幣與銀幣。故此，鉛幣的價值就是基於君王答應的承諾，稍後以它們全部所賦予的面值贖回。金幣的價值來自其含金量，但鉛幣的價值卻是來自王室的承諾，把這些錢幣看成**彷彿是黃金**。當然，相同的情況也存在於現代大部分的經濟體系中。譬如，紙幣的內蘊價值無足輕重，其價值是本於發鈔銀行兌現鈔票全部票面值的承諾。

新路派的神學家運用這個經濟的類比，以反駁對他們是伯拉糾主義的控告。對於指責他們誇大了人類行為的價值(即是他們似乎讓人覺得可以賺取拯救)，他們的回答全無這用意。他們辯稱，人類的行為就像鉛幣一樣——毫無內在價值。然而，上帝卻藉著契約，命定要視這些行為具有更大的價值，正如君王會視鉛幣如金幣一樣。他們認為，伯拉糾無疑說人類的行為好像黃金一樣，可以賺取拯救。不過，**他們**卻認為人類的行為只是像鉛一樣，若有任何價值，惟一的理由只是上帝恩慈地承諾了要視他們為具有更寶貴的價值。上述從神學上利用錢幣內在與外加價值之分別的反省，讓新路派的神學家得以脫離一種可能十分尷尬的困境，然而即使如此，亦不能使他們較嚴厲的批評者(例如馬丁．路德)感到滿意。

正是這種對稱義的「契約式」理解，成為馬丁．路德神學突破的背景，我們在下一章將會再討論。現在，我們的注意力要轉到與新路派對立的思想上，那是中世紀晚期經院神學對奧古斯丁思想的重新信奉。

新奧古斯丁派(「奧古斯丁主義」)

新路派在14世紀早期的大本營之一是牛津大學。[11]某些主要是來自墨敦學院(Merton College)的思想家,發展了上文所述為新路派獨有的稱義思想。正是在牛津大學,新路派首次遇到了反擊。[12]這次反擊的人物代表是布拉得瓦丁(Thomas Bradwardine),他後來成為坎特伯雷大主教。布拉得瓦丁撰寫了《上帝反對伯拉糾主義之理》(*De causa Dei contra Pelagium*),強烈攻擊牛津新路派的思想。在本書中,他指責墨敦學院的同僚為「現代伯拉糾派」,並且發展出一套回到奧古斯丁觀點的稱義理論,正如在反伯拉糾著作中所見的。

儘管牛津是十分重要的神學中心,但百年戰爭(Hundred Years War)導致它與歐洲大陸愈來愈隔離。雖然布拉得瓦丁的思想後來由威克里夫(John Wycliffe)在英格蘭加以發揮,卻被黑米尼的貴格利帶往歐洲大陸,在巴黎大學承接。貴格利較布拉得瓦丁更為優勝之處是:他是修會的成員(聖奧古斯丁隱修會〔Hermits of St Augustine〕,通常稱為「奧古斯丁修會」〔the Augustinian Order〕)。正如道明會士(Dominicans)發揚多馬斯·阿奎那的思想,方濟會士(Franciscans)發揚蘇格徒的思想一樣,奧古斯丁修會也宣揚黑米尼的貴格利的思想。正是這種奧古斯丁傳統的傳遞,源自黑米尼的貴格利,在奧古斯丁修會之內流傳的思想,逐漸被確認為「新奧古斯丁派」。這些觀點究竟是甚麼?

首先,貴格利在共相的問題上,採取唯名論的立場。正如他同時代的許多思想家一樣,貴格利並不認同阿奎那或蘇格徒的唯實論。在這方面,他與新路派的思想家相當類似,例如霍爾科特和比爾。其次,貴格利發展了一種救恩論，其中反映了奧古斯丁的影響。我們發覺他強調恩典的需要；人類的墮落與罪性；上帝在稱義上的主動，以及上帝的預定。拯救被理解為**完全**是上帝的工作。新路派主張，人類可以藉著「盡其所能」而得以稱義，貴格利則強調只有上帝才可以啟動稱義。新路派主張，拯救所需要的大部分(但不是所有)資源都是在人性**之內**。基督的功德是作為人性之外的資源的一個例子；克勝罪惡和歸向公義的能力則是(對於像比爾一類的作者而言)一個例子，顯示出在人性之內所不可少的拯救資源。顯然相當不同，黑米尼的貴格利認為這些資源完全是在人性**之外**的。即使是克勝罪惡和歸向公義的能力，也是源自上帝的行動，而不是人類的行動。顯然，這些代表了對稱義過程中，人類與上帝角色兩種完全不同的理解。

雖然這種學術上的奧古斯丁主義特別是與奧古斯丁修會有關連，但似乎不是每個奧古斯丁修院或大學都採納了其思想。不過，一個強烈奧古斯丁特色的思想學派似乎已經在中世紀晚期，宗教改革運動的前夕存在。在許多方面，威登堡的改教家以他們獨特地強調奧古斯丁反伯拉糾的著作，可以說是這傳統的重現和繼承者。因著某些主要改教家的觀點(例如路德或加爾文)似乎相當接近這學術性的奧古斯丁主義，因而產生的問題是：究竟改教家是否直接或間接地受了這個奧古斯丁傳統的影響？我們在下一節中將會討論這個問題。

中世紀經院哲學對宗教改革運動的衝擊

毫無疑問，宗教改革運動的兩顆耀眼明星是馬丁·路德和加爾文。在下文中，我們將會討論經院神學的形式對他們可能存在的影響，敘述他們的教育環境如何讓他們接觸中世紀晚期經院哲學的主要觀念。

路德與中世紀晚期經院哲學的關係

無疑，路德熟悉經院哲學與神學。他在愛爾福特大學期間（1501～1505年），文學院是由新路派的代表人物所主導的。他在這段時期之中，大概會深入認識這個唯名論哲學的主要特色。在他決定進入奧古斯丁修院之後（1505年），他被認為是已經浸淫在新路派的神學中，大量閱讀這運動主要代表人物的著作，例如俄坎的威廉、德埃利和比爾。比爾的《彌撒典文註釋》（*Commentary on the Canon of the Mass*）是預備接受按立者的標準神學教科書，有大量證據顯示路德研讀過他的著作，而且理解它的內容。

1508年秋天，路德前往剛成立的威登堡大學教授哲學倫理學。在那一年較早時，大學章程特別有關文學院的條文經過了重大的改動。在這之前，學院成員只准按照多馬斯派（*via Thomae*）和蘇格徒派（*via Scoti*）的觀點授課——換言之，只容許多馬斯．阿奎那與蘇格徒的思想，而不是新路派的立場。然而，按照新章程，他們現在也可以按照「貴格利派」（*via Gregorii*）的觀點來授課。不過，這個以前不為人知的派別究竟是甚麼？早期學者認為這只不過是新路派的另一種描述方式，因而把威登堡與當時德意志其他大學放在同一陣線。

我們知道，新路派在不同的大學中有幾個不同的名稱。例如，這學派在海德堡被描述成「馬西利烏斯派」（*via Marsiliana*），以這運動的一個著名代表人物馬西利烏斯（Marsilius of Inghens）命名。「貴格利派」可能是指黑米尼的貴格利，他是新路派哲學的一個著名闡述者，雖然他的神學是相當奧古斯丁主義的。這個傳統觀點認為，「貴格利派」一詞只是當地提到新路派的一種方式。不過，奧伯曼在1974年發表了一篇重要論文，指出這名詞應該有一個十分不同的解釋。[13]

奧伯曼認為，「貴格利派」是指新奧古斯丁派，源自黑米尼的貴格利(即「貴格利派」的貴格利)。在此所描述的，是貴格利的神學(而不是他的哲學)觀念。奧伯曼在敍述這學派的觀念可以通過許多途徑傳到青年的路德之後，他總結說：

> 評估了這些逐漸增加、已被公認的環境證據之後，我們可以指出新奧古斯丁派(源自黑米尼的貴格利，反映在奧維多的于格利諾)顯然其精神活躍於愛爾福特的奧古斯丁修院，而且由施道比茨(John von Staupitz)轉化成為一種牧職更新的神學，這是在威登堡產生的神學之根源的最可能情況——而不是其起因。[14]

假如奧伯曼的說法是正確的，那麼路德及他的「真正神學」就是處於中世紀奧古斯丁悠長傳統的末端，顯示路德的宗教改革運動可能代表這傳統在16世紀的勝利。

奧伯曼的建議無疑十分重要，不過其中卻存在許多嚴重的困難。在此簡述如下：[15]

1. 路德似乎在1519年之前仍未見過黑米尼的貴格利的任何著作——但奧伯曼的假設卻要求路德這位改教家在1508

年就應該已經有機會閱讀他的著作。

2. 奧伯曼把施道比茨稱為這傳統的傳遞者，眾所週知，他對路德的發展有某些影響，不過他卻難以說成是新奧古斯丁派的一個代表人物。在他的著作中，我們發現他不願引述與這運動有關的任何作者(例如黑米尼的貴格利或奧維多的于格利諾)，而且顯然較為喜愛引述較為古舊的作者。
3. 黑米尼的貴格利被巴黎大學的章程明確地認定為新路派的主要領導代表人物，與俄坎的威廉並列。因此顯示「貴格利派」實際上只不過是「新路派」的另一稱謂而已。
4. 路德早期的神學(1509～1514年)絲毫沒有任何極端奧古斯丁主義的色彩，這主義與黑米尼的貴格利和新奧古斯丁派有關。假如路德真是如奧伯曼所說那麼熟悉這神學，那麼該如何解釋呢？
5. 1508年威登堡的章程是關於文學院的，而不是神學院。故此，它們所贊同理應是黑米尼的貴格利在哲學方面的觀點，而不是神學方面。正如上文所述，貴格利的哲學觀點是典型的新路派，即使他的神學是極端的奧古斯丁主義。因此，章程似乎是容許貴格利的哲學觀點在威登堡中教授——即是新路派的觀念。近期大多數研究的共識顯然傾向認為，奧伯曼的假設雖然有助刺激對路德與中世紀晚期思想關係的研究，卻似乎是站不住腳的。

加爾文與中世紀晚期經院哲學的關係

加爾文於1520年代在巴黎大學開始他的學術生涯。隨著愈來愈多的研究顯示，巴黎大學(尤其是加爾文的學院孟塔古學院〔Collège de Montaigu〕)是新路派的重鎮。加爾文在巴黎的文學院修讀的4、5年間，不可能避免接觸這運動的主要觀念。

加爾文與中世紀晚期神學之間相似的一個明顯要點是關於唯意志論(voluntarism)——這教義認為功德的最終基礎是在於上帝的意志，而不是一個行動的內在美善。[16]若要探討這教義，就讓我們考慮人類的一項道德行動——例如，施捨金錢。這項行動的功德價值是甚麼？它在上帝的眼中有何價值？行動的道德(moral，那是人類的)與功德(meritorious，那是上帝的)價值之間的關係，是中世紀晚期神學家的主要關懷。由此發展了兩個各有特色的取向：唯智性論者(intellectualist)和唯意志論者(voluntarist)。

唯智性論的取向認為，上帝的智性承認一項行動的內在道德價值，而且據此給予回報。在道德與功德之間，存在直接的關聯。唯意志論反對這一點，認為它會讓上帝從屬於祂的受造物。一項人類行動的功德價值不可以是預先決定的；上帝擁有自由去抉擇甚麼是祂喜歡的價值。故此，沒有必要把道德與功德聯繫起來。所以，一項人類行動的功德價值不是取決於它的內在價值，而是惟獨建基於上帝所選擇歸屬於它的價值。

這個原則在蘇格徒的格言中概括說明(雖然不是完全正確，卻是往往視之為在中世紀晚期思想中朝向唯意志論的創始者)，指出一項捐獻的價值只是由上帝旨意所決定而影響的，而不是在於它的內在美善。上帝的旨意選擇把諸如此類的價值賦予在人類的行動上，從而維持了上帝的自由。在中世紀晚期，唯意志論的立場逐漸得到贊同，尤其是在極端奧古斯丁主義的圈子中。大多數新路派和新奧古斯丁派的神學家都接納它。

加爾文在《基督教要義》中在論到基督的功德時，正是採納了這個唯意志論的立場。雖然這在該書的早期版本中是含蓄地暗示，只有在1559年的版本中，以及後來加爾文與蘇西尼(Laelius Socinus)的通信中論到這課題時，才明確地說出來。在1555年，加爾文回應由蘇西尼提出來的問題，論到基督的功德和信心的保證，而且似乎把這些回覆直接併入《基督教要義》1559年版本的內容中。

基督在十字架上的受死，是基督徒思想和敬拜的中心焦點。不過，基督的受死為何應該如此重要？因著它的中心性，稱義可以給予甚麼？**基督**(而不是其他人)的受死為何宣稱有獨特的意義？在上述通信的過程中，加爾文仔細考慮了這個問題，在技術上稱為「基督的功德的基礎」(*ratio meriti Christi*)。基督在十字架上的受死，為甚麼足以買贖人類？基督的位格是否有某些內在的東西，正如路德所主張的？對於路德來說，基督的神性是適當的基礎，宣稱祂的受死是擁有獨特的重要性。要不然，是否上帝選擇接納祂的受死是有足夠功德去買贖人類？這價值是**內在**於基督的受死，或是由上帝**加入**其中？加爾文清楚表明，基督的功德的基礎不是在於基督獻上自己(這等於是以唯理智論的取向對待「基督的功德的基礎」)，而是在於上帝決定接納這樣的獻上是有足夠的功德去買贖人類(這等於是唯意志論的取向)。對於加爾文來說，「除了上帝的喜悅之外，基督不可能有任何功德」(*nam Christus nonnisi ex Dei beneplacito quidquam mereri potuit*)。加爾文與中世紀晚期的唯意志論傳統之間，顯然有其延續性。

以往，加爾文與蘇格徒之間的這種相似性，被視為暗示蘇格徒對加爾文有直接的影響。然而，事實上，加爾文顯然是延續中世紀晚期的唯意志論傳統，那是源自俄坎的威廉和黑米尼的貴格利，對此蘇格徒顯示了一個轉折點。基督犧牲拯救的功德本質是上帝以恩慈這樣命定接納的，沒有理由可以給予。加爾文與這個晚期傳統的延續性是十分明顯的。

1963年，盧達（Karl Reuter）出版了一部有關加爾文思想的專論，提出了加爾文研究的一個重要假設，後來他在1981年進一步發揮：那就是，加爾文是深深受到當時在巴黎任教的蘇格蘭經院派神學翹楚梅傑（John Major 或 John Mair）所影響。[17] 盧達認為，梅傑在巴黎讓加爾文接觸到「反伯拉糾思想與蘇格徒神學的新概念，以及全新的奧古斯丁主義」。按照盧達的看法，通過梅傑的影響，加爾文接觸奧古斯丁、布拉得瓦丁與黑米尼的貴格利等作者的思想。

盧達的假設遇到相當大的批評，大部分集中於他所提供的環境證據的性質。譬如，完全沒證據顯示加爾文曾受教於梅傑，不論他們的思想是多麼相似。同樣地，加爾文早期的著作（例如《基督教要義》的1536年版本）完全沒提及梅傑。不過，加爾文顯然是呈現了與新奧古斯丁派極為相似的思想，而加爾文可能是反映了這傳統的影響，而不是其中個別人物的影響。即使盧達原本提出的假設是站不住腳的，似乎也有極好的理由認為，加爾文大概反映了中世紀晚期奧古斯丁主義傳統的影響，例如與新奧古斯丁派有關的思想。

在分析加爾文的神學中，可以顯示這個可能性為何有理。以下7點加爾文神學的主要特徵，與新奧古斯丁派的思想直接平行：

1. 在知識論上是嚴格的「唯名論」(nominalism / terminism)。
2. 對於人類的功德與耶穌基督的功德，以唯意志論作為理解的基礎，而反對唯智性論。
3. 大量運用奧古斯丁的作品，尤其是他反對伯拉糾的著作，集中於恩典的教義上。
4. 對於人性有強烈的悲觀看法，而墮落被視為是人類拯救歷史的一個分水嶺。
5. 強調上帝在人類救贖中的優先性。
6. 絕對雙重預定論(參本書第7章)的極端教義。
7. 否認居間階段(intermediaries)(例如「恩典的創造習性」〔created habits of grace〕)在稱義或功德上的角色。上帝可以接納個人直接與祂建立關係，無需有這類本性上的居間階段。

最後一點特別有趣，因為它代表了「俄坎的剃刀」的應用例子〔Ockham's razor〕。俄坎的威廉提出了一個具有唯名論特色的概念，認為居間性的觀念或概念應該省掉，或減至最少。例如，俄坎把一個共相的概念視之為完全沒有必要的居間階段，可以予以除掉。顯然，加爾文藉著運用這把剃刀，準備剃掉早期經院哲學的許多神學觀念。

經院哲學的社會處境

在評估任何思想運動的價值時，必須首先確定傳遞與發展其思想的社會不同部分。譬如，我們已經看見人文主義基本上是一種文化與教育的運動，其思想在文藝復興時期廣泛地在意大利(在歐洲北部沒有那麼盛行)的上層社會、文學院與教育家的圈子中流傳。人文主義的思想據知也被許多修會的成員所接納。[18]由此給人的印象是這種思想運動的觀念之接納和傳遞，跨越了不少重要的社會界限。

不過，在經院哲學的例子中，我們卻遇見十分不同的情況。主要的經院哲學學派都是個別繫於某修會。故此，道明會傾向宣揚多馬斯主義，方濟會則發揚蘇格徒主義，雖然新路派的思想早在15世紀已在兩個修會中完全確立。一個經院哲學家通常都是某修會的成員。帕多瓦大學(University of Padua)代表了一個較為罕見的例子，沒有特別關聯於某修會的經院哲學。故此，經院哲學顯然對社會的影響受到很大的限制。人文主義所擁有的社會流動性，顯然付之闕如。同樣地，經院哲學也明顯受著地理的限制：例如，經院哲學是16世紀初德意志的重要思想力量，卻不見稱於瑞士。故此，當16世紀早期受教育的人幾乎沒可能避免人文主義的影響時，經院哲學卻是日漸衰退的思想力量，愈來愈局限於歐洲北部的某些據點之內。

顯然有兩點是與宗教改革運動有關的。首先，改教家開始投身他們改革事業之前的背景，決定了他們受經院哲學的影響程度，或是感到有責任與之對話的重要決定因素。我們可以指出，路德是惟一的主要改教家，其出身顯示他接觸過經院哲學；因為他是從事大學教育的修會成員，而慈運理卻只是一個教區的教士。同樣地，路德是日耳曼人，而慈運理則是瑞士人。其次，從與人文主義觀念有關的社會流動性角度來看，讓我們明白路德的思想在1517至1519年間是如何廣泛流傳的。雖然路德在這時期的神學仍然具有相當明顯的經院派形式，它受到人文主義會社「有成果地誤解」(productively misunderstood，這是莫勒的說法)，視之為體現了**人文主義式**價值，由此便使這些觀念得到通常是人文主義才有的流通性。不論是在德意志地區或瑞士，人文主義運動都是宗教改革運動觀念的主要傳送者：在兩種宗教改革運動之間的基本分別是慈運理的思想在開始時**是**人文主義式的，而路德卻是被**誤解**為屬於人文主義的立場。

路德在1520年代經常受到誤解，對此不應大驚小怪。沒有多少人有機會閱讀過路德的著作；隨著對他的觀念在西班牙和意大利被接納的研究顯示，大多數人似乎是通過二手或三手資料來認識他的思想。結果，扭曲和誤解是無可避免的。以一個明顯的例子說明(也許是一個經常引用的例子)，日耳曼農民以為路德是會同情他們的理據，而當他們弄清楚他的真正立場時，就感到被出賣了。還有，羅拉德派提出的態度，通常是強烈的反教士、反聖禮和反教會的，他們相信，既然路德的稱義教義似乎是強化了這些態度，那麼路德本人在他改革基督教的理想藍圖中，也不會容許教士、聖禮或教會的建制存在。路德對羅拉德派的部分吸引力，就這樣基於對他立場的誤解上。

在本章中，我們討論了中世紀經院哲學的現象，而且指出它對宗教改革運動的潛在關聯。在下一章中，我們將會探討人文主義與經院哲學如何匯聚於馬丁·路德的神學突破中。

註釋

1 David Knowles, *The Evolution of Medieval Thought* (London, 1976), pp. 71～288; Paul Vignaux, *Philosophy in the Middle Ages* (New York, 1959), pp. 69～90.

2 關於阿奎那，參 Etienne Gilson, *The Christian Philosophy of St Thomas Aquinas* (New York, 1956)。

3 參 Charles G. Nauert, 'The Clash of Humanists and Scholastics: An Approach to Pre-Reformation Controversies,' *Sixteenth Century Journal* 4 (1973): 1～18；James Overfeld, 'Scholastic Opposition to Humanism in Pre-Reformation Germany,' *Viator* 7 (1976): 391～420。關於這個主題，特別有用的論文是 A. H. T. Levi, 'The Breakdown of Scholasticism and the Significance of Evangelical Humanism,' in *The Philosophical Assessment of Theology,* ed. G. R. Hughes (Georgetown, 1987), pp. 101～128。

4 關於共相的問題，參 John Hospers, *An Introduction to Philosophical Analysis,* 2nd revised edn (Englewood Cliffs, N. J., 1976), pp. 354～367。關於中世紀的唯實論和唯名論，參 Etienne Gilson, *History of Christian Philosophy in the Middle Ages* (London, 1978), pp. 489～498；M. H. Carré, *Realists and Nominalists* (Oxford, 1946)。

5 關於多馬斯主義，參 Gilson, *History of Christian Philosophy in the Middle Ages,* pp. 361～383。關於蘇格徒主義，參同書，頁454～471。

6 關於伯拉糾論爭的歷史沿革與其涉及的問題，參 Peter Brown, *Augustine of Hippo: A Biography* (London, 1975), pp. 340～407；Gerald Bonner, *St Augustine of Hippo: Life and Controversies,* 2nd edn (Norwich, 1986), pp. 312～393。

7 參 Alister E. McGrath, *Iustitia Dei: A History of the Christian Doctrine of Justification* (2 vols; Cambridge, 1986), vol. 1, pp. 128～145; Brown, *Augustine of Hippo,* pp. 398～407。

8 關於下文所述，參 McGrath, *Iustitia Dei,* vol. 1, pp. 119～128, 166～172。

9 參 Francis Oakley, *The Political Thought of Pierre d'Ailly: The Voluntarist Tradition* (New Haven, 1964)。

10 參 William J. Courtenay, 'The King and the Leaden Coin: The Economic Background of Sine Qua Non Causality,' *Traditio* 28 (1972): 185～209。

11 關於所涉及的人物，參 William J. Courtenay, *Adam Wodeham: An Introduction to his Life and Writings* (Leiden, 1978)。

12 參 Heiko A. Oberman, *Masters of the Reformation: The Emergence of a New Intellectual Climate in Europe* (Cambridge, 1981), pp. 64～110。

13 Heiko A. Oberman, 'Headwaters of the Reformation: *Initia Lutheri-*

Initia Reformationis,' 再刊於 *The Dawn of the Reformation: Essays in Late Medieval and Early Reformation Thought* (Edinburgh, 1986), pp. 39～83。

14 Oberman, 'Headwaters of the Reformation,' p. 77.

15 Alister E. McGrath, *The Intellectual Origins of the European Reformation* (Oxford, 1987), pp. 108～115.

16 Alister E. McGrath, 'John Calvin and Late Medieval Thought: A Study in Late Medieval Influences upon Calvin's Theological Development,' *ARG* 77 (1986): 58～78; McGrath, *Intellectual Origins,* pp. 94～107.

17 Karl Reuter, *Das Grundverständnis der Theologie Calvins* (Neukirchen, 1963); *idem, Vom Scholaren bis zum jungen Reformator: Studien zum Werdegang Johannes Calvins* (Neukirchen, 1981).

18 參 P. O. Kristeller, 'The Contribution of Religious Orders to Renaissance Thought and Learning,' *American Benedictine Review* 21 (1970): 1～55。

進深閱讀

關於「經院哲學」現象的出色導論，參：

Josef Pieper, *Scholasticism: Personalities and Problems of Medieval Philosophy* (London 1960).

關於「新路派」，參：

W. J. Courtenay, 'Nominalism and Late Medieval Religion,' in *The Pursuit of Holiness in Late Medieval Religion,* ed. C. Trinkaus and H. A. Oberman (Leiden, 1974), pp. 26～59.

_____, 'Late Medieval Nominalism Revisited: *1972～1982*,' *Journal of the History of Ideas* 44 (1983): 159～164.

Alister E. McGrath, *The Intellectual Origins of the European Reformation* (Oxford, 1987), pp. 70～85.

關於「新奧古斯丁派」，參：

McGrath, *Intellectual Origins of the European Reformation,* pp. 86～93.

Heiko A. Oberman, *Masters of the Reformation: The Emergence of a New Intellectual Climate in Europe* (Cambridge, 1981), pp. 64～110.

David C. Steinmetz, *Luther and Staupitz: An Essay in the Intellectual Origins of the Protestant Reformation* (Durham, N.C., 1980), pp. 13～27.

5

改教家生平導論

或許我們會忽略了一個事實，就是宗教改革運動不只是涉及社會力量(這個弱點嚴重削弱社會歷史學者所提供的宗教改革運動典範的價值)，或只是關乎宗教的觀念(這個弱點往往見於較為明確的宗教改革運動神學的記述中)。宗教改革的思想是由一羣相當重要的個人所孕育和發展的。這些觀念是以甚麼態度接收的，以及它們對社會整體有何影響，無疑與社會因素有深刻的關係，可是這不等於我們可以忽略那些對宗教改革運動思潮的產生和發展極具貢獻的個人。

一般人都同意，宗教改革運動有兩個領導的傑出人物：馬丁．路德和加爾文。雖然普遍認為瑞士改教家慈運理對瑞士宗教改革運動的起源和早期發展相當重要，不過他卻被視為是宗教改革運動的「第三號人物」。通常對慈運理這樣的較低評價，往往受到學者的批評，他們渴望指出他的思想的獨創性，以及他在某些主要由瑞士人影響政治範圍的地區中，奠下鞏固宗教改革基礎的重要角色。不過，不論這是正確與否，一般認為慈運理對於西方基督教思想的塑造，並沒有路德或加爾文那樣具有影響力。

本章綜覽5位改教領袖的生平。除了上文提到的3個人物，還會簡略介紹路德的同工墨蘭頓，以及斯特拉斯堡這座大城的改教家布塞珥。在此強烈建議，在你閱讀以後較為分門別類討論宗教改革的神學觀念之前，首先閱讀本章。本章提供了重要的歷史和生平資料，是這些觀念的基本背景材料。我們由改教家的5道洪流中最巨大的一道開始——馬丁．路德。

馬丁．路德

馬丁．路德（1483～1546年）被公認為是最重要的改教家。路德於1483年11月10日在德意志城鎮艾斯萊本（Eisleben）出生，由於他的受洗日期11月11日正是紀念圖爾的馬丁（Martin of Tours）的節期，所以取名馬丁。他的父親漢斯．路德（Hans Luder，這個名字是當時的拼寫方式）在翌年遷往鄰近的曼斯費爾德（Mansfeld），在此經營一個細小的銅礦業務。1501年，路德在愛爾福特開始接受大學教育。他的父親明確想要他成為一個律師，顯然知道這會為家族帶來經濟上的好處。1505年，路德在愛爾福特完成一般的文科課程，可以繼續研讀法律。

不過最後，他沒有用了多長的時間唸法律。約在1505年6月30日，路德到訪曼斯費爾德之後返回愛爾福特。就在他行近施托特恩海姆（Storterheim）的村莊時，遇到一場大雷雨。忽然間，一道閃電擊中他附近的地面，把他拋離馬背。路德在驚恐中高呼：「聖安娜救我，我會作一名修士！」（聖安娜〔St Anne〕是礦工的主保聖徒〔patron saint〕。）1505年7月17日，他進入了愛爾福特7大修道院中最嚴格的那間——奧古斯丁修院。路德的父親對這個決定感到十分惱怒，在相當長的一段時間中，與兒子保持疏遠。

愛爾福特的奧古斯丁修道院與愛爾福特大學之間關係密切，容許路德在預備接受聖職的課程中，鑽研中世紀晚期宗教思想的重要人物，例如俄坎的威廉、德埃利和比爾等。1507年，他被任命為教士。到了1509年，他獲得了第一個主要的神學資格。最後，1512年10月18日，他獲授神學博士學位，成為他學術研究的高峯。不過，到了那時，他已經遷離愛爾福特，在鄰近的城鎮威登堡安頓，當地有一間相當新的日耳曼大學。

威登堡大學(University of Wittenberg)是由選侯智者腓特烈於1502年成立的。他建立這個學問中心的動機，不只是為了教育；他可能想要超越鄰近的萊比錫大學的名聲。路德在得到博士學位之後不久，就取得了威登堡的聖經研究教席，而且餘生都留在那裏(除了偶爾離開之外)。他是接替施道比茨的教席，後者是德意志奧古斯丁修會(German Observant Augustinian)的代理會長，在路德之前負責那個教席。

一般認為，路德在威登堡的講學構成了他以後神學發展的基礎。路德逐漸出現的神學思想，背後是由持之以恆地研讀某些聖經經文所塑造，這一點相當重要。在1513至1519年這段重要時期中，路德講授了以下的科目：

1513至1515年　詩篇(首次課程的講授)
1515至1516年　羅馬書
1516至1517年　加拉太書
1517至1518年　希伯來書

在這段期間的某一刻，路德徹底改變了他的神學觀點。對於這個突破的性質和日期，學者之間存在著強烈的爭論。在本書以後的章節中，我們將會詳細討論這一點。

路德通過一連串的爭論，聲名大噪。最先的一個爭論是集中於贖罪券的買賣。美茵茲的大主教阿爾貝特（Albert of Mainz）允許在他的轄區中售賣贖罪券。在威登堡地區負責推銷贖罪券的是台徹爾，此人讓路德深感氣憤，促使他寫信給大主教阿爾貝特，對這種做法提出抗議，而且撰寫了95條拉丁文的論綱，打算在威登堡大學中辯論。路德的同儕墨蘭頓以後記述，這論綱也「張貼」（為了向公眾展示而釘上）在威登堡的城堡教堂門上，日期是1517年10月31日。這一天後來被視為是宗教改革運動開始的標誌。事實上，這些論綱並沒有引起多大注意，直至路德把它們廣泛流傳，而且翻譯成為德文。

大主教認為，這些論綱是對他的權威的直接挑戰，於是把它們隨同一封指控信呈交給羅馬。然而意外地，這沒有引起多大衝擊。教廷這時候需要智者腓特烈的支持，確保可以選出教廷屬意的候選人，繼承神聖羅馬帝國君主馬克西米利安（Maximillian）的帝位。結果，路德沒有被召喚至羅馬，為對他的指控答辯，而是由教廷代表卡耶坦（Cajetan）於1518年在當地審問他。路德拒絕收回他對售賣贖罪券的做法的批評。

在1519年的萊比錫辯論中，路德的名聲更加高漲。路德與他在威登堡的同儕迦勒斯大在這場辯論中，一同對抗一個來自因戈爾施塔特（Ingolstadt）的著名神學家艾克。在論到權威的本質的複雜辯論過程中，艾克設法想要路德承認，在路德來說，教宗與一般教會會議都有可能犯錯。更且，路德暗示在某程度上支持波希米亞（Bohemia）的改教家胡司(Jan Huss)，後者早已被譴責為異端。艾克顯然認為自己已經贏了這場辯論，因為他迫使路德表明了對教廷權威的觀點，而那按照當時的標準來説是非正統的。

然而，其他人卻欣然接納路德的批評。許多人文主義者的反應尤其重要，他們認為路德的批評顯示出他是他們的一分子。事實上，實情不是這樣的。不論如何，這個「建設性的誤解」(constructive misunderstanding) 卻導致路德被當時的人文主義者捧為名人，在人文主義者的圈子中聲名鵲起。雖然路德與伊拉斯姆在1524至1525年間的辯論，最後終止了路德是同情人文主義者的議程的想法，他卻至少享受了在萊比錫辯論之後幾年間許多人文主義者(包括伊拉斯姆和布塞珥) 的默默支持。

路德與人文主義者之間在1519年前後的短暫甜蜜相處，可以見於他塑造自己風格的方式。當時有一個虛榮的做法，就是人文主義作者堅持要以他們名字的拉丁文或希臘文的拼寫方式自稱，這或許是為了讓他們看來較為高貴。就這樣，菲利普．史華茲爾特 (Philipp Schwarzerd) 變成了墨蘭頓 (Melanchthon，字面意思是「黑色的大地」)，約翰．胡斯根 (Johann Hauschein) 變成了埃科蘭巴狄 (Oecolampadius，字面意思是「屋子的光」)。大約在1519年左右，路德順從了這種時代趨勢。到那時候，路德一直被譽為是一個中世紀教會的批評者。他對基督徒自由的強調——證據見於1520年所撰寫的《基督徒的自由》(*On the Freedom of a Christian*) ——導致他把玩了他的家族名稱的原來拼寫方式 Luder，他把這個字改為埃留提利烏斯 (Eleutherius，字面意思是「解放者」)。在似乎是一段相當短的時間中，他就厭倦了這類做作。不過，他的家族名稱依然採納了一個新的拼寫方式：

Luder變成了Luther。

1520年，路德出版了3部重要的著作，立即成為人所共知的改教家。路德聰明地以德文寫作，讓他的觀念可以被大眾所明白：當時拉丁文是歐洲知識分子和教會精英所用的語言，平民百姓所用的是德文。在《致德意志民族基督教貴族書》中，路德熱情地指出教會改革的需要。不論是教義和陳規，16世紀的教會都已經遠離新約聖經。他那簡潔有力和措辭巧妙的德文，吸引羣眾認真思考某些嚴肅的神學觀念。

路德受到這本著作的非凡成就所鼓舞，跟著撰寫了《教會被擄於巴比倫》(*The Babylonian Captivity of the Christian Church*)。在這篇相當有力的作品中，路德指出福音已經被擄至建制的教會中。他認為，中世紀的教會已經把福音禁錮在教士和聖禮的複雜系統中。教會變成了福音的主人，然而它應該是福音的僕人。這一點在《基督徒的自由》中進一步加以討論，路德在這部作品中，同時強調信徒的自由和責任。

直至現在，路德都是爭論和譴責的中心。1520年6月15日，路德受到一道教宗詔書所譴責，而且命令他撤回自己的觀點。他拒絕了，而且公開把詔書燒毀，以表羞辱。翌年1月，他被革除教籍，而且被傳召前往出席「沃木斯帝國會議」。再一次，他拒絕撤回他的觀點。路德的處境變得愈來愈嚴峻。認識到這一點，一個友好的日耳曼諸侯安排他被「綁架」，把他藏匿在愛森納赫(Eisenach)附近的城堡瓦特堡。路德在被隔離的8個月中，讓他有時間仔細思考他許多觀念的含義，而且檢討他的動機的真誠。當他在1522年返回威登堡負責城中的宗教改革運動時，他的觀念已經得到歐洲各地相當大的支持。到了這個階段，宗教改革運動可以說是開始了。在它的早期階段，肯定是由路德所塑造的。

路德在這個早期階段對宗教改革運動的影響是基礎性的。他在瓦特堡被隔離期間，容許他致力於幾項主要的改革計劃，包括禮儀的修訂、聖經的翻譯，以及其他改革的專著。1522年，德文的新約譯本面世，儘管整本聖經的翻譯和出版要待1534年才完成。1524年，路德提議有需要在德意志的城鎮中設立學校，把教育延伸至婦女。1529年的兩部教理問答，打開了宗教教育的新領域(參本書第12章)。

然而，嚴重的爭議迅速出現。1524年，伊拉斯姆出版了一部著作，其中最要緊的是他對人類自由意志的觀點。路德在1525年的回應並不是措辭最圓滑的文獻，而且導致他與伊拉斯姆最終的決裂。更嚴重的是，1525年的農民戰爭(Peasants' War)使路德的聲譽受到極大損害。路德認為，封建地主有權制止農民的叛亂，在必要時可以運用武力。路德對這個問題的論著——例如《反對農民的搶掠與屠殺》(*Against the Thieving and Murderous Hordes of Peasants*)——對於叛亂差不多沒有任何影響，卻嚴重破壞了他的形象。

或許最重要的爭論，出現在路德與慈運理之間對「真實臨在」(real presence)的本質觀點的極度分歧(參本書第9章)。路德堅持基督在聖餐中的真實臨在，顯然與慈運理的比喻性或象徵性的取向相當不同。雖然許多人試圖協調兩者的觀點，或至少把分歧所造成的損害減至最少——最後都是徒勞無功。由黑森的腓力(Philip of Hesse)所安排的馬爾堡對談(Colloquy of Marburg, 1529)，尤其顯得重要。它的失敗，可以視之為是在政治和軍事的因素日漸不利，極需共同合作之時，卻造成了日耳曼和瑞士的改教陣營永久分離。

到了1527年，路德的健康狀況顯然不佳，他所患的病現在可確認為是梅尼埃爾氏病（Meniere's disease）。路德相信自己不會活得長久，就娶了一個曾是修女的女子凱瑟琳（Katharina von Bora）為妻。雖然路德在晚年仍然繼續撰寫了一些重要的神學著作（尤其是加拉太書的註釋），他卻愈來愈注意他的健康狀況，以及宗教改革運動鬥爭的政治活動。1546年，當他試圖去調解曼斯菲爾德城某些德意志貴族之間的齟齬時，就溘然長逝了。

路德對宗教改革運動每一層面的影響，實際上都相當大。他如何理解聖經解釋、稱義、教會和聖禮的教義，仍然是神學上的地標，在本書中將會詳論。然而，他對政教關係的觀點可能未經深思熟慮，予人在衝突壓力之下構思出來的印象。不論如何，路德必須被視之為宗教改革運動兩個最重要的人物之一，故此他的思想必須進一步詳論。

現在，我們轉而探討另一個沒有那麼重要的人物的生平——瑞士改教家慈運理。

慈運理

若要明白瑞士改教家慈運理（1484～1531年）的事業和策略，就不能不考慮他在瑞士聯邦中的背景。「瑞士」（Switzerland）一詞是衍生自3個原本的區域——施維茨（Schwyz）、烏里（Uri）和翁特瓦爾登（Unterwalden）——它們於1291年簽署一份共同抵禦奧地利人的公約。這份公約稱為「紇里微提（瑞士）同盟」（*Confederatio Helvetica*），在以後年間逐步擴大。1332年，琉森(Lucerne)加入聯邦，然後是蘇黎世(1351年)、格拉魯斯和楚格(Glarus and Zug, 1352)，以及伯恩(1353年)。這個同盟的強處見於1388年的納肯費爾斯(Nähenfels)戰役，在這場歷史著名的戰役中，確定了它的存在。瑞士的傳奇愛國英雄威廉．泰爾(William Tell)對抗奧地利壓迫者的故事，就是源自這個時期。1481年，索洛圖恩(Solothurn)和弗里堡(Fribourg)等州加入同盟，把成員州增至10個。1501年，巴塞爾和沙夫豪森也加入，然後是1513年的阿彭策爾(Appenzell)。在法國大革命之後，再沒有其他州加入同盟了。

慈運理生於1484年元旦日，出生地是聖加侖州的吐根堡河谷(Toggenburg valley)，位於今天瑞士的東部。嚴格來說，聖加侖不是瑞士聯邦的一部分。不過在1451年，聖加侖與瑞士某些州結盟，故此慈運理經常自稱為瑞士人。慈運理早期在伯恩就讀，然後進入維也納大學(1498-1502年)。由於維也納當時正在推行大學改革，被公認是接近瑞士的最出色大學之一。在卓越的人文主義者領導下(例如采爾蒂斯)，大學接納了人文主義者的改革。然後，他前往巴塞爾大學(1502～1506年)，在那裏強化了他的人文主義立場。1506年，他被按立為教士，隨後10年在格拉魯斯任職，然後於1516年調往艾因西德倫(Einsiedeln)的本篤會(Benedictine)修院擔任「民眾教士」(Leutpriest)。

慈運理在格拉魯斯擔任教區教士期間，負責瑞士士兵的隨軍教士，這些士兵當時是在法國與意大利戰爭中的傭兵。他隨軍參與了馬里尼亞諾戰役(1515年)，瑞士軍隊在這場戰役中慘敗，大量士兵死亡。這次事件導致慈運理堅決反對僱傭兵行業的立場，也對瑞士孤立主義的發展極具重要性。因著馬里尼亞諸戰役，瑞士人決定不再參與別人的戰爭。

到了1516年，慈運理已經深信教會需要改革，站在伊拉斯姆等聖經人文主義者的同一陣線。他購買了伊拉斯姆的希臘文新約版本，而且研讀希臘文和拉丁文教父的著作。慈運理在離開艾因西德倫前往蘇黎世之時，已經相信基督徒的信仰和實踐是要基於聖經的需要，而不是人文的傳統。

1519年1月1日，慈運理在蘇黎世大教堂就任「民眾教士」的新職位。從一開始，他決心改革的計劃已經十分明顯。他開始講授馬太福音的一系列講章，完全不理會傳統的經課。慈運理在蘇黎世的事業幾乎突然陷於終結；1519年夏天，蘇黎世爆發疫病，讓他差點死去。他得以逃過大難，影響了他對「護理」(providence) 的想法，本書在稍後會再討論這一點 (參本書第7章)。

不久之後，慈運理的改革變得更為激進。1522年，他的講道積極攻擊傳統天主教信仰生活的每一層面，包括聖徒崇拜的儀式、禁食的做法，以及對馬利亞的敬拜。他的講道在城中引起了爭論，讓市議會感到不安。市議會擔心動盪會在城中漫延，因此決定要把問題解決。1523年1月，安排了一場大型的公眾辯論，由慈運理與他的天主教對手互相對壘。當慈運理與當地某些天主教教士辯論他的改革方案時，由市議會坐席審判。很快顯示，慈運理佔了上風。慈運理可以毫無困難地把希伯來文、希臘文或拉丁文翻譯成為蘇黎世的本地語言，顯示他對聖經的掌握是他的對手根本沒法及得上的。結果顯而易見。市議會決定了一個基於聖經的改革方案，由慈運理草擬，成為該市的官方政策。

1525年，蘇黎世市議會終於廢止了彌撒，由慈運理的聖餐版本所代替。慈運理對於聖餐含義的觀點，最後造成了極大爭論（參本書第9章）；事實上，慈運理最為人所記得的，可能就是他對主餐的極端「記念論」（memorialist）的看法，認為那是當基督不在時記念祂的受死。

慈運理受到改革成功所鼓舞，勸服其他市議會以同樣方式進行公眾辯論。1528年出現了一次重大的突破，當時伯恩市在一場類似的公眾辯論之後，決定接納宗教改革運動。伯恩是在這地區中的一個政治和軍事的重要中心。它於1536年在政治和軍事上支持被圍困的日內瓦，證明在宗教改革運動的第二階段中，對於建立加爾文的影響力極具決定性。故此，加爾文作為一個改教家的成就，比一般人所認為的更多是歸因於慈運理。

慈運理在1531年10月11日一場捍衛他的改革的戰役中逝世。

墨蘭頓

墨蘭頓（1497～1560年）是路德在威登堡最親密的同工之一。墨蘭頓生於1497年2月16日，就讀於海德堡（Heidelberg, 1509～1512）和杜平根（Tübingen, 1512～1518）的大學。然後，他於1518年前往威登堡大學擔任一個新開設的教席。

雖然墨蘭頓的專長是希臘文，他很快就發展了對神學的興趣，在不少範圍上受到路德的鼓勵，迅速被他影響。墨蘭頓的一個最早期的神學重點，就是關於聖經的權威。他在1519年為神學學士程度發表的一系列論文，尤其清楚見到這一點。然而，普遍同意對聖經權威的這個重點，最清楚見於墨蘭頓一本值得紀念的著作——《教義要點》（*Loci*

Communes），這本書的初版於1521年面世。

我們在本書第12章中將會探討《教義要點》的影響。不過，在這個階段我們可以指出，墨蘭頓這本著作是環繞一系列的聖經主題建構的，尤其是關於稱義的教義。全書的主旨是提供一個基督教神學的系統，由聖經來塑造和支配。墨蘭頓顯然認為，倫巴都的中世紀神學標準教科書《四部語錄》在這方面是有缺陷的，而且期望採納一個以羅馬書的主題為基準的取向。他作為一個教育家的角色，也特別見於他對〈奧斯堡信條〉（Augsburg Confession, 1530）及其論辯作出定稿，兩者都是在1530年出版的。

路德被羅馬譴責，導致他的旅行自由受到嚴重的限制。故此，墨蘭頓經常要肩負起在薩克森選侯地區以外演講交流的責任。結果，信義宗的宗教改革運動的發展和擴散，往往反映了特別與他有關的強調之處。尤其是墨蘭頓所強調的「中性之事」（*adiaphora*），即相信可以容許對某些事情有不同的意見。路德於1546年逝世之後，這個問題就變得特別重要，當時出現了一連串的政治和軍事挫折，意味著信義宗要面對失去支持的情況逐漸增加。墨蘭頓試圖發展一套實用主義的取向，以便盡可能在新的環境下維護信義宗的遺產，當時的情況是已經有許多人背叛了。「真正信義宗信徒運動」（Gnesio-Lutheran movement）的出現，可以看作是對墨蘭頓的調解的回應。

現在，我們轉而探討另一個改教家，他在當時有相當大的成就，不過往後卻被許多人遺忘了——布塞珥。

布塞珥

布塞珥（1491～1551年，他的名字可以拼作 Butzer）生於法國的亞爾薩斯(Alsace)。他早年加入道明會，可能是為了得到接受教育機會的好處。布塞珥於1517年前往海德堡研讀神學。他開始景仰伊拉斯姆；這一點在1518年得到證實，而且明顯地改變了方向，當時他在海德堡的辯論中聽到路德的演講。布塞珥覺得，路德只是明確地說出伊拉斯姆含蓄地暗示的意思，因而認為路德和伊拉斯姆都可以被視為在一套共同的假設上，致力爭取改革。

1523年5月，布塞珥移居斯特拉斯堡這個帝國城市。宗教改革當時正在這個城市推行，儘管形式稍微減弱和動盪。布塞珥開始投身於這場運動，成為它最重要的護教家和理論家之一。他深入參與福音派內部的對話，致力維護宗教改革運動的合一。雖然布塞珥個人在真實臨在的辯論中是支持慈運理的一方，他卻積極謀求在這個問題上的和解，深深感到它對合一的嚴重威脅。〈威登堡協定〉(Wittenberg Concord, 1536)一般被視為是他在這方面的最大成就，在協定中發展出福音派思想基礎的一套共識，在這個基礎上，不同的重點或強調都是可以被接納。

布塞珥的最大影響是對斯特拉斯堡這個城市本身。在1530年代期間，布塞珥能夠建立一間可實行的改革宗教會，成為其他想在別的城市推行類似事情者的典範。正如我們將要指出的，加爾文在斯特拉斯堡的旅居(1538～1541年)特別有其重要性。然而，在施馬加登同盟(Schmalkaldic League)於1546至1547年間被帝國軍隊擊敗而產生的政治困境之後，布塞珥選擇於1549年離開斯特拉斯堡。同一事情曾經為墨蘭頓造成類似的困境，現在對布塞珥帶來相關的難題。

布塞珥移居英格蘭。他被愛德華六世(Edward VI)委任為劍橋大學欽定神道學教授，要他專注於撰寫一部討論理想的基督教社會的重要作品。《論基督的統治》(*De regno Christi*)在1550年出版，這本書被視為是改革宗神學的典範，書中致力在福音的基礎上，改革教會和社會。布塞珥於1551年逝世，未有達成他所致力追求的改革。

在神學上，布塞珥可以被視為是一個複雜的混合體。他對神聖主權的強調，尤其見於他的揀選教義中，可以被認為是暗藏了加爾文對這個問題的許多說明。雖然他熱情地支持路德的宗教改革，卻在聖餐的真實臨在這問題上，傾向瑞士的立場。他似乎也暗示，路德對稱義的理解，沒有對善工給予恰當的位置；在某方面，布塞珥的取向——基於「不敬虔者的稱義」是通過信心與「敬虔者的稱義」是通過善工的區分——可以被視為是代表了伊拉斯姆的立場，強調稱義的道德含義。

我們探討布塞珥的思想層次，在本書中將會涉及幾個要點。現在，我們要討論宗教改革運動兩個主要神學家的另一位——加爾文。

加爾文

對許多人來說，加爾文(1509～1564年)的名字差不多等同於日內瓦。雖然日內瓦現在是瑞士的一部分，但在16世紀卻是一個細小的獨立城邦。不過，加爾文是一個法國人。1509年6月10日，他在法國的努瓦永這個主教座堂城市出生，該市位於巴黎東北70英里。他的父親負責本地主教轄區的財務行政，可以依靠主教的資助，以確保供養他的兒子。在1520年代初的某段時間(可能是1523年)，年青的加爾文前往巴黎大學升學。

加爾文在科迪埃(Mathurin Cordier)手上奠立了拉丁文語法的完整基礎之後，就進入了孟塔古學院。加爾文在完成了嚴格的文科教育後，遷往奧爾良學習民事法律，那時可能是1528年。雖然加爾文的父親原本期望兒子研讀神學，卻顯然改變了心意。加爾文後來提到，他的父親似乎明白到，研讀法律通常都會讓人富有。加爾文的父親也可能失去了本地主教的資助，因為在努瓦永有財務上的爭議。

一般認為，加爾文詳細研讀民事法律，讓他得以掌握方法和觀念，後來用於改教家的事業中。他在奧爾良學習希臘文。大約在1529年，加爾文移居布爾日，受到偉大的意大利法學家阿凱齊(Andrea Alciati)的名望所吸引。大多數研究加爾文的學者都認為，加爾文極度清晰的表達方式是受到阿凱齊的影響。加爾文接觸法蘭西的「法律人文主義」，普遍被認為是對於塑造他的理解方式，以古典的文獻(例如聖經或羅馬的法律文獻)應用於現今的處境，具有相當大的重要性。

加爾文在完成法律課程之後，很快就返回努瓦永。他的父親患病，在1531年5月逝世。他已經被當地的主教座堂教士團革除教籍。加爾文不再有家庭的責任(他的母親在他年幼時已經逝世)，就返回巴黎繼續他的學習，而且愈來愈同情當時在該市甚囂塵上的宗教改革觀念。然而，大學和城市當局對路德的觀念深具敵意。1533年11月2日，加爾文突然被迫要離開巴黎。巴黎大學校長科普(Nicolas Cop)發表了一篇大學演説，公開支持路德的因信稱義的教義。巴黎的議會立即對付科普。科普的演説副本出現在加爾文的手稿中，暗示他可能有份編寫這篇演說。不論如何，加爾文恐怕自己的安全受到威脅，就逃離巴黎。

到了1534年，加爾文成為宗教改革運動的熱心支持者。在以後的年間，他定居在瑞士城市巴塞爾，不再受到法國的任何威脅。他善用自己被迫而有的閒暇，出版了一本注定對宗教改革運動極具影響力的著作：《基督教要義》。這本書的初版在1536年5月出版，系統並清晰地說明基督教信仰的要點。作者極其專注，運用餘生一再增訂這本著作。本書的初版有6章，最後在1559年出版的版本（加爾文於1560年把它翻譯成他的母語法文）卻有80章。它被廣泛視為在宗教改革運動中出現的最偉大著作之一。我們將會在本書第12章中較為詳細討論這本書的發展和影響。

加爾文於1536年初結束他在努瓦永的事務之後，決定到斯特拉斯堡定居，從事個人研究的生活。可惜的是，從努瓦永前往斯特拉斯堡的直接通路不再可以通行，原因是法國的法蘭西斯一世與皇帝查理五世之間爆發戰爭。加爾文必須迂迴繞道，途經日內瓦，這座城市最近從薩伏依鄰近領地中取得獨立。日內瓦當時陷入混亂的景況中，剛剛逐走當地的主教，開始了一場在法國人法惹勒與維雷特（Pierre Viret）之下極具爭議的改革方案。他們聽聞加爾文是在城中，就要求他留下來，協助宗教改革的事業。加爾文勉為其難地答允了。

他嘗試為日內瓦教會提供教義和教規的堅固基礎，遭遇到強烈的反對。日內瓦人剛剛驅逐了當地的主教，許多人都不想再強加給他們一套新的宗教規條。加爾文試圖改革日內瓦教會的教義和教規，受到一個相當有組織的反對力量所強烈抗拒。在一連串爭論之後，事情於1538年的復活節到了終結：加爾文被驅逐出這個城市，逃亡至斯特拉斯堡。

加爾文比預期遲了兩年到達斯特拉斯堡，開始補回失去了的時間。他迅速地寫了一系列重要的神學著作。他修訂和擴充了《基督教要義》(1539年)，而且翻譯了這部著作的首個法文版本(1541年)；他在著名的《覆薩多雷托書》(*Reply to Sadoleto*)中，撰寫了一篇論宗教改革原則的主要辯詞(薩多雷托樞機主教曾經致函日內瓦人，邀請他們重投羅馬天主教會的懷抱)；他在釋經上的技巧，也見於他的《羅馬書註釋》(*Commentary on the Epistle to the Romans*)。加爾文作為該城說法語會眾的牧者，也可以得到改革宗牧者所要面對的實際難題的經驗。加爾文通過他與斯特拉斯堡改教家布塞珥的友誼，可以深入思考城市與教會的關係。

1541年9月，加爾文獲邀重返日內瓦。當他不在期間，宗教與政治的情況已經惡化。該城邀請他回去，重建城中的秩序和信心。這時候返回日內瓦的加爾文已經是一個有智慧和經驗的年青人，遠比起3年之前更有能力處理面前的重任。雖然加爾文仍然與城市當局不和超過10年之久，卻是處於擁有權力的地位。最後，反對他的改革計劃的力量逐漸消失。在他人生的最後10年中，他實際上對城中的宗教事務擁有決定權。

當第二次在日內瓦期間，加爾文可以發展他的神學和日內瓦改革宗教會的組織。他設立了宗教法庭(Consistory)，藉此加強教會的教規，而且創立了日內瓦學院，訓練改革宗教會的牧者。這段期間並不是沒有爭議。加爾文捲入了與卡斯泰利奧(Sebastien Castellion)的嚴重神學爭論中，涉及基督降在陰間的正確解釋，以及雅歌是否正典的問題。

他與巴爾色克(Jerome Bolsec)之間對於預定的教義，也爆發了相當強烈和公然的辯論。卡斯泰利奧和巴爾色克最後都要離開日內瓦。一場較為重要的爭論是關於塞爾維特(Michael Servetus)的，他被加爾文指控為異端，最後於1553年被判火刑燒死。雖然加爾文在這次事件中的角色，並非如某些批評者所暗示的顯著，不過塞爾維特的事件卻不斷損害了加爾文作為一個基督徒領袖的名聲。

到了1564年春天，加爾文顯然病入膏肓。2月6日主日的早上，他在聖皮埃爾(Saint-Pierre)講壇作了最後一次講道。到了4月，加爾文無疑已經藥石無靈。他的呼吸困難，一直氣喘吁吁。1564年5月27日黃昏8點鐘，加爾文與世長辭。根據他的遺願，他下葬在一個公墓中，沒有立石記錄他的埋葬之處。

加爾文的神學一直引起相當大的興趣，尤其是關於他對預定的觀點，以及教會的教義。我們在本書中將會較為詳細地探討這些觀念。

在探討推動宗教改革運動思潮的主要人物的背景之後，我們現在可以開始較為詳細地討論這些觀念。我們以路德最重要的一個主題開始——因信稱義的教義。

進深閱讀

以下著作列舉了以英語撰寫的有用導論，環繞本章所探討的5個人物的生平和主要思想。

馬丁．路德

P. Althaus, *The Theology of Martin Luther* (Philadelphia, 1966).〔中譯本：保羅．阿爾托依茲著，段琦、孫善玲譯：《馬丁路德神學》(新

竹：中華信義神學院，1999）。〕

R. H. Bainton, *Here I Stand: A Life of Martin Luther* (New York, 1950). 〔中譯本：羅倫．培登著，古樂人、陸中石譯：《這是我的立場：改教先導馬丁路德傳記》（香港：道聲，1987）。〕

G. Ebeling, *Luther: An Introduction to his Thought* (London, 1970).

J. M. Kittelson, *Luther the Reformer: The Story of the Man and His Career* (Minneapolis, 1986).

A. E. McGrath, *Luther's Theology of the Cross* (Oxford: Blackwell, 1985).

H. A. Oberman, *Luther: Man between God and the Devil* (New Haven, 1986).

慈運理

O. Farner, *Zwingli the Reformer: His Life and Work* (Hamden, CT, 1968).

E. J. Furcha and H. W. Pipkin (eds), *Prophet, Pastor, Protestant: The Work of Huldrych Zwingli after Five Hundred Years* (Allison Park, PA, 1984).

G. W. Löcher, *Zwingli's Thought: New Perspectives* (Leiden, 1981).

G. R. Potter, *Zwingli* (Cambridge, 1976).

W. P. Stephens, *The Theology of Huldrych Zwingli* (Oxford, 1986).

R. C. Walton, *Zwingli's Theocraty* (Toronto, 1967).

墨蘭頓

P. Fraenkel, *Testimonia Patrum: The Function of the Patristic Argument in the Theology of Philipp Melanchthon* (Geneva, 1961).

C. L. Manschreck, *Melanchthon: The Quiet Reformer* (New York, 1958).

E. P. Meijering, *Melanchthon and Patristic Thought:* The *Doctrines of Christ and Grace, the Trinity and the Creation* (Leiden, 1983).

布塞珥

M. U. Chrisman, *Strasbourg and the Reform* (New Haven, 1976).

H. Eells, *Martin Bucer* (New Haven, 1931).

C. Hopf, *Martin Bucer and the English Reformation* (Oxford, 1946).

W. P. Stephens, *The Holy Spirit in the Theology of Martin Bucer* (Cambridge, 1970).

D. F. Wright (ed.), *Martin Bucer: Reforming Church and Society* (Cambridge, 1994).

加爾文

W. Bouwsma, *John Calvin: A Sixteenth-Century Portrait* (New York, 1987).

Q. Breen, *John Calvin: A Study in French Humanism* (Hamden, CT, 1968).

E. A. Dowey, *The Knowledge of God in Calvin's Theology* (New York, 1952).

H. Höpfl, *The Christian Polity of John Calvin* (Cambridge, 1982).

A. E. McGrath, *A Life of John Calvin* (Oxford, 1990).

W. Monter, *Calvin's Geneva* (New York, 1967).

T. H. L. Parker, *John Calvin: A Biography* (London, 1975).

F. Wendel, *Calvin: Origins and Development of His Religious Thought* (London, 1963).

因信稱義的教義

宗教改革運動思潮首個研究的主要課題是因信稱義的教義。在探討這個課題之前，必須先考慮基督教思想的一個中心主題，也是本書在許多課題的討論中一再強調的。若對「藉基督得救贖」(redemption through Christ) 這個複雜的概念缺乏理解，就不可能討論稱義、恩典、預定或聖禮的教義。下文介紹這個主題，説明它在大體上對宗教改革運動思潮的重要性。

奠基性主題：藉基督得救贖

「藉基督得救贖」的主題一再貫穿新約、基督教崇拜和基督教神學。它的基本概念是上帝已經藉著基督在十字架上受死，完成了對有罪的人類的救贖。[1] 這救贖是不可能通過其他途徑來達成的。在基督教神學著作中運用的「救恩論」(soteriology，源自希臘文的 *soteria*〔拯救〕) 一詞，指的是環繞基督藉著受死和復活完成救贖所構成的觀念和形象的網絡系統。在這觀念的網絡中，可以識別出有5個不同的構成元素：

1. 得勝 (victory) 的形象。基督藉著祂的十字架和復活，已經勝過罪、死亡和邪惡。信徒因著信心，可以分享這勝利，而且宣稱已經擁有它。

2. 法律地位改變的形象。基督藉著祂在十字架上的順服，為罪人取得饒恕 (forgiveness) 和赦免 (pardon) 。那些有罪 (guilty) 的人可以清洗他們的罪孽，而且在神的眼中得稱為義。他們免除刑罰，而且獲賜在神面前成義的地位。「稱義」(justification) 是屬於這個類別的形象。
3. 個人關係改變的形象。人類的罪必然導致與神疏離。「神在基督裏叫世人與自己和好」(林後五19) ，因而讓祂與人類的更新關係既是可能，也是可以做到的。正如互相疏離的人可以通過寬恕 (forgiveness) 和復和 (reconiliation) 的過程，從而再次建立關係，那些與上帝遠離的人也可以藉著基督的受死，得以親近上帝。
4. 釋放的形象。那些被邪惡、罪孽和懼怕死亡的壓制力量所囚禁的人，可以藉著基督的死而得到釋放。正如基督突破了死亡的囚牢而得以自由，信徒也可以因信而突破罪惡的束縛，從而得到豐盛的生命。「救贖」(redemption) 是屬於這個類別的意象。
5. 復元 (restoration) 至完全的形象。那些因罪而不完美者，可以藉著基督的十字架而再次得以完全。藉著基督的十字架和復活，祂能夠包紮我們的創傷，醫治我們，讓我們得以復元至完全和靈性健康。「拯救」(salvation) 是屬於這個類別的意象。

「稱義」是上述的救恩論用語系列的成分之一，用來描述基督徒藉著基督得蒙救贖的經驗。它所採取的立場，在宗教改革時期尤其重要，部分是由於對保羅作品的新興趣，它在其中具有顯著的特色(特別是在羅馬書和加拉太書)。在宗教的處境中,「稱義」一詞並不常見,故此我們在進一步討論前需要一些解釋。英文的「稱義」是試圖表示「在上帝面前正直(right)」的複雜舊約概念。經過一段曲折而複雜的翻譯和詮釋傳統——從希伯來文至希臘文、從希臘文至拉丁文,以及最後從拉丁文至英文——「稱義」變成是指在上帝眼中的義的(righteous)地位。「稱義」一詞可以意譯成「與上帝正確(being right)相處」。同樣地,「稱為義(to be justified)」可以意譯成「與上帝處於正確(right)的關係」。路德改教方案的中心,就是罪人如何稱義的問題。我們由查考「恩典」(grace)一詞的意思開始討論這個課題。

恩典的概念

正如我們所見,「恩典」一詞基本上是指「對人類不配得與非賺取的神聖恩寵」。在新約聖經中,恩典的觀念特別是與保羅的著作有關。在基督教會歷史中,最有力發展與維護上帝恩典觀念的作者,就是希坡的奧古斯丁。事實上,正是因為他對這觀念的強調,使他被稱為「恩典博士」。因著文藝復興晚期與宗教改革時期產生了對保羅與奧古斯丁兩人著作的興趣,就不難理解由此也重新產生了對恩典觀念的興趣。

在中世紀期間,恩典傾向被理解為一個超自然的實體(substance),由上帝注入人類的靈魂,從而促使救贖出現。[2] 這個取向的其中一個論據,在於訴諸於上帝與人類本性之間那完全和不可逾越的鴻溝。由於這個鴻溝的關係,人類根本不可能與上帝建立一個有意義的關係。在我們得蒙上帝悅納之前,需要有某些東西填補這鴻溝。那「東西」

就是恩典。

故此，恩典被理解為某些由上帝在我們裹面創造的東西，以致成為一座橋樑，跨越純粹的人性與神性——這是某類中介的東西。這樣，恩典被視為是某類橋頭堡或中介物，藉此讓原本是神人之間的鴻溝得以跨越。恩典是一個實體，不是上帝的一種態度；正如上文所述，中世紀對馬利亞的觀念是視之為一個恩典的蓄水庫，部分是基於對一段關鍵聖經經文的誤譯，而部分是因著把恩典視為某類物質的觀念。上述對恩典的觀念在宗教改革運動之前已經受到嚴厲的批評；到了16世紀開始時，它們大多數已經聲名狼藉。

正是恩典的上述觀念，把其視之為上帝所給予不當得的恩惠，構成了因信稱義的教義，這教義通常正確地被視為是當時德意志信義宗的宗教改革運動起源之基礎。瑞士宗教改革運動也對恩典觀念有類似的關注，雖然此關注是以十分不同的方式表達。正如我們將會見到的，慈運理與加爾文都相當強調與神聖主權相關的觀念，特別是關於預定論的教義。我們首先看看路德如何發現惟獨憑信稱義的教義。

馬丁·路德的神學突破

馬丁·路德廣泛地被視為是歐洲宗教改革運動最重要的人物。他不只赫然聳現於基督教會的歷史上，更在歐洲(特別是當時的德意志地區)的思想史、政治史與社會史上佔有重大位置。在許多方面，他都表現為一位悲劇的人物，並兼驚人的魄力與嚴重的缺點。他在沃木斯帝國會議上面對神聖羅馬皇帝，顯出他極大的個人勇氣，即使他未必可能真正說出那句歸給他的名言：「這是我的立場，我別無他法。」然而在數年之間，他譴責當時日耳曼農民因著壓逼而起的反叛，對於許多人來說，似乎顯示了他在政治上的天真。

路德是本於一個觀念而踏上人類歷史的舞台。該觀念使他確信當時的教會誤解了福音，那是基督教的本質。故此，有需要重新喚起它歸回本來面目，首先改革它的思想體系，然後是它的做法。他的觀念可以總結為「惟獨憑信稱義」一語，在此有需要解釋這觀念是甚麼意思，以及這觀念為何如此重要。路德的神學突破(通常被稱為「高塔經驗」〔*Turmerlebnis*〕)，所關心的問題是罪人如何可以與公義的上帝建立關係。因著這問題對日耳曼宗教改革運動發展極為重要，我們打算在此詳細探討。

稱義的教義

正如上文所述，在基督教信仰中心的觀念，是相信儘管人類如何有限與脆弱，仍然有可能進入與永生上帝的關係中。不論在最初的新約聖經作品(尤其是保羅書信)或後期基於這些經文而建立的基督教神學思想中，這觀念都是以一連串的隱喻或形象來表達的，例如「拯救」與「救贖」。到了中世紀晚期，其中一個形象愈來愈顯得特別重要：稱義。「稱義」一詞與「稱為義」(to justify)這動詞的意思是「進入與上帝正確(right)的關係中」，或可能是「如何在上帝眼中成為義(righteous)」。稱義的教義，被認為是關乎個人應作何事才能得拯救的問題。從現存的史料看，在16世紀曙光初露之際，這個問題愈來愈多被人提到。我們已經指出，人文主義的興起如何帶來對個人意識的再次重視，以及對人類個體性的重新醒覺。在這個人意識漸漸醒覺之際，產生了對稱義教義的新興趣——那是人類**作為個體**如何可以進入與上帝的關係的問題。對於保羅與奧古斯丁兩人著作的新興趣，反映了上述對個人主體性（subjectivity）的關注。[3]這關注尤其可見於佩脫拉克（1304～1374年）的作品。

不過，教會如何回答以下的關鍵問題：「我必須做甚麼事才可以得拯救？」在上文我們提到中世紀晚期在教義上的混亂情況。這混亂似乎最有可能是關於稱義的教義。有多個因素引致這混亂。首先，教會已經有千多年沒有對此問題作出權威性的宣告。在418年，迦太基大公會議討論過這問題，而第二次奧蘭治會議也於529年提出較為詳細的建議。不過由於無法解釋的原因，後一個會議及其決定竟然不為中世紀的神學家所知。這個會議似乎要到了1546年才被重新「發現」——那時宗教改革運動已經展開了一代之久。其次，稱義的教義似乎是中世紀晚期神學家喜愛辯論的題目，結果導致對此問題不成比例的大量意見流傳。不過，哪一個意見才**正確**呢？教會在衡量這些意見時所表現的勉強與無能，讓這個本來已經十分棘手的問題愈加混亂。

人文主義的興起帶給教會的主要問題是——「我**作為一個個體**究竟必須作何事才可以得拯救？」——這問題卻不能找到任何可靠的答案。人文主義把一條問題強加在教會身上，日後事件顯出，教會無法作答。整個場景已經設定成一幕悲劇，而路德卻碰巧站在舞台上，擔當了它的主角。

路德早期的稱義觀

路德是在愛爾福特大學就學的（1501～1505年），當時該校由新路派控制著。路德在經過一段為修會擔當不同職務的時期之後，於1511年被委任為威登堡大學聖經研究的教授。根據路德的工作規定，他講授了不同的聖經書卷：詩篇（1513～1515年）、羅馬書（1515～1516年）、加拉太書（1516～1517年）與希伯來書（1517～1518年），以後他第二次再講授詩篇（1519～1521年）。我們現在擁有路德每次講授的記錄（以不同形式），讓我們得以追尋其思想的發展，由這時期一直至〈九十五條論綱〉（1517年）與著名的萊比錫辯論會（1519年）。

我們的興趣特別集中於他首次詩篇課程的講授，通常稱之為〈詩篇講義〉（*Dictata super Psalterium*）。當時為期兩年，每週2至3小時，路德逐篇詩篇講解意思，按照他的了解，以各樣方法向那些被其風格深深吸引的聽眾講授。路德經常在這些課堂上討論稱義的教義，讓我們可以清晰地探討他早期對此課題的觀點。結果，我們發現路德起初可以說是新路派思想相當忠心的追隨者。[4]上帝已經與人類制定了契約（*pactum*），上帝就有責任向任何滿足某項最低先決條件（「盡你所能」〔*quod in se est*〕）的人，把其稱之為義。事實上，路德教導上帝施恩給謙卑人，所以凡是在上帝面前謙卑者，自然可以被稱為義。在〈詩篇講義〉中有兩段引文可以說明這原則：

> 正是為此原因，我們才可以得救：上帝與我們已經立下遺約（testament）與契約（covenant），以至任何相信與受洗的人都必得救。在這契約中，上帝是全然真實與信實的，而且受其應許所規範。「你們祈求，就給你們，尋找，就尋見，叩門，就給你們開門。因為凡祈求的，就得著……」（太

> 七7～8) 因此，那些神學博士十分正確地說，上帝一定向那些行心中之事 (*quod is se est*) 的人施予恩典。

由於罪人承認他們對恩典的需要，並且向上帝呼求賜予，故此要求上帝履行其責任，稱罪人為義。換句話說，罪人藉著呼求上帝，採取主動：罪人可以做一些事，以保證上帝會作出回應，稱其為義。正如我們在上文所說的，上帝與人類之間的契約規定了一個架構，在其中相對微小的人為努力，可以獲得不成比例的極大神聖回報。不論如何，那是需要某些有限的人為努力，才可以要求上帝履行其義務，以恩典來賞賜罪人。

路德對「上帝的義」的發現

路德發現自己在「上帝的義」(*iustitia Dei*) 的觀念上，碰到難以解決的困難。這個觀念在詩篇與羅馬書中都極為重要，而路德在1513至1516年間也是講解這些書卷。故此，我們發現他在授課期間有時會詳細討論這觀念。在他思想發展的這個階段，他理解的「上帝的義」為不偏不倚的神聖屬性。上帝以完全的無私來審判個人。如果某個人是符合稱義的基本先決條件，那麼不論男女均可被稱為義；如果沒有的話，不論男女均被定罪。上帝不會在審判中寬容或偏袒：祂全然是按照功德來審判的。上帝是公平與公正的，祂給每個人的正好是他們所當得的——不會算多，也不會算少。[5]

在1514年底或1515年初，路德愈來愈清楚看見這個取向的困難。假如罪人無法滿足這些基本的先決條件，那會如何？倘若罪人是被罪所困與挫敗，以致完全不能滿足上帝對他們的要求，那又會如何？伯拉糾與比爾二人均處理過「上帝的義」的觀念，[6]他們認為人類可以滿足這些先決條件，沒有太大困難——但路德似乎開始在這點上逐漸接納奧古斯丁的睿見，主張人在其罪性中如此受困，以致除非有上帝的介入，人是無法自拔的。

路德對於這個困局的評論極富啟發性。他描述他如何盡其所能，做出成就救恩所需要的一切事情，結果卻是愈來愈相信他不能得救。

> 我是個好修士，嚴守我的會規，以致如果有一個修士可以因著修道操練而進入天國的話，我就是那個修士了。我在修院的所有同伴都會肯定此事……
>
> 但我的良心卻不會給我肯定，我時常懷疑並說：「你所作的並不完善。你的懊悔不夠。你在認罪中遺漏了那事。」我愈想試圖藉著人的傳統來補救這個不確定、軟弱與煩惱的良心，我就每天愈發現它的不確定、軟弱與煩惱。

對於路德來說，他似乎根本不能滿足拯救的先決條件。他沒有得拯救所需的資源。上帝根本沒法公正地賜給他拯救——有的只是定罪。

因此，「上帝的義」的觀念成為路德的威脅。它只是意味著定罪和刑罰。稱義的應許是十分真實的——可是這應許所附帶的先決條件，卻根本無法滿足。這就像是上帝應許要給瞎子100萬元，條件是只要他能夠看見。「上帝的義」

的觀念根本不是對罪人的福音，不是好消息，它所帶來的只是定罪。路德對充滿罪性的人類之能力的悲觀態度逐漸增加，以致他對自己得拯救絕望，愈來愈看似是沒可能的事。他問道：「我怎樣才能找到一位滿有恩慈的上帝？」(*Wie kriege ich einen gnädigen Gott?*) 到了1514年底，路德看來不能找到這問題的答案了。

這不僅是神學上的問題，即純粹是學術的興趣而已。路德對此愈來愈感到憂慮，顯示了十分強烈的存在(existential)向度。這是關乎他個人的事情，並不只是在課本上遇到的困難。對於路德來說，正如對許多其他人來說一樣，人類存在的關鍵性問題，是在於如何抓緊自己的拯救。某些現代讀者大概會難以感受此關注，這是可以理解的。不過，若要進入路德個人的處境，從而完全明白他的「神學突破」的重要性，我們就必須理解這問題對他是何等關鍵。這是他個人議程的**最**關鍵性的問題。

然後，有些事情發生了。我們永遠不可能知道究竟發生了甚麼事，也不知何時發生。我們甚至不知道它是在甚麼地方發生的——許多學者喜歡把這發現稱為「高塔經驗」，這是根據路德後來(卻略為含糊)的個人回憶，似乎暗示他的突破是發生在奧古斯丁修院的一座塔上。然而不論這是何事、何時及何地發生，它都完全改變了路德對生命的看法，最終驅使他走向宗教改革運動鬥爭的最前線。

在他去世前一年的1545年，路德為他的拉丁文著作全集首冊撰寫了一篇序言，敘述了他與當時教會決裂的經過。這篇序言的撰寫目的顯然是向讀者介紹自己，那些人可能不知道他怎樣開始持守以他命名的極端改教觀點。路德在這篇通常稱為「自傳式散篇」中，意圖為這些讀者提供背景資料，介紹他蒙召成為一個改教家的經過。在開首敘述他直至1519年為止的歷史故事之後，他轉而談及自己對「上帝的義」這問題的困難：

> 我當然想要明白保羅在羅馬書中所說的。可是讓我難以明白的不是因為懼怕，而是在第一章的句子：「上帝的義正在……顯明出來」(羅一17)。我討厭「上帝的義」這句話，按照我所受的教導去了解，此義即上帝所仗之以為義的，並且刑罰不義的罪人。
>
> 雖然我作為一個修士是過著無可指責的生活，卻感到我在上帝面前是良心不安的罪人。我也不能相信我以行為可以取悅上帝。我非但不愛這位刑罰罪人的公義上帝，相反地我真是憎恨祂……我是拚命地要知道保羅在這段經文的意思。最後，正當我夜以繼日地默想「上帝的義正在……顯明出來，……如經上所記：『義人必因信得生』」等字詞的關係時，我開始明白「上帝的義」就是義人藉此靠著上帝的恩賜(信心)而得生的基礎；而這句「上帝的義正顯明出來」指的是一種被動的義，乃是恩慈的上帝藉信稱我們為義，正如經上所記：「義人必因信得生。」這馬上使我感到好像重生一般，彷彿我已經穿過了敞開的門，進入樂園裏。從那時起，我以全新的亮光來看聖經的全貌……而現在，我開始酷愛和讚美這個曾經憎惡過的用語：「上帝的義」，視之為所有句子中最甜美的，以致保羅這段經文成為我真正的樂園大門。[7]

路德在這篇著名的文章中，激盪著發現的驚喜，他想要說的究竟是甚麼？顯然，他對「上帝的義」一詞的理解，起了極端的改變。然而，這改變的本質是甚麼？

這個主要改變是十分根本的。路德原本認為稱義的先決條件是人為的行為，那是不論男女的罪人在被稱為義之前都要履行的事情。可是，路德藉著閱讀奧古斯丁的著作，愈來愈深信這是不可能的事，路德只能把「上帝的義」解釋為一種**刑罰**的義。然而在此文中，他描述他如何發現此詞句的「新」意義——那是上帝**賜給**罪人的義。換句話說，上帝親自滿足了此先決條件，滿有恩慈地將祂對罪人稱義的要求賜給他們。我們可以用一個比方（這不是路德所用的）來幫助理解上述兩種取向的分別。

譬如你正在坐牢，而你得自由的條件是要支付龐大的罰款。這個承諾是真的——只要你能滿足此先決條件，承諾就會實現。伯拉糾和比爾都接納這假設，路德在早期也是同樣有此看法，認為你所需要的金錢正存放在某處。由於你的自由是比這些罰款更加珍貴，你所得到的是十分值得的東西。故此，你支付了罰款。只要你有所需的資源，這些禮金便沒有問題。不過，路德愈來愈認同奧古斯丁的看法，認為有罪的人類根本沒有資源。他們所接受的假設是，由於你沒有這筆金錢，自由的承諾對你的處境無大關係。故此，對於奧古斯丁與路德來說，福音的好消息正是你要購買你自由所需要的金錢，已經**賜給**了你。換句話說，有人已為你滿足了先決的條件。

路德在這自傳式引文中所描述的亮光，就是基督教福音的上帝不是一位嚴峻的法官，只按功德來回報個人；反而是一位憐恤與恩慈的上帝，把義作為禮物賜給罪人。

我們在前文已經提過，奧古斯丁派與伯拉糾派兩者對稱義的觀念之間的差異。我們可以說，在路德的早期階段，他採納了一個近乎伯拉糾派的立場，後來逐漸變成近似奧古斯丁派的立場。正是為此原因，讓研究路德的學者傾向對「新」或「發現」等用詞加上引號：路德的思想對他自己來說可能是新的，卻極難說成是基督教的新發現。路德的「發現」其實是「**再**發現」(*re*discovery) 或「再挪用」(reappropriation) 奧古斯丁的睿見。這不是說，路德只不過是重複了奧古斯丁的教訓；他所引進的一些觀念，可能會嚇怕奧古斯丁——例如，他主張神聖的義是與人類對義的觀念互相對立的，奧古斯丁卻說兩者是互相補足的。與迦勒斯大的對比在此顯得重要：迦勒斯大只是重複了奧古斯丁的看法，那是在反伯拉糾著作中的觀點，而路德卻是偶爾「創新地再闡釋」奧古斯丁的觀點。不過，路德在現今所從事的基本**架構**卻無疑是屬於奧古斯丁式的。真正的悔改應被視為是恩典的結果，而不是它的先決條件。

這樣的轉變究竟在甚麼時候發生？在〈詩篇講義〉(1513～1515年) 與〈羅馬書講義〉(1515－1516年) 的證據顯示，路德似乎在1545年所描述的基本改變，大約發生於1515年間。[8]此點無可避免地存在著若干疑點與不確定的地方，原因有數個。以下分別談論。第一、路德在1545年時對1510年代之間事情的回憶，可能有一點混淆。畢竟，路德在撰寫這些說話時，已經是一個老人，而老人的回憶並不總是可靠的。尤其是，路德看事物的眼光可能已經「縮窄」了，把實際上長時間發生的事情濃縮成一段短時間。第二、1545年的文獻沒法肯定是暗示路德的突破發生於1519年，還是指到了1519年完成。路德所用的拉丁文轉折用語顯示，他是在使用某種「倒敍」的技巧，類似在《慾海情魔》(*Mildred Pierce*) 或《相逢恨晚》(*Brief Encounter*；譯按：兩齣都是1945年的電影) 等影片的手法。換言之，路德在他的歷史事件敍述中，把他的讀者帶往1519年，然後追憶過去了的事件——例如他對上帝的義的發現。研究路德的學者一般的共識，是他的稱義神學大約於1515年間經歷了決定性的轉變。路德在1517年10月張貼〈九十五條論綱〉之前，已經擁有了他的改革方案所建基的見解。

這些見解的中心是「惟獨憑信稱義」的教義，而對這個用語之意義的了解是十分重要的。「稱義」的觀念已是十分熟悉。不過，「惟獨憑信」一詞又作何解？稱義的信心又有何性質？

稱義之信心的性質

「某些人不明白為何惟獨憑信稱義的原因，在於他們不明白信心是甚麼。」路德在寫這些說話時，把我們的注意力放在需要深入探討「信心」這個讓人困惑的單字上。路德對信心的觀念涉及3點，可以視之為對他的稱義教義特別重要。這些論點每一個都被後來的作者 (例如加爾文) 所採用和發揮，顯示路德在這點上對宗教改革思想具有十分重要的貢獻。這3個要點是：

1. 信心是個人的一個參照點，而不是純粹歷史性的。
2. 信心是關乎信靠上帝應許的。
3. 信心聯合信徒與基督。

我們將會分別討論這些要點。

首先，信心不只是歷史性的知識。路德認為，一個只是滿足於相信福音書的歷史可靠性的信心，不是稱義的信心。罪人完全有能力相信福音書的歷史細節，不過這些事實本身並不足以構成真正的基督徒信心。拯救的信心是關乎相信和信靠基督是為我們 (*pro nobis*) 而生，並且是為我們個別地而生，而且為我們成就了拯救的工作。正如路德所說的：

> 我經常提到兩類不同的信心。第一類是這樣子的：你相信基督真的是那位如在福音書中所描述和宣稱的，不過你並不相信祂是這樣一個為你而生的人。你懷疑你是否可以從祂得此，而且你想：「是的，我肯定祂是為別人而生的人 (就像彼得和保羅，以及虔誠和聖潔的人)。不過，祂是為我而生的人嗎？我可以確信期待得到從祂而來的每樣東西，正如聖人所期待的嗎？」你看，這樣的信心是空泛的。它沒有從基督得到甚麼，也沒有嘗到祂的甚麼。它沒有感到喜樂，也沒有愛祂或被祂所愛。這是一個關乎基督的信心，卻不是一個對基督的信心……惟一稱得上是基督徒的信心是這樣子的：你無條件地相信，基督不只是為彼得和聖人而生的那位，祂也是為了你自己——事實上，為你比其他一切人更甚。

第二點是以信心為「信靠」(*fiducia*)。信靠的概念在宗教改革的信心觀念中是十分主要的，由路德以航海的比擬所表明。「凡事都是基於信心。沒有信心的人，就像是一個人要渡海，可是由於不相信船隻而十分害怕。這樣，他原地踏步，永遠解決不了問題，因為他沒有上船渡海。」信心不只是相信某些東西是真實的，它也是準備按照那信念而行，依靠著它。用路德的比擬來說，信心不只是相信一艘船存在，它也是關乎踏上船，把自己交託給這艘船。

然而，我們要信靠的是甚麼？我們是否純粹在信心中有信心？這問題或許可以更準確的說：**誰**是我們要信靠的對象？對路德來說，答案是毫不含糊的：信心是關乎預備信靠上帝的應許，以及信靠作出這些應許之上帝的正直和信實。

> 任何人若是承認他的罪，就需要把他的信靠惟獨並完全放在上帝的至高恩慈應許上。那就是，他必須肯定那應許任何認罪者必蒙赦免的一位，將以至高的信實來履行這應許。我們得蒙榮耀，不是由於我們認罪，而是因為上帝已經應許那些承認己罪者得到寬恕。換言之，我們得蒙榮耀不是由於我們認罪有何價值或功勞(因為並沒有這樣的價值或功勞)，而是因為上帝應許的真理和確實。

信心有多少能力，取決於我們相信和依靠的那一位。信心是否有效，不是在於我們信心的強烈程度，而是在於我們所相信者的可靠性。要計算的不是我們的信心有何偉大，而是上帝的偉大。正如路德指出：

> 即使我的信心軟弱，我仍然完全擁有同樣的珍寶和同樣的基督，正如其他人一樣。沒有分別……就像兩個人，各自有100荷蘭盾。一人以紙袋攜帶它們，另一人則是鐵箱。然而即使有這樣的分別，他們都是擁有同樣的珍寶。故此，你和我所擁有的基督是獨一和同一的，與你或我的信心強弱無關。

故此，信心的**內容**比它的**強度**更為要緊。熱情地信任一個不值得信任的人，根本毫無意義；即使是稍微相信一個完全值得信靠的人，也是極為可取。然而，信賴不是一種臨時性的態度。對路德來說，那是對生命的一種永不偏離地信靠的觀念，對上帝應許的可靠性有確信的不變立場。

第三方面，信心把信徒聯合於基督。路德在1520年的作品《基督徒的自由》中清楚地說明這個原則。

> 信心將靈魂與基督連合，如同新娘與新郎連合。正如保羅所教導的，因這個奧秘，基督與靈魂成為一體(弗五31～32)。他們既然連為一體，其間就有了真正的婚姻關係——而且，是所有婚姻中最美滿的，因為俗世婚姻只是這種真正婚姻的貧乏樣式——隨之而來的是各人的一切，無論善惡，皆為共有。因此，凡相信的人便能以基督的所有而自誇，並以此為榮，如同屬於自己一般，而凡屬信徒所有的一切，基督也自稱為己所有。我們若將這兩種所有加以比較，就會看到無可估量的裨益。基督滿是恩典、生命和拯救。人的靈魂卻

> 滿有罪惡、死亡和詛咒。現在，讓信心參與其間。罪孽、死亡和詛咒會歸予基督；而恩典、生命與拯救便為信徒所有。

那麼，信心不是贊同一套抽象的教義。相反地，那是一隻「結婚戒指」(路德的描述)，顯示基督與信徒之間的相互委身和聯合。那是信徒整個人對上帝的回應，引致基督在信徒裏的真正和個人的臨在。墨蘭頓寫道：「認識基督，就是認識祂的好處」，他是路德在威登堡的同儕。信心讓基督和祂的好處——例如赦免、稱義和盼望——讓信徒可以擁有。加爾文以獨特的清晰來說明這一點。「基督已經把我們移植進祂的身體，讓我們成為分享者，不只是分享祂的一切好處，更是祂自己。」加爾文堅稱，基督並非「只是在理解和想像中接納的。因為應許賜予祂，不單使我們只看到和認識祂，也讓我們享受與祂的真正溝通。」

故此，「因信稱義」的教義不是說罪人是**因為**相信，藉著其信心而被稱為義——雖然正如我們所見，這是路德在早期階段已經肯定接受的立場。這種看法視信心為人為的行動或行為，即是稱義的先決條件。相反，路德的突破卻在於體認上帝提供了一切稱義的所需，以致罪人要做的，就只是接受它。因此，在稱義中，上帝是主動的，而人是被動的。「**憑著**恩典**因**信稱義」(justification *by* grace *through* faith) 一詞更清楚地帶出此教義的意義：罪人的稱義是基於上帝的恩典，而且是藉著信心而接受的。或許我們可以引用布靈爾在1554年有關此課題之著作的書名，雖然那書名稍為淩亂，卻可作為路德思想全面但非特別流暢的表述：「上帝稱我們為義的恩典，是因著基督，惟獨藉著信心，不憑德行，同時信心卻結出豐盛的德行。」上帝預備及賜予，不論男女都來接受與歡欣。惟獨憑信稱義的教義是肯定上帝已完成了一切拯救所需的，甚至信心本身亦是上帝的禮物，而不是人為的行動。上帝親自滿足了稱義的先決條件。故此，正如我們所見，「上帝的義」不是審判的義，要察看我們是否滿足了稱義的先決條件，反而是賜給我們的義，以致我們可以滿足其先決條件。[9]

這看法被許多抨擊路德的人視為不能容忍的。這似乎意味著上帝漠視道德，不喜歡德行。路德被冠以「反法律主義者」(antinomian) 之名——換句話説，這是在宗教生活中妄顧法律 (希臘文是 *nomos*) 的人。或許我們可用「無政府主義者」(anarchist) 來表達類似的觀念。事實上，路德只不過是申述好行為不是稱義的**原因**，而是其**結果**，這點為布靈爾努力地於上述的書名中表達出來。換句話説，路德認為好行為乃是**稱義的自然結果**，而不是**稱義的原因**。路德非但沒有摧毀道德，他根本認為自己是將道德置於其合宜的處境中。信徒表現出好行為，乃是對上帝饒恕他而作出的感謝行動，而不是首先要使上帝寬恕他的企圖。

路德稱義的教義的原因和結果

我們可以稍作停頓，看看人文主義與經院哲學兩者如何在路德的神學突破中發揮作用。人文主義的角色是十分明顯的。奧古斯丁的作品是由人文主義者所預備的，使路德得以接觸這位偉大作家的思想。路德似乎是用了奧古斯丁著作的亞默巴赫版本，這在當時被廣泛視為代表了16世紀首10年間人文主義學術的最優秀產品 (那是在伊拉斯姆於1510年間開始其編輯工作之前)。同樣地，路德在闡釋詩篇時也運用了他對希伯來文的知識；不論路德在語文上的知識及其部分詩篇的文本，均是由人文主義者鋭赫林(Johannes Reuchlin)提供的。路德經常表現出對聖經文本的複雜性的濃厚興趣，大概反映了人文主義者強調聖經文學形式的重要性，以此作為理解聖經的經驗意義的鑰匙。路德在其神學之謎的掙扎中，似乎運用了許多人文主義的工具。

然而，經院哲學也在路德的神學突破中扮演了重要的角色。路德思想發展充滿反諷的其中一面，似乎是他運用了經院哲學的工具來衝破其原來經院哲學的控制。在此所説的工具，是在中古時期廣泛流行解釋聖經的獨特方法，通常被稱為「聖經的四重意義」(*Quadriga*)，在本書第8章將會詳細討論。這種處理聖經經文的方法，是分辨出經文的4種不同意思：經文的**字面**意思，以及3種**靈意**或非字面的意思。路德是透過強調經文的其中一重靈意解釋(「借喻」〔tropological〕)，壓抑其字面的意義，以至可以費勁地取得他對「上帝的義」的洞見。從**字面**上看，此義是指上帝對罪人的懲罰；但若從**借喻**的角度看，這卻是指上帝賜予罪人的義。(有趣的是，沒有另一位改教家如此明顯地使用經院哲學的聖經解釋工具，暗示路德在這點上與中世紀經院哲學有不尋常的密切關係。)由此便設定了路德與「新路派」神學破裂的場景。

路德的突破帶來了甚麼結果？在開始時，路德似乎感到被催逼要去揭露與「新路派」有關的稱義觀之不足。路德只在頗為局限的威登堡大學神學系的圈子中工作，以此向經院哲學發動持久的攻擊。例如，1517年9月的「與經院派神學的論爭」其實是直接針對一位經院派神學家——代表新路派的比爾。[5]威登堡神學系的教務長迦勒斯大在1517年初閱讀了一些奧古斯丁的著作後，也接受了路德對經院哲學的看法。雖然他開始時是威登堡經院哲學的提倡者之一，但很快就變成其最嚴厲的一個批判者。迦勒斯大與路德在1518年3月策動了神學系的一場改革，嘗試從課程中刪掉幾乎一切與經院哲學有關的東西。從這時候起，威登堡的神學生便要研讀奧古斯丁的著作與聖經，而不是經院哲學家的作品。

可是，威登堡其實並沒有許多神學生，而且威登堡很可能在當時歐洲不重要之大學的排名榜上名列前茅。故此，有需要強調路德在此點上的「新」見地是何等**微不足道**。我們所談的一切，只不過是一所毫不重要之大學改動其神學課程，對當時的教會與社會沒有任何根本的重要性。路德參與的是一場細小的學術爭辯，只是與經院哲學家有關，究竟一場細小的學術論爭如何變成宗教改革的普及運動？我們已經見到此問題的部分答案，乃是在於人文主義者對路德的擁護，視之為在萊比錫辯論會之後眾所周知的事件(*cause célèbre*)。這問題的其餘答案，則在於稱義教義的社會意義上，以下我們探討此點。

如何使罪得赦的問題，可以只是神學課本的某一部分。不過，在中世紀晚期，罪卻被視為一件可見和社會性的事情，是某些要以可見的社會方式來予以赦免的東西。從許多方面來看，補贖禮這聖禮的理論在中世紀的發展，可視為一種嘗試，落實赦罪的社會性基礎。赦罪不是個人與上帝之間的私人事情，而是包括個人、教會與社會的公眾事務。1215年的第四屆拉特蘭會議(the Fourth Lateran Council)宣佈：「所有男女信徒，凡達責任之齡的，均應忠實地親自向其神父承認他們的罪，並致力作出所定的補贖。」故此，神父與補贖禮均被堅定地確立為中世紀程序的一部分，而上帝被理解為透過在地上所委派的代表人與途徑來赦免罪惡。[11]

由於教會對悔罪者與教士兩者在補贖禮中的確實角色態度含糊，於是在民間信仰中一些十分有問題的趨勢就難免發展起來。拯救被廣泛地視為一些可以透過德行而賺取或換取的東西。中世紀晚期這種混亂與含糊的赦罪神學，加強了對赦罪的看法，即認為可以購買罪惡之赦免，以及可以透過購買贖罪券而得到「煉獄刑罰」的減免。換句話說，因著罪惡行動而帶來的永久刑罰，可以藉著向適合的教會人士繳付恰當的金錢數目，即使不能因此消除，亦可以減少。故此，布蘭登堡主教亞爾伯特（Cardinal Albrecht of Brandenburg）嘗試累積了可減免煉獄刑罰的年數，達至39,245,120年，上下差不了數千年。假如這種信念是與教會的教訓相違，教會卻沒有作出任何嘗試來破除其成員的這些觀念。事實上，有理由相信教會一直容忍這些觀念，甚至這些觀念被非正式地融入了教會的架構中。教會建制與其庇護者的許多權力與收入，實際上與這些觀念的實踐與信念的持續有關。

贖罪券是甚麼？最初，贖罪券似乎是一種金錢的禮物，其施予是對蒙赦免而感恩的一種表達。然而，在16世紀早期，這個單純的概念變成了教宗收入的主要來源之一，當時教宗正在面對財務上的危機，為了解決問題而在其神學上較為彈性處理。路德的憤怒亦是特別由台徹爾的推銷技倆所觸發的。只要付出3塊馬克，罪人便因此可免除一切的刑罰，否則便要在煉獄中面對這些痛苦——而許多人發現按這價錢，是難以拒絕的。在一個知道如何享受輕微罪行的年代，又有可以如此犯罪卻不用懼怕神聖審判的可能性，對許多人來説是極富誘惑力的。台徹爾的想法，我們可以有辦法立即免除所愛之人的靈魂在煉獄中的痛苦，只要支付一個合理而又經過計算的價錢(按照個人財富而按比例增減)，這對於活人對死人罪行的關懷，是有極強吸引力的。

在16世紀早期，贖罪券成為教廷收入的一個主要來源，並且正如教宗、布蘭登堡主教亞爾伯特與富格爾(Fuggers)家族銀行間可恥的「三邊」交易協議所顯示，這些收入最後進入了不同的庫房。在一個經常買賣而不是努力爭取教會職位的年代，買方普遍覺得要求他們的投資有回報是十分合理的——故此，一些像支付為死者舉行彌撒的習俗，也因而大受鼓勵。結果，造成一些有關的特權階級，十分關注於如何維持這種16世紀早期對稱義觀的含混情況。教士在告解與赦罪中所扮演獨特與不可取代的角色，明顯地提供貪污的機會，而證據顯示，聖職人員的貪污情況在宗教改革運動前夕並不是小問題。

因此，路德因信稱義的教義，以及與它相關的「信徒皆祭司」的教義，其重要性遠超乎學術上的神學領域。它破壞了我們剛才提及的特權階級的利益。赦罪是信徒與上帝之間的事情：並不涉及其他人。信徒完全不用教士來宣佈他已被赦免，他可從聖經中讀到對那些認罪者的赦免應許，不需其他人來加以重複或執行這應許。沒有需要支付任何形式的金錢來獲取神聖饒恕。煉獄觀念是建基於許多民間的迷信與教會的剝削，那是被指斥為不符合聖經的杜撰。在否定煉獄的存在，對死亡與垂死、以及其相關的習俗，例如為死人支付巨額金錢，都有一個嶄新的態度。這種部分源於文藝復興個人主義及部分來自新約聖經的主張，強調了個人與上帝關係的新見解，實際上使制度化的教會被置於邊緣角色。路德所抨擊的不單是針對來自贖罪券的入息，同時是教會在這做法背後，對赦罪的授予所扮演的角色。

路德在1517年10月31日（現於德國被慶祝為「宗教改革日」）張貼論贖罪券的〈九十五條論綱〉，不只是對台徹爾宣傳贖罪券的抗議，按其樂觀的主張，堪與現代清潔劑製造商的廣告相匹敵。這也不只是要求教會澄清其對赦罪的教訓。它標示了一種新赦罪神學的出現（或更正確地說，是那種古舊和似乎被遺忘了的赦罪神學的再現），因此威脅要除去建制教會在赦罪中的任何角色，從而威脅了那些特權階級，包括教宗、許多聖職人員、一些貴族以及一所頗為重要的家族銀行（奧斯堡的富格爾家族，他們取代了麥迪奇家族〔Medicis〕成為官方的教會銀行，那正是利奧十世〔他本身是麥迪奇家族成員〕於1513年成為教宗之時）。惟獨憑信稱義的教義，重新肯定上帝的赦罪是賜予，而不是買回來的，並且是給任何人，不管其經濟條件或社會背景如何。相關的「信徒皆祭司」的教義，則指信徒藉著上帝恩慈的協助，不論男女，均可以成就一切其所需的拯救，而無需涉及教士或教會的任何一方（雖然路德相信，專業的牧者與教會的制度在基督徒生命中都有一個重要的角色）。故此，毫不意外地，路德的看法造成教會建制相當大的焦慮，又引起當時如此眾多平信徒的濃厚興趣。

所以，雖然路德最初是與新路派的學術神學發生爭論，但局勢卻引致他要丟棄此局限與較次要領域的論爭，藉此扮演了一個普及改革者的角色。從1519年起，路德對稱義的看法逐漸引發他挑戰當時教會的教義與實踐，而不是針對新路派的思想。雖然路德一度只關注於所謂的思想學術的艱深領域，他現在卻是腳踏實地，將自己的思想落實在教會的生活中。藉著1520年出版的3篇偉大改革宣言，[12]路德證明一個觀念有巨大的力量，可以抓住不論男女的心思。我們所面對的不再是一位伏案的學究，而是充滿魅力的民眾改教家。

路德惟獨憑信稱義的教義所造成的社會影響力，或許可見於那些平信徒互助會(lay fraternities)的命運。正如我們之前提過，平信徒互助會是由信徒組成的會社，旨在為其成員提供完全的葬禮禮儀。上層社會階級有能力支付追思彌撒，以此保證他們在煉獄中的靈魂可以得到不斷的禱告：故此，齊曼的偉爾納伯爵(Count Werner of Zimmern)在1483年便有1000個為他舉行的安息彌撒，確保他的靈魂安息。低下階層由於沒有這些奢侈所需的費用，就結社於互助會，確保為他們的親友可以舉行適當的禮儀。不過，除此之外，許多互助會還扮演了重要的社會角色，例如為他們的成員設立學校與慈惠院，藉此照顧他們成員的寡婦與兒女。然而，它們存在的理由始終基本上是**宗教性**的，基於煉獄、景仰聖徒與馬利亞代求的信仰。因信稱義的教義拒絕了互助會所建基關於死亡與審判的一組信仰，因而撤除其必須性。互助會的存在理由被徹底推翻——而且除去了其所有的基本**宗教性**功能，互助會的**社會性**角色也隨之而崩潰。這發展是另一個例子，其中說明了宗教觀念的改變可以有重大的社會影響力。

「法律式稱義」的概念

路德惟獨憑信稱義的教義的一個中心洞見，即個別的罪人是不能夠自我稱義的。上帝在稱義中採取了主動，提供把罪人稱義所需要的一切資源。其中一個資源是「上帝的義」。換言之，罪人得稱義並非建基於他自己的義，而是上帝賜給他的義。奧古斯丁在較早前已經提出這一點：然而，路德賜給它一個微妙的新扭轉，導致「法律式稱義」(forensic justification) 這概念的發展。

有關爭議的論點難以解釋，不過它是集中於稱義的義 (justifying righteousness) 是在甚麼地方的問題。奧古斯丁與路德都同意，上帝恩慈地賜予犯罪的人類一個義，讓他們稱義。然而，那義是在甚麼地方？奧古斯丁認為，那是在信徒之中找到的；路德卻認為它仍然是在信徒之外。換言之，對奧古斯丁來說，所討論的義是內在的；對路德來說，那是外在的。

對於奧古斯丁來說，上帝這樣將稱義的義賜給罪人，以致這義成為了其自身的一部分。結果，這義雖然源自罪人**之外**，卻成了他或她的一部分。相對之下，對於路德來說，在討論中的義始終是位於罪人以外：這是「外來的義」(alien righteousness, *iustitia aliena*)，但上帝把這義對待或「計算」為**彷彿**那是罪人自身的一部分。路德在1515至1516年對羅馬書的教學中，發展了「基督的外來的義」的觀念，藉信心歸算於 (imputed) 而不是**授予** (imparted) 信徒，使之成為稱義的基礎。他對羅馬書四章7節的註釋尤其重要：

> 聖徒在他們自己的眼中永遠是罪人，而且因而永遠是外在地稱義。然而，偽善者總是在他們自己

> 的眼中是公正的，因而在外在總是罪人。我用了「內在」一語顯示在我們自己裏面、在我們的眼中、在我們的評價裏，我們是如何的；而「外在」一語是表明，在上帝面前和在上帝的計算中，我們是如何的。因此，我們是外在的義人——當我們惟獨因著上帝的歸算 (imputation) 而成為義人，而不是因著我們本身或我們的行為。

信徒是義的，那是因著基督外來的義歸算於他們——換言之，被視為猶如他們是通過信心而得。在之前，我們提過路德的信心觀念的一個基本元素，是它使信徒聯合於基督。因此，稱義的信心是容許信徒連繫於基督的義，並且基於它而被稱義。基督徒因而是「藉著一個仁慈的上帝的歸算而成為義人」。

藉著信心，信徒被表達為基督的義，路德建議，相當於以西結書十六章8節談到上帝以祂的衣襟遮蓋我們的赤身。對路德來說，信心是與上帝的**正確**(或公義的) 關係。因此，罪和義是並存的；我們的內在仍然是罪人，然而在上帝的眼中，外在卻是義人。在信心中藉著承認我們的罪，我們是與上帝處於一種**正確**和公義的關係中。從我們一己的觀點看，我們是罪人，然而從上帝的觀點看，我們是義人。在註釋羅馬書四章7節中，路德宣稱

> 聖徒永遠是留意他們的罪，並根據上帝的慈悲而從上帝尋找義。而且正是由於這個理由，他們被視為因著上帝而成為義。因此在他們自己的眼中 (而且實際上！) 他們是罪人；然而在上

> 帝的眼中他們是義人，因為上帝按照他們對本身的罪的承認而計算他們。在現實上他們是罪人；然而他們由於一個仁慈的上帝的歸算而成為義人。他們不知不覺地成為義人，並且有意識地是罪人。他們實際上是罪人，然而在盼望中是義人。

路德並不需要暗示，罪和義的這樣並存是一種永存的情況。基督徒生活不是靜態的，彷彿(用一種非常寬鬆的説法)罪與義的相對數量一直不變。路德完全留意到基督徒的生活是動態的，在當中信徒(但願如此)在義中成長。更確切地説，他的論點是罪的存在並非否定我們作為一個基督徒的狀況。上帝藉著基督的義而掩蓋我們的罪。這義就像是一個保護性的掩蓋物，在其下我們可以與我們的罪爭戰。在稱義中，我們被賜予義的地位，同時我們與上帝一同致力獲得義的本質。在其中上帝已經應許讓我們有一天成為義人，最終除去了我們的罪，意思是我們在上帝的眼中已經成為義。路德提出他的論點如下：

> 那就像一個人患了病，他相信許諾讓他完全復元的醫生。同時，他在蒙許諾復元的盼望中服從醫生的指示，戒絕那些他被吩咐要離棄的東西，以致他不會妨礙被許諾得回的健康。……現在這個病人康復了嗎？事實上，他同時是患病和痊癒了的。他實際上仍然有病——不過他會按照醫生的確實許諾而痊癒的，他相信醫生，而醫生也會把他視作為已經痊癒的。

路德顯然很喜歡這個醫生的比喻，他更作進一步的闡述。他表明患病是用來比喻義人的罪和健康，之後他總結說：

> 故此，他同時是罪人，也同時是義人。他在實際上是一個罪人，然而因著上帝的確實歸算和應許而成為義人，祂將會繼續把他從罪中釋放，直至祂已經完全治癒他。故此，他是在盼望中完全健康的，但在實際上卻是一個罪人。

這個取向說明了罪在信徒之中的持續，而同時說明了信徒的逐漸轉變，以及那罪在未來的除去。不過，作為基督徒不必然就成為完美的義人。罪惡不是指向上帝一方的失信或失敗；相反，那是指向繼續需要把個人交託給上帝的溫柔照顧。路德因而宣稱一個信徒是「同時是義人，同時是罪人」(*simul iustus et peccator*)；義人是盼望，但罪人是事實；義人是在上帝眼中和藉上帝的應許而言，但罪人卻是現實。

這些觀念由路德的跟隨者墨蘭頓所發展，以致此教義現今一般稱為「法律式稱義」。正如奧古斯丁教導，罪人在稱義中**成為義人**，墨蘭頓卻教導他只是**被算為義**或**被宣告為義**。對於奧古斯丁來說，「稱義的義」是「授予」其身上的，對於墨蘭頓，在被宣稱或宣告的意義上卻是被「歸算」為義的。墨蘭頓清楚劃分了**被宣稱**為義的事件與**成為**義的過程，稱呼前者為「稱義」，而後者則是「成聖」(sanctification) 或「重生」(regeneration)。對於奧古斯丁來說，兩者根本是同一事情的不同層面。按照墨蘭頓的看法，上帝在天上的法庭 (*in foro divino*) 宣判此判決，即罪人是義的。這種對稱義的法律性了解，產生了「法律式稱義」的名稱，源自拉丁文 *forum*（「市場」或「法庭」）一字，那是傳統認為是古羅馬施行法律的地方。[13]

這發展的重要性，在於它標誌著與直到那時的教會之教導的完全決裂。由奧古斯丁的時候開始，稱義一直被理解為同時指被稱為義的事件與成為義的過程。墨蘭頓的法律性稱義觀與此看法徹底有別。由於這觀念幾乎被所有後來的主要改教家所採納，於是由那時候起，代表了新教與羅馬天主教之間的標準差異。除了他們對於罪人如何被稱義的不同看法外，也對「稱義」一詞的原先看法有了進一步分歧。在天特會議中(那是羅馬天主教會對新教挑戰的權威性回應)，便重新肯定奧古斯丁對稱義本質的看法，並責難墨蘭頓的看法為可悲地不適當的。

正如上文所述，法律式稱義的概念實際上是代表了路德思想的發展。這自然使我們詢問，在宗教改革運動之中可以辨別出有甚麼其他涉及稱義問題的發展和分歧。

改教家對稱義的分歧

一般對宗教改革運動的闡述，經常創造了在這場運動中對稱義的教義有整體單一性的印象。事實上，不同的改教家對這項教義在本質上和強調處都有相當大的分歧。本段的目的是探討其中的某些不同。

稱義與瑞士宗教改革運動

歐洲的宗教改革運動經常被描繪為單純一致的現象。換句話說，整個運動被視為具有同一的基礎觀念與重點。事實上，這是一個不正確的看法，而惟獨憑信稱義的教義在瑞士宗教改革運動中所扮演的角色，便是對此原則的重要示例。

在1515至1520年間，正如我們已經見到的，稱義的教義在路德的思想中浮現出來。除了成為他的神學中心之外，它也成為他的改革方案的焦點。路德具爭議的著作；他對禮儀的革新和改革，以及他在這段時期的講道，全都顯示出因信稱義的教義對他的改革方案在實踐上的重要性。正如上文所述，對於路德因信稱義的教義來說，涉及他對稱義的信心本身的理解，具有決定性的重要——這個信心把信徒聯合於基督，而且帶來基督在他或她裏面的真實和個人的臨在。

然而，在同一時間中，慈運理忠誠地回應了瑞士東部人文主義者宗教社的關注。齊格勒 (Ernst Ziegler) 在一本對源自這段時期瑞士同一地區的改教著作的精湛縱覽中，指出這一點，認為對這些作者來說，「宗教改革運動」一詞表明了生命與道德的一套宗教改革。從這等著作中「因信稱義」一詞因缺席而經常引人注目。瑞士東部人文主義道德家的氣質，與路德強調恩典是不配得到的禮物截然不同，他們指出任何人類的道德行動是具有優先和獨立性的。這不是說，例如瓦迪恩或慈運理等作者維護一個因著行為而稱義的教義，彷彿救恩是因著人類道德成就的結果而發生的。相反地，這些改教家選擇把他們的強調放在福音的**道德結果**上，因而傾向淡化對路德來說是十分重要的課題。

正如我們之前見到，路德的稱義教義是直接朝向個別的信徒，澄清他與上帝和教會的關係，以致他不安的良心可以緩和。在許多方式中，它說明了路德對個人及其主體意識的關注，反映了與文藝復興有關的個人主義的興起。

不過，較多注目於**羣體**改革的瑞士宗教改革又如何呢？

慈運理視宗教改革運動為影響整體生活、關乎教會與社會，而不只是涉及個人的。那種宗教改革基本的特色是道德性的。慈運理關注蘇黎世沿著新約路線的道德與屬靈的更新，遠過於稱義的任何教義。他不是關心個人如何找到一個恩慈的上帝的問題。因此，路德對憑信稱義的關注，對慈運理來說並不存在。然而，在兩個人對這教義的分歧之間，事實上涉及本質的事情以及強調之處。例如，慈運理傾向把基督視之為一個外在的道德榜樣，而不是在信徒中的個人性臨在。慈運理在早期教導因行為而稱義——即人類的成就擁有能得拯救之購買能力——的說法是不真確的。然而，正如波萊(Jacques Pollet)十分熟練地證明，慈運理早期著作的基本氣氛，是道德更新的優先性淩駕於赦免之上。對於例如瓦迪恩的作者，福音首先是關於道德的更新和個人與制度的重生，而稱義(有趣的是，這個用語雖然被使用，但卻是甚為稀少的)卻是跟隨在這些進程的航迹之後。

在1520年代，慈運理對稱義的觀念開始接近路德的想法，或許這是由於慈運理逐漸熟悉後者的著作。然而，讀者仍然可以察覺在兩個作者之間，是有基本的分別，反映了對稱義的不同取向。對路德來說，聖經宣稱了上帝的應許，那是釋放和安撫著信徒的；基本上它所關注的是敍述和宣稱上帝在基督裏為有罪的人類所做的事。對慈運理來說，聖經列出了上帝對信徒而作的道德要求；基本上它關注的是指出人類在回應基督提供的榜樣所必須做的事。

那麼，即使在1520年代，在宗教改革運動中顯然已見到對稱義的分歧觀點。在路德和慈運理非常不同的觀點中，或許說明了兩個極端的立場。調解它們的嘗試後來逐漸形成，而現在我們先轉往探討與布塞珥和加爾文有關的問題。

後期的發展：布塞珥和加爾文論稱義

在路德與慈運理之間的分歧，可以說是準備了在後期宗教改革運動中對稱義教義的恰當理解的進一步討論。有兩件事情是需要解決的：基督在稱義中的角色，以及上帝對稱義的恩慈行動與人類對上帝旨意的順服之間的關係。路德本身（主要一方面通過偶爾的誇張，而另一方面是混亂）致力向許多人（例如人文主義者斯帕拉丁〔Georg Spalatin〕）傳達的印象是，罪人一旦被稱義，他或她是沒有絲毫義務去履行道德行動的。事實上，路德的基本觀念是，好行為是一項面對上帝的稱義之恩慈行動的完全適當回應，然而它們可以不是（而且**必然**不是）被視為稱義的一個原因。然而，他的隨眾有相當一部分在1520年代認為路德暗示，基督徒是免除道德責任的。

或許在這個取向中，最重要地試圖補救這明顯缺點的是史特拉斯堡的改教家布塞珥。在一系列著作中，特別是1530年代，布塞珥發展了一套「雙重稱義」（double justification）的教義，似乎對他而言，是在處理路德對上帝恩典的片面強調所引起的困難。布塞珥認為，在稱義之中是有兩個階段的。第一個階段被他稱為「不敬虔者的稱義」（*iustificatio impii*），包括了上帝對人類罪惡的恩慈赦免。（後來的新教神學認為這個階段只是稱義。）第二個階段被他稱為「屬神者的稱義」（*iustificatio pii*），由一個順服的人類回應針對福音的道德要求而構成。（後來的新教神學指這個過程為「重生」或「成聖」。）基督被視為外在的道德榜樣，由上帝恩慈地提供，那是被稱義的罪人需要(藉著聖靈的幫助) 去仿傚的。

因此，在稱義與道德重生之間建立了一個因果的關係。除非兩者都發生，罪人不可以被說成是稱義。由於「不敬虔者的稱義」導致「屬神者的稱義」出現，那麼在一個人裏面缺乏道德的重生，就暗示他或她並沒有首先稱義。因此，布塞珥相信，他已經成功地護衛了恩典的實在與人類順服的必須。其他人卻沒有那麼肯定。這理論似乎有點不自然，而且把基督縮減為一個外在的道德榜樣。對於路德強調基督在信徒裏面的真實個人性臨在，那又如何？

稱義的典範在後期的宗教改革運動中終於得到優勢，那是由加爾文在1540年間至1550年間系統地闡述的。加爾文的取向同時避免了以下兩點的不足，包括基督在稱義的角色的外在理解，以及稱義導致道德更新的觀點。他取向的基本元素可以總括如下。信心在一個「神祕的合一」(mystic union) 中把信徒聯繫於基督。(在此，加爾文重提路德強調基督在信徒裏面的真實和個人性臨在，那是通過信心建立的。) 與基督的這樣聯合有兩層的影響，加爾文稱之為「雙重恩典」(a double grace)。

首先，信徒與基督的合一直接導致他或她的**稱義**。通過基督，信徒被宣稱在上帝的眼中成為義人。第二，由於信徒與基督的聯合——並且**不是**因著他或她的稱義——信徒通過重生開始了成為像基督一樣的過程。在布塞珥認為稱義是導致重生的地方，加爾文堅決主張，稱義與重生都是信徒通過信心與基督聯合的結果。

以上簡單地縱覽了稱義在宗教改革運動裏流行的理解，暗示這運動在此點上是遠非全然一致的。假如有篇幅容許討論其他重要的改教家的觀點——例如卡皮托(Wolfgang Capito)、迦勒斯大和埃科蘭巴狄，還有更多差異將會浮現。假如說改教家們是一致地拒絕人類可以憑己力達成拯救這觀點，但這樣的合一並沒有延伸至上帝藉著基督成就這拯救的確切方式上。在宗教改革運動的第一代中存在著不同的主張，與加爾文和墨蘭頓有關的人逐漸取得優勢，通過一段漫長的辯論，各自出現在改革宗和信義宗的教會中。

天主教的回應：天特會議論稱義

顯然，天主教會需要對路德作出一個官方和決定性的回應。到了1540年，路德在歐洲已經聞名遐邇。他的著作被不同程度的熱情所閱讀和消化，即使是在意大利的最高教會圈子。天特會議在1545年召開，開始於系統化地闡述對路德的綜合回應的漫長歷程。它的議程的頂峯是稱義的教義。

天特會議的第六次會議是在1547年1月13日結束的。天特會議〈稱義通諭〉(the Tridentine Decree on Justification)一般被視為是這段會議的重要結果，可能代表了這次會議最重要的成就。它的第十六章相當清晰地展示出羅馬天主教會對稱義的教導。一系列共33段的教規，譴責了被確認為羅馬天主教會對手們(包括路德)所持之獨特見解。有趣地，這次會議似乎沒有留意加爾文所提出的威脅，倒針對被認為是路德自己所持守的觀點而作出廣泛的批評。

天特會議對路德的稱義教義的批評，可以分為4個主要部分：

1. 稱義的性質。
2. 稱義之義的性質。
3. 稱義之信心的性質。
4. 拯救的把握。

我們將會分別討論上述4方面的問題。

稱義的性質

在路德的早期階段中(大約1515至1519年),他傾向把稱義理解為一個**形成**(becoming)的過程,在其中罪人通過一個內在更新的過程,逐漸符合耶穌基督的樣式。路德對於一個病人在合宜的醫療關顧之下的比喻,指向這種稱義的理解,正如他在1515至1516年間講授羅馬書的著名宣告:「稱義是關於形成」(*fieri est iustificatio*)。然而,在他的後期著作中(日期是在1530年代中期及後),可能是在墨蘭頓對稱義的更具法庭性的取向之影響下,路德傾向把稱義視之為被宣告成為義的事情,而不是一個成為義的過程。逐漸地,他傾向認為稱義是一件事件,那是由重生的明確過程與藉著聖靈的行動而內在更新所互相補充的。稱義改變了罪人在上帝眼中(*coram Deo*)的外在地位,而重生改變了罪人的內在本性。

天特會議強烈反對這個觀點,而且強烈地維護這個原本與奧古斯丁相關的觀念,即稱義是在人性之內的重生和更新的過程,同時為罪人的外在地位與內在本性帶來了改變。它的第四章提供了以下對稱義的準確定義:

> 罪人的稱義可以被簡略定義為一種轉化,從一個

> 人生而為第一個亞當之子的地位，至藉著第二位亞當（耶穌基督我們的救主）而得的恩典的地位與被接納為上帝的眾子的地位。根據福音書，這種轉化不可能發生，除非是藉著重生的潔淨，或對此的渴望，正如所寫的：「我實實在在的告訴你，人若不是從水和聖靈生的，就不能進神的國。」（約三5）

故此，稱義是包括了重生的觀念。這段簡單的敍述在第七章中詳述，在其中強調稱義「不只是罪的去除，也是內在個人的成聖和更新，通過恩典和天賦的自願接納，藉此一個不義的人成為一個義人」。這一點在第十一段教規中得到進一步強調，在其中責備任何人教導稱義是出於「或是因著基督的義的惟獨歸算，或是因著罪的惟獨去除，以至排除了恩典和慈愛……，或是我們被稱義的恩典是上帝的惟一美好旨意。」

稱義是密切地與洗禮和補贖禮等聖禮有關的。罪人起初是通過洗禮被稱義的；然而，由於罪的關係，稱義可能會喪失。然而，它可以因著補贖禮而更新，正如第十四章清楚指出：

> 那些因著罪而喪失稱義所得恩典的人，可以再次被稱義，那是當（因著上帝的驅動）他們盡力通過補贖的聖禮而得到復元（藉著基督的功勞）所失去的恩典時。現在，稱義的這方式是恢復那些陷在罪中的人。聖教父恰當地稱這為「在失去恩典的海難之後的第二塊船板」。因著基督耶穌設立了

> 補贖的聖禮，為的是那些在洗禮之後陷入罪中的人。……一個基督徒在陷入罪中之後的悔改，因而與在洗禮中非常不同。

那麼，簡言之，天特會議維護了中世紀的傳統，延伸回到奧古斯丁，認為稱義是包括了一件事件和一個過程的——藉著基督的工作而被宣告為義的事件，以及藉著聖靈的內在工作而成為義人的過程。改教家例如墨蘭頓和加爾文區別了這兩者，認為「稱義」一語只是指被宣稱為義人的事件；至於內在更新的伴隨過程，他們稱之為「成聖」或「重生」，而他們認為在神學上是有區別的。

結果，嚴重的混亂就出現了：羅馬天主教與新教用了同一個字「稱義」來指非常不同的東西。天特會議認為它的意思，如果根據新教的觀點來看，是**既有**稱義，**也有**成聖的。

稱義之義的性質

路德強調罪人本身並沒有義的事實。他們在自己裏面不可能擁有任何東西，可被認為是上帝稱他們為義的恩慈決定的基礎。路德的「基督的外來的義」的教義，清楚表明稱義的罪人所有的義，是在他們之外的。它是歸算的，而不是授予；是外在的，而不是內在的。

宗教改革運動的早期批評者主張，跟隨奧古斯丁的觀念，罪人被稱義是在一個內在的義的基礎上，藉著上帝恩慈地灌輸或植入他們個人裏面。這義本身是作為恩典的一項行動而被賜予的；它不是某些賺取的東西。不過，他們認為，在個人裏面是有某些東西可以容許上帝去稱他們為義的。路德拋棄了這個觀念。假如上帝已經決定把某人稱義，祂也可以直接這樣做，而不是通過義的一個中介禮物。

天特會議基於一個內在的義，強烈維護奧古斯丁的稱義觀念。第七章把這一點清楚説明：

> 惟一的形式原因（稱義的）是上帝的義——不是因著上帝是義而有的義，而是上帝使我們成為義而有的義，故此，當我們被賦予它時，我們是「在心思念慮上改換一新」（弗四23；譯按：中文聖經思高譯文），而且不只被算為義人，更是被稱為（並且在實際上）義人。……沒有人可以成為義人，除非上帝把我們主耶穌基督的受苦的價值傳給他或她，而且這是在罪人的稱義中發生的。

「惟一的形式原因」（single formal cause）一語是需要解釋的。一個「形式」的原因是某事物的直接（或最當前的）原因。故此，天特會議把稱義的直接原因説成是上帝恩慈地賜給我們的義——有別於稱義的較疏遠原因，例如「動力因」（efficient cause，上帝）或「功德因」（meritorious cause，耶穌基督）。然而，「惟一」這詞的使用也應留意。在羅馬天主教徒與新教徒之間同意的一個建議（在1541年雷根斯堡對談〔Colloquy of Regensburg，也稱為 Ratisbon〕上特別注目），是認為應該承認有**兩個**稱義的原因：一個外在的義（新教的觀點）和一個內在的義（羅馬天主教的觀點）。這個妥協似乎是有某些可能性。然而，天特會議沒有時間處理它。「惟一」這詞的使用是故意的，為的是排除了可以有多過一個這等原因的概念。稱義的惟一直接原因，是義的內在禮物。

稱義之信心的性質

路德的惟獨憑信稱義，引起了嚴厲的批評。第十二段教規譴責了路德對稱義信心的概念的中心層面，當時路德的觀點拒絕了以下觀念，即「稱義的信心無非是在上帝憐憫中的確信，那是因著基督的緣故而去除罪過」。在某種程度上，這種對路德的稱義觀的抗拒，反映了對稱義一詞的意義的含糊(正如上文所說的)。天特會議警告，任何人都應該相信他們可以因信而被稱義(按照天特會議對這詞的理解)，沒有任何需要順服或屬靈的更新。天特會議解釋「稱義」**既是**意味著「基督徒生命的開始」，**也是**它的延續和成長，天特會議相信路德是認為單純信靠上帝(罪人沒有需要改變和被上帝更新)是整個基督徒生命的基礎。

事實上，路德沒有這樣的意思。他是斷言基督徒的生命是藉著信心(而且惟獨信心)開始的；良好的行為是在稱義之後，卻不是因它而產生稱義。天特會議本身是完全準備承認基督徒生活是藉著信心開始的，因此實際上非常接近路德的立場。正如〈稱義通諭〉第八章宣稱：「我們說藉著信心稱義，因為信心是人類拯救的起點，一切稱義的基礎和根源，沒有它就不可能取悅上帝。」這或許是在一個重要神學用詞意義之爭上出現神學誤解的經典例子。

拯救的確據

對路德來說(正如對一般改教家而言)，一個人可以對他得拯救安心。拯救是在於上帝對自己的恩慈應許的信實；缺乏對拯救的確信，就是(實際上)懷疑上帝的可靠和信實。然而，這必然不是被視為是一個在上帝裏的至高信靠，不會被懷疑所困擾。信心不同於確實；雖然基督教信仰的神學基礎可以是有把握的，人類對這基礎的認識和委身卻是可以動搖的。

這一點由加爾文清楚帶出，他經常被認為是所有改教家中對信心的問題最有把握者。他對信心的定義無疑似乎指出這個方向：

> 現在我們將會有信心的一個正確定義，只要我們說，它是上帝的仁慈給我們的一個穩固和確實的知識，那是建基於上帝在基督裏的恩慈應許的真理，而且同時向我們的心思啟示，以及藉著聖靈存放在我們心裏。

然而，這段陳述的**神學性**肯定沒有(根據加爾文)需要導致**心理性**的保證。它是與信徒一方因著懷疑與焦慮而來的持續掙扎完全一致的。

> 當我們強調信心必然是要確定無疑時，我們並非在心思中毫無疑慮，或有毫無焦慮的確證。更確切地說，我們堅稱信徒總是會掙扎於他們對信心的缺乏，而且完全沒有一顆平靜的良心，不受任何擾亂所打擾。另一方面，我們想否認信徒們可以被排斥於(或離棄)他們在神聖慈愛中的信心，不管這會引來他們多大困難。

在道韋(Edward A. Dowey)的研究《加爾文對上帝知識的教義》(*Calvin's Doctrine of the Knowledge of God*)中寫道：

> 根據加爾文的看法，假如他對信心的定義的赤裸用語使它成為「穩固和確定的知識」時，我們必須留意，這樣的信心是永遠不能實現的。我們可把對祂現存信心的描述系統地闡述為「一個穩固和確定的知識，總是受到邪惡的懷疑和恐懼所攻擊，但它至終會得勝的」。

天特會議對改教家們「確據的教義」(doctrine of assurance)是相當懷疑的。〈稱義通諭〉第九章稱之為「反對異教徒虛有的確信」(Against the vain confidence of heretics)，批評了改教家「不敬虔的確信」。當一個人應該懷疑上帝的美善和慷慨時，改教家嚴重錯誤地教導「沒有人是免除於罪而稱義，除非他們是確實相信他們是被赦罪和稱義，而且那赦罪和稱義是只由這信心所發揮之功效」。天特會議堅稱，「沒有人能夠以信心的肯定而知道甚麼是不會犯錯的，不論他們是否得到上帝的恩典」。

天特會議的論點似乎是，改教家彷彿使人類的確信或勇氣成為稱義的基礎，故此稱義是在於一個容易犯錯的人類信念，而不是在於上帝的恩典。然而，改教家認為他們是強調稱義是在於上帝的應許，沒有大膽地相信這樣的應許，是等於對上帝的可靠性表示懷疑。

在本章中，我們已經討論過稱義這教義對宗教改革運動的重要性。不過，雖然這教義對宗教改革運動的發展十分重要，在那運動的後期階段中，另一相關的教義卻可以說有更重大的意義。假如稱義是以教義的用語來表達上帝恩典的方式，佔據了宗教改革運動第一浪的想像，那麼第二浪就傾向以預定(或揀選)的用語來談論恩典。預定的教義被證明是加爾文主義在不同國家之間的主要可識別的特性。我們將會在下一章討論這項發展。

註釋

1 關於完整的討論，參 F. W. Dillistone, *The Christian Understanding of Atonement* (London, 1968)。(「贖罪」〔atonement〕一詞往往是指「基督的死的意義」。)至於較通俗的討論，參 Alister McGrath, *Making Sense of the Cross* (Leicester, 1992)。

2 S. Alzeghy, *Nova creatura: la nozione della grazia nei commentari medievali di S. Paolo* (Rome, 1956); J. Auer, *Die Entwicklung der Gnadenlehre in der Hochscholastik* (2 vols; Freiburg, 1942～1951).

3 有關背景，參 Krister Stendahl, 'The Apostle Paul and the Introspective Conscience of the West,' in *Paul among Jews and Gentiles* (Philadelphia, 1983), pp. 78～96。

4 參 Alister E. McGrath, *Luther's Theology of the Cross: Martin Luther's Theological Breakthrough* (Oxford, 1985), pp. 72～92, 100～128。

5 McGrath, *Luther's Theology of the Cross*, pp. 106～113，有關文本及分析。

6 參 Alister E. McGrath, *Iustitia Dei: A History of the Christian Doctrine of Justification* (2 vols; Cambridge, 1986), vol. 1, pp. 51～70。

7 關於完整的拉丁文文本及英文翻譯，參 McGrath, *Luther's Theology of the Cross,* pp. 95～98。只參看英文翻譯的，參 *Luther's Works* (55 vols; St Louis/Philadelphia, 1955～1975), vol. 34, pp. 336～338。文中的「引文」，我是稍微意譯了路德的文字，而且為了清晰的緣故，我省略了他某些較為技術性的用語。

8 關於這場辯論，參 McGrath, *Luther's Theology of the Cross,* pp. 95～147，特別是頁142～147。在1518至1519年間，有一個重要的少數觀點出現了突破。有一份值得參考的有用論文是 Brian A. Gerrish, 'By Faith Alone: Medium and Message in Luther's Gospel,'

in *The Old Protestantism and the New: Essays on the Reformation Heritage* (Edinburgh, 1982), pp. 69～89。

9 關於路德因信稱義的教義，參 McGrath, *Iustitia Dei,* vol. 2, pp. 10～20。

10 見於 Leif Grane, *Contra Gabrielem: Luthers Auseinandersetzung mit Gabriel Biel in der Disputatio contra scholasticam theologi. im 1517* (Gyldendal, 1962)。

11 進一步討論，參 John Bossy, *Christianity in the West 1400～1700* (Oxford, 1987), pp. 35～56；David C. Steinmetz, 'Luther against Luther,' in *Luther in Context* (Bloomington, Ind., 1986), pp. 1～11；Thomas N. Tentler, *Sin and Confession on the Eve of the Reformation* (Princeton, 1977)。

12 *Appeal to the German Nobility*, *The Babylonian Captivity of the Church* 和 *The Freedom of a Christian*。這些作品一同收集於 *Martin Luther: Three Treatises* (Philadelphia, 1973)。

13 關於這一點，參 McGrath, *Iustitia Dei,* vol. 2, pp. 1～3, 20～25。

進深閱讀

以下是關於稱義的教義發展的標準歷史著作，書中詳盡討論在16世紀新教與天主教的發展：

Alister E. McGrath, *Iustitia Dei: A History of the Christian Doctrine of Justification,* 2nd edn (Cambridge, 1998).

以下研究作品也有助澄清細節：

J. P. Donnelly, *Calvinism and Scholasticism in Vermigli's Doctrine of Man and Grace* (Leiden, 1976).

E. J. D. Douglass, *Justification in Late Medieval Preaching* (Leiden, 1966).

M. J. Harran, *Luther on Conversion: The Early Years* (Ithaca, NY, 1983).

A. E. McGrath, *Luther's Theology of the Cross* (Oxford, 1985).

D. C. Steinmetz, *Misericordia Dei: The Theology of Johannes von Staupitz in its Late Medieval Setting* (Leiden, 1968).

T. N. Tentler, *Sin and Confession on the Eve of the Reformation* (Princeton, NJ, 1977).

7

預定的教義

假如信義宗教會的出現是由於對因信稱義這教義的關注，那麼改革宗教會就是藉著重建使徒教會的聖經模式這新期望而誕生的，我們將會在本書第10章中詳細討論。現在，我們要注意的是改革宗神學的一個主要概念，對其政治和社會理論尤其重要：上帝主權的概念。改革宗神學家傾向認為路德由於個人經歷而來的關懷是不可接受地主觀，而且太過個人取向；他們所關心的基本上是在社會和教會可以改革的基礎上建立客觀的準則——而他們在聖經中尋找這個客觀準則。他們也沒有像路德早期對經院神學的關注，它對瑞士宗教改革運動從來沒有造成重大威脅。

預定 (predestination) 的教義往往被認為是改革宗神學的主要特徵。對於許多人來說，「加爾文派」差不多等於是「極為強調預定的教義」。恩典的概念 (路德認為是緊扣於罪人的稱義) 究竟是如何指涉上帝的主權，尤其是在預定的教義中表達？有關的發展是怎樣發生的？在本章中，我們將會關注改革宗教會對恩典教義的理解。

慈運理論上帝的主權

慈運理於1519年1月1日在蘇黎世開始他的事奉。在同年8月，這事奉幾乎灰飛煙滅，當時蘇黎世受到瘟疫的侵襲。這樣的瘟疫爆發在16世紀初期司空見慣，卻絲毫沒有掩蓋了它們的嚴重性。結果，至少有四分一人口，甚至可能多至二分一人口，在1519年8月至1520年2月期間死於蘇黎世。慈運理的牧養職責包括安慰垂危病者，以致他可能不可避免接觸疾病。當死亡顯然愈來愈接近時，慈運理似乎意識到他的生死存亡在於上帝。我們擁有一段詩句，一般稱之為「瘟疫之歌」(*Pestlied*)，那是在1519年秋天撰寫的。在其中，我們發現慈運理正在反省他的命運。我們發現他沒有祈求聖徒使他康復，也沒有暗示教會可以任何方式為他代禱。相反地，我們見到一個接納上帝為他所預備的一切的艱難決定。不論上帝為他設定的命運是甚麼，慈運理都準備接受：

願你的旨意成就
因為我一無所缺。
我是你的器皿
供修復或毀壞。

倘若沒有感受到慈運理對上帝旨意的降服，就不可能解讀這首詩。事實上，慈運理從他的病中倖存下來。可能正是由於這個經驗，他開始相信，他是上帝手中的器皿，只是為著上帝的目的而被使用。

早前，我們提到路德關於「上帝的義」的難題，既是存在性(existential)的，也是神學性的。顯然，慈運理對神聖的護理的關注，也有強烈的「存在」特色。對於慈運理來說，上帝的全能這問題，不只是教科書上的問題，更是一個直接影響他的生存的問題。路德的神學(至少起初)主要是由他對上帝稱他這個罪人為義的經驗所塑造的，而慈運理的神學卻差不多完全由他對上帝絕對主權和人類完全依靠祂的意識所左右。[1]慈運理對於上帝絕對主權的觀念，在他的護理的教義(doctrine of providence)中發展，尤其是在著名的講章〈論護理〉(On Providence, *De providentia*)中。許多對慈運理較具批判性的讀者已經注意到，在慈運理的概念與塞尼加(Seneca)的宿命論之間有相似之處，指出慈運理是受了塞尼加的宿命論所洗禮。這個建議，某程度是由於慈運理在〈論護理〉中有興趣和參考過塞尼加的思想。不論一個人是得救或判罪，完全都是上帝的事情，祂從永恆中自由地作出祂的決定。不過，慈運理的重點似乎是放在上帝的全能和人類的無能上，最終是源於他對保羅著作的理解，而且只是由於他閱讀塞尼加的著作而加強，並因他在1519年8月接近死亡而有「存在」上的重要性。

把路德與慈運理對待聖經的態度作出比較，甚具啟發性，反映了他們對上帝恩典的不同取向。對於路德來說，聖經首要是關乎上帝的恩慈應許，而以罪人憑信稱義的應許為高峯。對於慈運理來說，聖經首要是關乎上帝的律法，作為行為準則，其需要是源自其子民的一個至高上帝。路德在「律法」與「福音」之間作出明確的區別，而慈運理則認為兩者基本上是同一的。

慈運理愈來愈關心上帝的主權，結果導致他與人文主義的決裂。可是甚難說出慈運理在甚麼時候不再是一個人文主義者，而開始成為一個改教家：事實上，有極好的理由認為，慈運理在他一生中仍然是一個人文主義者。正如我們早前看到的，克里斯特勒對人文主義的定義，是針對它的**方法**，而不是它的**教義**；假如人文主義的這個定義用在慈運理身上，那麼他在一生的歷程中仍然是一個人文主義者。同樣適用的是加爾文。不過，可能有人反對，當這些人發展一種嚴謹的預定教義時，怎麼可以被視為是人文主義者？無疑，不論是慈運理或加爾文，都不可以按照20世紀的用詞方式來設想成「人文主義者」——可是在16世紀就不同了。當想到許多古代作家——例如塞尼加和盧克萊修（Lucretius）——發展了強力的宿命論哲學時，那麼可以說把改教家視之為人文主義者時，是更有力的想法。然而，似乎在慈運理人生歷程的某一點上，他改變了他的想法，那是他大多數同時代瑞士人文主義同儕所認同的一個核心前提。假如慈運理在此之後仍然是一個人文主義者，他現在就是信奉一套稍微不同形式的人文主義，那是他許多人文主義同儕視之為略為奇怪的。

慈運理於1519年在蘇黎世開始實施的改革方案，基本上是人文主義式的。他對聖經的運用完全是伊拉斯姆式的，正如他講道的風格，雖然他的政治觀點反映了伊拉斯姆所深惡痛絕的瑞士國族主義。對我們的目的而言，最重要的是，他認為改教是一個教育的過程，因而同時呼應著伊拉斯姆和瑞士人文主義者宗教社的觀點。慈運理在1519年12月31日寫信給他的同儕邁科尼烏斯（Myconius），回顧了他在蘇黎世首年的成果，慈運理聲稱那裏有「大約超過2000個開明者在蘇黎世」。不過，在1520年7月27日的一封信函中，我們發現慈運理顯然承認這種人文主義式的宗教改革概念的失敗：假如宗教改革要成功，需要的東西，是比昆提利安（Quintillian）所提出的教育理念更多的。普遍的人類命運以及獨特的宗教改革運動，都是由神聖的護理所決定的。在宗教改革過程中，首席演員是上帝，而不是人類。人文主義者的教育技巧是折衷的方法，不足以應付難題的根源。

上述對人文主義者改革方案的可行性的懷疑態度，在1525年3月公開出來，當時慈運理出版了《論真假宗教註釋》。慈運理批評兩個假設，那是伊拉斯姆式改革方案的中心：「自由意志」(*libernm arbitrium*) 的觀念，那是伊拉斯姆在1524年極力維護的；以及教育方法是足以改革腐敗、有罪的人類的建議。根據慈運理的看法，所需要的卻是護理的神聖介入，缺乏了它，就不可能有真正的改革。當然，正如眾所周知的，1525年也見到路德極度反對伊拉斯姆的作品《論意志的被奴役》(*De servo arbitrio*) 出版，[2]書中也是明確攻擊伊拉斯姆的「自由意志」(freedom of the will) 的教義。路德的作品是充滿對上帝完全主權的強調，繫於類似慈運理的預定的教義的觀點。許多人文主義者認為如此看重人類的罪性和上帝的全能，是不能接受的，導致慈運理與他許多從前的支持者之間產生一定的疏遠。

加爾文論預定

普遍認為加爾文的宗教思想是一個嚴格的邏輯系統，以預定的教義為中心。雖然這個流行的印象極有影響力，但卻不是真實的；雖然預定的教義對於後期的加爾文主義來說或許重要，卻並不反映在加爾文對這個課題的解說中。加爾文在16世紀晚期的承繼者中，面對運用方法在他的思想上的需要，發現他的神學十分適合以較為嚴格的邏輯結構所重修，那是由後期意大利文藝復興所喜愛的亞里士多德方法論提出的。這可能導致輕易下結論，認為加爾文的思想本身擁有後期改革宗神學的系統性特質和邏輯性精確，而這導致一種正統思想中先入為主的想法，認為預定的教義可以追溯至1559年的《基督教要義》。正如我將會提出的，加爾文與「加爾文主義」在這一點上是有微妙的差異，顯示和反映了在整段思想史上的一個重要轉捩點。如果加爾文的跟隨者是發展了加爾文的觀念的話，那便是為了回應時代新的精神，這新的精神認為系統化和關注方法，不只是理性上可取而是極度渴求的。

加爾文的思想反映了對人類罪性與上帝全能的關注，這關注最清楚表達於加爾文的預定教義中。在他的早年時期，加爾文似乎持守溫和的人文主義改革觀念，可能近似拉非爾（J. Lefèvre d' Etaples〔Stapulensis〕）的看法。不過到了1533年，他似乎轉到一個較激進的立場。1533年11月2日，巴黎大學的校長科普發表了一篇演説，代表了新學年的開始。在演説中，他間接提到與當時信義宗宗教改革運動有關的幾個重要主題。雖然他的暗示十分謹慎，而且混雜在傳統天主教神學的主要小冊子中，他的講辭卻激起了強烈的抗議。結果，校長與加爾文被逼逃離巴黎，因為加爾文似乎在某程度上有份草擬這份講辭。[3]不過，究竟這位年輕的人文主義者是如何及在何時成為一位改教家？

關於加爾文轉變的日期與性質的問題，一直困擾歷代的加爾文學者，即使那樣的困擾並沒有產生甚麼實質發現的成果。[4]普遍認為，加爾文是在1533年底或1534年初從較溫和的人文主義改革方案，轉至更激進的立場。不過，我們卻不清楚原因。加爾文在後來的著作中，似乎描述了他在兩點上的轉變，但我們缺少像路德那樣仔細的豐富自述材料。無論如何，加爾文顯然把他的轉變理解為神聖護理的結果。他深信，自己是如此深深地委身於「教宗的迷信」，以致除非有上帝的作為，否則沒有人可以解救他。他堅持，上帝「馴服了他的心，使其降服」。我們再一次看見宗教改革運動的重點特色：人類的無能與上帝的全能。正是這種觀念，在加爾文的預定教義中得到聯結與發揮。

雖然有些學者認為，預定論構成了加爾文思想的中心，不過事情顯然並非如此。這只不過是他救恩論的某一面。加爾文對恩典教義的主要貢獻，是他對其所採取的嚴格邏輯進路。這點或許最能見於奧古斯丁與加爾文在這教義上的對比。

對於奧古斯丁來說，人類在墮落之後是腐敗與無能的，需要上帝的恩典來救贖。那恩典並不是賜給所有人的。奧古斯丁用了「預定」一詞，代表上帝施恩典給某些人的作為。它代表了上帝以獨特的神聖決定與行動，施恩典給那些將會得救的人。然而，或許可以問：其他人又如何呢？按照奧古斯丁的看法，上帝略去了他們。上帝並沒有主動地決定他們會滅亡，祂只不過是忽略了拯救他們而已。對於奧古斯丁來說，預先的命定只是指上帝救贖的決定，而不是指棄絕剩下來的墮落人性的作為。

對於加爾文來說，嚴謹的邏輯是要求上帝主動選擇去拯救或詛咒。上帝不能被想成是按照慣例而做了甚麼事：祂在其行動中是主動與掌權的。故此，上帝主動地願意那些將會得拯救的人獲得拯救，而那些不會得拯救的人遭到滅亡。故此，預定論是「上帝永恆的旨意，藉此來決定祂對每個人的命運。因著祂沒有把所有人創造成同一情況，卻命定了某些人得永生，另一些人要滅亡」。這教義的一個主要功能，是強調上帝的恩慈。對於路德來説，上帝的恩慈是反映在祂稱罪人為義的事實上，不論他們是完全不配享有這些特權的男女。對於加爾文來説，上帝的恩慈是見證於祂決定要救贖個別的人，無視於他們的功德如何：救贖個人的決定是完全不考慮那個人是否配得的。對於路德來説，上帝的恩慈是見於祂拯救罪人，**縱然**(despite)他們是有過失；對於加爾文來説，上帝的恩慈是見於祂拯救罪人而**不問**(irrespective)他們的功德。雖然路德與加爾文是以頗為不同的方式維護上帝的恩慈，他們各自對稱義與預定論的看法，卻肯定了相同的原則。

雖然預定的教義不是加爾文本身思想的中心，卻因著威爾米革立(Peter Martyr Vermigli)和伯撒等作家的影響，成為後期改革宗神學的核心。[5]從大約1570年開始，「揀選」(election)的主題開始主導了改革宗的神學，把改革宗的會眾輕易地等同於以色列的子民。正如上帝曾經揀選以色列人一樣，祂現今也揀選了改革宗的會眾作為祂的子民。從這時候開始，預定的教義開始發揮了重要的社會與政治的功能——而這種功能卻不是加爾文的思想所擁有的。

加爾文在《基督教要義》1559年版的卷3中，詳細説明了他的預定教義，作為藉著基督救贖的教義的一個層面。在這部著作的最早期版本中(1536年版)，它是作為上帝旨意的教義之一來論述的。從1539年的版本開始，這題目由於本身的重要性而獨立成章。

加爾文討論「領受基督恩典的方式及其益處，和隨恩典而來的效果」，是預設了救贖可能因著基督在十字架上的受死而成就。加爾文已經討論過受死如何可以成為人類救贖的基礎，現在就繼續討論人類如何可以從它的效果而得益。故此，他的討論是從救贖的**根據**轉往它**實現**的方式上。

跟著下來的論題次序，困擾了加爾文學者好一段時間。加爾文以下述的次序討論了一連串事情：信心、重生、基督徒生活、稱義、預定。基於加爾文對於這些個別實體(entities)在拯救次序的關係的討論，可以預期這次序可以稍為不同，把預定置於稱義之前，而重生則在稱義之後。加爾文的次序顯然是反映了教育上的考慮，而不是神學上的精確。

加爾文對於預定的教義無疑是採納了一個低調的取向，只是花了4章來解說(卷3的21至24章)。預定是定義為「上帝的永恆旨意，就是神自己決定，祂對世界的每一個人所要成就的。因為人類被創造的命運不都是一樣的；永恆的生命是為某些人設定了的，對於另一些人，卻是永遠的罪刑。」(III.xxi.5)。預定應該在我們心中產生敬畏的意識。拉丁文 *decretum horribile* (III.xxiii.7) 粗劣地譯成「令人懼怕的天命」，沒有留意到拉丁文暗示的細微差異，而是「令人心生敬畏」或「驚歎」的天命。

加爾文在《基督教要義》1559年版討論預定的篇幅位置，本身就極具意義。它是編排在講論恩典的教義之後。惟有在解釋完了這教義的重要主題(例如憑信稱義)之後，加爾文才討論預定這個神祕而費解的課題。在邏輯上，預定應該是處於這樣的分析之前的；畢竟，預定建立了一個個人蒙揀選的基礎，因而也是他或她隨後的稱義和成聖的基礎。然而，加爾文沒有依循這樣的邏輯的準則。為甚麼？

對於加爾文來說，預定必須在適當的處境中討論。它不是人類推測的結果，而是神聖啟示的一個奧祕（I.ii.2；III.xxi.1～2）。然而，它是在一個獨特的**處境**中，以一個獨特的**方式**啟示出來的。那方式是關乎耶穌基督本身的，祂「是一面鏡子，我們從他可以妥當地看見我們自己的蒙揀選」（III.xxiv.5）。這段上下文是關於福音宣講的功效。為甚麼某些人會對基督教的福音作出回應，而其他人則不會？某些人沒有回應是由於福音缺乏某些果效、本質上有不完全之處嗎？或是有其他理由，以致在回應上有此差異？

加爾文對預定的分析不是枯燥無味、抽象的神學思索，而是以可見的事實開始的。某些人相信福音，而某些人沒有相信。預定教義的基本功能是解釋為何某些人對福音有回應，而其他人則沒有。它是一個事後（*ex post facto*）的解釋，探討的是人對福音的回應。加爾文的預定論涉及對於人類經驗資料的後驗（*a posteriori*）反省，基於聖經作出解釋，而不是某些建基在上帝全能的成見上的先驗（*a priori*）推論。預定的信念並不是單憑本身的條件成為一項信條，而是源自聖經的信息，根據難以理解的經驗，對於恩典在個人身上之影響的反省結果。

經驗指出，上帝沒有觸及每一個人的心靈（III.xxiv.15）。為甚麼沒有？難道是因為在上帝一方有某些失敗嗎？或是福音有甚麼地方弄錯了，以致不能改變每一個人？在聖經的亮光下，加爾文感到能夠否定上帝或福音有任何軟弱或不足的可能性；日常所見對於福音回應的模式，反映了一個奧祕，藉此某些人預定對上帝的應許作出回應，而其他人則拒絕。「永恆的生命是為某些人前定了的，對於另一些人，卻是永遠的罪刑」（III.xxi.5）。

必須強調的是，這不是神學上的創見。迄今為止，加爾文沒有介紹一個在基督教神學領域中前所未聞的見解。正如我們在「新奧古斯丁派」中見到，以中世紀神學翹楚黑米尼的貴格利為例子，也教導絕對雙重預定論（absolute double predestination）的教義——即是上帝分配某些人永遠生命，其他人永恆定罪，而不論他們的功德或罪過。他們的命運是完全取決於上帝的旨意，而不是他們個人。事實上，加爾文可能是故意挪用中世紀晚期奧古斯丁主義的這個層面，而這確實是與他本身的教導有不可思議的相似之處。

這樣，拯救是在個人可以掌握之外，他沒有能力改變狀況。加爾文強調，這個選擇性的方式不是拯救所特有的。在日常生活中，我們也要被迫面對難以理解的奧祕。為甚麼某些人比其他人在生活中較為幸運？為甚麼某個人擁有聰明的天賦，而別人卻沒有？即使是誕生的一刻，兩個嬰孩之間也會有完全不同的環境，那不是由於他們本身做錯了甚麼：一個嬰孩得到豐富的乳汁吸吮餵養成長，而另一個則可能是吸吮近似乾瘠的胸脯，以致陷於營養失調。對於加爾文來說，預定只不過是普遍人類存在的奧祕的另一個例子，在其中某些人是難以理解地優於物質或智能的天賦，而其他人則不是。沒有在人類存在的其他領域上已經呈現的，就不會產生困難。

這個預定的觀念豈不是暗示上帝不用遵行良善、公義或理性的普遍概念？雖然加爾文特別駁斥了上帝是一個絕對和**獨斷**的權力的概念，他對預定的討論卻引發出對上帝的可怕想法，以為祂與受造物的關係是反覆無常、善變的，其力量的概念和行使不受任何力量或秩序所束縛。在這一點上，加爾文清楚地把自己繫於中世紀晚期對這個引起爭議的課題的討論上，尤其是新路派與新奧古斯丁派，關乎上帝與既定的道德秩序之間的關係。上帝不在任何意義上服在法律上，因為這會把法律置於上帝之上，即創造的某層面——或甚至某些在上帝之外卻**先於**創造的東西——淩駕於造物主之上。上帝是在定律之外的，其中上帝的旨意是存在道德概念的基礎（III.xxiii.2）。這些簡煉的陳述，反映了加爾文與中世紀晚期唯意志論傳統的最清晰連繫之一。

最後，加爾文認為預定必須被視為是建基於上帝那不可理解的判斷之上（III.xxi.1）。我們不可能知道上帝為甚麼揀選了某些人，卻對其他人定罪。某些學者提議，這個立場可能顯示出中世紀晚期對「上帝的絕對能力」（*potentia Dei absoluta*）之討論的影響，藉此一個反覆無常或任性多變的上帝完全是無拘無束地做祂所喜悅的事情，不用證明那些行為是否合理。不過，這個建議是基於一個嚴重的誤解，關乎在中世紀晚期思想中上帝的兩個能力（絕對和命定）之間的辯證功能。上帝必須是自由地按祂的旨意揀選誰，否則上帝的自由就要讓位給外界的考慮因素，而造物主也要服從受造物。不過，上帝的決定是反映了上帝的智慧和公義，由預定的事實所支持（而不是矛盾）（III.xxii.4；III.xxiii.2）。

因此，預定並不是加爾文的神學「系統」（不論如何，這不是一個適當的用詞）的中心前提，而是一個補充性的教義，關乎解釋恩典的福音之宣講結果的一個困惑層面。不過，隨著加爾文的跟隨者在新的智性發展的亮光中，致力發展和重訂他的思想，或許「不可避免地」（假如這説法墮陷成一種潛在的預定論者的說話模式，請見諒)出現對他的基督教神學結構上之改動。

後期加爾文主義的預定

正如前文提過，嚴格而言，若說加爾文建立了一套「系統」，這說法是不正確的。加爾文在《基督教要義》1559年版所呈現的宗教思想，是基於教學的考慮而作出的**系統性編排**；不過，它們不是基於一個主導性的理論原則而作出的**系統性推論**。加爾文認為，聖經解釋與系統神學實際上是一致的，他拒絕在它們兩者之間作出區分，而這在他死後卻是常見的情況。

當時對於方法的一個新關注——即是對於觀念的系統性體制和一致性推論——取得了優勢。改革宗神學家發現他們要同時針對信義宗和羅馬天主教的對手，為自己的觀念辯護。加爾文本身在某程度上懷疑的亞里士多德主義，如今被拉作盟友。它對於證明加爾文主義的內在協調性和一致性，顯得愈來愈重要。結果，許多加爾文派的作者轉向亞里士多德，期望他對於方法的討論或許提供些微暗示，指出他們的神學可以如何建構在一個較為堅固的理性基礎上。

對於神學的新取向，產生了4個特徵如下：

1. 人類的理性，被賦予在基督教神學的探討和維護上，扮演一個重要角色。
2. 基督教神學，表述成為一個邏輯性一致和理性上可維護的系統，源自建基於已知公理上的「三段論式」的演繹法。換言之，神學由第一原理開始，繼續在其基礎上推論它的教義。

3. 神學被認為是建基在亞里士多德派的哲學上，尤其是亞里士多德派對方法之性質的見解；後期的改革宗作者可以說是哲學性的神學家，而不是聖經神學家。
4. 神學被視為是關懷形而上和思辯性的問題，尤甚是涉及上帝的性質、祂對人類和受造物的旨意，以及最重要的預定教義等問題。

因此，神學的起始點變成是普遍原理，而不是某一特定的歷史事件。這樣與加爾文的對比十分清楚。對於加爾文來說，神學是以耶穌基督的事件為中心，並由此而產生，那是由聖經所見證的。正如上述建構一個神學的邏輯性起點的新關注，讓我們明白對於預定教義所引致的新重視。加爾文的焦點是在耶穌基督的特定歷史現象，然後轉而探討它的含義(即是以恰當的技術語言來說，他的方法是分析性和歸納性的)。相對之下，伯撒是從普遍原理開始的，進而演繹出它們對基督教神學的後果(即是他的方法是演繹性和綜合性的)。

那麼，伯撒用了哪個普遍原理作為他的神學系統化的一個邏輯性起點？答案是他把他的系統建構在上帝對揀選的命定之上——即是上帝決定揀選某些人得救，而其他人則滅亡。神學的其餘部分是關乎那些決定的後果的探討。這樣，預定的教義呈現出決定性原則(controlling principle)的地位。

這樣的發展有一個重要的結果可以一提：「有限的贖罪」(limited atonement)或「特殊的救贖」(particular redemption)的教義。(「贖罪」一語往往是用來指「因基督的受死而得的好處」。）請考慮以下的問題：基督為了誰受死？這個問題的傳統答案是以下的形式：基督為了所有人受死。不過，祂的受死雖然有可能救贖所有人，卻只對那些蒙揀選被容許能產生效用者有效。

這個問題在公元9世紀的預定論重大爭議期間，以極大的力量浮現出來，在這次爭論中，本篤會修士奧爾拜斯的戈特沙爾克（Godescalc of Orbais，也稱為 Gottschalk）提出了一套雙重預定論的教義，近似以後與加爾文及其跟隨者有關的觀點。基於不懈的邏輯，戈特沙爾克的主張暗示上帝已經預定了某些人承受永恆的詛咒，故此，他指出若說基督是為這等個別的人受死，就完全不恰當了；因為假如祂是如此，那麼祂就徒然死去，因為這對他們的命運沒有任何影響。

對於這個主張的含意經一番躊躇，戈特沙爾克提議，基督**只是為了蒙揀選者**而死。祂的救贖工作範圍是有限制的，僅限於那些預定從祂的受死得益的人。許多公元9世紀的作者對於這個主張的反應是抱著懷疑。不過，它在後來的加爾文主義中重現出來。

與這個對預定觀念新的強調相連的，是對於揀選的觀念的高度興趣。當探討新路派的獨特觀念時，我們提過上帝與祂的子民立約的觀念，類似在舊約中上帝與以色列所立的約。這個觀念對於急促成長的改革宗教會開始顯得十分重要。改革宗教會羣體把自己視為新以色列，上帝的新子民，站在與上帝的新約關係中。

「恩典之約」規範了上帝對其子民的責任，以及其子民對上帝的（宗教、社會與政治上）責任。它也設定了個人與社會在其中運作的架構。這種神學在英格蘭的形式——清教徒主義——尤其有趣。當這些上帝的新子民進入新的應許之地(即美洲)時，自覺為「上帝的選民」的意識就大大提升。[6]雖然這發展是在本書範圍以外，對於正確理解新英格蘭拓荒者所具的社會、政治與宗教觀是源於16世紀歐洲的宗教改革運動，卻是十分重要的。改革宗的國際性社會視野，建基在神聖揀選與「恩典之約」的觀念上。

恰好相反，後期的信義宗思想把路德在1525年對神聖預定論的理解置於邊緣地位，寧願以人類對上帝的自由回應而不願意以神聖主權對個人的揀選為架構。對於16世紀晚期的信義宗思想，「揀選」的意思，是人愛上帝的決定，而不是上帝揀選某些人的決定。事實上，關於預定論的紛爭，成為以後數世紀兩大宗派參與論戰之作者的兩大爭議之一(另一爭議是關乎聖禮的)。信義宗從來沒有把一己完全相當於「上帝選民」的觀念，故此在嘗試擴展其影響範圍的結果上，就相應地顯得較為謙遜。相對之下，「國際加爾文主義」的顯著成就，使我們看見一個觀念可以轉化個人與羣體兩者的力量——改革宗的揀選與預定教義，無疑是推動改革宗教會在17世紀驚人發展背後的力量。

恩典的教義與宗教改革運動

「從內在考慮，宗教改革運動只是奧古斯丁的恩典教義最終戰勝奧古斯丁的教會教義而已。」[7]華菲德(Benjamin B. Warfield)的這段著名評論，以精警的説話概括了恩典的教義對宗教改革運動發展的重要性。改教家認為自己是從中世紀教會的曲解和誤用中，重新發現了奧古斯丁的恩典教義。對路德來説，奧古斯丁的恩典教義是在惟獨憑信稱義的教義中表達出來，是「教會站立或跌倒所據的條文」

(*articulus stantis et cadentis ecclesiae*)。假如在奧古斯丁與改教家之間，對於恩典的教義有某些微妙的(而其他則沒有那麼微妙)差異，後者就覺得可以因著他們的處理，是有較優秀的文本和語言學方法，於是便遺憾地拒絕了奧古斯丁。對於改教家來說，尤其是路德，基督教會是由它的恩典教義所建構的；某一教會組織在這個問題上若有任何妥協或失敗，那組織就失去稱為基督教會的資格。中世紀教會不配稱為「基督徒」，從而把改教家為了重建福音而脫離它的行動合理化。

不過，奧古斯丁已經發展出一套教會論，抗拒著任何這樣的發展。在5世紀初期多納徒派(Donatist)的爭論中，奧古斯丁已經強調教會的合一，而且極力反對當教會主要部分似乎是錯誤時，另起爐灶的試探。改教家感到可以漠視奧古斯丁在這一點上的看法，堅持他對恩典的觀念遠比他對教會的觀念更加重要。他們認為，教會是上帝之恩典的結果——故此，後者具有基本的重要性。宗教改革運動的反對者不表贊同，認為教會本身才是基督教信仰的守護者。上述的情況因而導致對教會性質的辯論，我們將會在本書第10章回來討論這問題。現在，我們要留意宗教改革思想的第二個重要主題：回到聖經的需要。

註釋

1 參 W. P. Stephens, The *Theology of Huldrych Zwingli* (Oxford, 1986), pp. 86～106。

2 關於這部著作，參 Harry J. McSorley, *Luther -Right or Wrong* (New York, 1969)。

3 雖然加爾文在草擬科普的萬靈節(All Souls' Day)演講中的角色仍

受懷疑，新的文獻證據已經提出他是與此正面有關的。參 Jean Rott, 'Documents strasbourgeois concernant Calvin. Un manuscrit autographe: la harangue du recteur Nicolas Cop,' in *Regards contemporains sur Jean Calvin* (Paris, 1966), pp. 28～43。

4 例如參 Harro Höpfl, *The Christian Polity of John Calvin* (Cambridge, 1982), pp. 219～226；Alister E. McGrath, *A Life of John Calvin* (Oxford/Cambridge, Mass., 1990), pp. 69～78。

5 關於這個重要改變的詳情，以及它的結果的分析，參 McGrath, *Life of John Calvin,* pp. 202～218。

6 關於這時候在英國和美國的加爾文主義，參 Patrick Collinson, 'England and International Calvinism, 1558～1640,' in *International Calvinism 1541～1715*, ed. M. Prestwich (Oxford, 1985), pp. 197～223；W. A. Speck and L. Billington, 'Calvinism in Colonial North America,' in *International Calvinism,* ed. Prestwich, pp. 257～283。

7 B. B. Warfield, *Calvin and Augustine* (Philadelphia, 1956), p. 322.

進深閱讀

T. George, *The Theology of the Reformers* (Nashville, TN, 1988), 73～79, 231～234.

P. C. Holtrop, *The Bolsec Controversy on Predestination from 1551 to 1555* (Lewiston, NY, 1993).

R. A. Muller, *Christ and the Decree: Christology and Predestination in Reformed Theology from Calvin to Perkins* (Durham, NC, 1986).

T. H. L. Parker, *John Calvin: A Biography* (London, 1975).

D. A. Penny, *Freewill or Predestination: The Battle over Saving Grace in mid-Tudor England* (London, 1990).

W. P. Stephens, *The Holy Spirit in the Theology of Martin Bucer* (Cambridge, 1970).

F. Wendel, *Calvin: Origins and Development of His Religious Thought* (London, 1963).

P. O. G. White, *Predestination, Policy and Polemic: Conflict and Consensus in the English Church from the Reformation to the Civil War* (Cambridge, 1992).

8

回到聖經去

大多數宗教系統都是以經典著作為中心，視之為具有「權威性」——換言之，即是對於決定該宗教的「形態」具有恆久的意義。在基督教的情況中，所討論的經典著作就是那些匯集成為「聖經」(Bible) 的文獻，許多時簡單地稱之為「經卷」(Scripture，在本書中「聖經」或「經卷」等稱謂的意思是相同的)。眾所周知，聖經是西方文明的主要文獻，不只是基督教思想的來源，同時也對教育與文化有相當大的影響。[1] 宗教改革運動發展對聖經的地位賦予新的重要性——或許，那是重新發現了對聖經重要性的古老看法。「唯獨聖經」的觀念成為改教家其中偉大的口號之一，當時他們正努力將教會的實踐與信仰重新帶回基督教黃金時代的路線。如果惟獨憑信稱義的教義是宗教改革運動的實質原則，那麼唯獨聖經的原則就是它的形式原則。倘若改教家揚棄了教宗，那麼他們就是擁立了聖經。宗教改革運動的每一分流都把聖經視之為他們思想與實踐得以開採的礦藏——但我們即將看見，如此運用聖經，可能較我們所期望的更為困難。在本章中，我們將會較仔細地探討宗教改革運動對聖經的了解，尤其是以中世紀晚期與文藝復興時期的思想世界作為其處境。

中世紀時期的聖經

若要明白人文主義對宗教改革運動思想發展的重要性，以及這些思想本身的意義，就必須對中世紀時期人們如何理解與處理聖經有所認識。在本節中，我將會描繪中世紀對聖經重要性的理解的輪廓。

「傳統」的觀念

對於大多數中世紀神學家來説，聖經是基督教教義在實質上充足的資料來源。[2] 換句話説，所有對基督教信仰具有基本重要性的東西，都包括在聖經中。故此，不需要往其他地方尋找對基督教神學相關的東西。有些事情在聖經是完全沒有提及的：例如，誰寫了〈使徒信經〉(Apostles' Creed)，或是在聖餐的禮儀中，究竟哪個準確時刻是餅與酒化成基督的身體與血，或是洗禮的禮儀究竟是否只為成年信徒而設。關於這些事情，教會可以自由地嘗試整理聖經的含義，雖然他們的判斷是要臣服在聖經之下。

不過到了中世紀的末期，「傳統」(tradition) 的觀念逐漸成為對聖經的解釋與權威極其重要的因素。奧伯曼所指出的十分有幫助，即在中世紀晚期流行著兩種對傳統頗為不同的觀念，他分別稱為「傳統一」與「傳統二」。[3] 因這些觀念對宗教改革運動的重要性，將會簡略地加以討論。

不只是正統信仰訴諸於聖經，甚至異端也是訴諸聖經作為支持。17世紀詩人德萊敦 (John Dryden) 強而有力地表明了這一點：

> 不是起初的亞流、現今的蘇西尼
> 否認聖子是永生神嗎？

他們不是單憑福音書
否定我們的教義，堅持他們的己見嗎？
不是所有異端都有同樣託辭，
訴諸聖經為自己辯護嗎？

為了回應在早期教會中出現的不同論爭，特別是從諾斯底主義(Gnosticism)而來的威脅，開始發展出對某些理解經文的「傳統」方法。公元2世紀的教父神學家，例如里昂的愛任紐(Irenaeus of Lyons)，開始提出某些聖經經文的權威解釋方式的觀念，並且把其追溯至使徒的時代。聖經不能以任何隨意的方式來闡釋，而必須在基督教會歷史延續的處境下作出解釋。它的解釋參數在歷史上是不變的，而且是「既予」(given)的。奧伯曼稱這種對傳統的理解方式為「傳統一」。「傳統」在此的意思，只是「在信仰羣體內解釋聖經的傳統方式」。

不過，到了14、15世紀，一種對傳統頗為不同的理解逐漸產生。「傳統」在當時被視為是一種不同與獨特的啟示來源，**是在聖經之外的**。[4] 當時認為，聖經對許多地方都沒有提及。不過，上帝安排了另一個啟示來源，以補不足之處：那就是沒有成文的傳統，可以溯源至使徒本身。這傳統是在教會內由一代傳至另一代。奧伯曼稱這種對傳統的理解為「傳統二」。

總括而言，「傳統一」是教義的**單一來源**說：教義是基於聖經，而「傳統」是指「解釋聖經的傳統方式」。「傳統二」則是教義的**雙重來源**說：教義是基於兩種頗為不同的來源，即聖經與沒有成文的傳統。故此，一個在聖經中找不到的信念，可以按照這雙重來源說，訴諸沒有成文的傳統來支持。正如我們在下文將會見到，改教家基本上所批評的，正是這種教義的雙重來源説。

聖經的〈武加大譯本〉

當中世紀神學家提及「聖經」時，他差不多毫無例外是指教父聖經學者耶柔米在4世紀末至5世紀初制訂的「通俗經文版本」(*textus vulgatus*)。[5] 雖然「武加大」(Vulgate意即「通用」)一詞在16世紀還未通行，[6] 我們卻可以用這詞來指4世紀末與5世紀初耶柔米所譯的拉丁文聖經譯本。這部經文以不同的形式流傳在中世紀的時代，彼此之間存在頗大的差異。例如，黑暗時代著名學者狄奧多爾夫 (Theodulf) 和阿爾昆 (Alcuin) 就分別使用了十分不同的〈武加大譯本〉的版本。當黑暗時代結束之際，一個智性活動的新時代在11世紀漸漸展開。明顯地，當時十分需要這部聖經的標準版本，以便滿足因著智性復興而出現對神學新的興趣的需要。假若神學家將他們的神學建基於〈武加大譯本〉的不同版本上，那麼他們的結論就不可避免會產生分歧 (即使不是更大的差異)，至少與版本之間的差異同樣大。這種標準化的需要，最後在1226年由一羣巴黎的神學家與書商聯合投機的冒險計劃所解決，出版〈武加大譯本〉的「巴黎版本」。當時，巴黎被視為是歐洲的神學領導中心，這部〈武加大譯本〉的「巴黎版本」難免被視為標準的典範——縱然有人嘗試去修正其明顯的缺點。在此必須強調，這部版本不是由任何教會人士所授命或資助的；而似乎是一次純粹商業的投機活動。不過，歷史往往就是意外的結果，我們必須留意，中世紀的神學家在試圖把其神學建基於聖經時，便被迫將聖經等同於原來已經充滿問題的拉丁文聖經譯本的一個頗為差劣的商業版本。人文主義者對文本學與語言學的技術提升，暴露出〈武加大譯本〉與其意圖翻譯的經文之間可悲的差異之處——於是就是開展了引往教義改革之路。

聖經的中世紀地方語言譯本

在中世紀期間，產生了一些聖經的地方語言譯本。雖然一度有認為中世紀教會譴責過這類翻譯活動，卻沒有證據顯示這類翻譯作品的出版，或聖職人員或會眾對其的使用，曾經明確地受到禁止。[7] 這類翻譯作品的一個重要例子，便是威克里夫派的譯本 (Wycliffite versions)，這些譯本是由一羣在英格蘭拉特渥斯 (Lutterworth) 地方以威克里夫為首的學者所完成的。[8] 把聖經翻譯成為英語的動機，部分是屬靈的，部分是政治的。它是屬靈的，因為會眾現在可以親近按他們的地方語言表達的「上帝之道」；它是政治的，因為由此便對教會的教導權威暗地裏提出了挑戰。平信徒會眾從此有能力分辨聖經對教會的異象，與其頗為可鄙的英格蘭承繼者之間明顯的差異，因而為改革的方案設定了議程。

雖然這些地方語言譯本十分重要，不過其重要性卻不應予以過分誇大。我們要記著，所有這些版本都只不過是從〈武加大譯本〉翻譯過來的。它們所建基的，並不是按照原文的聖經最佳抄本，而是充滿弱點與錯誤的〈武加大譯本〉。宗教改革運動的議程，就是由文本學與語文學技術的應用所設定的，而這類技術的精密，遠遠超過在拉特渥斯的威克里夫圈子的能力。這些方法正如人文主義學者所發展的，例如瓦拉和鹿特丹的伊拉斯姆，也就是我們在下一節要探討的。

人文主義者與聖經

在上文中，我們已經看見人文主義的運動對聖經研究有極大的重要性。我們在此概述人文主義者對這個重要問題所作貢獻的主要元素，可能有一定的幫助。

1. 人文主義十分強調「回到本源」的需要，把聖經的重要性置於其詮釋者之上，特別是那些中世紀的詮釋者。我們要直接面對聖經的經文，而不是通過複雜的註解與釋經的系統。

2. 聖經應該直接以原文研讀，而不是只看拉丁文譯本。故此，舊約除了少數以亞蘭文撰寫的篇幅外，都要以希伯來文研讀，而新約則是以希臘文研讀。人文主義者對希臘文日漸增加的興趣(許多人文主義者都認為希臘文是最能傳遞哲學概念的語言)，進一步鞏固了新約文獻的重要性。文藝復興晚期的學術理想是成為「三語專家」(*trium linguarum gnarus*，即希伯來文、希臘文與拉丁文)。教授3種語文的學院，分別成立於西班牙的阿爾卡拉(Alaclá)、巴黎與威登堡。對於聖經原文的新興趣和應用能力，很快地就暴露出在〈武加大譯本〉中的一些嚴重失誤，其中一些更是極具重要性的。

3. 人文主義運動提供了兩種研究聖經的新方法的重要工具。首先，它提供了聖經原文的印刷版本。例如，伊拉斯姆1516年的希臘文新約聖經使學者得以直接閱讀希臘文新約聖經的印刷版本，而拉非爾則於1509年提供了一些詩篇的希伯來文本。此外，它也提供了一些古典語文的手冊，使學者得以學習這些語文，否則他們就無法學懂。羅伊希林（J. Reuchlin）的希伯來文初級讀本《希伯來文語法入門》（*De rudimentis hebraicis*, 1506）便是此類材料的最佳例子。希臘文的初級讀本則更為通行：阿爾迪內印刷所在1495年出版了拉斯卡里斯（John Lascaris）的希臘文文法課本；伊拉斯姆在1516年翻譯出版了迦薩的狄奧多若（Theodore of Gaza）著名的希臘文文法著作；墨蘭頓在1518年出版了一本出色的希臘文語法入門。[9]

4. 人文主義運動發展出文本鑑別的技術，足以能夠準確確立聖經的最佳版本。例如，這些技術曾被瓦拉使用，證明著名的〈君士坦丁御賜教產諭〉是偽造的。許多偷偷跑進〈武加大譯本〉巴黎版本的經文失誤，現在也可以加以刪掉。伊拉斯姆讓當代人大為震驚的是，他竟然刪去了聖經中的重要一節（約壹五7），因為他不能在任何希臘文抄本中找到這節，故此判斷它是後來加上的經文。這節經文在〈武加大譯本〉是這樣的：「作見證的原來有三**在天上的：父、道和聖靈，而這三是一的。在地上作見證的有**三：聖靈、水與血。」這節經文中粗體字母的部分，被伊拉斯姆刪去，它們清楚出現在〈武加大譯本〉中，卻沒有見於它翻譯所據的希臘文經文。由於這節經文是支持三一教義的重要證明經文（proof text），許多人因而被伊拉斯姆的所為激怒。在此，神學上的保守主義往往勝於學術上的進步：例如，即使是1611年著名的〈英王詹姆斯譯本〉（King James Version，也稱為〈欽定本〉〔Authorized Version〕），也包括了這節失誤的經文，縱然它顯然是不正確的。[10]

5. 人文主義者傾向認為古代經文是傳遞經驗，這經驗可以透過適當的文學方法來重新捕捉。在回到本源的主題中，也包括了重新捕捉這些以經文為媒介的經驗。以新約聖經為例，其中所涉及的經驗是復活基督的臨在與能力。聖經因而是以如此期待的感覺來閱讀的，而一般人都相信若是藉著正確的方式來閱讀和研讀這些經文，那麼使徒時代的活力與振奮就可以重現於16世紀。

6. 伊拉斯姆的《基督精兵手冊》在1515年變得極具影響力時，書中主張熟習聖經的平信徒掌握更新教會的鑰匙。在他的著作中，不論聖職人員與教會都被置於邊緣地位：研讀聖經的平信徒因而擁有足夠有餘的指引來明瞭基督教信仰的要素，尤其實踐方面。這類看法在當時歐洲的平信徒知識分子中獲得廣泛的流傳，這也無疑預備了路德與慈運理在1519至1525年間以聖經為本的改革運動。即使路德對聖經所採納的神學進路，與伊拉斯姆非教條化的態度大異其趣，他仍然被廣泛認為是建基在伊拉斯姆堅實的基礎上。

聖經與宗教改革運動

「聖經，容我再說，唯獨聖經才是新教徒的信仰。」此句名言出自17世紀英格蘭新教徒奇林沃思（William Chillingworth），總結了宗教改革運動對聖經的態度。加爾文申明了同一原則，雖然沒有那麼令人印象深刻，卻是表達得更為完整：「讓我們肯定此為確立的原理：除了那些首先在律法與先知書中，其次在使徒著作中的記載外，沒有任何東西應在教會中被承認為上帝的話語；而在教會中，除了按照神話語的規範與律例外，也再無其他教導的方法。」

正如我們將會見到的，對於加爾文來說，不論是教會與社會的制度與規例，都必須建基在聖經之上：「我只認可那些建基於上帝權柄並本於聖經的人間制度。」慈運理稱他在1522年所著有關聖經的短文，名為〈論上帝話語的清晰性與可靠性〉(*On the Clarity and Certainty of the Word of God*)，申明「我們宗教的基石是成文的話語，那就是上帝的聖經。」這樣的觀點表明了改教家對聖經推崇備至。正如我們提過的，這種看法不是新奇的事物；它代表了中世紀神學延續下來的一個主要論點(除了某些方濟會士之外)，即認為聖經是基督教教義最重要的來源。宗教改革家與中世紀神學之間，在這一點上的分別，正在於聖經是如何**定義**和**解釋**的，而不是它的**地位**。我們在下文中將會探討這一點。

聖經的正典

對於任何把聖經視為規範的方案，其中心的關注均是如何界定聖經的範圍。換句話說，聖經是甚麼？「正典」(canon，希臘文意為「規例」或「基準」)一詞逐漸用來指那些被教會承認是真實可靠的經卷。對於中世紀神學家來說，「聖經」是指「那些包括在〈武加大譯本〉中的作品」。不過，改教家卻質疑此判斷。新約聖經所有著作都被視為正典(路德對於其中4卷所提出的疑問沒有獲得太多支持)，[11] 但對於一組舊約著作的正典性卻引起了許多質疑。若是一手拿著希伯來聖經的舊約目錄，另一手拿著希臘文與拉丁文譯本(例如〈武加大譯本〉)的目錄作比較，就會顯示後者包括了一些前者所沒有的書卷。改教家主張，只有那些原來包括在希伯來聖經中的書卷，可以被視為是屬於聖經正典的舊約著作。[12] 由此，就產生了「舊約」與「次經」(Apocrypha) 的分別：前者包括了在希伯來聖經中的作品，後者則是指那些包括在希臘文與拉丁文聖經中 (例如〈武加大譯本〉) 卻不見於希伯來聖經的書卷。雖然有些改教家接納這些次經是具有教誨性的讀物，但一般認為這些作品並不可以作為教義的基礎。不過，中世紀的神學家隨著1546年天特會議把「舊約聖經」定義為「那些包括在希臘文與拉丁文聖經中的舊約作品」，因而刪除了任何有關「舊約」與「次經」的任何分別。

從此，羅馬天主教與新教對「聖經」一詞的真正意思就出現了基本的差異，這差異一直存在到今天。我們若將新教的聖經版本——其中最重要的兩個是〈新標準修訂譯本〉(New Revised Standard Version, NRSV) 與〈新國際譯本〉(New International Version, NIV) 與羅馬天主教的聖經 (例如〈耶路撒冷譯本〉〔Jerusalem Bible〕) 作一比較，就可發現其中的差異。對於改教家來說，「唯獨聖經」意味著與其天主教對手的分別不只是一個，而是**兩個**：他們不只賦予聖經不同的地位，更對聖經究竟是甚麼都持有異議。不過，這些論爭有何關係呢？

改教家特別排斥的其中一樣天主教習俗，就是為死人禱告。對於改教家來說，這習俗是建基在非聖經的基礎上 (煉獄的教義)，而且鼓勵了民間的迷信與教會的剝削。不過，他們的天主教對手在回應這質疑時，提出為死人禱告的做法明顯是記載在聖經中，那就是〈馬加比二書〉(2 Maccabees) 十二章40至46節。不過，改教家卻宣稱這卷書是次經 (即是不屬於聖經的部分)，因而可以作出回應 (至少按照他們的看法)，指這習俗為不符合聖經的。天主教的一方自然迅速回應：改教家從聖經的正典中除掉任何與他們神學矛盾的作品，才把他們的神學本於聖經。

這論爭的結果之一，就是產生和流通了一些審定為「聖經」的書卷名單。天特會議的第四輪會議(1546年)提出了一份詳細的名單，包括把次經作品視為真正的聖經；與此同時，在瑞士、法蘭西與其他地區的新教信眾卻提出了其他名單，故意省掉這些作品，或是指出它們對教義內容無關重要。

聖經的權威

改教家把聖經的權威建基於其與上帝話語的關係上。對於他們某些人來說，這關係是絕對的對等：聖經**是**上帝的話語。對於其他人來說，這關係可以說是有點微妙：聖經盛載上帝的話語。不過無論如何，大家的共識都是主張接受聖經如同上帝自己的說話一般。對於加爾文來說，聖經的權威是建基於聖經的作者都是「聖靈的書記(secretaries)」(在《基督教要義》的法文版中是 *notaires authentiques*)。正如布靈爾所言，聖經的權威是絕對與自主的：「因為這是上帝的話語，神聖的聖經經卷在其本身(in itself)及自行(of itself)擁有足夠的地位與可信性。」在此就是福音的本身，可以為本身說話，並且挑戰與修正它在16世紀的不完全與不正確的表達。聖經可以審判中世紀晚期的教會，顯露出它的不足之處，並為隨之而來宗教改革的新教會提供了標準的模式。

以下數點會顯示出「唯獨聖經」這原則的重要性。首先，改教家強調不論是教宗、議會與神學家的權威，都是從屬於聖經。這並不一定表示他們完全**沒有**權威；正如我們將會看見，改教家容許某些教父時代的議會與神學家在教義的事情上擁有真正的權威。不過，那**是**說，這些權威是**源自聖經**，因而是從屬於聖經。聖經作為上帝的話語，必須被視為是凌駕在教父和議會之上。正如加爾文所說的：

> 雖然我們堅持惟獨上帝的話語是在我們的判斷範圍之上，而教父和議會只有在認同聖道的標準時才擁有權威，我們卻仍然賦予議會和教父這樣的地位和尊榮，因為這在基督之下而持有是恰當的。

路德傾向藉著強調中世紀神學的混亂與矛盾，來定義「唯獨聖經」的原則，而加爾文與墨蘭頓則認為最好的大公教會神學（例如奧古斯丁的神學）是支持他們對聖經的優越性的看法。

其次，改教家主張教會內的權柄並不是源於擁有職位者的地位，而是來自他們所事奉的上帝話語。傳統的大公教會神學傾向把持有職位者的權柄建基於其職位的本身——例如，主教的權柄是在於他是主教的事實上——而且強調主教職事與使徒時代的歷史延續性。改教家將主教的權柄（或在新教的同等職位）建基於他們是否忠於上帝的話語上。正如加爾文指出：

> 我們與那些擁護教宗的天主教徒之間的分別，乃是他們相信除非教會掌管上帝的話語，否則就不能成為真理的柱子。相反地，我們強調正是因為教會恭敬地將自己置於上帝話語之下，她才得以保守真理，並且親手傳給別人。

歷史延續性對於忠實宣講上帝的話語沒多大重要性。宗教改革運動所分離出來的教會，明顯地否定與大公教會制度的歷史延續性：例如，他們的聖職人員不會由大公教會的主教來按立。不過，改教家聲稱主教的權柄與功能最終是源自對上帝話語的忠誠。同樣地，主教（也包括議會與教宗）的決定之所以具有權威和約束力，也是因為他們忠於聖經。天主教徒強調**歷史**延續的重要性，改教家卻同樣強調**教義**延續的重要性。雖然新教教會一般不能為其主教制度提供歷史的延續性（除了英格蘭與瑞典宗教改革運動之外，它們是由於天主教的主教變節而獲得），但新教教會卻可以提出對聖經所需要的忠誠——因此，按他們來說，新教教會的職事也是有合法性的。在宗教改革運動的領袖與早期教會的主教之間，未必存在從未中斷的歷史聯繫，但改教家卻指出，因著他們相信和教導同一信仰，正如早期教會的主教一樣（而不是中世紀教會歪曲了的福音），故此仍然存在所需要的延續性。

故此，「唯獨聖經」的原則包括聲稱教會的權柄是建基於教會對聖經的忠誠。不過，宗教改革運動的反對者卻可以引用奧古斯丁的一句名言：「除非我是信服大公教會的權柄，否則我就不可能相信福音。」聖經正典的存在本身，豈不是正指向教會擁有高於聖經的權柄嗎？畢竟，「聖經」是甚麼是由教會定義的——這也意味著教會擁有高過、並獨立於聖經以外的權柄。故此，路德在1519年著名的萊比錫辯論中的對手艾克辯稱：「聖經缺乏教會的權柄，就不是真實可信的」這清楚地提出了聖經與傳統關係的問題，也是我們現在要一併討論的。

傳統的角色

「唯獨聖經」的原則，似乎排除了在基督教教義中任何對傳統的參考。不過，正如我們將會看見的，憲制的改教家事實上對傳統持守了一個非常正面的看法。

我們在上文指出，中世紀晚期有兩種典型對傳統的理解：「傳統一」與「傳統二」。「唯獨聖經」的原則似乎是指，神學的理解沒有對傳統賦予任何地位——我們可以稱這種理解為「無傳統」。上述3種對聖經與傳統關係的理解，流行於16世紀，可以總結如下：

無傳統：極端的宗教改革運動
傳統一：憲制的宗教改革運動
傳統二：天特會議

首先，上述分析可能教人感到意外。改教家不是**抗拒**傳統，只強調聖經的見證嗎？不過，事實上，改教家關注的是如何除掉對聖經見證的人為增添或歪曲。「聖經的傳統解釋」這觀念（包括在「傳統一」的觀念中），完全受到憲制的改教家所接納，**只要這傳統的解釋有合理的支持**。

極端的宗教改革運動（或「重浸派」）是惟一一貫地固守「唯獨聖經」原則的一翼。對於極端派（路德稱他們為「狂熱派」）來說，例如閔次爾（Thomas Müntzer）和史文克斐（Casper Schwenkfeld），每個人都有權在聖靈帶領之下，自行解釋聖經。極端的弗蘭克（Sebastian Franck）認為，聖經是「一本由7印封著的書，除非人擁有大衛的鑰匙，就是聖靈的光照，否則無法打開。」這樣，個人主義的道路就開啟了，把個人私下的判斷置於教會整體的判斷之上。故此，極端派否定嬰孩洗禮（這是憲制的宗教改革仍然信奉的），視之為不合符聖經（因為新約聖經沒有明顯提到這做法）。同樣地，諸如三位一體與基督神性的教義，也因缺乏足夠的聖經基礎而被拒絕。「無傳統」把個人對解釋聖經的私下判斷，置於基督教會的整體判斷之上。這是造成無政府狀態的處方——而且正如極端的宗教改革運動的歷史不幸地證明，無政府狀態是不需要太長時間來發展的。

正如上文提及，憲制的宗教改革運動在神學上是保守的。它保留了教會大部分傳統教義——例如耶穌基督的神性與三位一體等教義——因為改教家深信，這些對聖經的傳統解釋是正確的。同樣地，許多傳統的做法都被保留（例如嬰孩洗禮），因為改教家深信它們與聖經是一致的。憲制的宗教改革運動痛心地感到個人主義的威脅，試圖藉著強調教會對聖經的傳統解釋，來避免這種威脅，當然這些傳統解釋是要被視為正確的。對於天主教神學與實踐的領域，若被認為是遠離或違背聖經，就會提出教義上的批判。由於這些發展大多是在中世紀產生，故此毫不意外地，改教家稱公元1200至1500年為「衰退的年代」或「腐敗的時期」，而他們的使命就是加以改革。同樣地，我們也不會十分意外地發現，改教家往往訴諸於教父，一般視之為聖經的可靠詮釋者。[13]

這一點尤其重要，卻沒有得到適當的注意。改教家重視教父的著作（特別是奧古斯丁的作品），其中一個原因是改教家認為教父是聖經神學的倡導者。換言之，改教家相信，教父嘗試發展惟獨本於聖經的神學——這也正是他們在16世紀所要嘗試做的事。當然，改教家所獲得的最新文本學與語文學方法，讓他們修正了教父解釋的某些細節，但改教家仍然願意接受「教父的見證」作為聖經普遍可靠的解釋。由於這些見證包括了例如三位一體、基督神性的教義，以及嬰孩洗禮的做法，改教家就較為傾向接受這些都是確實符合聖經的。故此，顯然這種對聖經的傳統解釋(即「傳統一」)的高度重視，讓憲制的宗教改革運動對教義上的保守主義較為偏好。

這樣對「唯獨聖經」原則的了解，使改教家得以批評兩方面的對手——一方面是極端派，另一方面是天主教。天主教認為，改教家是把個人判斷提升至教會的集體判斷之上。改教家卻回答説，並沒有這樣的事：他們只是將集體判斷恢復至原本的地位，通過訴諸教父時代的集體判斷，攻擊中世紀在教義上的墮落。不過，極端派絲毫沒有對「教父的見證」給予任何地位。正如弗蘭克在1530年寫道：「愚蠢的安波羅修、奧古斯丁、耶柔米、貴格利——他們連一個也不認識主，故此願上帝幫助我，他們也不是上帝差來作教導的。相反地，他們全是敵基督的使徒。」「無傳統」漠視任何解釋聖經的傳統。故此，憲制的改教家排斥這種對聖經的角色的極端理解，視之為純粹個人主義造成神學混亂的處方。

所以，我們可以清楚見到，若説憲制的改教家把私人判斷置於教會的整體判斷之上，或他們流於某種形式的個人主義，這顯然是完全錯誤的説法。這種判斷對極端的宗教改革運動來説無疑是對的，他們是宗教改革運動惟一的一翼，在應用「唯獨聖經」的原則上前後一貫。一個像宗教改革這樣的運動，它的原始、極端的觀念是多麼經常在這運動的發展中，由一些較保守的觀念所取代。這一點在主流的宗教改革運動中，真的可以見到有某程度的差異：慈運理比加爾文更接近極端派的立場，而路德則較接近天主教的立場。不過必須強調的是，沒有一個人要揚棄聖經的傳統解釋，而贊同極端派的選擇。正如路德悲觀地指出，這類取向無可避免的結果就是混亂——一個「新的巴別塔」。也許路德會與下一世紀的詩人德萊敦的看法有同感：

> 聖經由此被置於每一庸俗人的手中，
> 而每個人都自以為最能明白，
> 公眾的規則成了公眾的獵物，
> 並任憑暴民的處置。

天特會議在1546年的會議中，藉著一種雙重來源説，來回應宗教改革運動的威脅。天主教的改革運動對「傳統二」的這種肯定，宣告基督教的信仰是通過兩種來源，傳達給每個世代：聖經與沒有成文的傳統。這種聖經以外的傳統，應被視為與聖經具有同等的權威。天特會議作此宣稱時，似乎是從中世紀對「傳統」的兩種主要理解中，選取了其中的後者（也是較不重要者），而把較具影響力的理解留給改教家。有趣的是，近年在羅馬天主教的圈子中，對這一點產生了某程度的「修正主義」，好幾位當代神學家辯稱，天特會議**排除**了「福音只是部分存在於聖經，部分存在於傳統中」的看法。[14]

解釋聖經的方法

經文是要解釋的。假如對於某段經文有何意思的觀點存在嚴重的分歧，就難以把那段經文視作為權威或規範。在中世紀晚期，教會作為聖經解釋者的角色愈來愈受到重視。聖經的權威是在聖靈的神聖保守下，由它的解釋者(教會)的權威所保證的。然而，正如我們已經看見的，因著中世紀晚期在教義上對神學權威的本質與範圍，存在如此巨大的紛爭與混亂，故此對於誰擁有解釋聖經的最終權威，始終莫衷一是。是教宗？大公會議？或許正如帕諾米坦納斯 (Panormitanus〔Nicholo de Tudeschi〕) 所提議的(當然是語帶挖苦)，甚至是一個熟悉聖經的敬虔人物。實際上，這樣的權威似乎在當時只有教宗才擁有；不過對於這個問題的困惑，足以讓多元思想在15世紀晚期幾乎是不受約束地發展，部分是通過解釋聖經的新取向，留下了對現存看法的重大挑戰。

正如我們提過的，中世紀解經所用的標準方法，通常稱為「聖經的四重意義」。這種方法是源自教父時期，雖然它的系統建構部分是因著神學系統化的新趨勢，那是隨著12世紀在文化上的文藝復興而來的。

這個取向的基本原則如下。聖經擁有一些不同的意義。除了字面 (literal) 的意義外，還可以分辨出3個非字面的意義：寓意性 (allegorical) 的教訓是顯示基督徒應相信的事，借喻性 (tropological) 或道德性 (moral) 教訓是顯示基督徒應遵行的事，屬靈性或神祕性 (anagogical) 的教訓是顯示基督徒應盼望的事。因此「聖經的四重意義」是這樣的：

1. **字面**的意義，經文按照字面評論。
2. **寓意**的意義，某些聖經經文的解釋是為了提出教義的陳述。那些經文也許是含糊不清，也許有字面上(因著神學的理由)對讀者而言是不能接納的意思。
3. **借喻**或**道德**的意義，某些經文的解釋是為了對基督徒的行為提出道德的指引。

4. **屬靈**或**神祕**的意義，某些經文的解釋是為了指出基督徒的盼望所在，指向神在新耶路撒冷的應許的未來應驗。

藉著堅持不可相信建基於聖經非字面意義上的東西——除非它可以首先建基於聖經的字面意義，這就避免了一個潛在的弱點。對於字面意義優先性的這個堅持，可以視之為隱含了對俄利根所接納的寓意取向的批判，後者的取向差不多容許解經者在任何經文中讀出他們所喜歡的「屬靈」解釋。正如路德在1515年說明他的原則：「寓意、借喻或**屬靈**意義在聖經中是沒有價值的，除非同一真理在其他地方按照字面清楚說明。否則，聖經就會成為一個笑柄。」

不過，聖經的「字面」意義這個觀念，被許多人文主義的作者視為不夠嚴謹和精確的，尤其是涉及舊約許多經文時。在16世紀最初10年寫作的拉非爾主張，「字面」一詞有兩個不同的意義，必須作出區分。聖經的「字面歷史性」(literal historical) 意義，是表明一段經文的明顯歷史性意義。路德提到這個取向，是「指到古代的歷史，而不是基督」。聖經的「字面預言性」(literal prophetic) 意義，是表明一段經文的預言性意義——換言之，那是一段經文預先指到它在耶穌基督再來時的應驗。正如路德所說的：「基督開啟那些屬祂的人之心思，為了讓他們可以明白聖經。」因此，一段舊約經文，既可以是字面歷史性的，即指到一連串在古代近東發生的歷史事件，也可以是字面預言性的，指到基督的再來。這個解釋的基督論架構，在處理詩篇時尤其顯得重要的，這卷舊約書卷在中世紀基督教靈修學和神學中扮演顯著角色，而且，路德在1513至1515年間也講授過詩篇。

路德完全曉得這些區分，而且在他的解經中毫不猶疑地運用它們到極致。他在詩篇的分析中，識別出舊約的「八重」意義。這樣叫人吃驚的細緻區分（可能讓某些讀者感到這是典型的經院哲學思想），是把「聖經的四重意義」結合歷史性或預言性解釋的洞見的結果。

路德發揮了這些區分，認為一個區分可以是出現在他稱為「叫人死的字」（*litera occidens*，即是對舊約粗糙的字面或歷史閱讀方式）與「叫人活的靈」（*spiritus vivificans*，即是在對舊約的閱讀中，敏感於它在屬靈上的細微差別與先知性的言外之意）。舉例來說，我們可以查考路德如何運用這套解釋聖經的「八重」架構對舊約意象的分析。

這裏討論的意象是錫安山，它可以根據一個呆板的歷史和字面意義來解釋，指到古代的以色列，也可以根據預言性的指涉，指到新約的教會。路德這樣探討各個可能性（或許是話中有話）：

1. 歷史性：根據「叫人死的字」：
   (a) 字面性：迦南地；
   (b) 寓意性：會堂，或其中的一個重要人物；
   (c) 借喻性：法利賽人和律法的義；
   (d) 屬靈性：在地上的榮耀未來。
2. 預言性：根據「叫人活的靈」：
   (a) 字面性：錫安的人民；
   (b) 寓意性：教會，或其中的一個重要人物；
   (c) 借喻性：信心的義；
   (d) 屬靈性：在天上的榮耀未來。

在大學由經院思想主導的神學系中，「聖經的四重意義」是聖經學術研究的一個主要構成元素。不過，在16世紀的最初20年間，它不是解經者惟一可用的選擇。事實上，路德究竟是否惟一顯著地運用這個經院思想取向來解經的改教家，仍然可以是有爭論的。顯然，在改教家與人文主義者的圈子中，對這個問題最具影響力的取向是關乎鹿特丹的伊拉斯姆所運用的方法，也就是我們現在要討論的。

伊拉斯姆的《基督精兵手冊》把「字」與「靈」作出了相當大的區分——那是指聖經的字句與真義。尤其是在舊約中，經文的字句就像是一個外殼，包含了(但不是等同於)意思的果核。經文的表面意思往往是埋藏了一個更深的、隱藏的意思，而那是一個明智和負責任的解經者要去發掘的目標。伊拉斯姆認為，聖經的解釋是關乎確立聖經的背後意義，而不是字句。

慈運理的基本關懷，與伊拉斯姆不相伯仲。解經者要確定「聖經的自然意義(natural sense)」——那不一定等同於聖經的字面意義。慈運理的人文主義背景容許他識別出不同的修辭手法，尤其是相反(*alloiosis*)、字詞或比喻的誤用(*catachresis*)和提喻法(*synecdoche*)。舉一個例子説明這一點。基督在最後的晚餐中擘餅後，説了以下的話：「這是我的身體」(太二十六26)。這幾個字的字面意義可以是「這片餅是我的身體」，可是自然的意思卻是「這片餅表明了我的身體」。

慈運理尋找聖經的深入意義(與表面的意義差別懸殊)，最能見於亞伯拉罕與以撒的故事(創世記二十二章)。這個故事的歷史細節很容易被假定為建構了它的**真正**意思。慈運理認為，事實上，那個故事的真正意思，只有在把它視之為基督故事的預表時，才可以理解，亞伯拉罕在其中是代表上帝，而以撒則是基督的預象（或更嚴格的說是「預表」〔type〕）。

或許更重要的是，伊拉斯姆、布塞珥和慈運理把重點放在聖經的道德性或借喻性意義上。人文主義者對基督教的取向，從沒有完全擺脱把福音視為基本上是生活方式的見解，他們的道德輪廓是由聖經建構而成的。解經者的任務就是發掘出這些輪廓，因而容許聖經扮演一部倫理指南，指導信徒穿越人生的道德迷宮。當路德傾向把聖經視作為主要關乎向信徒宣講上帝的恩慈應許時，他那3個較為人文主義的同儕之著作，顯然較為道德主義，他們往往把聖經描述成是一個「新律法」。同樣地，當伊拉斯姆與布塞珥把聖經的借喻性意義視之為界定信徒必須**要做**的事情時，路德在他神學突破之際卻把同一意義解釋成界定上帝在基督裏為信徒**已做**的事情。

故此，在16世紀初的解經中，有一些選擇可供採納。然而，宗教改革運動基本上不是一個學術運動（以大學為基地），而是一個民眾運動，它日漸直接訴諸於一羣受過教育的平信徒。這樣解經的學術方法，難以在民眾的層面中加以講解和應用。或許可以說，宗教改革運動只有在激動人心地宣稱，所有人都有權解釋聖經，並且質疑教會現存的教導和做法，這場運動才得以進行下去。在下文中，我們將會探討這樣的發展如何發生，並且在它的航迹上出現了甚麼弱點和矛盾。

解釋聖經的權利

憲制的宗教改革運動的一般共識，是聖經是上帝話語的容器。這話語雖然是獨特地在過去特定的時空中賜予的，卻可以在每個世代透過聖靈的帶領重新發現與應用。早期的宗教改革運動往往是有樂觀的信念，相信可以準確地確定聖經所說的一切重要事情，並且以此作為改革基督教的基礎。這種釋經上的樂觀主義，典型的論述可以見於伊拉斯姆的《基督精兵手冊》：伊拉斯姆認為，農夫可以毫不費力地閱讀並明白聖經。聖經是清楚並具有說服力的，可以作為在基督教世界中改革羣體的宣言。

馬丁·路德在1520年著名的改教著作《致德意志民族基督教貴族書》中聲稱，「羅馬派」(Romanist) 在他們周圍築起了3堵防衛性的牆壁，藉此消除任何改革的威脅：

> 首先，當受著世上權力的壓迫時，他們便製造諭旨，宣稱世上的權力對他們不能有任何裁判權，相反地，屬靈的權力是高於世間的權力。其次，當人嘗試以聖經斥責他們時，他們便加以反對，並且提出只有教宗才有權詮釋聖經。第三，如果受到議會的威脅，他們的故事便是除了教宗以外，沒有人可以召開議會。

路德似乎把自己視為約書亞，肩負摧毀這個新耶利哥城的3堵牆壁的使命(書六1～20)。通過路德改革號角的3次響聲，他描繪出其改革方案的主要特色。首先，消除「屬靈」與「屬世」權力的分野。其次，每個相信的基督徒都有權解釋聖經。第三，任何基督徒(尤其是一個日耳曼諸侯)都有權召開一個改革的議會。路德的改革方案最初建基在這3個原則上，而其中第二項對我們是特別感興趣的。

> 他們聲稱只有教宗才可以解釋聖經，這是蠻橫想像出來的無稽之談……羅馬派的人必須承認，在我們中間存在一些具有基督的真正的信心、精神、理解、話語與心思的基督徒。那麼為何我們要抗拒好基督徒的話語和理解，來跟隨那既沒有信心又沒有聖靈的教宗？

路德似乎暗示，普通的敬虔基督信徒完全可以閱讀聖經，而且完全可以從他的閱讀中明白其意義。慈運理在其1522年的重要專著〈論上帝話語的清晰性與可靠性〉中，也為相同的立場而辯護。對於慈運理來說，聖經是完全清楚的。「上帝的話一旦光照個人的理解，就能啟迪人使其能夠明白。」

不過，到了1520年代末期，這種釋經上的樂觀主義就受到很大程度的打擊，主要是因為路德與慈運理之間對一段聖經經文的解釋有嚴重分歧：「這是我的身體」（太二十六26，拉丁文是 *hoc est corpus meum*）。這段經文是聖餐的中心，因而對改教家與天主教在神學上均是極具重要性的。路德認為，這段經文所說的就是它的意思：換言之，聖餐的餅**是**基督的身體。然而，對慈運理來說，它的詮釋便有所不同了：他認為，經文的意思是「這**表明**我的身體」──換言之，在聖餐中的餅**代表**基督的身體。正如我們將在下一章見到，改教家之間這種對聖禮的分歧的嚴重性，不只造成了憲制的宗教改革運動永久地分裂成為兩方，而且證明即使是那些被路德認為最直截了當的經文，若要達至對這些經文解釋的共識都是何等困難。1510年代末至1520年代初在釋經上的樂觀主義，也顯然暗示一般基督徒都可以明白聖經——不過到了1530年代，卻認為一般基督徒若要可靠地明白聖經，就一定要精通希伯來文、希臘文與拉丁文，並且要熟習語言學理論的複雜性。

對於天主教來説，聖經是很難解釋的——故此，上帝才悉心以羅馬天主教會的形式來提供一個可靠和權威的詮釋者。正如我們所見，極端的宗教改革運動完全對此拒絕：每一個信徒都有權利與能力，按著他們所認為是對的來解釋聖經。憲制的改教家發現自己在這點上正處於左右為難的情況。他們承認聖經在一些地方是模糊不清的，故此需要詮釋。然而，他們信奉「傳統一」而不是「無傳統」，卻又要求他們訴諸整個基督教羣體在這些地方對聖經作出權威性的解釋。不過，若沒有承認這權柄是真正屬於羅馬天主教會，他們又如何達至此點？怎樣才能得出一個**新教**羣體的權威性聖經解釋？我們將會探討宗教改革運動克服這困難的兩個方法。

第一個方法可以稱之為「教理問答式」的取向。新教徒在閱讀聖經時，獲得一個過濾器，藉此可以解釋聖經。這樣的「過濾器」的其中一個例子是路德的〈教理小問答〉(*Lesser Catechism*, 1529)，為讀者提供了一個參考架構，讓他們可以明白聖經的意思。不過，最著名的聖經指南卻是加爾文的《基督教要義》，特別是1559年的標準版本。眾所周知，加爾文起初是以路德的教理問答作為寫作藍本。在1541年法文版的引言中，加爾文形容《基督教要義》一書「可以成為上帝所有兒女的鑰匙與入門，讓他們可以真正明白神聖的聖經」。換言之，即是期望讀者可以使用加爾文《基督教要義》作為解釋聖經的工具。正如在法蘭西與低地國家的改革宗教會發展歷史所顯示的，加爾文的方法非常成功。

讀者只要有兩本書——聖經與加爾文的《基督教要義》，就可得以窺見改革宗信仰的全貌。加爾文在《基督教要義》中對聖經的運用，極富說服力，以致對許多人來說，這本書掌握了正確解釋聖經的鑰匙。複雜的中世紀詮釋方法可以省掉，取而代之的是這本文句優美與內容清晰的著作。

另一個處理聖經解釋問題的方法，可稱之為「政治化詮釋」，而且特別與慈運理在蘇黎世的宗教改革運動有關。這個方法對於宗教改革運動的政治歷史，尤其重要。在1520年的某段時間，蘇黎世的市議會要求所有聖職人員按照聖經來宣講，避免任何「人為的創見與解釋」。結果，這個政令使蘇黎世市奉行「唯獨聖經」的原則。不過，到了1522年，這個政令顯然變得沒有多大價值：究竟應該如何解釋聖經？在1522年的大齋期，發生了一次小危機，當時慈運理的一些跟隨者打破了每年在這時期傳統遵守的禁食。[15] 傳統上，這段時間只吃素菜或魚，慈運理的一些跟隨者卻似乎屈服於對某類香腸的放縱。在數星期後的4月9日，市議會重新肯定他們對遵守大齋期的決心，並對弗洛斯豪爾作出了象徵式的罰款，以示其不應容許在他房子中幹此事。事情似乎就此了結，不過慈運理卻在7日後出版了一份傳單（在弗洛斯豪爾的印刷所印製），辯稱在聖經中從來沒有一處地方要求信徒應在大齋期禁戒食肉。有關聖職人員的婚姻，類似的爭論也在同年發生。隨著在蘇黎世的張力逐漸增加，明顯地需要用某種方法來解決這些含糊的事情。

最主要的困難是在於應如何詮釋聖經。市議會在1523年1月3日宣佈，作為授權管理公開講道的機關，它安排了在該月內召開一次公開辯論會，討論慈運理的67條「主要論綱」（*Schlussreden*）是否合乎聖經。這次辯論現今稱為「蘇黎世第一次辯論會」。辯論顯然是模仿學術論辯的聚會，在1月29日於蘇黎世的市會堂舉行。對於慈運理來說，這自然是一次個人的勝利。不過，更重要的是，市議會結果從這次辯論之後，便冒升成為決定甚麼才算是符合或不符合聖經的團體了。[16]

對於慈運理來說，蘇黎世的城市與教會最終變為一個相同的團體——正如我們將在下章看見，此點對於他的教會與聖禮的神學具有特別的重要性。故此，市議會有權干涉神學與宗教的事務。從此，蘇黎世的宗教改革運動不再受正確解釋聖經的問題所困擾。市議會最後宣佈**它**——而不是教宗或大公教會會議——有權為蘇黎世的公民詮釋聖經，並且表明它有意運用這權力。聖經可能的確是含混不清的，但蘇黎世的宗教改革運動在政治上成功的保證，差不多可說是由於市議會為該市擔當釋經者而單邊決定了。基於蘇黎世的模式，類似的決定也在巴塞爾與伯恩作出，由此鞏固了瑞士境內的宗教改革運動，並且因著日內瓦在1530年代中期保持穩定，間接促成了加爾文宗教改革運動的成功。

顯然，早期新教內部的權力鬥爭涉及誰有權威來解釋聖經的問題。誰被認可為擁有該權威，就事實上控制了宗教改革運動不同派別的意識形態——因而也是社會與政治的觀點。教宗的俗世權威在許多相同的形式上，也是關乎他作為羅馬天主教徒的權威聖經解釋者的角色。這觀察容許我們對宗教改革運動的社會與政治層面，提出一些重要的理解。例如，極端的宗教改革運動的格言（蒙光照的個人完全有權自行解釋聖經）與一種經常聯繫於此運動的集體主義互相連結。每一個人都會被視為平等。同樣地，極端的宗教改革運動沒有產生任何第一流的神學家(這因素在某程度上也影響了這運動過早退化為意識形態的混亂)，反映了一種不願意讓任何個人來決定別人的態度，不論是決定別人應該如何思想或解釋聖經。

憲制的宗教改革運動起初似乎容許每一個人都有權解釋聖經，不過接下來便開始憂心這觀念所帶來的社會與政治後果。1525年的農民暴動似乎使一些人(例如路德)深信個別信徒(尤其是當時的日耳曼農民)根本沒有能力解釋聖經。信義宗的宗教改革作為一個如此強調聖經重要性的運動，竟然在後來拒絕讓教育程度較低的信眾來直接運用同一部聖經，原因是害怕他們會作出錯誤的解釋(換言之，即得出與憲制的改教家不同的詮釋)，這可說是一種諷刺。例如，符騰堡(Württemberg)的公爵頒佈了學校的規例，只准最突出的學生才可以在他們最後的學年中研讀新約聖經——即使是這樣，他們也是要以希臘文或拉丁文來研讀的。其他學生——大概是大多數人——就被要求研讀路德的〈教理小問答〉作為代替。對聖經的直接詮釋，就這樣留給一小撮有特權的人。簡而言之，問題變成你究竟認為教宗、路德抑或加爾文才是聖經的詮釋者。「聖經的清晰性」(clarity of Scripture)這原則似乎靜靜地放在相當邊緣的地位，尤其是從宗教改革運動內部某些較極端者如何運用聖經的方法來看。同樣地，每一個人都有權利與能力來忠實地詮釋聖經的觀念，就變成為極端分子所獨佔。

天主教的回應：天特會議論聖經

天特會議認為新教在聖經的權威與解釋的問題上不負責任，對其作出有力的回應。第四輪會議於1546年4月8日總結它的審議，提出對新教立場的以下質疑：

1. 聖經不可能被視為是啟示的惟一來源；傳統是一個極其重要的補充，這是新教徒不負責任地否定了的。「所有拯救的真理和行為的規則⋯⋯都盛載於成文的書卷和沒有成文的傳統中，從基督或使徒所說的而來。」

2. 天特會議裁決，新教的正典書卷名單是有缺欠的，而且會議出版了一份完整的書目，被接納為具有權威性的。這包括了新教作者拒之為次經的所有書卷。

3. 聖經的〈武加大譯本〉被肯定為可靠和有權威的。會議宣告，「用了許多世紀的古舊拉丁文〈武加大譯本〉已經受到教會的認可，理應證明它在公開講學、辯論、講道或解經上是可信的，故此在任何情況下，沒有人應該擅自抗拒它。」

4. 教會解釋聖經的權威得到維護，新教解經被天特會議清楚視為猖狂的個人主義而遭到批判，故此：

> 為了檢測魯莽的心靈，本會議裁定，沒有人可以根據他或她自己的判斷，在與基督教教義有關的信仰和道德事情上（按照他們自己的想法曲解聖經），擅自解釋聖經而有違神聖之母教會（Holy Mother Church）（它有權判斷它們的真正意思和解釋）一直至今持守的意義。

5. 羅馬天主教徒不被允許出版任何涉及解釋聖經的著作，除非那出版物首先被他或她的上司審查，而且宣告批准。尤其是匿名著作的撰寫、閱讀、流傳或保存（例如暢銷並具影響力的《基督的恩惠》〔*Beneficio di Cristo*〕，這本書在1540年代初傳播了宗教改革的觀念）完全受到禁止。

> 任何人印刷或出版不管是甚麼書籍，只要是涉及神聖教義的事情而沒有作者署名，或以後售賣它們，或保存它們，除非這些書籍已經審查批核，否則都是違法的……這些書籍的批准必須是以書面寫下，而且在書籍頁首的恰當地方顯示。

天特會議在上述5個準則的基礎上，足以撥亂反正。天主教會在教義和聖經解釋的問題上，再次成為一言堂。不過，這樣做的代價相當高昂。羅馬天主教會的聖經研究要用數世紀的時間，才可以從這樣的倒退中恢復過來。新教的聖經研究在19世紀至20世紀初之所以有重要貢獻的原因之一，就是因為他們的羅馬天主教對手除非預先得到當局的批准，否則就不可以表達任何關於聖經的觀點。幸好，這情況藉著梵蒂岡第二次大公會議的智慧，現今已經改善。

基於本章的討論，我們可以明顯看見宗教改革運動回歸聖經的方案，遠較驟眼看來更為複雜。「唯獨聖經」的口號結果變成了一些與原來期望頗為不同的意思，只有極端的宗教改革運動才是近似宗教改革運動在這點上的流行形象。在本章的討論中所引起的一些問題，突顯於宗教改革運動在教會與聖禮等問題上的爭論，以下我們將就此作出探討。

註釋

1 參這些研究的權威彙集：*The Cambridge History of the Bible,* ed. P. R. Ackroyd et al. (3 vols; Cambridge, 1963～1969)。

2 參 Alister E. McGrath, *The Intellectual Origins of the European Reformation* (Oxford, 1987), pp. 140～151。值得注意兩部對這主題的重要研究作品：Paul de Vooght, *Les sources de la doctrine chrétienne d'après les théologiens du XIVé siècle et du début du XVé* (Paris, 1954)；Hermann Schüssler, *Der Primät der Heiligen Schrift als theologisches und kanonistisches Problem im Spätmittelalter* (Wiesbaden, 1977)。

3 參 Heiko A. Oberman, 'Ouo vadis, Petre? Tradition from Irenaeus to *Humani Generis*,' in *The Dawn of the Reformation: Essays in Late Medieval and Early Reformation Thought* (Edinburgh, 1986), pp. 269～296。

4 參 George H. Tavard, *Holy Writ or Holy Church? The Crisis of the Protestant Reformation* (London, 1959)。

5 參 J. N. D. Kelly, *Jerome: Life, Writings and Controversies* (London, 1975)。嚴格來說，〈武加大譯本〉應指耶柔米所翻譯的舊約聖經（但不包括詩篇，因〈武加大譯本〉的詩篇是取自〈加利亞詩篇集〉〔Gallican Psalter〕）和他所翻譯的次經作品（不包括〈智慧篇〉〔Wisdom〕、〈傳道經〉〔Ecclesiasticus〕、〈馬加比一書〉和〈馬加比二書〉〔1 and 2 Maccabees〕，以及〈巴錄書〉〔Baruch〕，因以上書卷是取自〈舊拉丁文譯本〉〔Old Latin Version〕的），以及他所翻譯的全部新約經卷。

6 參 Raphael Loewe, 'The Medieval History of the Latin Vulgate,' in *Cambridge History of the Bible*, vol. 2, pp. 102～154。

7 參 McGrath, *Intellectual Origins*, pp. 124～125 及其中的參考書目。

8 參 Henry Hargreaves, 'The Wycliffite Versions,' in *Cambridge History of the Bible,* vol. 2, pp. 387～415。

9 參 Basil Hall, 'Biblical Scholarship: Editions and Commentaries,' in *Cambridge History of the Bible,* vol. 3, pp. 38～93。

10 參 Roland H. Bainton, *Erasmus of Christendom* (New York, 1969), pp. 168～171。

11 參 Roland H. Bainton, 'The Bible in the Reformation,' in *Cambridge History of the Bible,* vol. 3, pp. 1～37，尤其是頁6～9。

12 關於舊約正典難題的進一步討論，參 Roger T. Beckwith, *The Old Testament Canon of the New Testament Church* (London, 1985)。

13 參 Pierre Fraenkel, *Testimonia Patrum: The Function of the Patristic Argument in the Theology of Philip Melanchthon* (Geneva, 1961)；McGrath, *Intellectual Origins,* pp. 175～190。

14 例如 Tavard, *Holy Writ or Holy Church?,* p. 208。

15 參 G. R. Potter, *Zwingli* (Cambridge, 1976), pp. 74～96。

16 參 Heiko A. Oberman, *Masters of the Reformation* (Cambridge, 1981), pp. 187～209。

進深閱讀

關於聖經在基督教中的地位，尤其是在西歐的思想中，良好的導論參：

The Cambridge History of the Bible, ed. P. R. Ackroyd et al. (3 vols; Cambridge, 1963～1969).

關於聖經在中世紀時期的角色，出色的研究參：

Gillian R. Evans, *The Language and Logic of the Bible: The Earlier Middle Ages* (Cambridge, 1984).

Beryl Smalley, *The Study of the Bible in the Middle Ages,* 3rd edn (Oxford, 1983).

關於聖經在宗教改革運動的角色，參：

Roland H. Bainton, 'The Bible in the Reformation,' in *The Cambridge History of the Bible*, vol.3, pp. 1～37.

Gillian R. Evans, *The Language and Logic of the Bible: The Road to Reformation* (Cambridge, 1985).

H. Jackson Forstmann, *Word and Spirit: Calvin's Doctrine of Biblical Authority* (Stanford, 1962).

Alister E. McGrath, *The Intellectual Origins of the European Reformation* (Oxford, 1987), pp. 122～174（附有解經和鑑別方法的詳細討論）。

Jaroslav Pelikan, *The Christian Tradition: A History of the Development of Doctrine,* Vol. 4: *Reformation of Church and Dogma (1300～1700)* (Chicago/London, 1984), pp. 203～217.

16世紀新教信條（即信仰的條文）對聖經所賦予的角色，也是相當有趣的。這些信條的英文譯本匯集可參 *Reformed Confessions of the Sixteenth Century,* ed. Arthur Cochrane (Philadelphia, 1966)〔譯按：中文譯本可參湯清譯：《歷代基督教信條》(香港：文藝，1970年再版)；趙中輝等譯：《歷代教會信條精選》(台北：基督教改革宗翻譯社，2002年修訂版)〕。必須留意的是，早期改革宗的信條把對相信聖經的肯定放在相信上帝的條文之前，反映出他們相信惟有通過聖經，才可以真正相信上帝。關於聖經的正典，參〈法蘭西信條〉(French Confession, 1559) 的第三和四項(頁144～145)；〈比利時信條〉(Belgic Confession, 1561) 的第四和六項(頁190～191)；〈第二紇里微提(瑞士)信條〉(Second Helvetic Confession) 的第一項(頁226)。關於聖經的權威，參〈第一紇里微提(瑞士)信條〉(First Helvetic Confession, 1536) 的第一和二項(頁100～101)；〈日內瓦信條〉(Geneva Confession, 1536) 的第一項(頁120)；〈法蘭西信條〉的第五項(頁145～146)；〈比利時信條〉的第三、五和七項(頁190～192)；〈第二紇里微提(瑞士)信條〉的第一和二項(頁224～227)。

聖禮的教義

本章對某些讀者來說可能會引起困難，因為對「聖禮」一詞或許並不熟悉。這個詞語是源自拉丁文 *sacramentum*，意思是「某些被奉為神聖的東西」，用來指一系列教會禮儀或聖職人員的活動，它們被奉為擁有獨特的屬靈質素，例如有能力傳遞上帝的恩典。蘇格徒把一項聖禮定義為「一個物質上的記號，由上帝建構，有效地表明上帝的恩典，或上帝的恩慈行動」。其他定義的重點也是一樣的，不過較為簡潔。基本的概念是聖禮為不可見的恩典的可見記號，並以某種方式成為恩典的「渠道」。中世紀時期經歷了聖禮神學的整合，尤其是在倫巴都的著作中。7項聖禮受到承認——洗禮（baptism）、聖餐禮（the eucharist）、補贖禮（penance）、堅振禮（confirmation）、婚禮（marriage）、按立禮（ordination）和臨終傅油禮（extreme unction）——而且建立了一套複雜的神學，證明和解釋它們的重要性。

到了1520年代初，中世紀教會的聖禮制度已經清楚地成為宗教改革各派別主要批判的對象。改教家不斷攻擊中世紀對聖禮的數量、性質和功能的理解，而且把真正聖禮的數量從7個減至2個（洗禮和聖餐禮）。不過，改教家為何這樣關心聖禮神學？對於許多人來說，它似乎是一個十分含糊與不重要的問題。不過，我們若對改教家的活動處境加以深思，就有助解釋為何這問題對改教家如此重要。兩個因素的出現，解釋了與改教家這個神學範圍相關的意義。

首先，改教家認為聖禮神學代表了中世紀神學的一切壞處。它似乎是濃縮了經院哲學的缺點。直至中世紀開始之前，聖禮神學一直被大部分早期基督徒作家視為相對不重要的（奧古斯丁可能是例外）。在許多方面，一套複雜精細的聖禮神學的發展，可以說是經院作家最重要的成就之一。

如今，宗教改革運動議程的一個重要部分，就是集中消除中世紀對基督教神學早期（也是較為簡樸）版本的附加物。這是如此明顯的——也是相當脆弱的（正如時間所證明）——一個目標，那是為了消除經院哲學對福音的扭曲之普遍改教方案所瞄準的目標。對於改教家來說，經院學派那精巧的聖禮神學看來顯然是一棵急需修剪的神學樹木。故此，他們磨快了他們的利刀。

第二方面，聖禮代表了教會的公眾可見面貌。因此，改革聖禮就是對教會和羣體的生活作出可見的改變。對大多數平信徒信眾來說，主日崇拜是與教會甚至更廣闊世界接觸的主要途徑。正因如此，講壇成了中世紀時代最重要的傳播媒介之一——故此，不論改教家或市議會都渴望控制講壇上所說的話。

中世紀教會主要的崇拜是彌撒。這種崇拜儀式是根據一套特定的用語（拉丁文），稱之為「禮儀」（liturgy）。改教家基於兩個原因反對這種特定的禮儀。首先，彌撒是以拉丁文進行的，大多數平信徒不能明白。事實上，經常有人提出，甚至部分聖職人員也不能明白這些字句：文藝復興晚期的人文主義者精通拉丁文，偶爾會抱怨那些教士不能分辨拉丁文語法中的直接受格（accusative case）與奪格（ablative case）。其次，也是更嚴重的，是慶祝彌撒的方式似乎包含了一些不為改教家所接受的假設。他們不喜歡那被稱為「變質說」的理論，這理論認為在彌撒中的餅與酒被祝聖後，雖維持其外表形態，實際上卻轉化成為耶穌基督的身體與寶血。他們對於慶祝彌撒的教士是在履行某類善工的含義，深感厭惡。因此，改革禮儀是有助改變眾人思考福音的方式。

宣揚宗教改革運動目標的最有效方法之一，就是以通俗地方語言來改寫禮儀（以致所有人都可以明白其中的內容），在必要時對禮儀作出改動，刪除改教家不能接納的觀念。一般信眾在參與主日崇拜時，便得以通過兩個來源接觸宗教改革運動的觀念：講道與禮儀。改動禮儀所包含的觀念，即自然是改動聖禮的神學，而這正是我們在宗教改革運動前10年間所見到發生的事。

在這點上，我們發現主流改教家之間存在著最嚴重的分歧。憲制的宗教改革運動兩翼的領袖路德與慈運理發現，他們完全不能在聖禮觀上取得一致意見。有好幾個因素加在一起，造成這樣的意見不一：例如，解釋聖經方法不同，以及威登堡與蘇黎世的宗教改革運動的不同社會處境。在下文中，我們將會列出他們對聖禮的不同理解，並且指出這些不同理解在宗教改革運動歷史上的重要性。

在進一步討論之前，必須提到在專門用語上的一個難題。宗教改革運動逐漸經歷了對「彌撒」一語的抗拒，卻沒有達成它在福音派教會中有何對等稱謂的共識。在基督教崇拜中，祝聖和吃喝餅酒的禮儀有好幾個名稱，包括「彌撒」(路德保留的用語)、「餅」(the bread)、「聖餐」(communion)、「紀念禮」(the memorial)、「主餐」或「聖餐禮」。鑑於這樣的不一致，難以確定要選擇哪一個。最後，「聖餐禮」已經被選作等同於新教的彌撒，因為它近期用在主流新教普世教會文獻中；不過，讀者應該留心，不同的用語也是可以被使用的。

聖禮與恩典的應許

宗教改革運動的一個中心主題，在於強調聖禮對福音教會靈性的重要，即是**對人類軟弱的神聖「俯就」**(accommodation)。這個觀念尤其與加爾文有關，他往往被視為是這觀念最清楚的解說者。加爾文的論據是這樣的。所有好的講員都知道和明白他們聽眾的限制。因此，他們俯就調適了說話的方式。他們修飾他們的用語，配合他們聽眾的需要和限制，避免深奧的用語和概念，在有需要的地方，切身處地運用較恰當的說話方式。這個「俯就的原則」也延伸至「類比」和「實物教材」的運用上。當許多人覺得難以掌握某些觀念或概念，正好促使負責任的講員採用故事和例證以說明要點。

加爾文認為，上帝也是一樣。上帝俯就自己配合我們的限制。上帝降到我們的水平，運用有力的形象和說話方式，讓祂可以把自己啟示給各色各樣個別的人。沒有人會因教育上的能力問題，而排除在對上帝的學習之外。上帝可以運用卑微的方式啟示自己，並非反映上帝那一方的任何缺點或不足；採納卑微方式的需要，是反映了在我們這一方的軟弱，而那正是上帝恩慈地認知並已考量過的。上帝可以運用大量資源來創造和支持信仰——字詞、概念、類比、模型、記號和象徵。在這資源的寶庫中，聖禮是被視為一個重要的元素的。

對於第一代改教家來說，聖禮是上帝對人類軟弱的回應。上帝明白我們在接納和回應祂的應許時的困難，就以祂恩慈而可見和有形的記號，補充祂的話語。它們是對我們的限制的俯就調適。聖禮代表了上帝的應許，通過日常世界的物體傳達出來。墨蘭頓在《論彌撒的命題》(*Propositions on the Mass*, 1521) 中，強調聖禮首先是上帝對人類軟弱的恩慈俯就。墨蘭頓在一連串65項的命題中，提出了一個他認為是值得信賴的取向，解釋聖禮在基督徒生活中的地位。「記號是工具，我們藉此可以同時記得和確定信心的話語。」不是每一個記號都是一項聖禮；一項聖禮是個**被制定和被認可**的恩典的記號，那是建基於穩固的福音基礎的憑藉。這不是我們自己選擇的記號；乃是為我們而選擇的記號。

墨蘭頓指出，在一個理想的世界中，人類是預備好惟獨在祂話語的基礎上信靠祂。然而，墮落人性的軟弱之一，就是需要記號(墨蘭頓在提出這點時，訴諸於基甸的故事)。對於墨蘭頓來說，聖禮就是記號：「某些人所說的聖禮，我們稱之為記號——或許，若你喜歡的話，可以稱之為聖禮的記號。」這些聖禮記號增強了我們對上帝的信靠。「為了減輕人心的這份不信，上帝已經把記號加進話語中。」故此，聖禮是上帝加在恩典應許上的恩典記號，為了確證和增加墮落人類的信心。經院派的聖禮神學強調它們傳遞恩典的能力，而改教家則強調它們確定和傳遞上帝應許的能力。

路德的論點類似，解釋聖禮為「隨同記號的應許」或「上帝建構的記號，以及赦罪的應許」。有趣的是，路德運用了「信物」(*Pfand*) 一詞，強調聖餐那種「保證」(security-giving) 的性質。餅和酒向我們保證上帝饒恕之應許的實在，讓我們較容易接納，而且一旦接納，就會堅定地持守之。

> 為了讓我們可以肯定基督的這個應許，而且毫無疑惑地真正依靠它，祂已經賜給我們最寶貴和昂價的印記和信物——祂真實的血和肉，那是在餅和酒之下所賜的。這就極像那些祂為我們得到的這珍貴和恩慈的實物之恩賜和應許，而交出祂的生命，為使我們可以得到和接受應許了的恩典。

故此，彌撒的餅和酒同時提醒我們，一方面是上帝的恩典的真實和代價，另一方面是我們在信心中對這恩典的回應。

因此，上帝的應許既是真實的，也是昂貴的。基督的死是一個標誌，同時表示了上帝的恩典的可信和昂價。路德藉著使用「遺約」(testament) 的概念闡述了這一點，把其理解為一個「遺願和遺囑」的意思。這一點在1520年的作品《教會被擄於巴比倫》中完全闡述。

> 「遺約」是臨終之人的應許，他在其中指定自己的遺產及繼承人。所以，遺約首先包含立約人的死亡，其次是遺產的應許和承繼人的指定。……我們在基督的話裏看到了同樣明確的解釋。基督的

> 話見證了自己的死亡：「這是我的身體，為你們捨的」，和「這是我的血，為你們流的」。當祂說「使罪得赦」這句話時，指定了遺產。而當祂說「為你們和多人」這句話時，就確立了繼承人，即那些承認和相信立約者應許的人。[1]

路德在此的洞見是，一個遺約涉及許諾(promises)，是只有在首先立下這些許諾者死亡之後才得看見。因此，禮儀、彌撒、聖餐禮就作出了3個十分重要的要點。

1. 它肯定了恩典和赦免的應許。
2. 它確認了那些承受應許的人。
3. 它宣告作出那些應許者的死亡。

故此，彌撒是戲劇性地宣告了恩典與赦免的應許在現今是有效的。它是「藉著上帝給予我們的赦罪應許，而且這樣的一個應許是已經被上帝之子的受死而確定的」。藉著宣告基督的受死，信仰的羣體堅稱，赦罪和永生的寶貴應許對現今那些具信心者有效。正如路德說明這一點：

> 所以你們明白，我們所謂的彌撒，就是上帝賜予罪得赦免的應許，而這應許是由上帝的兒子以其死亡加以印證的。遺約與應許的惟一區別是，遺約包含了立約之人的死亡。……上帝既然立了遺約，所以祂必得受死。但上帝是不會死亡的，除非祂變成人類。所以基督的道成肉身和死亡都極為明確地包含在「遺約」這一個字詞裏了。

正如上文所述，聖禮的核心功能是向信徒保證，他們是基督身體的真正成員，也是上帝國度的承繼者。路德在1519年的論著《基督神聖與真實身體的蒙福聖禮》(*The Blessed Sacrament of the Holy and True Body of Christ*) 中頗為詳盡地論述這一點，強調它讓信徒得到的心理保證：

> 那麼，藉餅和酒接受這聖禮，只不過是接受一個確實的標記，表達與基督及一切聖徒這樣的團契和聯合。那是猶如一個市民被賦了一個記號、文件或其他某些象徵，確保他實際上是該市的一個居民，以及某一特定羣體的成員。……因此，在這聖禮中，一個人從上帝本身蒙賜予一個確實的記號，表明他或她與基督及聖徒聯合，並與他們共同分享的一切事物，那基督的受苦與生命同為他所有。

這樣把聖禮強調為專屬基督徒羣體的信物，或許更富慈運理的色彩，多過富路德的色彩；然而，這卻是路德思想中在這觀點上具意義的元素。

然而，這等中介或尋常事物(例如水、餅或酒)如何成為對基督徒生命如此重要的東西？這不是代表了不恰當地陷入某類自然宗教或誤導性的物質主義嗎？基督教的所有重點不是把我們的注意力引離物質事物，而朝向上帝本身更大的真實嗎？當我們能自由享用上帝的話語，為甚麼還要困擾於物質的事物？路德以如下方式處理這個重要問題。

> 在聖禮中，我們看不見任何奇妙的東西——只不過

> 是普通的水、餅和酒，以及一個講員的說話。那是沒有任何事物引人注目的。然而，我們必須學習發現在這些毫不起眼的事物之下，隱藏了榮耀的尊榮。那就如同基督在道成肉身中。我們看見一個不堅固、軟弱和會死的人——然而祂正是上帝本身的尊榮。正是以相同的方式，上帝親自向我們說話，並且在這些平凡和粗俗的物質中面對我們。

我們已經初步接觸了路德對聖禮的觀點；現在我們必須更詳細地考慮之。

路德論聖禮

路德在1520年宗教改革的著作《教會被擄於巴比倫》中，展開了對天主教聖禮觀的重要攻擊。他伺機利用人文主義新近在語言學上的學術成就，斷言〈武加大譯本〉對「聖禮」一詞的運用，按照希臘文文本而言是不合理的。羅馬天主教會承認有7個聖禮，路德卻在起初只承認有3個(洗禮、聖餐禮、補贖禮)，而後來很快地只承認2個(洗禮與聖餐禮)。這兩個觀點之間的轉接可以見於《教會被擄於巴比倫》中，我們可以暫停一下，探討這個轉變，以及判斷它的基礎。(順便一提，英格蘭的亨利八世通過他的反對信義宗著作《我維護七聖禮》〔*Assertio septem sacramentorum*〕，要求教宗賜予他「信仰維護者」〔*Fidei Defensor*〕的稱銜。這稱銜一直以縮略的形式 *F.D.* 出現在英格蘭的錢幣上，代表了對於路德在《教會被擄於巴比倫》中所提出的觀點的還擊。)

這部作品以一段有力的原則性陳述開始，那是著手於中世紀對聖禮意見一致的一面：

> 我必須否認有7個聖禮，現今我只承認3個聖禮：洗禮、補贖禮和聖餐禮。這3個聖禮都可悲地被羅馬教廷擄去，而且教會被剝奪了一切自由。

不過，路德在作品結束時已經相當強調一個可見的物質記號的重要性。路德以如下方式表達在他的觀念中這個重要的改變：

> 然而，最好是把聖禮的名稱只限用於那些有記號的應許上。那些沒有記號的，就僅僅是應許而已。所以嚴格說來，上帝的教會裏只有2個聖禮——洗禮與聖餐禮。因為只有在它們裏面，我們才能看到神聖設立的記號和赦罪的應許。

因此，根據路德的看法，補贖禮不再有聖禮的地位，因為聖禮的兩個基本特色是上帝的話與外在的聖禮標記(例如洗禮的水，與聖餐中的餅和酒)。故此，新約教會惟一真正的聖禮，就是洗禮與聖餐禮；而補贖禮沒有外在的記號，不可以再被視為是一項聖禮。

路德進一步指出，中世紀的聖禮系統對於教士的角色賦予一個完全不合理的重要性。理論上，這樣的發展不應該出現，因為聖禮神學的發展是為了回應4世紀末至5世紀初的多納徒派爭論。在這場爭論中，要點是關乎一個不道德的教士(例如在遭遇迫害時與羅馬政權合作的人)究竟是否應該被允許施行洗禮和主持聖餐禮。對於教士所扮演的角色，有兩個各不相讓的理論被提出來。

1. 聖禮是「人效」的（*ex opere operantis*，字面意思是「藉著一個作工者的工作」）。按此理解，聖禮是否有功效是在於教士的個人德行和靈性。惟有由一個忠誠的教士所主持的聖禮，信徒才能得益。
2. 聖禮是「事效」的（*ex opere operato*，字面意思是「藉著有效的工作」）。按此理解，聖禮是否有效不在於教士的個人質素，而在於聖禮本身的內在性質。聖禮是否有效的終極基礎是在於基督，祂的位格和好處是通過聖禮傳達的，而不是在於教士本身。因此，一個不道德的教士可以被允許去主持聖禮，因為聖禮有效性的基礎不在於他。

第一個觀點相當於嚴格主義的多納徒派立場。第二個觀點相當於奧古斯丁的立場（以後是天主教會），路德和憲制的改教家毫不猶豫地遵循這個大多數人接納的觀點。

故此，可以認為這原則已經被確立，即教士在聖禮上並沒有扮演一個主要的角色。事實上，路德認為，有些發展讓聖禮「成為教會的俘虜」。路德列出了3種方式，在其中那種不能接受的情況已經出現：

1. 「聖餐只守一類」（communion in one kind）的做法（只把餅給予平信徒，而不是餅和酒）。直至12世紀，一般是容許在彌撒中吃喝被祝聖的餅和酒。但似乎到了11世紀，由於某些平信徒不小心處理酒，使酒溢出，於是愈來愈多冒犯出現，根據新興的變質說神學，基督的血絕不能用來清潔教會地板。到了13世紀，平信徒已經不可以用酒。

按照路德的看法，這並不合理，也缺乏聖經與教父的先例。路德宣稱聖職人員拒絕將聖餐杯(chalice，裝酒的器皿)給予信眾是有罪的。他採取這個立場的主要原因，是關乎它在神學上的暗示：即平信徒得不到機會接觸酒所意指的：

> 我覺得至關重要的是基督這句話：「這是我立約的血，為你們並為多人流出來的，使罪得赦。」這裏你們清楚地看到基督的血，是賜給所有祂的血為其罪而流下的人，誰敢說這沒有為平信徒而流下呢？你們沒有聽到祂把杯賜下時，是對誰講話嗎？難道不是給每個人嗎？難道祂沒有說祂的血是為每個人而流下嗎？

路德的看法是如此有影響力，以致為信徒提供聖杯的做法，成為了宗教改革運動一個會眾擁戴的標誌。

2. 變質說的教義(下文將會論及)對路德來說，似乎只是一種荒謬的事，是嘗試將一個奧祕加以理性化的說法。路德認為，要點是基督真正臨在於聖餐之中——而不是以一些獨特的理論來解釋祂是如何臨在的。如果一塊鐵被放在火中加熱，就會變紅——而在這塊變紅的鐵中，鐵與熱兩者均是同時存在的。為甚麼不用這類簡單的日常比方，來說明基督臨在於聖餐中的奧祕，反而借用一些經院派的深奧理論來加以合理化？

> 對我來說，如果我不能揣摩餅為何是基督的身體，我便將自己的理性降服於基督，而只恪守祂的話，

> 並不僅堅信基督的身體在這餅之內，而且堅信這餅就是基督的身體。因為我有聖經的保證：「他拿起餅來，祝謝了，就擘開，說：『拿著吃，這〔那就是指祂拿起並擘開的餅〕是我的身體。』」(林前十一23～24)

我們要相信的不是變質說的教義，只是簡單地接受基督真正臨在於聖餐中。事實是比任何理論或解釋來得重要的。

3. 另一種觀念認為教士是代替人民獻祭，或呈獻功德或祭牲，這也是同樣不符合聖經的說法。對於路德來說，聖禮基本上是赦免罪惡的應許，由人們憑信接納。

> 所以，由此可見，我們所稱為彌撒的，正是上帝向我們作出的赦罪應許，這應許是由上帝之子的死所保證的。……假如，正如所說，彌撒是應許的話，那麼進入應許的途徑，不是藉著任何行為，或權力，或個人的功德，而是「唯獨信心」。因為那裏有這位應許之上帝的話語，那裏就必須有接受應許的信徒之信心。故此，這是十分明白的，我們拯救之始是在於對應許之上帝的話語之信心，他不需我們這方的任何努力，上帝以白白的和人不配得的憐憫，採取主動，將祂應許的話語賜給我們。

對路德來說，聖禮是關乎上帝子民信心的產生與培育，而中世紀教會卻傾向視他們為一些可以在市場推銷的貨品，可以賺取的功德。

我們已查考過路德對於聖禮的一般性觀點。現在，我們的注意力，將轉往他思想中那以後被證明具爭議性的一個層面，而這更逐漸導致日耳曼與瑞士聯合的改教運動某程度上迄今為止的分歧。在這關頭涉及的問題是「真實臨在」(real presence)——那就是，基督是否(和以何方式)可以被認為是在聖餐中具體存在。

路德論真實臨在

路德於1507年被按立為教士的，並在該年5月2日於愛爾福特舉行其首次彌撒。在1538年12月5日圍繞在他的晚餐桌旁分享這次事件的回憶中，路德想起這次重大事情的主要記憶，是關乎他妄自尊大的感覺，以及他憂慮是否會意外地遺留了甚麼東西。不過直至1519年為止，我們在他的著作中找不到任何對傳統天主教彌撒觀不滿的痕迹。

我們已經提過他在1515年的「神學突破」，其中有他著名的對「上帝的義」新意義的發現。雖然這發現起初似乎對其聖禮觀並無多大影響，但其中卻預見了他日後對中世紀聖禮神學的其中一方面的批判。與這發現有十分密切關係的，是對在神學中運用亞里士多德觀念的一種新敵意。在1517年所著〈經院神學爭辯〉(*Disputation against Scholastic Theology*)中，路德清楚說明在神學中對亞里士多德主義的完全拒絕。[2]

這種反亞里士多德的思想發展，其重要性乃在於其與中世紀變質說教義的關係上。此教義是由第四次拉特蘭特會議(the Fourth Lateran Council, 1215)所決定的，而且是基於亞里士多德的基礎——更具體地說，是基於亞里士多德對「實體」(substance)與「偶有性」(accident)的分別。某物的**實體**是其基本的性質，而其偶有性則是外觀(例如其顏色、形狀、味道等等)。變質說的理論主張餅與酒的「偶有性」(其外表、味道、氣味等等)在祝聖的一刻保持不變，但它們的「實體」卻由餅與酒變為耶穌基督的身體與寶血。路德否定此「假哲學」，視之為荒謬，並力主反對這種運用亞里士多德觀念的方法。亞里士多德在基督教神學中全無地位。不過，我們必須看見，路德並**沒有**批判餅與酒變為基督的身體與寶血的背後的基本觀念：「此錯誤完全沒有任何重要性，只要基督的身體與寶血是與上帝的話存在一起。」路德所反對的不是「真體臨在」的觀念，而是對那臨在的一個獨特解釋。對路德來說，上帝不是單單在聖禮的**背後**，祂也在於其中。

路德認為餅與酒真的成為基督的身體與寶血，並不是純粹神學保守主義的結果。事實上，路德指出若他可以證明此看法是不合乎聖經，他會是第一個放棄此說的人。不過，對他來說，此看法似乎真的是聖經經文的明顯意義，例如馬太福音二十六章26節：「這是我的身體」(拉丁文 *hoc est corpus meum*)。這節是十分清楚的，對他來說似乎不需再作解釋。路德似乎認為，「聖經的清晰性」的整個原則，都是維繫於此節的解釋上(而他認為這原則為其宗教改革運動方案的基礎)。[3]路德於威登堡以前的同僚迦勒斯大(後來終於在1520年代成為了他的對頭)卻有不同的想法：他認為基督在說這些話時似乎是指向自己。路德毫不費力地指斥此為荒謬之說，對經文有所誤解。他在回應慈運理時所面對的困難更大，因為慈運理認為「是」(is)字根本只是一種修辭手法(稱為 *alloiosis*)，真正的意思是「表明」或「代表」，故此不應按字面來理解。

與其他憲制的改教家共通的地方是，路德保留了嬰孩洗禮的傳統習俗。可能有人認為，他的因信稱義教義與此傳統互相矛盾。畢竟，假如信心被理解為一種有意識地、故意地回應上帝的應許，那麼嬰孩是不會有信心的。不過，我們卻要指出，路德因信稱義的教義並不是指有信心的個人會因此稱義，相反，正如我們上文所見，這代表上帝會恩慈地賜下信心為禮物。似乎矛盾的是，嬰孩洗禮是完全與因信稱義的教義一致的，因為其強調信心不是一些我們可以成就的東西，而是恩慈地賜給我們的某些禮物。對於路德來說，聖禮不單加強信徒的信心——而且它們本來就可以首先產生信心。聖禮可以傳達上帝的道，而這是可以引發信心的。故此，路德對嬰孩洗禮的傳統是完全沒有困難的。洗禮並不需要以信心為前題，反而會產生信心。「小孩子成為信徒，是因為基督在洗禮中藉著施洗者的口向他說話，因著那是祂的道，是祂的誡命，而祂的道不能沒有功效的。」

顯然相反地，慈運理認為聖體表明信心的存在。這導致他有某點困難，因為起碼他不能用路德的論點來支持嬰孩洗禮的傳統。對於慈運理來說，聖禮只是肯定上帝的道，而這是需要另外傳講的。正如我們將會了解，他被迫本於頗為不同的立場來支持嬰孩洗禮。

路德對「真實臨在」的看法，被其在蘇黎世、巴塞爾與斯特拉斯堡的改革宗同僚視為幾乎接近不信的地步。他們認為，路德在這點上是不一致的，對其天主教對手作出不合理的讓步。我們在稍後會回到路德的看法。現在讓我們看看慈運理的觀點，藉此對1520年代在福音派的圈子中聖禮理論那種完全不能協調的驚人多元性有所了解。

慈運理論聖禮

正如路德一樣，慈運理對「聖禮」一詞也抱有嚴重的疑問。他指出此字的基本意義為「誓約」，故此首先視洗禮與聖餐的聖禮（天主教系統餘下的5項聖禮被否定）為上帝對其子民的信實及祂恩慈的赦免應許的記號。所以在1523年他寫道，「聖禮」一字可以用來指那些「上帝以其話語所設定、命令與命定的，這就正如上帝對其曾許下誓言般地堅定與確實」。至此，路德與慈運理對聖禮功能的看法，確是有某程度的相似（雖然正如我們下文所示，基督在聖餐禮中真實臨在的問題，將他們徹底分隔）。

不過，即使此有限的相同點也在1525年間消失了。慈運理保留了「聖禮」作為誓言或誓約的觀念，但他較早時了解此為**上帝向我們的信實保證**，現在他卻理解為**我們彼此之間順從與忠誠的誓言**。要記得，慈運理是瑞士聯邦軍隊的隨軍教士（而且親身經歷了1515年9月在馬尼亞諾的災難性戰敗）。慈運理借用了軍隊的誓言，辯稱「聖禮」基本上為個人對一個羣體效忠的宣誓。正如士兵（在其將軍面前）向其軍隊宣誓效忠，基督徒也應同樣向其他基督徒宣誓效忠。慈運理以德文 *Pflichtszeichen*（意為「效忠的宣示」）來代表聖禮的精神。故此，聖體的意義是「人向教會表示其志願為（或已經是）基督的精兵，藉此向全教會，而不是只向自己表述其信仰」。在洗禮中，信徒宣誓效忠教會的羣體；在聖餐禮中，他公開地宣示其忠誠。

慈運理由此發展了聖禮從屬於宣講上帝的道的觀念。[4]正是這種宣講才能產生信心：聖禮只是提供了信心得以公開宣示的機會。宣講上帝的道是十分重要的，而聖禮就正如書信上的印記——它們確認信中內容。

慈運理進一步從他當瑞士聯邦隨軍教士的經驗中，借用其中的軍事類比來說明聖餐的意義：

> 如果一個人縫了白色十字架，他是宣告他願意加入聯邦的志願。如果他往拿坎費爾斯(Nühenfels)朝聖，為其先祖得以勝利而獻上讚美與感謝，他真的表明是一位聯邦成員。同樣地，凡接受洗禮印記的人，就是決定要聆聽上帝向他說的話，學習神聖的律例，並按此過他的生活。無論誰在會眾中，在紀念或晚餐裏向上帝獻上感恩，是在表明一個事實，即他從心底裏在基督的受死中享受，並為此向祂謝恩。

在此所指的是瑞士在1388年於格拉魯斯(Glarus)的拿坎費爾斯打敗奧地利的那場勝利。這場勝利通常被認為是標誌了瑞士聯邦(或紇里微提〔Helvetic〕聯邦)的開始，而每逢4月的第一個星期四均往戰場朝聖，以作記念。慈運理申明兩點。首先，瑞士士兵佩戴白色十字架(當然現今已包含在瑞士的國旗內)作為效忠的宣示，公開表明其對聯邦的效忠。同樣地，基督徒首先藉著洗禮，然後參與聖餐禮，公開印證其對教會的效忠。洗禮是「進入基督的可見通道與印記」。其次，產生聯邦的歷史事件被記念為向同一聯邦效忠的標記。同樣地，基督徒記念產生基督教會的歷史事件(耶穌基督的死)，也是作為其對該教會委身的印記。故此，聖餐禮是記念引發建立基督教會的歷史事件，並公開印證信徒對該教會與其成員的效忠。

這種對聖餐性質的了解，由慈運理解釋馬太福音二十六章26節：「這是我的身體」進一步確定。這些話是在基督臨死之前一日於最後晚餐所說的話，表明祂願意被教會記念的方式。慈運理寫道，這好像基督是說：「我把關於我的順服與遺約的記號交托你們，以在你們中喚醒對我的記念以及我向你們所施的良善，以致當你們看見在這記念的晚餐中論說的這餅與杯，你們可以記念我為你們捨命，正如你們現在看見我並與我一同坐席般來記念我一樣。」對於慈運理來說，基督的死對教會，就如拿坎費爾斯戰役對瑞士聯邦一樣重要。這是基督教會的奠基性事件，對其身分與自我了解均有很大的重要性。正如記念拿坎費爾斯無需包括該戰役的重演，聖餐也同樣不包括重覆基督的獻祭，或是其在記念時的臨在。聖餐是「記念基督的受苦，而不是一場獻祭」。正因著以下我們將會探討的理由，慈運理堅持「這是我的身體」一話是不能按字面意思來解釋的，並由此排除了一切基督「真實臨在」於聖餐中的觀念。正如一個要離家遠行的人，可能會留下指環給妻子以作記念，直至他回來；同樣地，基督留給教會印記以作記念，直至祂在榮耀裏回來的日子。

慈運理論真實臨在

慈運理對基督真實臨在的觀點之背景，可以追溯至1509年某些似乎不重要的事件。在該年的11月，在低地國家的一間小型圖書館發生了一次人事變動，以致必須把其藏書編目。這項工作交托給漢恩（Cornelius Hoen），他發現圖書館有著名人文主義學者甘斯福特（Wessel Gansfort，約1420～1489年）著作的重要集藏。其中一本稱為《論聖餐禮的聖禮》（*On the Sacrament of the Eucharist*）。雖然甘斯福特沒有真的否定變質說的教義，他卻發展了在基督與信徒之間有一個屬靈的交流的概念。漢恩顯然受到這個概念所吸引，重新整合成為對變質說教義的徹底批判，他是以一封信函的形式來撰寫的。這封信函似乎在1521年的某時候到達路德手中(儘管證據並不完全確定)。到了1523年，這封信函到達蘇黎世，在那裏被慈運理讀到。

在這封信函中，漢恩認為「這是我的身體」的「是」不應解釋為字面上的「是」或「等於」，而是 *significat*，意即「意指」(signifies)。例如，當基督說「我就是生命的糧〔麵包〕」(約六48)，祂顯然不是將自己指認為一片麵包或一般麵包。這裏的「是」必然是「隱喻性」(metaphorical) 或非字面性的意思。舊約眾先知或許實際上已經預言基督會「成為肉身」(*incarnatus*)——不過這是發生一次的，而且只是一次。這不能說先知會預言或使徒會教導(藉著任何教士獻上彌撒中的祭物的行動)基督每天可說都會「成為麵包」(*impanatus*)。

漢恩提出了一系列的觀念，最終變成慈運理的聖餐思想。有兩點可以在此一提。首先，是聖餐就像一隻戒指的觀念，戒指由新郎給予他的新娘，以向她保證他的愛。那是一個**信物**(pledge)——這一個觀念一直在慈運理討論這題目的著作中回響著。

> 我主耶穌基督，祂多次應允赦免祂子民的罪，並且通過最後晚餐堅固他們的靈魂，加上一個保證，就是應許假使在他們一方仍然有任何不確定——正如一個新郎，想向他的新娘作出保證(假如她有任何懷疑)，他就給她一隻戒指，宣告：「取去

> 吧，我把自己給了你。」而她接納了那戒指，相信他就是屬她的了，而且把她的心從其他一切愛人轉過來，要取悅她的丈夫，把她自己歸給他，並且是惟獨歸給他的。

慈運理在一些要點上運用了相當技巧，把一隻戒指的意象開展成為一個愛的保證，而那並非沒可能是漢恩把這個有力的意象深印在他的思想中。漢恩所用的第二個概念，是基督祂缺席時的紀念。留意到基督的用語「這是我的身體」之後立即是「為的是紀念我」等字，漢恩認為，第二組字詞清楚地指向對「一個缺席者（至少是肉身缺席）」的紀念。

路德對這些觀念的反應顯然十分冷淡，慈運理的反應則較為積極。到了1524年的11月與12月，他正努力地推廣漢恩的觀念，而翌年他整理有關信函準備出版。在1525年夏天，巴塞爾的飽學之士埃科蘭巴狄參與了這場討論，他在出版的書中主張，在教父時代的作者中，找不到「變質說」或路德的「真實臨在」的觀點，而是傾向於現在與慈運理日益有關的看法。

慈運理認為聖經是運用了許多修辭手法（figures of speech）。因此，「是」字可以一方面指「絕對等同於」，而在另一方面則指「代表」或「意指」。例如，在他的論著《論主餐》（*On the Lord's Supper*, 1526）中，他寫道：

> 在聖經各處，我們都找到修辭手法，在希臘文中稱之為「借喻」（*tropos*），指某些隱喻的東西，或應以其他意思來理解。例如，在約翰福音十五章中，基督說：「我是葡萄樹」。這是說，當考慮與

我們的關係時，基督就像一棵葡萄樹，我們是在祂裏面被維繫和成長，就像是枝子在葡萄樹內成長一樣。……同樣地，在約翰福音一章中，我們讀到「看哪，神的羔羊，除去世人罪孽的！」這節的首部分是一個借喻，因為基督不是如字面上的一隻羔羊。

慈運理在仔細研究聖經的經文之後，認為在聖經的許多經文中，「是」字的意思為「意指」。故此，所提出的問題必然是：

不論基督在馬太福音二十六章的說話是甚麼，「這是我的身體」也可以被視為是隱喻性的或借喻性的（*in tropice*）。已經清楚的是，在這段上下文中，「是」字不能被視為是字面的意思。因此，它必然被視為是隱喻性或比喻性的。在「這是我的身體」的用字中，「這」字是指餅，而「身體」是指為我們而以置於死的身體。故此，「是」字不可能按照字面解釋，因為餅不是身體。

這點為埃科蘭巴狄在1527年所發展，他認為「在有關記號、聖禮、圖畫、比喻與解釋時，人應該也必須了解這些字句的比喻性意義，而不是字面的意義」。路德1527年的專文〈基督的這些用字「這是我的身體」仍然堅定地對抗狂熱者〉（*That these Words of Christ 'This is my Body' Still Stand Firm against the Fanatics*），對此作出強烈反應。

慈運理在此的要點，關乎記號和它所意指的事物之間的關係。他運用了這個差異，認為餅可以等於基督的身體是不可思議的。

> 一個聖禮是一個神聖事物的記號。當我說「主的身體的聖禮」時，我只是指那餅是基督的身體的象徵，祂為我們的緣故被置於死。……不過，基督的真正身體是坐在上帝右邊的身體，而祂身體的聖禮是餅，祂寶血的聖禮是酒，我們以感恩的心領受它們。現在，記號與意指的事物不可能是一樣和相同的。因此，基督身體的聖禮不可能是那身體本身。

慈運理反對路德的另一個論點(在剛引用的經文中暗示)，是關於基督所在的位置。對於路德來說，基督是臨在於聖餐中。誰領受這餅與杯，便是領受了基督。不過，慈運理指出，不論是聖經與信條都強調基督現在是「坐在上帝的右邊」。慈運理現在一點也不知道這是指甚麼地方，他也不會浪費任何時間去猜想這地方的位置——不過他辯稱，這卻是說不管基督現今在哪裏，祂就是不會臨在於聖餐中。祂不能同時在兩處地方。路德認為，「上帝的右邊」一詞其實是隱喻的表達手法，不可以按字面意義來解釋。它的真正意思是「上帝影響的範圍」或「上帝的管治」。「基督坐在上帝的右邊」不是說基督現在位於大氣層最高的同溫層的某特定位置，而只是說基督是臨在於任何上帝管治的地方。哪一段經文應該按著字面意思來闡釋，哪一段應按著隱喻來闡釋的問題，再次成為關於「真實臨在」論爭的核心問題。

同樣的是「以基督為食物」的概念，這個形象在基督教教會中已有漫長的應用歷史，其中一個傳統是涉及變質說的教義。由於餅是基督的身體，因著吃餅的緣故，信徒可以說是以基督為食物。慈運理堅持，這個聖經形象必須以比喻解釋，視之為通過基督信靠上帝。他的《信心釋義》(*Exposition of the Faith*, 1531) 是一部致法王法蘭西斯一世的著作，把這一點尤其說得清楚：

> 吃基督的身體，在屬靈上是指在上帝的恩慈和美善中，藉著基督，以心和靈相信——那就是，擁有完整信心的確證，上帝將會賜給我們罪的赦免，以及永恆救恩的喜樂，因著祂兒子的緣故，祂是把自己給了我們。……故此，當你來到主的聖餐禮，以基督賜予屬靈的餵養時，你會由於上主的極大恩慈而獻上感恩，因著你從絕望中得釋放的救贖，並且因著這讓你確保永恆的拯救的保證。

那麼，這與聖餐的餅有何分別？是甚麼讓聖餐禮儀的餅有別於其他餅？假如它不是基督的身體，那麼它是甚麼？慈運理以「類比」來回答這個問題。他認為，那就像是王后的一隻戒指。現在，可以按照兩個非常不同的處境來思考那戒指。在第一個處境中，戒指只不過是禮物。或許你可以想像放在桌子上的一隻戒指。它沒有引起任何聯想。現在，想像那戒指被轉到一個新的處境中。它是放在一個王后的手指上，作為她的君王所給的一份禮物。它現在有了個人的聯繫，源自那君王——就像她的權柄、能力和威嚴。

它的價值如今遠超過它所造成的黃金。因著由原來的處境轉換成新的處境，這樣的聯繫就出現了：戒指本身仍然是沒有改變的。

慈運理在他的《信心釋義》中，以特別的效果來運用這個類比。

> 這戒指是由陛下賜給王后的，對她來說，其價值並不只在於它是精金。它誠然是黃金，卻是無價之寶，因為那是她王夫的象徵。故此，她視之為是她所有戒指中最重要的，而且倘若她要命名和評價她的飾物，她會說：「這是我的君王，那就是，這戒指是由我的王夫賜給我的。它是一個永恆聯合和忠貞的記號。」

故此，這戒指藉著它的處境而得到它的聯繫和價值；這不是內在固有的，而是獲賜予得的。

慈運理認為，聖餐的餅也是一樣。餅和戒指本身都沒有改變，然而它們的意義卻戲劇性地不同了。意義(換言之，即是這物件的聯繫)可以改變，不用改變那物件本身的性質。慈運理認為，在餅與酒的情況中，正是有相同的情況出現。在它們原來的日常處境中，它們只不過是餅和酒，沒有特別的聯繫。然而，當它們來到一個新的處境中，它們是有了新的和重要的聯繫。當它們被置於一個敬拜羣體的中心時，並且當基督人生最後一夜的故事被述說時，它們就成為基督徒信仰基礎事件的有力重述。它們所在的處境，讓它們有此意義；它們本身仍然是不變的。

慈運理論嬰孩洗禮

慈運理的立場自然引起對嬰孩洗禮的明顯困難。如果嬰孩沒有信心可供公開印證，他如何可以接受嬰孩受洗？對這個兩難問題的傳統答案，是在於原罪（original sin）。洗禮潔淨了原罪的罪過。問題的爭議是返回公元5世紀早期的奧古斯丁。然而，慈運理在此有所猶豫。與伊拉斯姆一樣，他對原罪的概念有所困惑，而且傾向認為嬰孩是沒有與生俱來的原罪而需要赦免的觀點。結果，嬰孩洗禮似乎沒有作用——除非有另一個合理化這習慣的理論出現。

起初是沒有的。顯然，慈運理在1510年代末與1520年代初對於繼續這做法感到疑懼不安。不過，到了1524年，他似乎發展了一種洗禮的理論，可以完全避開這困難。[5] 慈運理指出，在舊約中男性嬰孩出生後數天便要行割禮，作為他們是以色列人成員的記號。割禮是舊約立約所定的禮儀，來印證受割禮的嬰孩是屬於立約的羣體。嬰該是生於一個羣體之中，現在便屬於此羣體——而割禮便是屬於這羣體的記號。

在基督教神學中，認為基督徒的洗禮等同割禮，是十分久遠的傳統。慈運理將此觀念加以發揮，強調洗禮比割禮溫和，在其中不會涉及痛楚或流血，而且包括一切人在內，既有男嬰也有女嬰。它也是屬於一個羣體的記號——在這情況中，那是基督教教會。小孩子並不意識到這種歸屬感的事實，這並不重要：事實上，他**已是**基督徒羣體的成員，而洗禮是公開印證其成員身分。在這點上與路德的對比，十分明顯。

慈運理以後進一步採納這個論據。我們之前提過，城市在中世紀後期被視為有機的羣體，當許多城市考慮是否接納宗教改革運動時，這元素顯然是重要的。同一觀點見於慈運理，他把「國家」與「教會」幾乎對等：「基督徒的城市根本就是基督的教會。」故此，聖禮不單是表徵對教會的忠誠，也是對蘇黎世城市整體的忠誠。故此，拒絕讓自己的小孩受洗，即是對蘇黎世城市整體不忠誠的行動。地方行政官員因此有權將任何拒絕讓自己小孩受洗的人，驅逐離開蘇黎世。

正如我們所見，重浸派的人視嬰孩洗禮為不可接受的。在1520年代，當極端的改教運動不論在其宗教與政治觀點上，均成為蘇黎世的宗教改革運動的重大威脅時，慈運理對洗禮作為教會與社會事務的理解，便為此提供了強逼執行政治同化的極佳手段。[6]

故此，洗禮對於慈運理極為重要，因為這提供了可以分辨兩種完全不同教會觀的準則。慈運理的國家教會或城市教會的觀念愈來愈受到重浸派的挑戰，重浸派的教會異象為回歸使徒教會的純樸性。對於極端的改教家來說，教會的純樸性已在4世紀初期羅馬皇帝君士坦丁悔改歸教的時候被完全毀滅了，結果產生了教會與國家的緊密聯盟。重浸派的人想割斷此聯盟，而慈運理則企圖藉其在蘇黎世的獨特形式保留此種連繫。故此，慈運理感到完全有理由宣告「問題不是洗禮，而是反叛、分裂與異端」。洗禮代表了決定個人是蘇黎世市的效忠公民還是該城叛徒的準則。正當重浸派在1520年代日益成為該城的威脅時，地方行政官員至少在此點上明白慈運理的神學的重要性。然而，這點只是強調了在第一代宗教改革運動的時期中，神學與政治，以及帝國與城市的緊密聯繫。「憲制的宗教改革運動」一詞正好指出地方行政官員與宗教改革運動的緊密關係。

路德與慈運理的對比：總結與評價

路德與慈運理之間的辯論是頗為專門性的，讀者可能難以完全明白。所以，我們若能總結他們差異的重點，並重溫與伸展上述討論，必然有所幫助。

1. 兩位改教家均否定中世紀的聖禮體系。中世紀神學認為有7項聖禮，但改教家卻主張新約只認可2項聖體——洗禮與聖餐禮。路德在這方面可能較慈運理更為保守，路德開始時容許補贖禮被視為聖禮，但後來在1520年收回此立場。

2. 路德理解上帝的聖道與聖禮為互相連結，不可分開。兩者均為耶穌基督作見證，而且兩者均傳達其能力與同在。聖禮因此有創造、支持或表明信心的功能。對於慈運理來說，上帝的聖道創造信心，而聖禮則是公開地表明此信心。聖道與聖禮是頗為不同的，而前者更為重要。

3. 雖然兩位改革家都保留了嬰孩洗禮的傳統做法，但他們卻是基於不同原因。對於路德來說，聖禮可以產生信心，故此洗禮可以使嬰孩產生信心。對於慈運理來說，聖禮表明對一個羣體的效忠與成員身分，故此洗禮表明了嬰孩是屬於一個羣體的。

4. 與慈運理相比，路德在其聖餐舉行的取向上是較為傳統的。在其改革禮儀的主要著作《關於公眾崇拜的秩序》(*Concerning the Order of Public Worship*, 1523) 中，路德清楚表明他準備保留傳統的「彌撒」名稱，只是不要誤會這含有任何獻祭的意義，並授權每週舉行，最好是以本地語言，**以此作為主要的主日崇拜**。然而，慈運理廢除了「彌撒」的名稱，並提議其對等的福音派儀式，應每年只舉行3至4次。而且這已不再是基督教崇拜的中心。路德在聖餐禮的場合中，包括了對講道的重新強調，但慈運理卻主張以講道取代聖餐，作為傳統每週主日舉行的禮儀。

5. 路德與慈運理對「這是我的身體」(太二十六26) 這句於聖餐禮具中心意義的話，意見相左。對於路德來說，「是」〔拉丁文的 *est*〕的意思是「是」(is)，但對於慈運理來說，它卻是指「意指」。兩者的不同解釋是基於對聖經十分不同的闡釋。

6. 兩位改教家均拒絕中世紀的變質說教義。不過，路德這樣作，是因為它亞里士多德式的基礎，而且他是接受其暗示的基本的觀念——即基督在聖餐中的真實臨在。慈運理卻同時拒絕變質說這名稱及觀念。對他來說，所記念的是那位不在聖餐中的基督。

7. 慈運理強調，由於基督現今坐在上帝的右邊，祂就不能在其他地方。路德駁斥慈運理的見解為哲學上天真的看法，並為基督能夠不受時空的任何限制而存在的觀念辯護。路德對「基督無處不在」的辯護，是建基於一些與俄坎的威廉相關的特點，這就進一步使路德的對手相信他已陷於某種新形式的經院哲學。

路德與慈運理的爭執，不論在神學與政治的層面，均有重要性。在神學的層面上，引致對「聖經的清晰性」這原則的最大疑惑。路德與慈運理不能同意「這是我的身體」(路德以字義來解釋，慈運理則視之為隱喻) 和「在上帝的右邊」(兩者顯然不能一致，路德視之為隱喻，慈運理則按字面來闡釋) 等經文的意思。早期宗教改革運動在釋經上的樂觀主義，可說是失足於此絆腳石上：聖經卻似乎不見得是易於闡釋的。

在政治的層面上，這場論爭導致了宗教改革運動兩股福音運動分支的永久分離。「馬爾堡對談」(1529年) 是協調這些衝突看法的一次嘗試，參加者包括布塞珥、路德、墨蘭頓、埃科蘭巴狄與慈運理。到了這階段，愈來愈清楚顯示，除非宗教改革運動可以達致十分具體程度的內部和諧，否則至少會失去一些已得的利益。長久以來，因著皇帝查理五世與法蘭西的法蘭西斯一世的一方，以及教宗革利免七世的另一方的爭論，天主教被禁止向宗教改革運動的城市採取軍事行動。但在1529年，這些爭論在數週內給解決了。[7]突然間，宗教改革運動的兩翼，面對著十分強大的政治與軍事威脅。最明顯要採取的路線，便是調解大家的不同——這步驟由布塞珥提議，他認為福音派應寬容彼此間的差異，只要大家同意承認「唯獨聖經」才是信仰的規範性來源。新教的伯爵領主黑森的腓力為這新政治情況焦慮，於是便邀請馬丁·路德與慈運理一同來到馬爾堡的城堡中，作出調解兩人分歧的嘗試。[8]

這個嘗試在「一點」上摔到，就只是「一點」。路德與慈運理感到可以互相同意的共有14項條文。第十五項條文共有6點，他們可以同意其中的5點。第六點卻出現了困難。從「馬爾堡對談」中所同意的條文的用語說：

> 雖然我們沒有達致同意基督的真正身體 (the true body) 和血是肉身臨在於餅和酒中，然而每一方都應該在他們意識容許下，向另一方顯出基督徒的愛，而且雙方應該致力向全能的上帝

祈求，藉著祂的靈，祂可以為我們確定正確的認識。

故此這一點卻仍然未解決。對於路德來説，基督是真實臨在於聖餐中，但慈運理卻認為基督只是在信徒的心中。黑森的腓力本來憧憬以聯合福音派陣營對抗新組成的天主教勢力，但這盼望粉碎了，宗教改革運動的政治可信性受到嚴重損害。到了1530年，查理五世開始重新施展其對日耳曼宗教改革運動的勢力，這政治的後果，可説頗大程度上是由於路德與慈運理兩人在聖餐上的分歧所造成的。

新教領袖留意到發生了甚麼事，試圖盡快醫治所造成的創傷。其中一個重要嘗試，是定義新教對聖禮應有的共同立場：「蘇黎世合一信條」(*Consensus Tigurinus*)，這是1549年5月同意的一個信仰形式。這份信條是由主要改教家例如加爾文和布靈爾(慈運理的繼承者，是蘇黎世市的改教領袖)所起草的，他們致力於新教教會迄今於這個問題所引起的分裂上，建立重要的共同基礎。不過，我們仍然要考慮加爾文對這個問題的觀點，我們現今就要轉到這課題上。

加爾文論聖禮

正如所有憲制的宗教改革家一樣，對加爾文來説，聖禮被視為是可以賦予身分的；若沒有聖禮，就不可能有基督教會。「無論在哪裏，我們若發現神的道被人純正宣講和聆聽，而且聖禮也按照基督的吩咐施行，毫無疑問，那裏就有了上帝的教會。」故此，構成真教會的不是其成員的質素，而是恩典被認可的媒介存在。這樣，加爾文在定義聖禮的施行是其中一個「教會的記號」(*notae ecclesiae*) 之後，不得不詳細地討論福音的真正聖禮會是甚麼，以及它們可以怎樣被理解。在如此進行中，加爾文清楚意識到路德與慈運理之間的分歧，而且試圖在他們互相抗衡的觀點之間採取中庸之道。

加爾文對聖禮提出了兩個定義，分別是「外在的象徵，藉此主在我們良心中印上祂對我們善意的應許，為的是維繫我們軟弱的信心」，以及「神聖事物的可見記號，或不可見的恩典的可見形式」。前者是加爾文自己的定義，而後者則是屬於奧古斯丁的（雖然加爾文認為它在許多運用上過分簡略）。他堅持，一項聖禮必須基於「主的應許和命令」，與他的同儕一樣，加爾文拒絕了天主教會傳統上7項聖禮中的5項，只允許保留洗禮和聖餐禮。

對加爾文來說，聖禮是對我們軟弱的恩慈俯就。上帝知道我們信心的軟弱，遷就我們的限制。

> 聖禮沒有不是先有神的應許的，這聖禮乃是附加在應許上，藉以確認和印證應許，並將應許向我們澄清並證實。……我們的信心薄弱，若不是有各方面所給予的支持和維繫，就要立刻動搖、蹣跚、最後跌倒。我們慈悲的主用無限寬仁照我們的能力待我們，因為我們是受造物，緊抓住地上和屬肉體的事情，沒有想到、甚至注意屬靈的事物，祂就降卑並藉著這些屬世的東西，引領我們歸向祂自己，甚至用肉身在我們面前架起一面帶來屬靈福分的鏡子。

路德與慈運理之間的主要辯論，所關乎的是聖禮的記號與它所表明的屬靈恩賜之間的關係。加爾文所採取的立場，可以說是他們所代表的兩個極端之間的中線。他認為，在聖禮中，象徵與它所象徵的恩賜之間息息相關，以致我們可以「輕易由一點走向另一點」。記號是可見和屬物質的，而所表明的東西卻是不可見和屬靈的；不過，由於記號與所表達的事物之間的關連十分緊密，故此可以允許把某者用於另一者。故此，所表明的事物是受它的記號所影響。

> 信徒應該總是按此原則而生活：不論何時他們見到由上主所任命的象徵，要思想和相信事物所表明的真理是確實臨在於此的。為甚麼上主應該把祂的身體的象徵放在你的手中，除非它是讓你確信你是真正參與其中。而且假如一個可見的記號是真的賜給我們，以確保一個不見事物的禮物(當我們接納身體的象徵時)，就讓我們放心，那身體本身也賜給我們了。

因此，加爾文主張在記號與所表達的事物之間是有分別的，而且堅持記號是真正意指它所表明的東西。

> 所以，我……認為聖餐的神聖奧祕包含兩部分：其一是擺在我們眼前的有形號記，這記號是(按照我們軟弱的能力)向我們表明眼所不能見的事；另一是屬靈的真理，這真理同時是由象徵表明出來。

加爾文的立場可以想成是代表一個深思熟慮的嘗試，調和慈運理與路德的觀點，這是在宗教改革運動歷史的恰當時刻，進行教會外交活動。不過，事實上，沒有多少證據支持這個論點；加爾文的聖禮神學不可以被視作為達政治目的而作的妥協，而是反映了他對上帝知識賦予我們的方式的理解。這一點十分重要，我們將會進一步探討。

加爾文在他對上帝與人類的關係的討論中，採取了一個單一的模式作為規範。這個議談中的模式，因「道成肉身」而成為可能。道成肉身是論到神性與人性在耶穌基督的位格中的聯合(union)，而不是融合(fusion)。一次又一次，加爾文訴諸於以基督論為基礎的公式：觀念「可以**區分**但不可以**分割**」(*distinctio sed non separatio*)。

那麼，「上帝的知識」與「我們的知識」可以區分；不過，它們可能不是彼此孤立的。正如道成肉身代表了相反事物這樣一起來到的情況，那麼同一模式是重覆的，並且可以在上帝與人類之間的關係的不同層面中分辨得到。對於加爾文來說，神學是集中於「上帝的知識與我們的知識」。故此，循著上述「可以區分但不可分割」的模式，支配了他思考上帝與祂的世界之間的關係的方式——包括聖禮記號的性質。

這個原則可以見於遍佈在《基督教要義》中的寫作結構：見於上帝的話語與人在教導中的話語之間的關係；見於信徒與基督之間在稱義的關係，在其中存在著人真正的相交共融，而不是存有的融合；而且見於俗世與屬靈力量之間的關係。在聖禮的情況中，記號與所意指的事物可以是有區別的，而不是彼此之間分割。它們是不同的，卻並不是分割的。

加爾文對洗禮的理解，可以視之為是結合了慈運理和路德思想的元素。搖晃在慈運理的路線上，加爾文認為，洗禮是對效忠上帝的一次公開見證：「洗禮是被接納進教會羣體的起始記號。」正如慈運理堅持聖禮主要是教會事件，為的是證明信徒對教會或公民羣體的忠誠，加爾文同樣強調洗禮這聖禮的宣告作用。不過，他也吸納了典型信義宗思想，強調洗禮是一個記號，代表罪得赦免和信徒在耶穌基督裏的新生命：「洗禮還有一種益處，乃是表明我們在基督裏死去，得著新生命。……因此我們所得的應許，第一是白白的赦罪和義的賦予，第二是有聖靈的恩典來更新我們的生命。」

加爾文與所有憲制的宗教改革家一樣，維護嬰孩洗禮的有效性。他認為，這做法是早期教會的權威傳統，而不是後來中世紀的發展。慈運理已經藉著訴諸猶太割禮的禮儀，證明這做法是正當的。他認為，藉著這禮儀，嬰兒的男孩被顯明是立約羣體的一份子。以同樣的方式，洗禮成為一個嬰孩歸屬教會（新約的羣體）的記號。重浸派逐漸增加的影響力（這是加爾文在斯特拉斯堡期間親身體會的），顯示證明實踐嬰孩洗禮之正當性的重要，那是重浸派所極力反對的。故此，加爾文重申和擴大了慈運理以立約辯解嬰孩洗禮的觀點：倘若基督徒的嬰孩不能受洗，他們相較於猶太嬰孩而言，便是處於更壞的形勢了，因為後者通過割禮可以公開和可見地取得立約的羣體之印記：「否則，假如把猶太人藉以確信自己後裔得拯救的證據，從我們手中拿走，那麼對我們來說，基督的到來，就使得上帝的恩典更加暗昧不明了；而與從前對猶太人的恩典相比，也就更加缺乏明證了。」這樣，加爾文認為嬰孩應該受洗，而不是拒絕它所傳遞的好處。

加爾文在他對聖餐的討論中，區別出屬靈真理的3個層面，那是通過餅和酒的可見元素而呈現（*monstretur*）和提供的。它的**意義**或**意思**是神聖的應許，那是在記號本身所包含或具有的；特別通過建制性的說話，信徒再次得到保證，即耶穌基督的身體和血已經為他們而破碎和流下。聖禮「確證應許，即耶穌基督宣稱祂的肉身實際上是食物，祂的血實際上是飲料，而它們把永生餵養給我們」。聖餐中的**實體**或**物質**，關乎我們對基督身體的領受：上帝把祂對我們的應許傳達給我們。在領受基督身體的記號（換言之是餅）中，我們是同時領受基督的身體本身。最後，聖餐的**美德**或**效果**，是在於藉著基督通過祂的順服而為信徒贏得的恩惠（*beneficia Christi*）。信徒藉著信心分享基督的所有好處，例如救贖、公義和永生。

最後，聖禮鼓勵基督徒尊重受造物。物質的元素可以意指上帝的恩典、寬宏和美善。這樣的洞見是嚴謹地建基在加爾文的創造教義上。對加爾文來說，受造物在每一點上都反映了它的創造者。這些形象一次又一次閃入我們的眼睛（正如加爾文所試圖傳達的，受造物以多元的方式來見證創造主）：那就像是一件可見的衣服，讓不可見的上帝穿上，為的是使祂被人得悉；那就像是一本書，在其中創造者的名字被寫下，作為它的作者；那就像一間劇場，在其中上帝的榮耀被公開演出；那就像一面鏡子，在其中反映了上帝的工作和智慧。

這給予我們**享受**大自然的一個全新動力。雖然加爾文經常被描繪為令人掃興的禁欲主義者，無論如何都定意不讓信徒盡情玩樂；但加爾文真誠地關心並強調的，是受造物被形塑為可供我們享受的樣式，而並非只是靠它生存。加爾文引用詩篇一〇四篇15節，指出上帝創造美酒使人心歡喜。食物也不只是讓人生存；它也是味道美好的。

> 上帝不只供給我們的需要，並且盡可能給予我們每日生活所需——在祂的美善中，祂藉著酒和油使我們的心靈快慰，一直慷慨地對待我們。自然界無疑可因有水可供飲用而讓人滿足！故此，添加上的酒便是由於上帝豐盛的慷慨了。

此外，酒的豐盛與滿足的聯繫，通過聖餐禮儀有了新的意義，正如加爾文在1540年的《論主餐》(*Treatise on the Lord's Supper*) 中指出：

> 當我們把酒視之為一個血的象徵時，我們必須仔細考慮酒對人類提供的好處。我們必須認識到，這些同一好處是藉著基督的血的屬靈方法提供給我們。這些好處是培養、更新、加力和振奮。

加爾文在《基督教教義》中詳盡地發展這個論點，指出我們可以怎樣欣賞和享受生命的美好事物。「所有事物都是為我們而造的，為的是讓我們可以知道和承認它們的創作者，並且藉著向祂獻上感恩，慶祝祂給我們的美善。」故此，聖餐的餅和酒不只指向上帝在基督裏救贖世界的行動，更是指向祂在先前的創世行動，藉此使那個我們可以享受的世界得以出現。

天主教的回應：天特會議論聖禮

天特會議經過一段時間，才回應與宗教改革運動相關的聖禮觀點。天特會議的第七輪會議在1547年3月3日達成結論，發表〈聖禮通諭〉(Decree on the Sacraments)。從許多方面看來，這最好被視為是一項過渡期的措施，為的是抗衡新教的觀點，而不用提出詳細的天主教答辯。該通諭形式，是在序言後的13項一般性的法規，每項都譴責某些「在我們動盪時代直接違反最神聖聖禮的異端邪說」。跟著的法規尤其重要，其中明確地譴責改教家對一些聖禮的觀點，以及他們施行的方式。批評特別是針對聖禮表明恩典，而恩典是藉著信心得到的觀念。

> 1. 若有任何人說，新律法的聖禮並非全部由我主耶穌基督設立；或者那是多於或少於7項，即洗禮、堅振禮、聖餐禮、補贖禮、臨終傅油禮、按立禮和婚禮；或者是這7項的任何1項並非真正和本質上是一項聖禮，願他們受到譴責。……
>
> 5. 若有任何人說，這些聖禮的設立惟獨是為了培養信心，願他們受到譴責。
>
> 6. 若有任何人說，新律法的聖禮沒有包含它們所表明的恩典；或者，它們沒有把恩典賦予那些沒有把障礙放在它的路途上的人(彷彿他們只是恩典或公義的外在記號，通過信心接受，以及基督徒宣認他們所是的某些記號，藉此信徒是〔在人的層次上〕有別於不信者)，願他們受到譴責。……
>
> 7. 若有任何人說，新律法的聖禮不是按聖禮本

身賦予恩典，而是惟獨在神聖應許中的信心就足以得到恩典，願他們受到譴責。

這13項法規接下來的，是一連串14項關乎洗禮和3項關乎堅振禮的法規。

直至第十三輪會議，在1551年10月11日才完成審議的結論，以致天特會議最後在〈有關聖餐的至聖聖禮通諭〉(Decree on the Most Holy Sacrament of the Eucharist) 中，提出羅馬天主教會的正面立場。在此之前，天特會議只是批評改教家，沒有提出一個條理清楚、可供選擇的立場。這個不足之處，現在已經除去。

這項通諭首先強而有力地抨擊那些否認基督真實臨在的人。雖然慈運理沒有被明確地被提到，會議提及基督正坐在上帝的右邊，以及「借喻」是不恰當的用法，這清楚顯示它所批評的對象正是這位瑞士改教家：

在餅和酒祝聖之後，在那些外在事物的呈現下，我主耶穌基督是真正、真實和實體上被盛載於神聖主餐的可敬聖禮中。我們的救主按照祂存在的自然形式，坐在天上聖父的右邊，同時在聖禮中以祂的實體在多處地方臨在於我們，這事實是沒有矛盾的。……某些愛爭論和邪惡的人扭曲了它們(指基督的話語)，使之變成為虛構和幻想的借喻，藉此否定基督的肉和血的真理，那是最可鄙的行動。

這次會議強而有力地維護了變質說的教義和用語。「藉著餅和酒的祝聖，引起了一個改變，使餅的一切實體變成基督的身體的實體，並且使酒的一切實體變成基督的血。這種「改變」，正是神聖天主教會正當和恰切地稱之為『變質說』的。」

註釋

1 這段説話用了幾段聖經經文，最重要的是太二十六26～28；路二十二19～20；林前十一24。詳細討論另參 Basil Hall, '*Hoc est corpus meum*: The Centrality of the Real Presence for Luther,' in *Luther: Theologian for Catholics and Protestants*, ed. George Yule (Edinburgh, 1985), pp. 112～144。

2 關於分析路德在這一點上拒絕亞里士多德所基於的原因，參 Alister E. McGrath, *Luther's Theology of the Cross: Martin Luther's Theological Breakthrough* (Oxford, 1985), pp. 136～141。

3 路德所用的其他重要經文包括林前十16～33，十一26～34。參 David C. Steinmetz, 'Scripture and the Lord's Supper in Luther's Theology,' in *Luther in Context* (Bloomington, Ind., 1986), pp. 72～84。

4 參 W. P. Stephens, *The Theology of Huldrych Zwingli* (Oxford, 1986), pp. 180～193。

5 Timothy George, 'The Presuppositions of Zwingli's Baptismal Theology,' in *Prophet, Pastor, Protestant: The Work of Huldrych Zwingli after Five Hundred Years*, ed. E. J. Furcha and H. W. Pipkin (Allison Park, Pa., 1984), pp. 71～87，特別是 pp. 79～82。

6 關於這一點及它在政治和制度上的重要性，參 Robert C. Walton, 'The Institutionalization of the Reformation at Zürich,' *Zwingliana* 13 (1972): 497～515。

7 6月29日，教宗革利免七世在巴塞隆納接納和平協議；法王與查理五世在8月3日達成協議。10月1至5日進行馬爾堡對談。

8 關於馬爾堡對談的出色討論，參 G. R. Potter, *Zwingli* (Cambridge, 1976), pp. 316～342。

進深閱讀

關於宗教改革辯論的背景，參：

Francis Clark, *Eucharistic Sacrifice and the Reformation*, 2nd edn (Devon, 1981).

關於改教家的聖禮神學，參：

Timothy George, 'The Presuppositions of Zwingli's Baptismal Theology,' in *Prophet, Pastor, Protestant: The Work of Huldrych Zwingli after Five Hundred Years*, ed. E. J. Furcha and H. W. Pipkin (Allison Park, Pa., 1984), pp. 71～87.

Brian A. Gerrish, 'Gospel and Eucharist: John Calvin on the Lord's Supper,' in Gerrish, B. A., *The Old Protestantism and the New* (Edinburgh, 1982), pp. 106～117.

Basil Hall, '*Hoc est corpus meum*: The Centrality of the Real Presence for Luther,' in *Luther: Theologian for Catholics and Protestants*, ed. George Yule (Edinburgh, 1985), pp. 112～144.

David C. Steinmetz, 'Scripture and the Lord's Supper in Luther's Theology,' in Steinmetz, D. C., *Luther in Context* (Bloomington, Ind., 1986), pp. 72～84.

W. P. Stephens, *The Theology of Huldrych Zwingli* (Oxford, 1986), pp. 180～259.

10

教會的教義

「從內部考慮，宗教改革運動只是奧古斯丁的恩典教義最終戰勝奧古斯丁的教會教義而已。」[1]我們已經見過憲制的宗教改革運動的兩翼如何訴諸於希坡的奧古斯丁對恩典的見解。不論是路德那惟獨憑信稱義的教義，或是慈運理和加爾文對上帝預定的強調，都是代表了對奧古斯丁的反伯拉糾著作稍微不同的解讀方式。正如我們所見，產生宗教改革運動的思想處境，正是對這位4世紀晚期與5世紀初期的偉大基督教作家的重新重視，而這是在1506年出版的奧古斯丁著作集亞默巴赫版中反映出來的。

在許多方面，改教家對教會的觀點顯示了他們的致命弱點。改教家要面對兩個剛好匹敵但在邏輯上不能相符的教會觀——他們的天主教和極端派對手的觀點。在前者而言，教會是一個可見的、歷史的建制，與使徒教會有歷史上的延續性；在後者來說，真教會是在天上的，而且沒有任何類型的地上建制可以值得稱為「上帝的教會」。憲制的改教家試圖在兩個競爭觀念之間持守於中間的某一點，結果發現他們捲入了嚴重的矛盾中。

改教家確信他們那時代的教會已經忽略了恩典的教義，而路德卻視之為基督教福音的核心。故此，路德宣稱他的惟獨憑信稱義的教義是「教會站立或跌倒所據的條文」(*articulus stantis et cadentis ecclesiae*)。他深信天主教教會已經忽略了此教義，故此他的結論(似乎帶點猶疑的)是教會已失去了作為真正基督教會的自稱。

天主教徒以嘲諷來回應此看法，他們認為路德根本就是製造與教會脫離關係的分裂。換句話說，他是分裂教會的——奧古斯丁自己不是指責教會分裂的嗎？奧古斯丁不是極之強調教會的合一，而路德現在不是威脅要破壞此合一嗎？路德似乎只能拒絕奧古斯丁的教會觀，藉此來持守奧古斯丁的恩典觀。正是奧古斯丁思想這兩方面所形成的張力，那是對16世紀來說似乎是不可調和的，成為宗教改革運動理解教會本質的思想背景。

宗教改革運動對教會本質的爭論，讓我們可以理解在宗教改革運動之中存在的主要分歧，那也是宗教改革運動與它的天主教對手之間的分歧。當憲制的與極端的宗教改革運動兩者都否定天主教提出對教會的建制性(institutional)定義時，憲制的宗教改革運動發現他們比極端派對手更多維護一個對教會較為「建制性」的定義。在較早的章節中，我們探討過極端的宗教改革運動、憲制的宗教改革運動與天主教對傳統的角色之差異；相關的差異可以在教會的教義中見到。

我們首先必須回到奧古斯丁所留下的問題來開始我們的討論。宗教改革運動(至少部分)可以被視為是對奧古斯丁恩典觀的一次贊同。然而，奧古斯丁對教會的觀點又如何——那是改教家據說發現有所抵觸的？若要理解16世紀爭論的複雜性，我們就要查考多納徒派爭論，那是在宗教改革運動之前1000年，已經辯論過非常相似的問題。那些涉及多納徒派的爭論，在宗教改革運動對教會的身分和功能之爭論有非常相似之處。

宗教改革運動爭論的背景：多納徒派的爭議

「多納徒派爭論」起源於3世紀北非。在某程度上這場爭論反映了土生土長的北非基督徒（巴巴里人〔Berbers〕）與定居該區的羅馬殖民間的張力。然而真正的問題是那些曾在逼迫威脅中跌倒的信徒與會眾的地位問題。

在羅馬皇帝戴克里先（Diocletian, 284～313）之下，基督徒教會要面對不同程度的逼迫。逼迫的開始源自303年，最後結束於君士坦丁的悔改以及在313年發表〈米蘭詔書〉（Edict of Milan）。在303年2月發表的一份詔書中，命令要燒毀基督徒書刊和廢除教會。有些基督徒領袖交出他們的書刊以供焚燒，他們被稱為「交付者」（*traditores*）。現代用語的「叛徒」（traitor）一詞是源自相同的字根。其中一個這樣的「交付者」是腓力斯（Felix of Aptunga），他後來在311年祝聖凱其里安（Caecilian）為迦太基主教。

許多本地基督徒對於一個這樣的人被容許參與這祝聖禮感到義憤填胸，並且結果宣告他們無法接受凱其里安的權威。因著這樣的發展，大公教會的聖職建制被弄污了。教會必須要純潔，而且不應允許包括這樣的人。到了奧古斯丁在公元388年從意大利返回非洲時，一個分離的教派已經在當地建立，成為主要的基督徒羣體，在本土的非洲會眾中取得特別強烈支持。社會性問題遮蔽了神學性爭論；多納徒派（名稱來自分裂的非洲教會領袖多納徒〔Donatus〕）傾向把他們的支持取自本地羣眾，而大公教會的支持則來自羅馬的殖民。

在此涉及的神學議題是相當重要的，而且這直接關乎3世紀非洲教會一位領袖的神學內在的嚴重張力——迦太基的居普良（Cyprian of Carthage）。在居普良的《大公教會的合一》（*Unity of the Catholic Church*, 251）中，他維護了兩個主要相關的信念。首先，教會分裂是完全和絕對不能被合理化的。無論有任何藉口，教會的合一不可以被破壞。踏出了教會範圍之外，就會喪失拯救的任何可能性。第二，故此，失腳或分裂教會的主教就不再有可能主持聖禮，或作為基督教會的教士。因為離開了教會的範圍，他們就失去了他們的屬靈恩賜和權力。因此，他們不應被允許去任命教士或主教。他們所按立的任何人，必然要被視為是無效的按立；他們所施洗的任何人，必然被視為是無效的洗禮。

不過，假如一個主教在逼迫中失腳，然後悔改，那又如何？居普良的理論是相當含糊的，而且開放給兩條解釋的路線。

1. 由於失腳，主教已經陷於背道（apostasy，字面意思是「跌離」）的罪。因此，置自己於教會的界限之外，而且不再被視為有效地主持聖禮。
2. 由於他的悔改，主教已經重得恩典，而且是可以繼續有效地主持聖禮的。

多納徒派接納上述的第一項立場，大公教會（所有人知道是他們的對手）則接納第二項。

多納徒派相信，大公教會的整個聖禮系統已經墮落了。

因此，這是有需要把那些「交付者」置換為那些在逼迫中仍然持守他們的信心的人。此外，還有需要重洗和重按那些被「交付者」施洗和按立的人。無可避免地，這會產生一個分離的教派。當奧古斯丁返回非洲時，分離的教派是比它所離開的教會更龐大。

然而，居普良完全禁止任何形式的教會分裂。多納徒派分裂的最大弔詭之一，是它源自可以追溯至居普良的原則——雖然同時否定了那些相同的原則。結果，多納徒派和大公教會都訴諸於居普良的權威——然而卻訴諸於他教導的非常不同層面。多納徒派強調叛教的可恥性質，大公教會同樣強調教會分裂的不可能性。結果便陷於困境。那是直到奧古斯丁來到並且成為當地的希坡主教時的境況。奧古斯丁可以解決在居普良的思想遺產中存在的張力，而且提出一個教會的「奧古斯丁式」觀點，而且從此之後一直有極大的影響力。

首先，奧古斯丁強調**基督徒的罪性**。教會不是指一個聖徒的羣體，而是一個聖徒與罪人的「混合的身體」（*corpus permixtum*, mixed body）。奧古斯丁在兩個聖經比喻中發現這個形像：在網中捉了許多魚的比喻，以及麥子和稗子的比喻。後一個比喻（太十三24～31）尤其重要，而且需要更多討論。

在這比喻中，農田主人撒種，發現麥子與稗子一同生長。他可以怎樣做？若是試圖在麥子和雜草仍然生長時區分兩者，就會造成災難，可能會在試圖除去雜草時毀壞了麥子。不過在收成中，所有農作物（麥子和稗子）都會被割下，並且被挑出而不用對麥子造成任何毀壞。因此，好與壞的區分是在時間的末了，而不是在歷史中。

根據奧古斯丁的看法，這比喻是應用在世界的教會身上。教會也包括了義人與罪人。若是試圖在這個世界中作出區分，是不成熟和不適當的。在上帝的時間中(歷史的結束)，祂會區分兩者。沒有人可以預先執行上帝的審判或區分。故此，教會聖潔是甚麼意思？對於奧古斯丁來說，聖潔的問題不在於它的成員，而是在於基督。教會不可能是在這個世界中的一個聖徒羣體，在其中它的成員是被原罪所污染的。然而，教會是被基督所聖化和成為聖潔的——這聖潔將會完全，並且在最後審判中被最終實現。

除了這個神學分析之外，奧古斯丁特別觀察到多納徒派信徒沒有按照他們的高度道德標準而生活。奧古斯丁認為，多納徒派只不過是醉酒或打人的大公教會信徒而已。

第二，奧古斯丁認為教會分裂和交付(*traditio*，即交出基督徒的書刊，或任何離開信仰的形式)實際上都是罪人——不過，對居普良來說，教會分裂顯然是較嚴重的罪。因此，多納徒派是對這位偉大的北非殉道主教的教導有了嚴重歪曲的罪。

基於這樣的考慮，奧古斯丁認為多納徒主義是不幸地有缺陷的。教會是(而且意味著是)一個混合的身體。罪是教會在現今時代的生命所不可避免的層面，而且不是教會分裂的理由或藉口。然而，正是奧古斯丁十分懼怕和厭惡的這種教會分裂，最終發生在16世紀，隨著西歐分裂而成的新教教會——那是宗教改革運動的結果。我們現在就要轉往這些主要發展。

宗教改革運動教會觀的思想背景

路德在作為學術改教家的時期，像其他人一樣深切厭惡教會分裂。即使1517年10月31日所公布有關贖罪券的〈九十五條論綱〉而引起的譴責，也未使路德感到要脫離教會。在20世紀，我們已經習慣「宗派主義」(denominationalism)的現象——但西方教會分裂成為許多細小部分的觀念，在中世紀時代而言是完全陌生的。坦白說，教會分裂在當時根本是不可想像的。正如路德在1519年初說：「如果不幸地，在羅馬有些事情是不能改善的，但這不能——絕對不能——有任何讓自己脫離教會的理由而產生教會分裂。反而，情況愈糟，我們就愈應幫助教會，加以支持，因為教會分裂與仇恨是修補不了甚麼的。」[2]路德在此的看法是與整個歐洲其他改教團體十分相似的：教會必須從內部開始改革。

威登堡的改革運動與大公教會之間日漸擴大的決裂只是暫時性的這一設想，似乎充斥於1520至1541年間大多數信義宗作家的思想中。威登堡的福音派似乎相信，大公教會真的可以自我革新，或許在若干年間，通過召開改革議會，從而使信義宗最終可以重新加入一個更新與改革了的教會。故此，〈奧斯堡信條〉(1530年)作為信義宗信仰的主要表述，實際上是對大公主義採取極為修和的姿態。不過，這種重新復合的盼望，在1540年代徹底破滅。1541年，雷根斯堡對談似乎提供了復和的盼望，當時一羣新教與天主教神學家聚集，討論彼此的分歧。[3]這些討論結果失敗收場。

1545年，天特會議最終制定了天主教會對宗教改革運動的回應，並且開始著手改革教會的重要方案。某些與會者，例如樞機主教波爾(Reginald Pole)，曾期望該次會議可以對新教徒表示願意修好；然而，在這過程中，天特會議確認與譴責新教思想的主要觀念。所有復和的希望都被粉碎了。新教教會這時開始察覺他們作為分離的存在實體(separate entities)的存在，不是暫時的，而是永久的。他們要尋找理據，支持他們作為基督教會的存在，與另一似乎具有更強理由聲稱自己是教會的團體——即羅馬天主教會本身——並存。

基於上述歷史背景的引介，顯示改教家對教會理論的特別關注，可以追溯至1540年代。那是在雷根斯堡對談之後的——尤其是福音派羣體明白他們將會永遠被天主教會排斥於外——教會的真正身分的問題就顯得相當重要。被這個問題困擾的是第二代，而不是第一代的改教家。假如路德關注的問題是：「我如何可以找到恩慈的上帝？」那麼他的承繼者被迫要處理由此而生的問題：「我在哪裏可以找到真正的教會？」福音派教會的分離存在，必須要在理論上證明是恰當的。在第二代的改教家中，當然是以加爾文最為卓越，正是在他的著作中，我們找到這爭論或許最為重要的貢獻。我們首先從路德開始。

路德論教會的本質

早期的改教家深信，中世紀教會是由於背離聖經，或是對聖經作出人為的增添，因而導致教會的腐敗及教義的變質。路德早期對教會本質的看法，反映了他對上帝話語的重視：上帝的話語攻無不克，而其克勝與贏取對上帝真正順服的地方，就是教會。[4]

> 現在，你聽到或看見有任何地方傳揚、相信、承認和實踐〔上帝的話語〕，不要懷疑，那裏必然就是真正的「聖潔大公教會」(*ecclesia sancta catholica*)，

> 即使他們人數不多。因為上帝的話語「決不徒然返回」(賽五十五11)，卻至少擁有四分一或部分的田地。即使只有這個記號，已經足以證明那裏必定存在一羣神聖的基督徒子民，因為上帝的話語存在，就不可能沒有上帝的子民，反之亦然，沒有上帝的話語，上帝的子民也不可能存在。因為倘若沒有上帝的子民，誰會傳講這話語，或聆聽它的傳講？而且倘若沒有上帝的話語，那麼上帝的子民又怎能去相信？

故此，由主教所按立的事奉人員並不一定保證教會的存在，反而福音的傳講對教會的身分卻是十分重要。「話語在哪裏，那裏就有信心；哪裏有信心，那裏就有真教會。」可見的教會是由傳講上帝的話而組成的：任何人為的組織，若不是建基於福音，都不能稱為「上帝的教會」。

我們在上文已經看見，這樣對教會的了解是如何地功能性而不是歷史性的：教會及其職事人員的合法性，不是基於使徒教會的歷史延續性，而是在於神學的延續性。傳講與使徒所傳一樣的福音，較諸作為在歷史上源於他們的組織成員更為重要。相似的教會觀，也可以見於路德在威登堡的同僚墨蘭頓，他相信教會主要的功能是作為施行恩典的媒介。

沿著教會本質的這個觀點，路德對個別教會的角色開列了一個全新的理解。當中世紀教會認為在聖職人員與平信徒之間是有一個絕對的區別時，路德卻堅持所討論的區別是功能性的 (functional)，而不是本體性的 (ontological)。所有基督徒由於他們的洗禮、信心和福音，都是祭司——

這教義經常被稱為「信徒皆祭司」(priesthood of all believers)。惟一的區別，在他們之間可以被確認為涉及不同的「職事」或「功能」(*ampt*)，以及「工作」或「責任」(*werck*)，以此他們被付託。教士被認為是「職事者」(office-holders)，他們的特權與功能，只有他們被「那些委派或選擇他們」的人接納時才可以繼續下去。因此，路德相當清楚，一旦教士退休或解職，他們就回復到平信徒的角色。[5]

> 若教宗、主教、教士和修士稱為「屬靈的身分」(*geistlich stand*)，而貴族、地主、工匠和農夫稱為「屬世的身分」(*weltlich stand*)，那只是一種發明。這是一種偽造的概念，而沒有人應該為以下的理由而懼怕它。所有基督徒正是屬於屬靈的身分，而且除了他們的「職事」之外，他們之間是沒有分別的。……我們全都有同一的洗禮、同一的福音、同一的信心，以及全都是一樣的基督徒，在其中惟獨洗禮、福音和信心把我們變成屬靈的和基督徒羣體。……我們全是通過洗禮成為神聖的祭司，正如聖彼得說的：「你們是有君尊的祭司，是聖潔的國度。」(彼前二9)……因此，某些人有教士的身分(*ein priester stand*)，只不過是一個職事者(*amptman*)。他只有保持這個職位時，才能享有優先權；當他被罷免時，他就像其他人一樣成為一個農夫或市民。……因此，在平信徒、教士、貴族和主教之間，在屬靈與屬世之間，沒有基本的真正分別，除了他們的職事和工作(*den des ampts odder wercks halben*)之外，並且不在於

> 他們的「身分地位」(*stand*)的基礎上。全都是屬靈的身分，而且全都是真正的教士、主教和教宗，雖然他們各自的工作並不相同。

路德對教會的異象，擁有極之簡易的長處。然而，簡易經常變成不完全。愈來愈清楚看到路德和慈運理不可能在福音是甚麼這問題上意見一致(他們對聖餐的分歧強調了這一點)，路德教會的異象之可信性逐漸遭破壞。在某程度上，路德的困難是涉及極端的宗教改革運動所提出的挑戰，那是我們正要轉換的課題。

極端派的教會觀

留意「宗教改革運動」一語的含意是重要的。對於憲制的改教家來說，例如路德和加爾文，宗教改革運動的任務是改革教會，那是由於教會在中世紀的發展中變得腐敗和損毀。在這個方案之下的基本前設，應該小心注意：**改革教會的前提，是教會已經存在**。路德與加爾文都清楚表明，中世紀教會實際上是一所基督教會。問題是，它已經迷失了它的路向，而且需要改革。

然而，極端派沒有分享這個基本設想。教會已經完全不再存在。對於某些像弗蘭克那樣的人來說，使徒教會已經因與國家的緊密聯繫而完全妥協了，那是可以追溯至皇帝君士坦丁的歸信。作為一個建制，教會被人類力量的掙扎和野心所腐化。因此，弗蘭克寫道：[6]

> 有別於所有博士，我認為在使徒教會所用的一切外在事物已經被廢止了(*abrogata*)，而且它們沒有

> 被修復或再建立，即使它們已經超越它們的認可或呼召，並且試圖恢復這些墮落的聖禮（*lapsa sacramenta*）。教會將會仍然散佈在異教徒之間，直至世界的末了。事實上，敵基督與他的教會只會在基督再來時才被擊敗和清除，基督將會在祂的國度以色列中招聚，那是已經散佈在世界的四角中。……〔那些明白這一點的人的〕工作已經被抑制為不信神的異端和誇談，而地方的傲慢已經代之而賜給愚蠢的安波羅修、奧古斯丁、耶柔米、貴格利——他們沒有一個人認識基督，也不是由上帝差來教導的。相反地，全都是或將會仍然是敵基督的使徒。

正如大多數極端派均極一致地應用「唯獨聖經」的原則，他們也同樣對建制教會的看法持守一致的見解。真教會是在天上的，而其建制上的拙劣模仿則是在地上的。[7]

故此顯然，極端派並沒有心情談到教會的「改革」。假如教會不再存在，它是需要**修復**（*restoratio*）而不是**改革**（reformation）。極端派改教家的基本主題，是真教會不再存在。藉著「改革」中世紀教會，路德只不過改變一個腐敗建制的外在表現，那是沒有權利被稱為一間基督教會的。正如門諾．西門（Menno Simons）在1552年的論著《貧乏基督徒的懺悔》（*The Confession of Distressed Christians*）中強調：[8]

> 太陽的光輝已經有許多年沒有照耀。……然而，在這些最近的日子裏，恩慈、偉大的上帝藉著祂

> 愛的豐富寶藏已經再一次開啟了屬天的窗户，並且滴下祂的聖言的甘露，以致大地再一次像以往一樣，出產它的公義的綠枝和植物，所結的果實是給上主的，並且榮耀祂的偉大和可敬的名。上主的聖言和聖禮再次從廢墟上興起。

故此，極端派的教會觀顯然相當接近多納徒派的觀念，多過是奧古斯丁派的觀念。對於門諾．西門來說，教會是聖徒的一個社團，一個純潔的身體，完全不受罪的污染。有別於虛假的教會是由國家承認的，而且享受它的特權，真教會是完全純潔和重生的。[9]

> 他們是基督的真正會眾，真正的歸信，由上帝從上而生，藉著聖靈的運作通過聖道的聆聽而成為重生的心思，而且成為上帝的兒女，進入順從於祂，並且在祂的神聖誡命中活得無可責難，在所有他們的日子中，或從他們蒙召的時刻開始，按照祂的神聖旨意而活。

因此，重要的是留意到，教會紀律的問題對極端派教會領袖來說，是相當重要的。紀律是在教會中可以執行教義和道德純淨的方法。「禁令」(ban) 是為了確保教會的純淨，並且革除任何可以污染或危及會眾純淨的人。

極端派的教會觀是高度協調的，而且對主流改教家 (例如路德) 提出一個嚴重的挑戰，即主流改教家們提出一個「混合的身體」的教會觀——那就是說，他們跟隨奧古斯丁的觀點，認為教會事實上是包括了聖徒和罪人。我們在以下的段落中，將會考慮某些困難之處。

路德教會教義的張力

正如我們見到的，路德因此被迫處理兩點關乎他對教會的理解的難題。假如教會不是由建制界定，而是由福音的宣講來定義，那麼他怎能區分他自己與極端派的看法？他自己曾經承認：「即使是狂熱派（fanatics，路德對極端派的稱謂）所支配的教會，只要他們不否定聖言與聖禮，就仍然是神聖的。」

路德敏感於他所處的政治現實，藉著強調建制教會的需要，以抗衡他的極端派批評者在這一點上的看法。正如他藉著訴諸傳統，以緩和對「唯獨聖經」的極端引申，他也同樣試圖通過堅持教會作為歷史建制的看法，藉此緩和他對真教會本質所潛藏的極端立場。教會的建制是上帝設立的恩典媒介。不過，路德發覺他因著要抗衡極端派而強調教會是實在可見與建制性的，而發現他的觀念有難以與其天主教的對手區別出來的困難。他自己充分理解這個難題：

> 我們這一方承認，在教廷之下是有相當的屬基督的和好的；事實上，任何屬基督的和好的都可在那裏找到，並且是從這根源臨到我們的。例如，我們承認在教廷的教會中是有真的聖經，真的洗禮，真的聖壇之聖禮，對赦罪有真的鑰匙，真的事奉職任，在主禱文、十誡和信經條文的形式中有真的信條。

因此，路德只得主張「假教會只是徒具外表，雖然它也有基督教的職事」。換句話說，中世紀教會可能是看似真像，但其實卻是另一些的東西。

這情況的邏輯似乎變成不可能的事，特別是當路德進一步面對兩個問題。首先是可見於保羅在新約聖經中寫給哥林多與加拉太教會的信。保羅寫信給這些教會，指責他們背離了福音——但他仍然稱他們為基督教會。路德在這事上怎能不按照保羅而行？即使是最壞的情況，羅馬教會像加拉太教會般，在某些地方背離了福音，它依然可被視為基督的教會。

第二個問題由奧古斯丁教會理論的一方面引起，這可追溯至5世紀早期的多納徒派論爭，那是我們之前討論過的。[10]多納徒派是北非教會的一個分裂運動，他們堅信當時的大公教會在逼迫時期內因其對羅馬當權者的態度，而變得妥協了。只有那些真正聖潔的人，才可被視為真教會的成員。可以說，這是相當接近極端派的教會觀。

奧古斯丁為大公性而辯護：教會必然被視為同有聖徒與罪人的混合成員。義人與罪人同時存在於同一教會，無人有權從教會中除去罪人。奧古斯丁是建基於經常被稱為「稗子的比喻」(太十三24～31) 的論據來支持這一點的。在這個比喻中，田地的主人在一個早上發現麥子和稗子 (在較古老的英文中稱之為 tares) 一起生長。可供選擇的除草劑仍然未有，他只能勉強嘗試除去稗子：若是這樣做，他難免也會毀壞某些麥子。他解決問題的方法，是一直等候直至麥子可以收割，然後再分開它們。根據奧古斯丁的觀點，這個比喻是用於教會。就像在比喻中的田地，教會包括了麥子和稗子，義人和罪人，他們會一同存在直至審判的日子。到了那日子，上帝將會在他們之間作出審判——而且沒有人被容許首先經歷上帝的審判。因此，教會將會包括好人和壞人，直至時間的末了。奧古斯丁認為，「大公」(catholic，字面意思是「全體」)一語是用於教會的，描述它的成員混合了聖人和罪人。

路德跟隨奧古斯丁，接納了一個「混合的身體」的教會觀。不過，這產生了一個嚴重的問題。路德已經指出，中世紀教會的道德缺點使它的憑證出現問題。然而，他對奧古斯丁派教會的接納，似乎對許多人來說是必然暗示了，在真教會中**總是**有腐化之處，因為它是聖人和罪人混合的身體。基於奧古斯丁的理論，在天主教會中的腐化不必意味著它是一間「假教會」。

事實上，這第二個論點的力量，因著路德強調神學比道德上更優先而被減弱。路德傾向認為他對中世紀教會的道德的批判，是次於中世紀教會的神學缺點。然而，在本段中考慮的問題，清楚表明憲制的宗教改革運動有時會發現本身正在經歷它的教會概念中的難題。天主教與極端派的教會觀擁有相當程度的內在一致性和融和性，這正是路德的觀點有時看似缺乏的。

對於這項重要的教義，加爾文的著作讓我們找到一個較深思和慎密的取向。

加爾文論教會的本質

如果說有哪一位改教家為教會教義所引起的問題而掙扎時，那一定是加爾文了。他對教會理論的第一次主要探討，可見於1539年的《基督教要義》第二版。雖然加爾文的《基督教要義》初版(1536年)處理過這課題，當時他卻幾乎沒有任何管理教會或相關責任的經驗，因此造成了他的討論奇怪地不清晰的現象。到了本書第二版時，加爾文已經對新的福音派教會所面對的問題，獲得較多經驗。

教會的兩個記號

對於加爾文來說，真教會的記號(mark)在於應該宣講上帝的話語，以及正確地實施聖禮。由於羅馬天主教會甚至沒有符合這個教會的最簡單定義，福音派陣營離開它是完全正確的。至於作為遵照這個教會定義的福音派教會，就沒有合理原因進一步教會分裂。這一點相當重要，反映了加爾文的政治判斷，就是福音派教會會眾的更多分裂，對於宗教改革運動的目標是一場災難。加爾文列出這些原則的文獻，值得仔細研讀：[11]

> 無論在哪裏，我們若發現神的道被人純正宣講和聆聽，而且聖禮也按照基督的吩咐施行，毫無疑問，那裏就有了上帝的教會。因為祂的應許是不會失落的——「無論在哪裏，有兩三個人奉我的名聚會，那裏就有我在他們中間」(太十八20)。……倘若有職事能持守聖道並遵重它，並有聖禮施行，就毫無疑問地當被稱為教會。……在哪裏有人虔敬傾聽聖道，而聖禮也未被忽略，在那裏不應會有虛假和形式含混的教會；對於這個教會，無人能藐視它的威權，拒絕它的規勸，違抗它的訓導，或輕視它的指責，更不能脫離它，分裂它。……當我們說，聖道的純淨職事和慶祝聖禮的純淨方式是一個充分的誓言和保證，藉此

> 我們可以承認任何羣體為一間教會，我們的意思是哪裏有這些記號並存，它就不可以被拒絕，即使它是在其他層面上充滿缺失。

請留意加爾文如何識別兩個元素對一間基督教會是基要的，而同時表明在其他範圍中的彈性。

到了1543年，加爾文已經獲得相當多承擔教會責任的經驗，特別是他在斯特拉斯堡期間。布塞珥作為斯特拉斯堡宗教改革運動背後的思想動力，擁有十分超卓的教會行政名聲，而加爾文後期的教會理論，可能反映了布塞珥的個人影響。牧師、博士（或教師）、長老和執事的「四重職份」（fourfold office），它的起源可以追溯至布塞珥，他也區分了可見的教會與不可見的教會（正如上文所述）。然而，布塞珥認為教會的紀律是教會的一個基本特徵（技術上是一個「記號」〔*nota*〕或「標記」），卻沒有得到加爾文的共鳴。雖然加爾文在《基督教教義》1536年版中在教會的「確實記號」中有「生命的榜樣」一段，後期的版本卻著重於上帝話語的恰當講授，以及聖禮的施行。紀律強調了教會的經絡——基督的拯救教義，卻建立了它的心臟和靈魂。

加爾文主張，聖經有具體的方向，指引有形教會中的正確職事秩序，以致教會秩序的獨特形式，現在成為了教義的一部分。換句話說，他在「純淨地宣講的福音」之內，包括了一種獨特形式的教會行政建制（而他從俗世政權的圈子借用了 *administratio* 一詞）。

教會的外在行政的重要性，已經同時在改革派圈子中得到承認。在蘇黎世制訂的〈第一紇里微提信條〉（1536年）

強調，教會是由某些外在的記號所區分的：[12]

> 所有聖徒團契和會眾都是基督的新婦和配偶，是祂用祂的血洗淨，最後無瑕無疵地呈獻給父的。雖然基督的這教會和會眾只是被上帝的眼目所開啟和知曉，然而它不只被知曉，也由可見的記號、儀節和儀式所結連和建立的，那是基督自己由上帝的話語所制定和任命，作為普世、公開和有條理的紀律。若是沒有這些記號(一般地說，不需上帝啟示的特殊允許)，就沒有人可以被算作是屬於這教會的。

加爾文對教會的極簡化定義，現在有了一個新的意義。真教會是在福音被正確傳揚，以及聖禮被正確施行的地方找到的——而且認為在這個定義中所包括的，是教會建制和行政的一個獨特形式。加爾文稱之為「上主願意祂的教會被管理的秩序」，並且基於他對新約的解經而發展了一套教會管理的詳細理論，廣泛地建基於羅馬帝國行政的用語。有別於極端派的聲稱，加爾文強調教會的結構和行政的獨特形式是置於聖經的。故此，加爾文認為教會的牧職管理是神聖的任命，區分為「牧師」、「長老」、「執事」和「信徒」。

當路德認為教會的組織是歷史的偶然情況，並不需要神學上的規定時，加爾文則認為聖經指定了教會管理的一個明確模式。那麼，這個新發展對教會的理論有何重要性？這讓人想起，路德以按照上帝話語的職事來定義教會，但這卻甚少有助於把憲制的宗教改革運動一方面從天主教的立場區別出來，另一方面有別於極端派的立場。加爾文一直強調上帝話語職事的重要性，與此同時，現在更堅決認為這同一的上帝話語可具體成為教會管理的一個獨特形式。這在聖經解釋上是大膽的新一步；它也讓加爾文得到一個標準去判斷（並且發現其缺乏）他的天主教和極端派對手。路德朦朧不清之處，加爾文是精確的。到了加爾文逝世時（1564年），改革宗教會是正如它的天主教對手一樣建制化，而且成為它最可怕的敵人。而其成功有不少是因著宗教法庭（Consistory）的角色，或許這是加爾文建構他的教會的計劃中最有特色和創意的一面。

加爾文論教會與宗教法庭

假如《基督教要義》是加爾文宗教改革的肌肉，那麼他的教制組織就是他的骨幹。〈教會敕令〉（the Ecclesiastical Ordinances, 1541）賦予日內瓦教會獨特的外形和身分，這是在加爾文從斯特拉斯堡那流徙的日子返回日內瓦之後，就立即草擬的。加爾文確信，需要為一個遵守紀律、秩序和結構井然的教會設定詳細的指引，以管理教會的每一層面。因應加爾文的目標而建立的教會機構，必被視為他事工中其中一個最重要的方面，而且使得加爾文與列寧（Lenin）比較的討論加添額外的重量，即他們兩者都相當注意建制對他們各自領導的革命得以繁衍的重要性，並快馬加鞭地組織所需要的。加爾文教會管理系統最富特色和爭論的地方，就是「宗教法庭」這機構在1542年出現，由12位平信徒長老（由地方行政官員每年選出）和神聖牧師團（Venerable Company of Pastors）的所有成員（1542年有9名，1564年有19名）組成。這羣人期望每週四聚集，目的是要維護教會紀律。這機構的起源並不清楚；當時的婚姻法庭（例如蘇

黎世的 *Ehegericht*) 可能是其參考模式，而當加爾文在斯特拉斯堡流徙期間，實際上已經建立了它的原型。宗教法庭的早期活動之一，無疑是集中於婚姻的問題，那是被視為一個牧養上(正如在法律上)的難題；這可以反映在已經存在的婚姻法庭的角色上(那主要是由平信徒組成的)。

教會紀律的問題相當困擾瑞士的改革宗城市的當權者。假如說在1530年間出現了任何主要的普遍模式，那就是教會紀律從屬於俗世地方行政的慈運理式觀點。在慈運理的承繼者布靈爾領導之下，蘇黎世市認為革除教籍(excommunication) 是一件公民事件，要由地方行政官而不是由聖職人員處理。巴塞爾也對一個純粹的教會法庭被賦予革除個人教籍的權力是否恰當有嚴重的保留。假如伯恩市在任何一方面是有別於這規例，那就是因為它不會革除教會成員。

在1530年的巴塞爾，可以追溯一個相匹敵的理論的源起，當時埃科蘭巴狄主張，在巴塞爾的市議會之前，在公民和教會權力當局之間是有基本分別的。那是有需要引入一個教會法庭，主要對付的，是罪(sin)；而俗世的地方行政官繼續處理刑法過犯(criminal offences)。前者應該有權革除犯事者，為的是鼓勵他們改正己行，而且避免破壞教會的合一和生命。巴塞爾市議會不同意，那裏事情就擱置下來。

然而，一個特別教會法庭的概念在1530年代得到支持。雖然布塞珥在1530年10月19日寫信給慈運理，顯示他不喜歡這樣一個法庭的概念，但他似乎在不久之後轉移了立場。這有可能反映了布塞珥疏遠慈運理，那正是後者在1531年2月12日所寫信函的結果，在其中他指責布塞珥為了政治的權宜利益，出賣了福音信仰的真理。在1531年，布塞珥支持烏爾姆市應該有一個教會法庭的建議，那是由平信徒和牧者一同組成的，處理教會紀律事宜。明斯特（Mü[um]nster）在1534年2月被極端派圍困，讓史特拉斯堡的市議會有需要實施教會紀律和正統教義（假如史特拉斯堡——到那時已有名聲成為極端派的一個避風港——要避免陷入明斯特的命運）。然而，市議會拒絕了布塞珥支持一個教會法庭的傾向；對教會紀律的控制，仍然牢牢掌握在公民權力當局的手中。布塞珥的概念（而不是史特拉斯堡的習慣），似乎激發了加爾文旅居該市期間的想像力。日內瓦教會組織的條文由法惹勒和加爾文在1537年1月起草，差不多預期了1541年的〈教會敕令〉（*Ordonnances ecclésiastiques*）的每一個層面——值得注意那是除了宗教法庭外。這暗示加爾文是在史特拉斯堡期間發展了這個概念。

加爾文設想宗教法庭首要是「監管」（policing）宗教正統教義的一個工具。它是紀律的保證者，加爾文在史特拉斯堡的經驗，讓他承認那是對改革宗基督教國家的生存十分重要的。它的首要功能，是處理那些宗教觀念已步入歧途，並足以危害日內瓦業已建立的宗教秩序的人。因著其他理由（不論是牧養或道德的）而被認為行為不被接受的人，也要以相同方式處理。首先，這些人要被告知他們行為的錯誤；假如這沒產生作用，革處教籍的處罰就作為威懾之用。不過，這是教會的處罰，而不是公民的處罰；犯事者可以被拒諸於日內瓦4次的年度聖餐禮的其中1次，不過他不可以因宗教法庭而受制於任何公民的處罰。市議會總是嫉妒它的權力，堅持主張「這一切的方式發生的，即牧師並沒有公民的司法權，除了是上帝話語的屬靈利劍之外他們不能行使別的……宗教法庭也不可以減損領主的權威或日常的公義。公民權力仍然是暢通無阻的。」

教會結構(例如宗教法庭)對加爾文主義在國際間發展的重要性，或者可見諸於比較信義宗主義和加爾文主義在西歐和北美建立時非常不同的情況。信義宗主義一般藉君主和貴族的同情而得以發展，或許是因著路德的「兩個國度」的教義所賦予他們於教會的重要角色，他們不會完全忽略。

雖然加爾文留意到贏取君主接納他的觀念的潛力(他特別渴望在法蘭西朝廷中得到同情的聆聽)，但加爾文主義一般無疑是在敵對的處境中(正如在法蘭西1550年代)生存和發展的，在其中君主和現存教會建制均反對它的發展。在這樣的情況下，加爾文教派的倖存就有賴一間強壯和有紀律的教會，使其足以在充滿敵意的環境中生存。較為精密的加爾文派教會結構，證明比他們的信義宗同道更能對抗較複雜的處境，至使加爾文主義有充足資源在驟眼看來是完全沒有希望的政治境況中取得進展。

加爾文論教會的角色

首先，為甚麼需要教會(那是指一個建制而不是一座建築物)？正如上帝在歷史的進程中藉著道成肉身救贖人類，祂也在同一進程中使他們成聖——藉著建立一個委身那目標的建制。上帝使用某些肯定是屬地的方式施行祂所揀選者的拯救；雖然祂絕對不是受制於這些方式，祂卻通常在它們中間工作。故此教會被確定為一個神聖地建立的身體，在其中上帝讓祂的子民成聖。正如加爾文所說的：

> 我將要從討論教會開始，上帝的旨意是要將祂的一切兒女聚集在教會的懷抱中，不但是叫他們在嬰兒和幼年時期，由它的扶助和事工得著養育，且由它母親般的關顧得著引導，直到他們長大成人，至終達到信仰的目標。因為「上帝所配合的，人不可分開」(可十9)。凡以上帝為父親的，便以教會為他們的母親。

加爾文藉著引用迦太基的居普良的兩段偉大的教會論格言，確定這個對教會的崇高教義：「你不可能有上帝成為你的父親，除非你有教會成為你的母親」(在上文已經引用過)，以及「在教會之外是沒有罪得赦免或任何拯救的盼望的」。

加爾文的教會教義提醒我們，把改教家描繪成狂暴的極端個人主義者，缺乏基督徒生活的羣體概念，這是極其不當的。正如我們已經看到的，主流的宗教改革聖經詮釋，根本缺乏其批評者所投射於它身上的個人主義；同樣的情況也適用於宗教改革運動對基督徒生活的理解。「教會是母親」的形象(那是加爾文逐漸從迦太基的居普良借用的)強調了基督教信仰的羣體層面。請留意加爾文如何強調它的重要性。

> 讓我們從「母親」這個單字學習，認識她是多有用(事實上是多有需要)。沒有其他得著生命的道路，除非這位母親在她的子宮中孕育我們，在她的胸脯中餵養我們，並且讓我們保存在她的關顧和引導之下。

強而有力的神學意象緊貼在這種說話的方式中，在其中首要是上帝的話語把我們孕育在教會的子宮中。不過，這種對教會的思考方式，其實際層面才是我們該注意之重點。教會的建制是一個必須、有用、上帝賜予和上帝命定的屬靈成長和發展的媒介。

加爾文在可見與不可見的教會之間作出了重要的區分。一方面，教會是基督教信徒的羣體，是一個可見的團體。然而那也是聖徒的團契與蒙揀選者的羣體——一個不可見的存在實體(entity)。在它不可見的層面中，教會是蒙揀選者的不可見聚集，只有上帝曉得；在它的可見層的面上，它是在地上信徒的羣體。前者只是包括蒙揀選者，後者包括了好人與壞人、蒙揀選者與邪惡者。前者是信心與盼望的對象，後者是現今的經驗。加爾文強調，由於那不可見的教會(基督的真正身體)，所有信徒要榮耀並一直委身於可見的教會，即使它有軟弱。雖然如此，那是只有一個教會，一個單一的存在實體，那是由耶穌基督作它的頭。

在可見與不可見的教會之間的差異，可以有兩個重要的結果。首先，預期可見的教會將會包括蒙揀選者和被遺棄者。希坡的奧古斯丁提出這一點針對多納徒派，運用了稗子的比喻(太十三24～31)作為他的基礎。若要分辨他們之間的差異，那是超越了人類的能力，把人類的素質與上帝的喜悅相互關聯(無論如何，加爾文的預定教義排除了以此為基礎的揀選)。然而，其次，有需要問的是，眾多可見的教會有甚麼是相應於不可見的教會。因此，加爾文承認有需要去清晰表達客觀的標準，讓某一教會的當權者可以據此判斷。兩個這樣的標準被規定下來：「當我們看見上帝的話語被完全講授和聆聽，並且聖禮按照基督的設定而被施行，我們就不可以懷疑一所教會的存在。」故此，那不是由於它的成員的素質，而是恩典的公認媒介的存在，構成了一所真教會。有趣的是，加爾文沒有跟隨布塞珥，以紀律作為真教會的一個記號；雖然加爾文熱心關注教會成員的恩慈紀律(charitable discipline)的需要，他卻沒有認為這對一間教會憑據的定義或衡量是基本的。

教會大公性的爭論

〈尼西亞信經〉(The Nicene Creed)確認了「獨一神聖大公使徒教會」(one holy, catholic and apostolic church)的信念。這4個特性(通常稱為「教會的四要」〔four notes of the church〕)，隨著多納徒派爭論對有關課題的極大衝擊，已經成為基督教神學廣泛討論的主題。在宗教改革時期，注意力尤其針對「大公」(catholic)一語的意思。持守教會大公性的信念是甚麼意思？當新教教會脱離了主流的中世紀教會時，他們仍然可以持守這個信念嗎？

在現代英語中，「大公」一詞往往與「羅馬天主教會」(Roman Catholic)混淆，特別是在非宗教的圈子當中。雖然這種混淆是可以理解的，但卻必須加以區別。不只羅馬天主教會是大公的，正如不只東正教會(Eastern Orthodox)作者的神學是正統的(orthodox)一樣。事實上，許多新教教會不願在信經中使用「大公」一語，而由「普世的」(universal)一語代替。

不過，「大公」一詞是來自希臘文片語 *kath' holou*(意即「關乎全體」)。上述希臘字以後變成拉丁字 *catholicus*，意思是「普世的」或「普遍的」(general)。這個字詞的意思保留在英語片語「廣泛的興趣」(catholic taste) 中，這片語的意思當然不是「對羅馬天主教的事物感興趣」。舊版本的英文聖經往往稱某些新約書信 (例如雅各書和約翰書信) 為「大公書信」(catholic epistles)，意思是它們寫給全體基督徒 (而不是保羅書信那樣寫給個別教會的需要和處境，例如羅馬教會或哥林多教會)。

新約從沒有把「大公」一詞用來指全體教會。新約使用希臘文 *ekklesia*，指地方教會或敬拜羣體，然而那是被理解為代表或包括某些不只是本地團體的事物。雖然一所個別的教會不是教會的全體，卻分享了那份全體性。這個「全體性」(totality) 的概念，以後包括在「大公」一字中。這個用語在後世中被引介，試圖把核心的新約洞見放在一起，而且把它們繫於一個單一的用語。

「大公教會」一語已知的最早使用，出現在安提阿的伊格那丟 (Ignatius of Antioch) 的著作中，他約在公元110年於羅馬殉道：「耶穌基督在哪裏，那裏就是大公教會。」公元2世紀的其他作品用這詞來指一個與本地教會羣體並存的普世教會的存在。

隨著君士坦丁歸信，這詞的意思產生了根本的改變。到了4世紀末，「大公教會」一語是指「帝國教會」——即是羅馬帝國境內惟一合法宗教。任何其他信仰形式，包括偏離主流的基督教信念，都被宣佈為非法。期間教會的進一步擴展促使對這用語有發展性的理解。到了5世紀初，基督教在整個地中海世界已建基立業。為了回應這發展，「大公」一詞被解釋為「包括整個世界」。與普遍性相關的主題可以在多馬斯．阿奎那的著作中找到，他定下了對「大公性」(catholicity) 於中世紀的共識如下：[13]

> 教會是大公性的，即是普世性的，首先是按地方而言，因為它是傳遍整個世界的，有別於多納徒派的看法。參羅馬書一章8節：「你們的信德傳遍了天下」；馬可福音十六章15節：「你們往普天下去，傳福音給萬民聽。」在古時候，上帝只在猶大地區被知曉，可是現在卻遍及整個世界。此外，教會是有3部分的。一個是在地上，另一個是在天上，而第三個是在煉獄中。第二，教會是普世性的，是按人的情況而言，因為沒有人被拒於教會門外，不論是主人或奴僕，男人或女人。參加拉太書三章28節：「並不分……或男或女。」第三，它是普世性的，是指時間而言。某些人說教會應是持續至某段時間為止，不過這是錯誤的，因為教會是始於亞伯的時代，直至世界的末了。參馬太福音二十八章20節：「我就常與你們同在，直到世界的末了。」在時間結束之後，教會仍然會留存在天上。

基於上述對大公性的理解，有觀點認為與使徒教會的連續性，就只可以被認為是**建制性**的——換言之，這是藉著與早期教會直接的歷史性延續。與教會的歷史性建制(由它的主教所代表)破裂，就是踏出教會之外。迦太基的居普良認為，在教會之外別無拯救，因此，把某人置於教會的建制之外，會使其喪失任何拯救的盼望。

在宗教改革運動的時代，對「大公性」的意義有了一次基本的重新審核。對許多人來說，教會的大公性和合一性似乎已經同時被16世紀的西方歐洲教會的分裂所破壞了。

宗教改革運動的天主教對手宣稱，新教徒已經因著引進革新（例如惟獨憑信稱義的教義）或因著拋棄教會的傳統結構（例如教宗和主教統轄建制）而脫離了大公教會。由於與教會的延續性分離，改教家喪失了稱呼他們的教會為「基督教會」的任何權利。一個真正基督教會的基本特徵之一，因而是**建制上的延續性**。宗教改革運動的天主教對手清楚明白，這個延續性已經被改教家所破壞或漠視，結果新教的會眾不能被視為基督教會，不論這個用語是任何意思。

新教作者認為，大公性的本質不是在於教會的建制，而是涉及教義的事情。5世紀的作者萊蘭的萬桑（Vincent of Lérins）認為，大公性是「在任何地方、所有時間和被所有人相信的」。改教家認為，他們仍然是大公的，縱然他們離開了中世紀的教會，他們仍然持守基督教教義的中心和普世承認的元素。歷史性或建制性的延續是次於教義性的忠誠的。故此，主流的新教教會堅持，他們同時是大公性和改革性的——換言之，在教導的層面上維持與使徒教會的延續性，消除了那些偽造而又不合乎聖經的信仰實踐和信念。墨蘭頓接納了這個取向：[14]

> 為甚麼這個用語加插在信經的條文中，以致教會被稱為大公？因為它是散佈至全世界的一個集會，並且因為它的成員，不論他們是在甚麼地方，在地理上如何分隔，他們都接納和公開承認同一言辭和真確教義，從始至終穿越一切時代。……被稱為大公是一回事，在實際上是大公卻是另一回事的。被稱為真正大公，是那些接納真正大公教會的教義，即是在一切時代中被見證者所支持的，

> 相信先知和使徒的教導，並且不會容忍教派之爭、異端和異端性的集會。

請留意墨蘭頓如何堅持大公性是指對真確信仰的普世教導。因此，改教家宣稱可以教導真確信仰，而不用依附於中世紀教會的建制。這樣對大公性的教義解釋，導致一羣會眾在建制上的聯繫被視為並不那麼重要。重要的是教導使徒的教訓，而不是擁有歷史延續性的具體證據（例如通過按手）。

在這一點上也清楚可見的是，路德和加爾文強調福音宣講是教會的記號，那是相當重要的。假如真的福音被宣講出來，真的基督教會就存在——不論它是源自甚麼歷史性的世系。這樣子，改教家減弱了他們的天主教對手攻擊他們的論據的力量，而同時對「大公性」的概念提出一個神學性的解釋，容許教會在**功能上**作出定義。這個發展的含義對西方基督教是實質性的，即宗派性的擴展被賦予了一個重要的神學合理性（theological justification）。

註釋

1 B. B. Warfield, *Calvin and Augustine* (Philadelphia, 1956), p. 322.

2 參 Scott H. Hendrix, *Luther and the Papacy: Stages in a Reformation Conflict* (Philadelphia, 1981)。

3 另稱「拉蒂斯本」(Ratisbon)。詳情參 Peter Matheson, *Cardinal Contarini at Regensburg* (Oxford, 1972)；Dermot Fenlon, *Heresy and Obedience in Tridentine Italy: Cardinal Pole and the Counter Reformation* (Cambridge, 1972)。

4 *On the Councils and the Church* (1539); in *D. Martin Luthers Werke: Kritische Gesamtausgabe*, vol. 50 (Weimar, 1914), p. 630.

5 *Appeal to the German Nobility* (1520); in *D. Martin Luthers Werke: Kritische Gesamtausgabe*, vol. 6 (Weimar, 1888), pp. 406～408.

6 Letter to John Campanus, 1531; in B. Becker, 'Fragment van Francks latijnse brief aan Campanus,' *Nederlands Archief voor Kerkgeschiedenis* 46 (1964～1965), pp. 197～205.

7 詳細的討論，參 F. H. Littel, *The Anabaptist View of the Church,* 2nd edn (Boston, 1958)。

8 *Complete Writings of Menno Simons*, ed. J. C. Wenger (Scottsdale, PA, 1956), p. 502.

9 *Complete Writings of Menno Simons*, p. 300.

10 參 Geoffrey G. Willis, *Saint Augustine and the Donatist Controversy* (London, 1950)；Gerald Bonner, *St Augustine of Hippo: Life and Controversies*, 2nd edn (Norwich, 1986), pp. 237～311。

11 *Institutes* IV. i.9～10; in *Joannis Calvini: Opera Selecta*, ed. P. Barth and W. Niesel, vol. 5 (Munich: Kaiser Verlag, 1936), pp. 13～16.

12 The First Helvetic Confession, 1536, article 14; in E. F. K. Müller (ed.) , *Die Bekenntnisschriften der reformierten Kirche* (Leipzig, 1903), p. 101.

13 *In Symbolum Apostolorum,* 9; in *S. Thomae Aquinitatis Opera Omnia,* vol. 6, ed. R. Busa (Holzboog, 1980), p.20.

14 *de appellatione esslesiae catholicae*; in *Corpus Reformatorum,* vol. 24 (Halis Saxonum, 1845), columns 397～399.

進深閱讀

關於改教家的教會觀，參：

Paul D. L. Avis, *The Church in the Theology of the Reformers* (London, 1981).

Rupert E. Davies, *The Problem of Authority in the Continental Reformers* (London, 1946).

F. H. Littel. *The Anabaptist View of the Church*, 2nd edn (Boston, 1958).

J. T. McNeill, 'The Church in Sixteenth-Century Reformed Theology,' *Journal of Religion* 22 (1942): 251～269.

W. P. Stephens, *The Holy Spirit in the Theology of Martin Bucer*

(Cambridge, 1970), pp. 156～166.

_____, *The Theology of Huldrych Zwingli* (Oxford, 1986), pp. 260～281.

11

宗教改革運動的政治思想

在上一章中，我們提到兩類與宗教改革運動有關的教會的神學觀點，結果各自為該團體賦予了不同的社會角色：奧古斯丁派模式（在社會學上對應於「教會」〔church〕）和多納徒派模式（在社會學上對應於「教派」〔sect〕）。憲制的改教家採納了前者的模式，而他們的極端派對手則傾向後者的模式。

極端的宗教改革運動與俗世政權

極端的宗教改革運動把教會設想成一個在16世紀歐洲主流文化下的「另類社會」。正如教會在君士坦丁之前已經在羅馬帝國存在，卻拒絕遵從它的標準一樣，極端的宗教改革運動也是把自己設想成與16世紀的環境平行並存（卻非在當中隨波逐流）。對門諾．西門來說，教會是「義人的集會」，與世界是不相和的。這觀念把教會視之為與世界敵對的忠心餘民，與重浸派受逼迫的經驗配合，此逼迫是來自敵基督的力量，具體化於地方行政官員中。

極端的宗教改革運動一般是反對高壓政治的運用，提倡不抵抗的政策。這項規條的例外可以一提：例如，胡布邁爾認為，政府的強制權力（就像發動戰爭和死刑的特權）

是某類必須要有的邪惡，堅持基督徒可以擔任地方行政官員而無損於他們的正直。不過，這個觀點不是重浸派整體的看法；重浸派認為，發誓、強制權力的運用，以及地方行政官員的權力都是屬於撒但的。胡特爾 (Jakob Hutter) 藉著訴諸於基督的榜樣，為這個厭惡政治的立場提供了神學的合理性：「正如所有人可以見到的，我們沒有武器，例如矛或槍。我們想以我們的說話和行動，顯示出我們是基督的真正跟隨者。」登克 (Hans Denck) 在宣告「武力不是上帝的屬性」時，訴諸於基督的順服，以及祂在指控者面前的靜默。

重浸派對待俗世政權的大體態度，最清楚的陳述可以見於〈施萊特海姆信條〉(1527年)，其中第六和第七條解釋並論述了不參與俗世事務和不抵抗俗世政權的方針。高壓政治在「基督的完美之外」有其位置 (換言之，即是不屬於這個極端的羣體)；然而，武力在這羣體中是沒有地位的。

> 刀劍是上帝在基督的完全之外所任命的。……基督徒不適宜擔任地方行政官員，理由如下。政府的地方行政事務是屬肉體的，而基督徒則是屬靈的。他們的房子和居所是在這世界中，而基督徒是在天上；他們的公民身分是屬於這個世界，而基督徒是屬於天上的；他們的戰爭和衝突的武器是屬物質的，所對抗的是肉體，而基督徒的武器是屬靈的，所對抗的是邪惡的堡壘。世人是以鋼鐵來武裝，而基督徒則是以上帝的軍裝來裝備，那就是真理、公義、平安、信心、拯救和上帝的話語。

重浸派在其羣體中維持紀律是通過「禁令」，教會成員可以藉此被重浸派會眾驅逐。這種施行紀律的手段，被視為是擁有真教會的身分者所不可缺少的部分。重浸派與主流教會徹底分裂的情況（這樣的做法，直至今天仍然出現在美國蘭開斯特郡和賓夕法尼亞州等地的阿曼門諾派〔Amish〕），部分是由於那些教會沒有在它們當中維持適當的紀律。〈施萊特海姆信條〉把它對禁令的教義建基在基督的話語上，正如馬太福音十八章15至20節所記載的：

> 逐出教會的禁令可以用於所有那些已經把自己獻給上主、遵行祂的誡命，以及受洗進入基督的獨一身體，而且被稱為弟兄姊妹的人，他們卻偶有過失，不慎陷入錯誤和罪惡中。這等人將會秘密地受到兩次告誡，而到了第三次，他們就會公開受到紀律懲戒，或根據基督的命令逐出教會（太十八）。

「禁令」被視為同時具有威懾性和矯正性的效果，既鼓勵受到禁絕的個人改正他們的生活方式，也制止其他人仿傚他們的罪行。波蘭的〈拉寇教理問答〉（Racovian Catechism）列出了在重浸派教會中維持嚴格紀律的5項理由，大多反映了它極端的分離方針：

1. 墮落的教會成員可以因此得到醫治，而且引領返回與教會的團契中。
2. 阻嚇其他人不要陷入相同的罪過。
3. 除去教會的羞恥和混亂。

4. 避免主的話語在會眾以外名聲受損。
5. 避免主的榮耀受到褻瀆。

雖然「禁令」有牧養的目的，卻往往被詮解得十分嚴厲，使得教會成員經常避免與被逐出教會的個人及其家人的一切社會接觸。

大多數極端派信徒對教會成員持嚴苛的看法，不容許向國家或城市政府作出任何妥協，[1]但憲制的改教家卻正是倚仗這種妥協。事實上，正如我們所見，「憲制的宗教改革運動」一語本身，已經點出了改教家與地方官員在推動與維護宗教改革運動上密切的合作。

上文已經指出，俗世政府的權力於16世紀初在整個歐洲興起。例如，〈波隆那協議〉容許法王有權委任法蘭西教會的所有高級教士。不論在法蘭西或西班牙，天主教會的優勢基本上都是藉著國家的利益而維繫的。16世紀初的政治現實，引致國家或城市與新教宗教改革運動的教會之間有相似的聯盟。故此，極端派教會和思想家的社會態度具有威脅性和不穩定性，逐漸受到城市的排擠，被迫進入鄉間，而且受到任何政治或社會權威所否定。例如〈三十九條信綱〉(The Thirty-Nine Articles, 1571) 設下原則，主導著伊利莎伯一世治下的改革宗英格蘭教會，明確規定「在法律的範圍內，可以用死刑處罰作奸犯科的基督徒。基督徒奉地方行政官員的命令武裝作戰是合法的。」(第三十七條) 就這樣，重浸派的立場受到嚴厲排斥。在這方面，英格蘭國家教會依循歐洲普遍確立的模式。

然而，不可就因此認為憲制的改教家是政治傀儡：他們如何理解城市或國家政權在改革教會中角色，反映了他們的神學前設。在以下篇幅中，我們會探討4位主要的憲制改教家的政治觀點：路德、慈運理、布塞珥和加爾文。

路德兩個國度的教義

中世紀時期出現了「兩個階級的教義」的發展：屬世的階級與屬靈的階級。根據這個觀點（由那些支持教廷政治手腕的人積極提倡），聖職人員是屬於「屬靈的階級」，而平信徒則屬於「屬世的階級」。這兩類階級（權力的領域或範圍）是相當涇渭分明的。雖然屬靈的階級可以（亦曾經）介入屬世階級的事務，後者卻不容許干預前者。這理論的基礎是在於教廷與俗世統治者之間長時期的矛盾，尤其是在亞威農教廷（Auignon papacy）的時期。[2]

從實際的角度看，這樣理解俗世與教會權力的影響範圍，意味著教會的改革是純粹有關教會本身的事情：平信徒（不論是農夫或俗世統治者，就像皇帝本身）沒有擁有必然的權威，導致教會的改革。正如我們較早時所見，這是路德聲稱要拆毀現代耶利哥「三道城牆」的第一道。路德深信，教會已經被困於腐敗的教士職位觀念中，故此在他於1520年撰寫的著名改教論文《致德意志民族基督教貴族書》中，提出了「信徒皆祭司」的教義：

> 若將教宗、主教、教士與修士稱為屬靈的階級，而諸侯、地主、工匠與農民稱為屬世的階級，這完全是憑空捏造的⋯⋯所有基督徒都是真正的屬靈階級，他們之間除了職責之外，沒有任何分別⋯⋯我們全都是藉著洗禮成為聖潔的祭司，正如聖彼得在彼得前書二章9節所說的。

路德充分認識教會內部行政的需要，但強調這分別只是在職責上，而不是地位上的。

中世紀天主教會認為，在「屬靈的階級」(指聖職人員，不論他們是教士、主教或教宗) 與「屬世的階級」(即是指其他人) 之間存在著根本的區分。路德斷言，這樣的區分是沒有約束力的，只不過是人為的發明，而不是上帝的命令：

> 所有基督徒都是真正的屬靈階級，他們之間的惟一分別，是在「功能」上的。保羅在哥林多前書十二章12至13節中說，我們都是一個身體，每一個成員都有自己的功能，藉此服事他人。這是因為我們擁有一個洗禮、一個福音和一個信心，而且我們都是基督徒，彼此都是一樣的；惟獨因著洗禮、福音和信心，讓我們成為屬靈的以及一個基督子民。……那麼，普通人與教士、諸侯與主教、那些在修道院生活與在世界生活的人，在他們之間，沒有真正根本上的分別。惟一的分別是與地位無關的，而只是涉及他們所履行的功能和工作。

在基督教中，不存在教會裏有一個專業階層的想法，認為這些人比同時代者與上帝有更親密的屬靈關係。

不過，並不是每一個人都可以**充當**教士。路德的所有信徒皆祭司的教義，沒有廢除了專職性的事奉。路德的基本原則是所有的基督徒因著他們的洗禮，都分享了同一的祭司「身份地位」；然而，他們可以在信仰羣體中履行不同的「功能」，反映出他們各自蒙上帝賦予的恩賜和能力。牧師是與他的基督徒同儕並列，在上帝面前分享同一的地位；然而，那些與他一起的基督徒要承認那人的恩賜，並且邀請他／她（直接或間接地）在他們中間履行牧師的功能。

> 雖然我們全都是祭司，這不是說我們全都可以講道、教導和行使權力。在羣體中有某些人必須被揀選出來，承擔這等職務。任何擔任這等職務的人，不是由於那職務的功效而成為教士，而是眾人的僕人——他們正像他一樣也是教士。

故此，承認所有信徒是**平等**（equality）的，並非意味著所有信徒的**身分**（identity）也是一樣的。

「藉著洗禮，我們全都成為聖潔的祭司。」所有信徒因著他們的洗禮的功效，成為屬靈階級的一分子。（留意路德是可以假設當時所有日耳曼人都是受了洗的）。「基督不是有兩個身體，一個是屬世的，另一個是屬靈的，而是只有一個頭與一個身體。」故此，平信徒有權要求由一個全體會議來改革教會，而路德也語帶諷刺地提醒他的讀者，羅馬皇帝君士坦丁（如果有誰人可算是平信徒的話，他必定是其中之一）正是授權召開教會歷史上最重要的會議（尼西亞會議，公元325年召開）。那麼，當時日耳曼的貴族為甚麼不能在1520年召開一次議會來改革教會？

這樣，路德廢除了中世紀的「屬世」與「屬靈」階級的分別，進一步發展出關於權柄領域的另一套理論作為代替，那是基於「兩個國度」或「兩個政府」的分別。[3]正是這「兩個國度」的教義，成為路德社會思想的中心，而這是我們在本段將會論述的。

路德對於社會的「屬靈」與「屬世」管治作出了劃分。上帝的**屬靈**管治是由上帝話語與聖靈的引導所施行的。凡是「與聖靈同行」的信徒是無需任何人給予指示，教導他應該如何行事：他完全是與神的旨意配合，而且按此而行。正如一棵好樹是不需甚麼指導來結出好果子，真正的信徒同樣也不需要制定法規來指引其行為。正如一棵樹自然會結出果子，信徒同樣也是自然會按照道德與責任而行事。路德也強調人與神對「公義」或「正義」觀念上的分別，這個主題成為他的「十架神學」的特色。上帝對正義的標準，讓世界的那些標準都受到質疑。[4]

上帝的**屬世**管治是由君王、貴族與地方官員所施行的，藉著刀劍與民法的運用。他們在教義的事情上沒有權威。「當世間的貴族與地主試圖以專橫的態度來改變與控制上帝的話語時——這是即使最貧窮的乞丐去做也一樣不容許的事情——他們就自以為是上帝本身。」他們的權柄之正確範圍是涉及世界的事務，那是凱撒(Caesar)的事，而不是上帝的事。雖然這些屬世的統治者是參與俗世的世界，他們卻是在履行上帝的工作。不論這些貴族或地方官員是否真的信徒，他們仍然是在扮演一個神聖的角色(路德引用羅馬書十三章1至7節和彼得前書二章13至14節作為這個論點的支持)。上帝已經設定了受造物的秩序，作為維持和平與壓制罪惡之用。在基督徒的社會中，設立了3個等級制度(hierarchies)或「秩序」(orders)：家庭，以父親為首(反映了路德時代的父權觀念)；貴族與地方官員，履行俗世的權柄；以及聖職人員，施行屬靈的權柄。3者都是建基於上帝的話語，並且反映了神聖的旨意，為了組織與維持世界的領域。

路德知道，他對教會與社會關係的奧古斯丁式的看法意味著「在胡椒子中有老鼠糞，在麥子中有稗子」：換句話說，善與惡是會同時並存於教會與社會中。這不是說「善」與「惡」不能加以**辨別**：它只是按照路德的實用主義來承認，兩者是不能被**分隔**開。善是可以由聖靈所管治，惡卻一定要由寶劍來轄制。路德強調，當時日耳曼廣大的受洗羣眾不會都是真正的基督徒。故此，路德認為，期望社會可以由登山寶訓的訓誡所管治，完全不切實際。或許每一個人都應該如此被管治——但不是每一個人都可以的。聖靈與寶劍必須並存於一個基督徒社會的政府中。

不過，路德的社會倫理以乎顯示了兩種完全不同的道德觀念攜手共存：一是私人的基督徒倫理，反映了登山寶訓所具體表現的愛的管治，挑戰人類一切的公義觀念；另一是基於武力的公眾倫理，認可人類的公義觀念。基督徒倫理是建基於惟獨憑信稱義的教義，信徒在其中是充滿感恩地以好行為來回應上帝的恩典；公眾倫理是建基於高壓政治，市民在其中是因著懼怕不遵從的後果而遵守法律。登山寶訓是基督徒個人性的傑出道德指引，可是它的道德要求卻不一定要應用在公眾的道德生活上。故此，路德顯然把作為公眾人物的基督徒(例如貴族或長官)置於事實上不可能運用兩套不同倫理的位置上，一方是他的私人生活，另一方是他的公眾生活。

故此，上帝是通過福音藉著聖靈來管理教會，沒有任何強制；而上帝管治世界，則是藉著俗世權柄的刀劍。地方官員是有權運用刀劍來執行法律的，這不是因為暴力本身是合理的，而是由於人的罪惡難以駕御。只要那裏是沒有人類的罪，就不需要有強制的力量：所有人都認識福音的智慧，而且按此修正他們的行為。上帝設定政治的秩序，為了約束人類的貪婪與邪惡，這些都是罪惡的結果。

教會的屬靈權柄因而是勸導性的，而不是強制性的，所關注的是個人的靈魂，而不是他的身體或財物。國家的屬世權柄是強制性的，而不是勸導性的，所關注的是個人的身體與財物，而不是他的靈魂。路德對中世紀教宗制度的基本批判，正是針對其混淆了兩種權柄的各自範圍，尤其是藉著教會法規 (canon law) 的制度。雖然路德謹慎地區分這兩個權柄的領域，不論在其範圍與本源上，他都強調兩者不是互相對立的，而只是同一事物的不同層面——上帝在祂那墮落與罪惡的世界中的管治。

故此，路德的政治神學是實用性的。路德知道他在威登堡的政治現實的境況，以及他要依靠當時日耳曼貴族的政治支持，他便藉著將他們的權柄建基在神聖的護理上，以強化他們的政治權柄。上帝是透過貴族與地方官員管治這世界，包括教會。教會是處於世界中，故此必須順服於這世界的秩序。

不過，我們可以合理地問，如果國家變得暴虐，那麼應該怎辦？基督徒是否有權干預和積極反抗國家呢？路德認為不應這樣做，至少在1520年代如是。然而，隨著農民暴亂逐漸蘊釀，路德政治思想的弱點似乎更加明顯。俗世的統治者是基於神聖權利而擁有其職分。故此，路德在〈論和平的告誡〉(*Admonition to Peace*, 1525) 中，批判當時日耳曼地主對農民的暴虐，但亦譴責農民企圖反抗他們的主人。「統治者邪惡與不義的事實，並不是支持混亂與反抗的藉口，因為懲罰罪惡不是每個人的責任，而是屬於那些配劍的世界統治者。」農民由於擔當了審判者的角色，對他們認為是錯的事情施行報復，實際上是僭越了上帝的位置：

> 統治者若是壓制福音，並且在世間事情上欺壓你，這自然是錯誤的。不過，若你不只壓制上帝的話語，而且把它踐踏在腳下，侵犯祂的權柄與律法，把自己置於上帝之上，你就犯了更大的錯誤。況且，你還從統治者那裏奪取了他們的權柄與權利……若你自己施行審判，向那些傷害你的人，甚至是你的統治者(他們是上帝所設立的)進行報復，那麼你會期望上帝與世界如何看待你。

上述對教會與國家關係的理解，成為受到猛烈抨擊的對象。路德的社會倫理經常被形容為「失敗主義」與「無為主義」，鼓勵基督徒容忍(或至少不作反抗)不公義的社會結構。路德寧願要壓逼，而不要革命。這似乎也諷刺地區分了一種可以被視為是屬於基督徒的私人道德，以及另一種不屬於基督徒的公眾道德。農民戰爭彷彿呈現了路德社會倫理的內在張力：農民是假設要按照登山寶訓的個人倫理來生活，把另一臉轉向他們的壓逼者——而貴族則是合理地運用暴力與強制手段，來重建社會秩序。[5]雖然路德堅持，地方官員在教會中沒有任何權柄，只是一位基督徒而已，但其中涉及的技術性區分卻十分細微，以致根本不可行。這樣就開展了教會最終由國家主導的道路，而這差不多是信義宗教會的普遍特色。德國教會在1930年代無法抗拒希特勒，普遍地視為是反映了路德政治思想的不足。即使是希特勒(Hitler)，對於某些日耳曼基督徒來說，仍然是上帝的器皿。[6]

斯坦梅茨(David C. Steinmetz)十分有用地指出，我們可以在路德混亂的政治神學中，辨別出5個主要前提：[7]

1. 基督徒的倫理(而不是人類的道德觀念)是建基於惟獨憑信稱義的教義。
2. 所有基督徒都要履行公民與社會的責任。某些基督徒可以因著參與公職，免除這些責任。
3. 登山寶訓的道德觀念是應用在每個基督徒的生活中，但不一定適用於參與公職者的每個決定。
4. 國家是上帝設立來達致某些目的，而教會卻不能，也不應嘗試來完成。換言之，兩者的影響與權柄的範圍不同，不應混淆。
5. 上帝藉著福音管治教會，卻不得不以法律、智慧、自然律和強制來管治罪惡的世界。

路德不是一個政治思想家，而他在這範疇的有限與不足的試驗，最好視之為是調適那時代政治現實的嘗試。[8]對於當時德意志宗教改革運動的落實，日耳曼貴族與地方官員的全力支持是十分重要的。路德顯然準備把宗教的尊嚴給予這些統治者，藉此換取他們對宗教改革運動的不斷支持。目的把手段合理化了。路德訴諸於某一特定的勢力集團；不過只要有另一個集團擁有政治勢力，他幾乎肯定也會訴諸其力量，並且把**它的**存在合理化。故此，路德顯然是一個君主制度主義者，而慈運理則認為所有君主最終只會淪落為暴君。對於慈運理來説，貴族政治(即使它會退化成為寡頭政體)較君主制度更為可取。我們真想知道，假如路德是在寡頭政體的蘇黎世作改教家，而慈運理則是處於選侯制度的威登堡，那麼事情會如何發生。歷史上的「假如」即使是無法回答的，至少也能引發思考。

布塞珥在這一點上的立場，十分有趣。布塞珥的影響範圍在於兩方面。他是在偉大的帝國城市斯特拉斯堡的改革運動先鋒，當他結束其在劍橋的日子時，正試圖給予舉步維艱的英格蘭改教運動新的方向。那時的斯特拉斯堡是由市議會所管治的，英格蘭則是由君主統治。由於路德的神學反映了君主制度的政府形式，而慈運理的則是寡頭政體的政府形式，布塞珥不得不謹慎行事，以免冒犯了兩種政體的任何一種。所以，或許毫不意外地，我們發現布塞珥認為，俗世權柄所採用的確實形式是無關重要的事。俗世權柄基於世襲的君主制度或選舉出來的議會，可以是個人或集體的：最重要的是不論誰運用此權柄，必須是敬畏上帝，接受聖靈的引導。

加爾文在1536版《基督教要義》中也提出了相似的立場：任何政府的形式——不論是君主政體、貴族政體或民主政體——同樣是合法的，而且同樣有能力執行上帝為它所設立的職務。加爾文或許意識到他的觀念在不同政治處境中所引起的衝擊，強調一個對於教會本質合乎聖經的理解，與現行公民政府的不論甚麼形式都是互相一致的，儘管他顯然對君主制度有所保留。

慈運理對國家與地方官員的看法

我們已經指出，在慈運理的思想中，教會與國家之間有緊密的連繫，明顯見於他的洗禮觀。由慈運理在蘇黎世開始改革的事業起，他似乎已經認識其處境的政治實況：蘇黎世若沒有得到市議會的同意與積極參與，不可能進行改革。對於慈運理來説，「教會」與「國家」只是理解蘇黎世城市的不同角度，而不是兩個獨立的個體。[9]國家的生活與教會的生活並沒有多大分別，兩者都要求對方所要求的。傳道者與統治者均要向上帝負責，他們都是受委託要在這城市中建立上帝的管治。慈運理把蘇黎世視為神治的政體，換言之，整個城市羣體的生活都是在上帝的管治之下：牧師與地方官員都是受命宣講與執行那管治。

路德與慈運理的政府理論之間，顯然有相似之處。把它們列出來，可能有助理解。

1. 兩者均主張，這樣的政府之需要是由於罪惡的結果。正如慈運理指出：「如果所有人都將應當的歸予上帝，我們就不需要貴族或統治者——事實上，我們根本不會離開樂園。」

2. 兩者均承認，不是所有羣體的成員都是基督徒。雖然福音的宣講可以使部分人悔改，可是還有些人是永不悔改的。(我們要記得，路德和慈運理的觀點都是強烈傾向預定論的。) 正如在整個羣體中要設立政府，政府在需要時行使武力也是合法的。

3. 那些在羣體中行使權柄的人，所用的是上帝的權柄。上帝是藉著地方官員來施行祂的權柄的。

4. 路德與慈運理都是與極端派不同，他們主張基督徒是可以參與公職的。極端派認為，參與公職代表了政治上的妥協，從而使基督徒腐化。相反地，對於路德與慈運理來説，一個信徒是比其他任何人更有可能地按照責任與愛心來運用權力，所以因此應該鼓勵他參與公職。慈運理強調，統治者若不是敬畏上帝，就會成為暴君。柏拉圖期望他的君王成為哲學家，慈運理則期望他的貴族統治者成為基督徒。

5. 路德與慈運理均清楚劃分私人與公眾道德。登山寶訓的訓誡(例如不要以惡報惡，或轉過臉給仇敵打)只是應用於基督徒個人身上，而不是給負責公職的基督徒。故此，慈運理指出基督自己抨擊法利賽人，而且也沒有在大祭司面前受審時轉過臉給人打。

6. 路德與慈運理均區分關乎基督徒與國家之公義的不同類別。慈運理認為，福音是關乎內在公義的推展，源自通過聆聽福音而產生的個人轉化，而國家是關乎外在公義的推展，源自藉個人受法律的約束。福音改變人的本性，而國家只是約束人的貪婪與罪惡，沒有改變人類動機的正面力量。路德強調人為與神聖公義之間的張力；而慈運理認為神聖公義是內在的，人為公義是外在的，路德暗示兩者也是互相矛盾的。基督徒被命令要尋求的公義，與統治者所採用對公義那較為嚴苛的標準，兩者截然相反。

對於慈運理來説，市議會的權柄是源於上帝的，而上帝的話語則是他們所不能審判或挑戰的。這樣的理解，似乎只有理論上的重要性，而沒有實用的價值。1523年1月19日舉行的第一次蘇黎世辯論會實際上承認，市議會擁有解釋聖經的權柄。雖然慈運理清楚明白市議會是在上帝話語**之下**，市議會卻似乎運用手段，使自己的地位實際上凌駕在上帝話語**之上**。不論是誰可以解釋上帝的話語，實際上即是擁有凌駕於它的權柄——不論這個解釋者是教宗或市議會。這引致對慈運理的抱怨，認為他容許「原來屬於整個教會的事務，由200人（市議會）來處理，而當時整個城市與鄰近地區的教會卻差不多有7000人」。

不過，哪一種政府的形式較為可取？慈運理區分了3類政治制度：君主政體、貴族政體與民主政體。在他對這些制度的討論中，展示了一種政治現實主義的態度，彷彿差不多沒有任何獨特的基督教洞見。在許多方面，他對問題的討論都反映了古典時期的觀點，強調歷史性而不是理論性的分析。君主制度是政府的一種專制形式，統治者是基於不適當的標準來作出抉擇。君王易於淪落為暴君，而當發現他不能勝任時又很難取替。慈運理也指出，把權力賦予某一個人，顯然是有缺點的。相反地，民主制度把權力交在整體人民的手中，卻容易陷入混亂之中。當這情況發生時，個人的利益就被置於國家之上，而結果就會讓「全體人民」（*res publica*）遭受損害。不過，貴族政體包括了一個代表性的元素，而且向人民負責，避免了君主制度與民主制度兩者的缺點。這是上述兩種政體有缺陷的形式的中庸之道（*via media*）。

這種立場與路德傾向於君主政體的形式，構成鮮明的對比。它也讓我們明白慈運理對於反抗暴政，採取了較為積極的態度。對於慈運理來說，暴政是不可以容忍的。雖然慈運理有時否定了殺死統治者的合法性，但有些著作卻清楚暗示，殺死暴君是可以接納的。[10]基督徒有責任順服上帝，而不順從人——而那順服可以包括廢除或殺死統治者。慈運理謹慎地列出了可以廢除統治者的情況。謀殺、戰爭和起義都被宣稱為不可接納：盡可能運用和平的手段。

由於慈運理傾向貴族統治(或最壞的情況是寡頭的統治形式)的政府形式，他可以指出一些和平的手段，藉此推翻這樣的統治者——例如，選出一個取代者。路德的情況有些不同：君主制度政府的缺點之一，在於貴族是終身統治的，以政弒君是除掉君主的僅有少數選擇之一。不過，慈運理可以提倡沒有那麼激烈的選舉方法，以便更換不理想的統治者，從而保護了較為脆弱的良心。

布塞珥對地方官員與教會事奉的看法

憲制的宗教改革運動的落實，在許多方面都是有賴於布塞珥領導下在帝國城市斯特拉斯堡中傳道者與地方官員之間的緊密結合。[11]加爾文在1538年被逐出日內瓦之後，他是投奔布塞珥的斯特拉斯堡，尋求政治庇護，以及在教會經驗上借鏡。布塞珥與斯特拉斯堡市議會之間的關係，有時頗為緊張，可是他仍然認為市議會是肩負了上帝委託改革教會的責任。因著布塞珥思想的重要性，我們可以首先討論，然後再探討加爾文的思想。

布塞珥指出，在新約時代，俗世政權是「非基督教」的。因此，上帝要用一些其他方式——例如以聖靈為媒介——來保守與發展祂的教會。不過，布塞珥認為，從早期開始，因著基督教信仰的影響，現今世上政權本身已經成為基督教的：故此，上帝在16世紀使用這些政權，即使祂在起初運用了其他媒介。

> 在使徒與殉道者的時代，上主想要通過聖靈的能力成就一切，藉此使全世界可以知道被釘十字架的那位就是主，而祂是在天上統管萬有。因此，

> 祂容許君王與其他有權位者完全與祂及其子民為敵。不過，當祂已經改變政權之後，祂是願意他們真的以其職事與權力來服事祂，那是源自祂的，並且是為了基督羊羣的好處而賜給他們。

牧師的任務是宣講上帝的話語，而地方官員的責任就是按此來管治。這可能似乎暗示，傳道者的權柄高過地方官員：然而，地方官員卻是負責委任傳道者的，因而減低了兩者之間張力的可能性。對於布塞珥來說，地方官員要敬畏上帝，並且開放接納聖靈的提醒，這是不言而喻的。布塞珥與大多數城市的改革宗神學家一樣，認為「城市」與「教會」有十分密切的聯關，以致這類公民的自我防衛本能，直接推動了宗教改革運動的事業。

加爾文對地方官員與教會事奉的看法

加爾文在1541年9月由斯特拉斯堡回到日內瓦之後，對布塞珥的思想加以發揮。[12]日內瓦的統治者在1536年擺脫了外來的統治，發覺他們本身缺乏任何一致的教會系統。所有發生於1530年代的教會變遷都是具有破壞性的，最終導致某些接近混亂的情況。由此需要有一套全面的教會典章，而加爾文就被邀往日內瓦，協助這項任務。當地官員預備讓加爾文(在合理的範圍內)自行決定日內瓦教會的組織，只要他們的公民權力不受影響(他們最後把這項原則視為是加爾文對宗教法庭之角色的觀點上的妥協)。加爾文原來的想法是由宗教法庭的組織來負責教會紀律的事務，這組織由牧師與12位由他們選出的地方官員所組成。這個宗教法庭擁有權力，例如把任何有不能接納的道德行為或宗教信仰的人革除教籍。地方官員察覺到這是對他們的權力的挑戰，強烈重申他們在一切俗世事務上的權柄。結果達成妥協，加爾文對此解釋為認可宗教法庭有權建議革除教籍，而地方官員則解釋為認可他們有權執行革除教籍。在以後15年的日內瓦歷史中，顯示出上述妥協的結果是如何令人不滿。

綜觀鑑於日內瓦的政治現實而作出的一切妥協，顯然是建基於加爾文對教會與國家之關係的理解上。雖然政治權力一定不被允許廢除屬靈的權柄，但重浸派認為屬靈的權柄可以廢掉政治權力，也是明確地不能接受的。當現今的秩序在審判的日子消逝之時，就不再需要政治的權力——不過，當人類仍存留在地上時，政治權力仍然是必需的，為了「促進與維持敬拜上帝的外在形式，維護健全的教義與教會的狀況，協調我們在人類社會中的行為，建立我們對社會公義的態度，使我們彼此復和，愛護和平與共同的安寧」。

故此，加爾文把兩個角色賦予地方官員：維持政治與教會的秩序，以及為正統教義的教導作預備。不論是政治或屬靈的權柄，都是運用上帝所賦予的獨特資源，來維持同一羣百姓的紀律。

> 教會沒有權運用刀劍施行懲罰或管束，沒有強制的權力，沒有監禁或其他刑罰，就像地方官員慣用的。那麼所關心的目標，就不是強制罪人的意願加以刑罰，而是通過自願的懲罰來宣認悔罪。所以，兩者是完全不同的，因為教會不能逾越任何本是屬於地方官員的事務，地方官員也不能擔當任何屬於教會的事務。

政治的權柄是運用它強制的權力(通常是藉著放逐或處決的威嚇；日內瓦沒有長期監獄)，而屬靈的權柄則運用它教導的職事來推廣德行。加爾文也指出，牧師羣體有權柄向地方官員解釋在某一處境下上帝的話語有何要求，顯示在日內瓦的神權政體中，牧師羣體是立法者，而地方官員是執行者。不過，地方官員似乎感到能夠足以經常抗衡牧師羣體，削弱了後者在該城政府中的角色。

對於加爾文來說，地方官員與牧師都是受託同一任務，兩者的分別在於他們可用的工具及各自的權柄範圍。他們的責任是彼此補足的，而不是互相競爭。地方官員與牧師都是同一位上帝的器皿與僕人，受託同一使命，只是其行動的範圍與方式有分別。重浸派認為，教會紀律純粹是教會本身的事情，[13] 可是加爾文卻認為，這是公眾的事務，屬於地方官員的合法權柄。雖然加爾文的日內瓦不止一次困擾於屬靈與政治兩個權柄之間的張力，但社會組織的強烈意識成為「加爾文主義」的主要特色，就可以追溯至加爾文的日內瓦所持的政治理論。當清教徒(Puritan)立足於新世界時，他們所帶來的不只是一種宗教，而是一種社會遠象，其根源在於今天瑞士的一個小鎮中。

加爾文政治思想的另一特點十分有趣。正如慈運理一樣，加爾文對君主制度深存疑惑。君王容易淪為暴君；他們的動機是個人的利益，而不是人民的福祉。即使舊約的君王也容易有此傾向，而他們在16世紀的同儕更加差劣。雖然加爾文傾向指責的是君王，而不是君主制度，[14] 但他質疑一個人擁有絕對統治的觀念，卻是無可置疑的。「加爾文主義」接著在整個歐洲向不同君主制度提出挑戰，例如挑戰英王查理斯一世(Charles I)及隨後把他處死(1649

年），足以表明日內瓦式的政治神學在以後的重要性。信義宗主義與「加爾文主義」彼此之間的價值評估，往往是基於其政治觀點，前者經常被視為贊成君主政制，而後者則代表贊同共和政體。這些宗教制度之創始者的政治處境，似乎被提升成為不同政體的基本信念。

基於以上分析，「加爾文的日內瓦」一詞顯然是誤導的。加爾文不是「日內瓦的獨裁者」，以鐵杖來管轄百姓。加爾文甚至大部分時間不是日內瓦公民，因而沒有政治權力。他的身分只是一位牧師，沒有地位去支配該城的行政管治權力。事實上，那些掌權者到最後仍然保留將加爾文免職的權力，即使他們選擇不予以運用。作為宗教法庭的成員，他當然可以代表牧師向地方官員提出溫和的抗議，然而這抗議卻經常受到忽視。總之，加爾文沒有**法定**的權力，獨立於牧職之外行使，而是與重視與尊敬他的同僚共同領導。最終來說，加爾文對日內瓦的影響力，不是基於正式的法律地位（這是微不足道的），而是本於他作為傳道者與牧者相當大的個人權威。

註釋

1 閔次爾的情況充分說明了這一點：參 Gordon Rupp, *Patterns of Reformation* (London, 1969), pp. 157～353。關於極端的宗教改革運動在低地國家的發展概論，可參： W. E. Keeney, *Dutch Anabaptist Thought and Practice, 1539～1564* (Nieuwkoop, 1968)。

2 參 W. Ullmann, *Medieval Papalism: The Political Theories of the Medieval Canonists* (London, 1949); M. J. Wilks, *The Problem of Sovereignty: The Papal Monarchy with Augustus Triumphus and the Publicists* (Cambridge, 1963)。

3 路德在運用例如「國度」和「政府」等用語時，意義相當含糊：參 W.

D. J. Cargill Thompson, 'The "Two Kingdoms" and the "Two Regiments": Some Problems of Luther's *Zwei-Reiche-Lehre*,' in *Studies in the Reformation: Luther to Hooker* (London, 1980), pp. 42～59。

4 參 F. Edward Cranz, *An Essay on the Development of Luther's Thought on Justice, Law and Society* (Cambridge, Mass., 1959)，文中對這點有完整的分析。

5 參 David C. Steinmetz, 'Luther and the Two Kingdoms,' in *Luther in Context* (Bloomington, Ind., 1986), pp. 112～125。

6 參巴特（Karl Barth）的著名書信（1939年），他在信中指「日耳曼人民所受的苦……是源於路德誤解了律法與福音的關係、屬世與屬靈的秩序和權力的關係」。摘引自 Helmut Thielicke, *Theological Ethics* (3 vols; Grand Rapids, Mich., 1979), vol. 1, p. 368。

7 Steinmetz, 'Luther and the Two Kingdoms,' p. 114.

8 參 W. D. J. Cargill Thompson, 'Luther and the Right of Resistance to the Emperor,' in *Studies in the Reformation,* pp. 3～41 的有用研究。

9 R. N. C. Hunt, 'Zwingli's Theory of Church and State,' *Church Quarterly Review* 112 (1931): 20～36; Robert C.Walton, *Zwingli*'s *Theocracy* (Toronto, 1967); W. P. Stephens, *The Theology of Huldrych Zwingli* (Oxford, 1986), pp. 282～310.

10 Stephens, *Theology of Huldrych Zwingli,* p. 303, n. 87.

11 W. P. Stephens, *The Holy Spirit in the Theology of Martin Bucer* (Cambridge, 1970), pp. 167～172。關於布塞珥的政治神學概論，參 T. F. Torrance, *Kingdom and Church: A Study in the Theology of the Reformation* (Edinburgh, 1956), pp. 73～89。

12 謹慎的研究可參：Harro Höpfl, *The Christian Polity of John Calvin* (Cambridge, 1982), pp. 152～206。其他資料可見於 Gillian Lewis, 'Calvinism in Geneva in the Time of Calvin and Beza,' in *International Calvinism 1541～1715*, ed. M. Prestwich (Oxford, 1985), pp. 39～70。

13 K. P. Davis, 'No Discipline, no Church: An Anabaptist Contribution to the Reformed Tradition,' *Sixteenth Century Journal* 13 (1982): 45～49.

14 事實上，加爾文經常習慣把他的著作獻給歐洲的君主，期望藉此贏取他們對宗教改革運動的支持。加爾文所出版的著作曾獻給的對象有英格蘭的愛德華六世和伊利莎伯一世，以及丹麥的克里斯多夫三世（Christopher III）。

進深閱讀

Heinrich Bornkamm, *Luther's World of Thought* (St Louis, Mo., 1958), pp. 218～272.

_____, *Luther's Doctrine of the Two Kingdoms* (Philadelphia, 1966).

Harro Höpfl, *The Christian Polity of John Calvin* (Cambridge, 1985).

_____, (ed.), *Luther and Calvin on Secular Authority* (Cambridge, 1991).

David C. Steinmetz, 'Luther and the Two Kingdoms,' in *Luther in Context* (Bloomington, Ind., 1986), pp. 112～125.

W. P. Stephens, *The Theology of Huldrych Zwingli* (Oxford, 1986), pp. 282～310.

T. F. Torrance, *Kingdom and Church: A Study in the Theology of the Reformation* (Edinburgh, 1956).

12

宗教改革運動思潮的擴散

在前章中，我們探討了宗教改革神學出現的某些主要論題，包括了在運動中會造成分化和對立的某些辯論。不過，這是全然略過了一個重要問題：宗教改革運動的觀念和實踐是如何在歐洲擴散(diffusion)的？本章探討宗教改革運動的信念和做法的傳播所倚仗的某些途徑，是超越它們原來處境的。

擴散的自然途徑

在前章中，我們提到意大利文藝復興的觀念擴散至歐洲北部的工具。流傳的3個主要途徑是人民、書籍和通信。這些因素在宗教改革的擴展上，仍然具有重要性。在下文中，我們將會先看看在宗教改革觀念的傳播上某些一般性課題，然後才在以後章節中注目於某些較特別的課題。

地方語言

宗教改革運動最有特色的一個強調要點，就是地方語言的運用。路德於1520年出版的主要改革小冊子都是以德文撰寫的，確保他的觀念受到廣泛的閱讀。同樣地，慈運理堅持他的觀念應以他的母語瑞士德文出版，而加爾文則以他的母語法文撰書。結果不只是宗教改革運動的觀念和實踐讓更多人得知：大部分現代西歐語言的塑造也深受改教家的著作所影響，尤其是通過以地方語言翻譯的聖經。改教家也留意到以地方語言講道的重要性，而且確保禮儀亦要為大多數崇拜參與者所明白。

在宗教改革運動的歷史中，馬丁．路德在1520年決定從一個學究式的改教家(以拉丁文向眾學者論辯)，改變成為一個民眾改教家(以德文向較廣泛的大眾論辯)，是最重要的時刻之一。宗教改革運動顯示了重大的挑戰，放下於現存對於聖經可以和應該如何閱讀之方式、教會的結構，以及基督教教義的理解。一次又一次，改教家訴諸於民眾，過於聖職人員和神學家領袖。他們堅持，民眾必須作抉擇。瑞士宗教改革運動的實踐，就是反映了這個基本原則，福音派與天主教徒，在其中以地方語言作出公眾辯論，然後由全體的公民出席者投票，決定是否接納宗教改革運動。

運用地方語言的決定，與書籍的出版關係密切，例如加爾文的1541年法文版《基督教要義》就是以地方語言撰寫的。這自然引導我們考慮書籍作為傳播宗教改革思想之媒介的重要性。

書籍

印刷術的發明和廣泛採用，徹底改革了觀念的傳播。文藝復興和宗教改革運動的觀念得以擴散，與印刷術有密切的關係。顯然，書籍和宗教冊子可以較易攜帶越過國境，相當有助於宗教改革運動的擴展。路德從來沒有到過英格蘭，可是他的觀念卻在那裏被驚人地廣泛討論和評價，就只因他的著作流傳到這個國家(那雖然實質上是不能阻止的)。

同樣的情況也見於法蘭西。在1536年之後，加爾文再沒有回到法蘭西。(雖然加爾文在1538至1541年間留在斯特拉斯堡，這個帝國城市卻不是像今天一樣是法蘭西的一部分。)然而，加爾文的著作(特別是那些以法文出版的作品)在巴黎擁有大量讀者。主要的轉捩點，就是《基督教要義》在1541年出版了法文的版本。條理分明的論述，謹慎辯解宗教改革運動的基本教義，現在可以用法文閱讀得到，而那是大眾能夠明白的語言。1542年7月1日，巴黎當局指示，所有含有異端教義的作品，尤其是加爾文的《基督教要義》，都要在3天內呈交給當局。巡查書店成為官員試圖壓制逐漸壯大的異端運動的重要方法。在接下來的一年，巴黎神學院擬出了一份65項作品名稱的清單，其中22本是拉丁文作品，43本是法文作品(不過有兩項是無意地重覆了，以致總數是41本)，這些作品由於當前的影響而受到譴責。以任何的可能性可加以辨認和確定年代的36份文獻中，其中23份是在日內瓦印刷的。這兩個法語城市之間的貿易路線，似乎已經用於把宗教改革運動的主要作品引進法蘭西首都。

因此，加爾文的《基督教要義》被視為是一個日內瓦人攻擊法蘭西教會的先鋒，通過印刷的文字來傳達。1545年6月23日，出版了一份範圍更廣泛的禁書清單。在121項法文作品中，有差不多一半是在日內瓦印刷的。巴黎的書商立即作出反應：他們提出抗議，指出他們若不被允許售賣這些書籍，就會面臨破產。那些被視為異端的作品，似乎佔了不少市場。

不過，日內瓦的書刊繼續湧入巴黎。試圖管制書籍的公開發售以排斥來自日內瓦的作品，只會迫使交易轉入地下。宗教戰爭最終於1565至1580年間阻礙了日內瓦出版業在法蘭西宗教市場的佔有部分，在此之前，在巴黎不難找到這些著作。加爾文的朋友和書商勞倫特發現走私書籍的利潤十分高，他甚至移居日內瓦，以便他可以出版這些書籍，而不只是售賣它們。

民眾的交流

在前章中，我們提到意大利文藝復興的重要思想傳播至歐洲北部之主要途徑之一，就是通過個別學者往訪意大利，並且把文藝復興的觀念隨著他們帶返家鄉。這些人對於宗教改革運動扮演了類似的重要角色，不應感到大驚小怪。路德的思想同時被丁道爾(William Tyndale)和巴恩斯帶往英格蘭，前者被認為、而後者則是已知曾在威登堡受教於路德。

瑪麗·都鐸(Mary Tudor)的壓制政策導致許多英格蘭新教徒流亡至歐洲的新教城市(例如法蘭克福、日內瓦和蘇黎世)。隨著這些人回到英格蘭，他們把改革教會的生活經驗帶返家鄉，促使新教改革在伊利莎伯一世治下前進。在1559年大量主教辭職的事件之後，伊利莎伯一世委任了18名主教，其中12名曾經在瑪麗統治期間流亡至歐洲。

正如上文所述，主要改教家所領導的運動遇到嚴重的限制。例如，路德由於1520年代革除教籍的禁令而不可能離開他的本鄉薩克森。他那年青的威登堡同僚墨蘭頓就代表他出遊，在德意志其他地方宣揚信義宗的宗教改革運動。同樣地，加爾文的運動也是受到限制的。當他的影響力達到高峯時，他實際上侷限在收留他的城市日內瓦中。不過，加爾文仍然能夠通過代理人施行影響。這影響或許在他的故鄉法蘭西是最大的，法蘭西是日內瓦從1555年開始組織主要滲透活動的目標。

為了回應來自法語改革宗教會的要求，尤其是該國東南部，加爾文安排改革宗牧師偷偷潛進該地區。整項行動基本上是祕密的，不論是日內瓦或法蘭西行動的一方。在一天的路程距離之間建立了安全屋，作為藏身之所。就像法國抵抗組織在第二次世界大戰期間所使用的地下網絡一樣，讓人可以從日內瓦越過模糊的邊境進入法國。牧師團盡力維持完全守密，甚至對理論上可以知道一切的市議會也加以隱瞞。

然而，到了1557年，牧師團承認沒有可能無限期地在國外維持祕密活動；那年稍後，加爾文出席市議會解釋情況，並且要求允許派遣更多執行人員。市議會顯然意識到這些活動對該市所造成的嚴重危險：假如日內瓦政府被認為是親自組織宗教極端分子的滲透，那麼它就會犯了煽動攻擊強鄰的罪名，後果無法預料(卻很可能是不愉快的)。不過，市議會同意祕密繼續進行該政策，只要他們不會被扯上關係。這項成功的策略無疑是有助加爾文主義在法蘭西迅速增長的因素之一，最終導致宗教戰爭在該地區爆發。

其他持守加爾文派思想的知識分子前往外國，宣揚他的觀念，或許在英格蘭是最成功的。在愛德華六世的統治之下，主要的神學家(不論是加爾文派或同情加爾文主義者)都被鼓勵留居英格蘭，為初生的改革宗教會賦予一個神學方向的意識。例如布塞珥、威爾米革立(Pietro Martire Vermigli，或許更常稱為殉道者彼得〔Peter Martyr〕)和拉司基(John à Lasco)對英格蘭教會給予了新的動力，把它從早期與信義宗思想的輕浮關係，轉向至少某些與加爾文的日內瓦有關的觀念。1559年5月，諾克斯(John Knox)在日內瓦流亡一段時間之後，返回他的家鄉蘇格蘭；在他抵達的日子中，伯斯(Perth)爆發了暴亂，加速了宗教改革運動的危機。

現在，我們的注意力轉到某些有助宗教改革運動思想擴散的出版刊物。我們已經考慮過某些牽涉在那過程中的因素，現在轉而處理某些書籍作品，它們是已知有助這時期新神學傳播的工具。我們首先考慮的是「教理問答」(catechism)，宗教改革運動的觀念藉著它教導給新的一代。

教理問答

雖然現今已經同意，「教理問答」可以在中世紀教會中見到，然而一般同意，教理問答的廣泛使用是特別與宗教改革運動有關的。在路德於1528至1529年間的一次探訪薩克森信義宗教會中，顯示大多數牧師以及幾乎每一個平信徒都不曉得基本的基督教教義。路德對他的發現感到震驚，而且決定提出方法改善大眾對基本基督教教義的認識。

路德在這方面的新關注，最早的成果在1529年4月出現。雖然路德自己稱它為一部「德意志的教理問答」(German Catechism)，現今一般卻稱之為〈教理大問答〉(Greater Catechism)。這部作品詳細分析了十誡、〈使徒信經〉和主禱文。這些段落之後跟著是教會兩個聖禮的討論——洗禮和「祭壇的聖禮」(sacrament of the altar，或稱為聖餐禮)。這本書沒有顯出路德最佳的一面。它是取材自較早期的講章材料，而不是特別為了問答式教導的目的而撰寫的。結果，它沒有達到它的目的。

跟著在1529年5月，現今所稱的〈教理小問答〉面世。這部作品特別為了這個目的而撰寫，筆調輕快、閱讀容易和措辭簡明，以使它受到廣泛的使用和認識。這部作品相當成功，而且在信義宗建制中被廣泛採納。它的問答形式十分適合背誦的學習方式，而這部作品在學校中被廣泛採用。要留心的是，路德在1529年的兩部教理問答都是以德文撰寫的，而這是民眾的語言。路德為了這個目的，避免使用拉丁文，他承認這種學術語言的使用在作品的吸引力與讀者羣中有嚴重的限制。

為了說明路德所採納的取向，我們可以考慮以下取材自〈教理小問答〉的段落。尤其留意問答的形式，為的是協助教導和學習。[1]

問：聖洗是甚麼？

答：聖洗不單是水，乃是按上帝的命令所使用，且與上帝的道相聯合的水。

問：上帝的這道是甚麼？

答：就是我們主基督在馬太福音二十八章19節所說：「你們要去，使萬民作我的門徒。奉父、子、聖靈的名給他們施洗。凡我所吩咐你們的，都教訓他們遵守。」

問：聖洗的恩賜或益處是甚麼？

答：聖洗使罪得赦，救人脫離死亡和魔鬼，並賜永福給一切相信的人，正如上帝的道和應許所宣告的。

問：上帝的這道和應許是甚麼？

答：就是我們的主基督在馬可福音十六章16節所說的：「信而受洗的必然得救，不信的必被定罪。」

問：水怎能成就這樣的大事呢？

答：成就這事，固然不是水，乃是上帝的道與水同在並透過水，和我們信靠上帝與水相聯之道的信。因為沒有上帝的道，水單是水，不是聖洗；但水與上帝的道聯合，就是聖洗。這聖洗就是宏恩生命的水和聖靈重生的洗。

改革宗教會不久就認識到這類文體的重要性，以及它十分清楚地提供的教學優點。經過一些試驗之後，加爾文最後出版了〈日內瓦教理問答〉(Geneva Catechism) 的法文版 (1542年) 和拉丁文版 (1545年)。這部教理問答在改革宗地區被廣泛使用，直至1563年。這時候，〈海德堡教理問答〉面世。這部重要著作是源自德意志改革宗教會的增長，尤其是在巴拉丁領地 (Palatinate)。選侯腓特烈三世 (Frederick III) 委任兩名改革宗神學家 (俄利維亞努〔Kaspar Olevianus〕和鄔新努〔Zacharias Ursinus〕) 執筆撰寫一部適合在他教會使用的教理問答。結果完成了一部德文教理問答，共有129條問題，可以編成52組材料，供全年定期教導使用。改革宗信仰的主要論題是以當時必然的問答形式列出。例如，以下一段材料是論述在教會中運用形象的問題：[2]

九十六問：在第二條誡命裏，上帝吩咐甚麼？

答：我們絕不可用任何方式描畫上帝，也不可用聖經中所吩咐之外的其他任何方式敬拜祂。

九十七問：那麼，我們不可造任何像嗎？

答：上帝是不可也不能加以描摹的；至於受造者，雖可描摹，但上帝禁止我們把它們作成像頂禮膜拜，或藉此來崇拜上帝。

九十八問：難道不可把圖畫放在禮拜堂裏，作為教導平信徒的工具嗎？

答：不可。因為我們不應自以為比上帝聰明，祂不要基督教世界受教於啞巴偶像，卻要受教於聖道的活潑宣講。

新教教會對教理問答的廣泛使用，以及它們所達致的顯著結果，導致他們的天主教對手也開發這類形式。早期的天主教會教理問答傾向避免問答的形式，而且提供了大量神學重要論點的討論。傑出的例子可以見於迪滕伯格(Johann Dietenberger)在1537年出版的教理問答，其中採納了使徒信經、主禱文、十誡、聖母經(Hail Mary)和7項聖禮的討論形式。然而，問答方式的優越之處愈來愈明顯，而且併入迦尼修(Peter Canisius)的3部教理問答中，分別在1554至1558年間出版。這部作品是以拉丁文出版的，正如1566年內容更充實的〈天特會議教理問答〉(Tridentine Catechism)。這部作品的形式雖然相當累贅，以致它難以使用，在天特會議之後面世的這部作品卻可以視為有關文體的意義的重要承認。

信條

我們已經提到，宗教改革運動相當重視聖經的權威。

不過，聖經是需要解釋的。隨著憲制派與極端派改教家之間的爭論愈演愈烈，解經的問題就既會引起不和，也叫人感到難以理解。顯然有需要用某種「官方」形式説明宗教改革運動的觀念，以祈避免混亂。這個角色是由「信條」(Confessions of Faith) 來扮演。由於這些文獻的重要性，我們會衡量它們在宗教改革運動思潮中的地位。

憲制的宗教改革運動相當強調聖經權威的同時，也承認以往基督教共識的角色——這個觀念是我們早前討論所謂的「傳統」。一般來説，新教神學家可以説是承認3層的權威：

1. **聖經**。憲制的宗教改革家認為，聖經在基督徒的信仰和德行上，擁有至高的權威。
2. **基督教信經**。憲制的宗教改革家認為，這些文獻 (例如〈使徒信經〉和〈尼西亞信經〉) 代表了早期教會的共識，而且是聖經的準確和權威解釋。雖然它們的權威被視為是衍生的 (derivative) 或從屬的 (secondary)，卻是對抗極端宗教改革運動 (一般拒絕承認這些信經擁有任何權威) 的個人主義的重要查檢。信經的權威是同時被新教和天主教所承認的，也包括構成主流宗教改革運動的不同成員。
3. **信條**。這些文獻被宗教改革運動中某些團體視為權威。例如，〈奧斯堡信條〉(1530年) 被早期信義宗教會承認為具有權威。不過，其他宗教改革運動的團體就沒有這樣的認可。例如特定的信條是由其他宗教改革運動的羣體所擬定的。某些信條是與宗教改革運動的特定城市有關的——例如，〈巴塞爾第一信條〉(First Confession of Basel,

1534年)和〈日內瓦信條〉(Geneva Confession, 1536年)。

故此，在宗教改革運動中的基本格局是承認聖經擁有首要性和普遍性的權威；信經是擁有從屬性和普遍性的權威；而信條則是擁有第三位和地區性的權威(這些信條在其中只被視為對某一宗派或某一地區的教會有約束力)。宗教改革運動的改革宗一翼的發展十分複雜，結果產生了一些信條——各自與某一地區有關——具有影響性。以下的尤其重要。

年份	名稱	地區
1559	〈加利亞信條〉	法蘭西
1560	〈蘇格蘭信條〉	蘇格蘭
1561	〈比利時信條〉	低地國家
1563	〈三十九條信綱〉	英格蘭
1566	〈第二紇里微提信條〉	瑞士西部

若要說明信條的作用，我們可以摘錄1559年在法蘭西出版的〈加利亞信條〉(Gallic Confession of Faith)討論。(順便提一句，請留意地方語言的重要性。)這份摘錄列出了新教對聖經正典的典型理解。請留意每卷書都是特別提及其名稱，加上別稱——例如，箴言和啟示錄的情況。另留意希伯來書沒有歸屬給保羅，而是視之為一卷獨立的作品。然後跟著是對聖經權威的肯定，其中所討論的權威，清楚說明是內存於聖經之中，而不是教會所加諸的某些東西。此外，也應留意信經是由於它們與聖經一致，因而被承認為有權威的。[3]

3. 這部聖經包括舊約和新約正典如下：摩西五經，即創世記、出埃及記、利未記、民數記；然後是約書亞記、士師記、路得記、撒母耳記上下、列王紀上下、歷代志上下，也有稱為歷代志書 (Paralipomenon)、以斯拉一書；然後是尼希米記、以斯帖記、約伯記、大衛的詩篇、所羅門的箴言或格言；傳道書，或稱為傳道者、所羅門之歌；然後是以賽亞書、耶利米書、耶利米哀歌、以西結書、但以理書、何西阿書、約珥書、阿摩司書、俄巴底亞書、約拿書、彌迦書、那鴻書、哈巴谷書、西番雅書、哈該書、撒迦利亞書、瑪拉基書；然後是聖馬太、聖馬可、聖路加和聖約翰等神聖福音；然後是聖路加的第二卷書，即使徒行傳；然後是聖保羅的書信，一封給羅馬教會、兩封給哥林多教會、一封給加拉太教會、一封給以弗所教會、一封給腓立比教會、一封給歌羅西教會、兩封給帖撒羅尼迦教會、兩封給提摩太、一封給提多、一封給腓利門；然後是希伯來書、聖雅各書、聖彼得前後書、聖約翰一、二、三書、聖猶大書；然後是啟示錄，或稱為聖約翰的啟示錄。

4. 我們曉得這些書卷是正典，而且是我們信仰的可靠標準，不只是因著教會的共識和贊同，而是由於聖靈的見證和在內心的說服（*par le tesmoignage et interieure persuasion du saint espirit*），讓我們可以把它們從其他教會書籍中分辨出來，後者不論是如何有用，卻永不能成為任何信仰條文的基礎。

> 5. 我們相信，聖道是包括在這些從上帝而來的書卷中，而且它的權威只是從祂而來，而不是來自人。在其中它是所有真理的準則，包括一切上帝的服侍和我們的拯救所需要者，任何人(即使是天使)都不許對它加添、刪減或改動。那麼，沒有權勢，不論是古人、習俗、人數、人類的智慧、審斷、公告、勒令、法令、議會、異象、神蹟，可以與這些聖經違背，不過，另一方面，所有事物都應該根據它們受到審查、調校和改良。故此，我們承認以下3份信經：使徒信經、尼西亞信經和亞他那修信經，因為它們是與上帝的話語一致的。

現在，我們轉而討論宗教改革運動觀念傳播最具影響力的途徑之一，即它們改革宗的具體呈現——加爾文的《基督教要義》。

加爾文的《基督教要義》

《基督教要義》(*Institutes of the Christian Religion*)是由巴塞爾的印刷商普拉特爾(Thomas Platter)和拉修斯(Balthasar Lasius)於1536年3月出版的。拉丁文書題*Institutio Christianae Religionis* 的翻譯造成了一些難題。拉丁文 *Institutio* 一詞暗示類似猶斯丁年的法典(Institutes of Justinian)，那是一部古代法規，加爾文從奧爾良的時期就對此十分熟悉。不過，若論它的結構或內容，加爾文的作品就不大像是一部法典。

伊拉斯姆以一個相當不同的意思來運用同一個拉丁文

字詞，把它用作「指南」或「入門手冊」(例如，他在1516年的 *Institutio principis Christiani*，或許會對加爾文的書題有所啟發)。英文的「基本原理」(institution) 一語可能傳達了加爾文另一關心要點——回到基督教較本真的形式，而不是那在中世紀晚期所遇到的。加爾文關心的是基督教的原初架構，而不是在中世紀所發展的(或按照加爾文的看法，那是扭曲的)。實際上，大多數英文譯本選擇照拉丁文書題把書名翻譯成 *Institutes of the Christian Religion*，沒有理會拉丁文原來含有的另一個意思，而我們也會依循這個做法。

《基督教要義》的初版是仿照路德〈教理小問答〉1529年版的。它的結構與內容暗示加爾文取材自這部早期德意志宗教改革運動的重要教育性作品的程度。它的516頁小版格式包括了6章，前4章是以路德的教理問答為典範。不過，加爾文可以比路德更詳盡地討論問題，理由只不過是因為他的著作不是用作死記硬背的教理問答。第1章基本上是十誡的解說；第2章是闡述〈使徒信經〉。路德對信經的討論共有3段(聖父、聖子和聖靈)，加爾文則補充了相當充實的第4段，論到教會，承認這個問題在理論和實踐上的重要性。在講解「律法」、「信心」、「祈禱」和「聖禮」之後，加爾文撰寫了兩章，討論在本質上較具爭議的「不正確的聖禮」和「基督徒的自由」。

《基督教要義》的第二版是源自加爾文在斯特拉斯堡的日子，於1539年以拉丁文出版。兩版之間的明顯和重要的分別是篇幅的大小：新版的篇幅是1536年初版的3倍，共有17章，取代了原來的6章。開首的兩章如今是處理上帝的知識和人性的知識。添加的材料包括補充了三位一體的教義、新舊兩約的關係、贖罪、因信稱義、護理和預定的本質與關係，以及基督徒生活的本質。雖然這一版著作保留了許多來自早期版本的材料，卻顯然改變了它的特色和地位。它不再是一份教理問答，而是邁向成為一本論述基督教信仰本質的決定性陳述，可以與多馬斯．阿奎那的《神學大全》(*Summa Theologiae*) 比擬。

加爾文寫道：「本書是準備為神學生研究上帝聖道之用，好叫他們容易入門，進展無阻。」換言之，這本書的目的是成為聖經的指引，就像是一部隨身攜帶的指南，解說聖經錯綜複雜的深層意思。

這是十分重要的一點，正如加爾文後來所強調的，在這一點上把加爾文的《基督教要義》確立成為他的宗教思想的首要資料來源。他的其他作品——例如聖經註釋和講章——在這方面都沒有那麼重要，不論它們是否有其他價值。加爾文在撰寫《基督教要義》時，傾向對聖經提供基本的教義註釋，讓聖經讀者可以直接明白它的真正意思。

《基督教要義》的法文版在1541年出版。奇怪地，這一版不是直接翻譯自1539年的版本；它在好幾點上都是取材自1536年的版本(雖然在1539年修改了)，卻包括在1541年的譯本中。這導致我們推測，加爾文可能原本是想出版一部1536年版的法文版本，卻放棄了這項計劃，收錄已經翻譯進1541年版卻沒有在1539年版修訂的材料。這一版顯示了許多輕微的改動，而這全都可以解釋為是由於所預期的讀者對象所引致。學者指出，有可能造成困難的地方都刪除了(例如，刪掉所有希臘文字詞和引用亞里士多德之處)，而且所添加的補充材料似乎是預期讀者會熟悉的(例如，法文的諺語和成語)。

1543年出版了另一部拉丁文版本，而1545年也出版了一部法文版本。現在的篇幅已擴大至21章，其中最重要的添加是論教會教義的一個主要段落。輕微的改動包括加入兩章論起誓和人的傳統，以及創造獨立一章處理與天使有關的材料。加爾文的宗教反省之經驗的影響，在這一版中十分明顯，尤其是在教會架構的重要性的討論上。

雖然這一版具有明顯的優點，書中內在的缺陷（在1539年版中已經顯而易見）現在昭然若揭。這本著作的結構差劣。新的篇章添加入去，沒有想過這樣的加添對本書的結構編排的整體影響。許多篇章都是不可能地冗長，沒有任何再分章節的嘗試。1550年的拉丁文版本，以及隨後1551年的法文版本，都試圖補救這個缺陷，把書中21章再作分段。有一些加添可以一提，例如論述聖經權威和人類良知的新章節。不過，基本的缺點仍然存在：1550年的版本（就像1543年版）必須被視為是編排相當差勁的著作。

這位改教家認識到既有完全修訂作品的需要，也沒有多少時間餘下來達成這項工作（加爾文的晚年一再受到病患的困擾），他就決定重修整部著作。讓人驚訝的是，增加的地方只有些少；那一般都是不大吸引，並反映出加爾文愈來愈容易動怒，傾向辱罵和誹謗他的對手。最明顯和有建設性的改動是對材料完全重新整理，差不多把一連串變得彼此無關的破碎篇章修復成為一個整體。這些材料現在分為4「卷」（books），編列如下：

卷1　論對創造者上帝的認識；
卷2　論對救贖主上帝的認識；

卷3　論參與耶穌基督恩典的方式；
卷4　論上帝引領我們到耶穌基督的外在工具或協助。

1551年版的21章現在擴展至80章，每一章為方便閱讀而謹慎分段，遍佈在4卷中。加爾文可能採納了1543年版的「四重結構」，把材料設計劃分。不過，另一個解釋是加爾文留意和採納了倫巴都的《四部語錄》的「四重」劃分方式，倫巴都是加爾文經常提到的中世紀神學家。加爾文是否讓自己成為倫巴都的新教承繼者，而他的《基督教要義》是倫巴都的偉大神學課本的承繼者？我們永遠不會知道。我們知道的是，《基督教要義》現今被確立為新教宗教改革運動最具影響力的神學著作，其重要性蓋過路德、墨蘭頓和慈運理與之匹敵的作品。

《基督教要義》1559年版的成功，反映了它的出色結構。正如上文所述，墨蘭頓藉著出版他的《教義要點》，在1521年建立了信義宗著作的決定性模式。在這部作品的初版中，只是處理了一些明顯與信義宗宗教改革運動有關的課題。然而，愈來愈多在爭論和教學上的考慮，讓墨蘭頓不得不大量增加作品的篇幅。意外的是，墨蘭頓以不恰當的方式應付這個挑戰；他只是加了補充材料，沒有顧及這會造成缺乏統一結構的後果。不久就顯出這種處理材料的方式是笨拙而混亂的，不能勝任16世紀末至17世紀的神學辯論所需要的系統分析。

然而，加爾文為他的後人留下了一個極具系統和組織的結構，證明不只理想地符合當代的需要，也適用於以後至少一個世紀的人們。信義宗的思想從未真正從墨蘭頓所給予的錯誤開始中彌補過來；新教的理論思想由改革宗傳統的神學家所主導，同時歸因於加爾文的《基督教要義》最後版本的要旨和結構。

加爾文的《基督教要義》在西歐被閱讀和認識，經常被其他著作徵引。作者匿名的意大利著作《基督的恩惠》(*Benefits of Christ*, 1541)——這本書在被宗教法庭查禁之前，已經迅速成為十分暢銷的宗教著作——相當倚仗《基督教要義》1539年版。到了1550年代後期，荷蘭的前線新教神學家顯然已經熟悉加爾文的著作。這部作品迅速成為宗教改革運動第二波思想的一部整齊簡練的全備而獨立的入門論著。加爾文主義在植根於建制層面之處，往往早已通過《基督教要義》植根於理性的層面之上。

加爾文的《基督教要義》1559年版的成功，產生了一類出版的副產品——「摘要」或「概略」。即使是在16世紀，這部著作已經流通了許多節錄本，顯然享有相當大的商業成就。1562年，馬洛拉特(Augustin Marlorat)對該著作出版了一套索引，協助找出書中的主題和聖經經文的位置。1576年，早期的加爾文傳記作者之一科拉頓(Nicolas Colladon)出版了一部版本，頁邊附有重要段落內容的簡略摘要。沃特羅勒(Thomas Vautrollier)是一個預格諾派的流亡者，成為倫敦最重要的宗教出版商之一，他印刊了兩部《基督教要義》的研讀指南：邦尼(Edmund Bunny)的《概要》(*Compendium*, 1576)嘗試協助困惑的研讀者，處理加爾文的艱澀文體和立論的微妙之處。7年之後，德勞(Guillaume Delaune，一個預格諾派流亡者，他的名字英語化是Williame Lawne)撰寫了一部《基督教要義》的摘要，篇幅只有370頁。除了對加爾文的著作概述之外，這部作品提供了圖表或圖解，讓困惑的讀者可以明白書中錯綜複雜的結構。其他的

「研讀指南」由俄利維亞努(Caspar Olvianus, 1586；編按：即上文之 Kaspar Olevianus)、皮斯卡托爾(Johannes Piscator, 1589)和德庫洛格(Daniel de Coulogne，也稱為 Colonius，1628)出版。通過他們的作品，愈來愈多讀者可以接觸和理解加爾文。

註釋

1 Martin Luther, *The Lesser Catechism* (1529); in *D. Martin Luthers Werke: Kritische Gesamtausgabe,* vol. 30, part 1 (Weimar, 1910), 225.20～257.24.

2 Heidelberg Catechism, Questions 96～98; in E. F. K. Mülller (ed.), *Die Bekenntnisschriften der reformierten Kirche* (Leipzig, 1903), 710.8-27.

3 Gallic *Confession,* articles 3～5; in E. F. K. Müller (ed.) , *Die Bekenntnisschriften der reformierten Kirche* (Leipzig, 1903), 222. 5～44.

進深閱讀

A. Cochrane (ed.), *Reformed Confessions of the Sixteenth Century* (Philadelphia, 1966).

W. Forrell and J. McCue (eds), *Confessing One Faith: A Joint Commentary on the Augusburg Confession by Lutheran and Catholic Theologians* (Minneapolis, 1982).

W. P. Haugaard, *Elizabeth and the English Reformation* (Cambridge, 1968), pp. 233～290.

R. M. Kingdon (ed.), *The Formula of Concord: Quadricentennial Essays* (Kirksville, MO, 1977).

H. Robinson-Hammerstein (ed.), *The Transmission of Ideas in the Lutheran Reformation* (Blackrock, Co. Dublin, 1989).

T. F. Torrance, *The School of Faith: The Catechisms of the Reformed*

Church (London, 1959).

V. Vajta (ed.), *Confessio Augustana: Commemoration and Self-Examination* (Stuttgart, 1980).

13 英格蘭宗教改革運動思潮

本書大部分討論是集中於歐洲大陸的宗教改革運動。然而，宗教改革運動也對英格蘭造成影響，產生了一個相當不同的進程。由於英格蘭的宗教改革運動具有相當的趣味和重要，故此本章以此為主題。我們首先探討英格蘭宗教改革運動的起源。

英格蘭宗教改革運動的起源：亨利八世

對於英格蘭教會在宗教改革運動時期之生活的近期研究，顯示了它的活力和多樣性。無疑，英格蘭教會在中世紀晚期的境況是有某程度的內在不滿。當時的探訪記錄顯示，在主教的階層中對於教士素質的低落感到相當關注，也對教會生活的不同層面表達擔憂。至於外在的不滿，也有明顯的徵兆，教士在許多地方中都受到敵視（尤其是在倫敦），也成為甚受關注的原因。不過，對教士的憎惡並不是普遍性的。在英格蘭的某些地方——例如蘭開夏郡（Lancashire）和約克郡（Yorkshire）——教士大體上是讓人滿意的，故此沒有爭取極端改革的熱忱。

1520年代初，路德的觀念開始受到討論。在這段時期中，也許對他的著作最感興趣的人都是學者，尤其是在劍橋大學。「白馬」小組是以聚集在一間早已不存在的小酒館而命名，這個小組包括了某些英格蘭宗教改革運動的未來領袖。路德對因信稱義的教義，以及他對中世紀後期天主教會某些地方的批評，極具感染力。這感染力的程度完全是有可能通過羅拉德派的影響而提高，後者是一個宗教改革之前已經出現的運動，源自英格蘭本土，相當嚴厲地批評教會生活的許多層面。

然而，證據顯示，宗教改革運動的根源歸因於對晚期中世紀教會的批判，或是信義宗的影響力，是不能令人信服的。這些因素可視之為宗教改革運動一旦開始後的催化劑。現存證據強烈指出，亨利八世的個人影響力，對英格蘭宗教改革運動的起源及以後的方向才有根本的重要性。

當時的背景，是亨利八世掛心於要生一個兒子來繼承英格蘭王位，以便確保他死後權力可以順利過渡。他與亞拉岡的凱瑟琳的婚姻，誕下了一個女兒，那就是未來的女王瑪麗．都鐸。這段婚姻不僅無法誕下必須要有的子嗣，更反映出早一代的政治實況，即認為英格蘭與西班牙之間的聯盟對於明智的外交政策來說是十分重要的。這個假設的缺失，到了1525年已顯而易見，當時查理五世拒絕迎娶亨利與凱瑟琳的女兒。於是，亨利開始進行可使他與凱瑟琳離婚的過程。

在正常的情況下，這個程序不會遇到任何難以應付的障礙。一封向教宗申請婚姻無效的請求，就可以期待得到預期的結果。然而，情況卻不尋常。羅馬原則上是在查理五世的軍隊圍攻之下，而教宗（革利免七世）感到忐忑不安。亞拉岡的凱瑟琳是查理五世的姨母，而教宗必然想要避免在這個敏感的時刻冒犯皇帝。離婚的要求被駁回。猶如火上加油一樣，革利免七世更告知亨利，假如他再婚，就會被革除教籍。

亨利的反應，是開始一項説服計劃，意圖維護英格蘭作為教會個別豁區的獨立性，以及英格蘭君主的自主權。1529年11月3日，亨利召開了一次議會，試圖減少教會與教士的權力。英格蘭的教士最初拒絕在這些論點上讓步，促使亨利採取更嚴厲的措施去説服他們。其中最重要的措施是在1530至1531年間進行的，當時亨利認為英格蘭的教士由於支持羅馬，犯了蔑視王權罪（*praemunire*，這罪行在法律上可以理解為一種叛國的形式，涉及對外國勢力效忠——即教宗）。教士有此威脅懸在他們之上，就勉強同意至少認可亨利擁有教會權力的某些要求。

當坎特伯雷大主教渥蘭（William Warham）死於1532年8月，亨利得到一個機會達成他的目的。亨利以克藍麥（Thomas Cranmer）代替渥蘭，克蘭麥較早前表明強烈支持亨利的離婚行徑。克藍麥最後在1533年3月30日就任聖職（可能是違背他的意願）。同時，亨利已經開始與安妮・布林（Anne Boleyn）相戀。安妮在1532年12月懷孕。這次懷孕造成了各種法律上的細節問題。亨利與亞拉岡的凱瑟琳的婚姻在1533年5月被英格蘭法院宣告無效，以致安妮可以在6月1日加冠為后。她的女兒伊利莎白・都鐸（Elizabeth Tudor）在9月7日誕生。

亨利與凱瑟琳的離婚立即導致面臨革除教籍的威脅。亨利現在決定進行他已經著手的行動，藉此使他在英格蘭的至高政治和宗教權威得到承認。在1534年加入一連串法令。**繼承法**（Succession Act）宣告王位會傳給亨利的兒女。

至尊法(Supremacy Act)宣告亨利被承認為英格蘭教會的「元首」(supreme head)。**叛逆法**(Treasons Act)讓否認亨利的至尊地位成為叛逆的行為，可以處以死刑。上述最後一項法令導致處死兩名重要的天主教教士摩爾(Thomas More)和費施爾(John Fisher)，兩人都拒絕承認亨利是英格蘭教會的至高元首——他們相信這個名稱只是屬於教宗。

現在，亨利發現自己處於天主教鄰邦入侵的威脅之下。恢復教宗權威的命令，已經足以成為法蘭西或西班牙發動聖戰對付英格蘭的藉口。亨利因而不得不採取一連串防禦的措施，確保國家的安全。這些措施在1536年達到高峯。修道院的解散，給予亨利在軍事預備上的資金。與德意志信義宗的協商，隨著進入軍事聯盟的目的而展開。在這一點上，信義宗的觀念開始被納入某些官方的信仰形式中，例如〈十條信綱〉(The Ten Articles)。然而，這樣在神學上對信義宗思想的熱心，顯然只不過是一種短暫的政治策略。當英格蘭國內顯然對他的改革措施嚴厲反對時，亨利就退縮了。1543年的《君王書》(*The King's Book*)明確顯示，亨利想要避免冒犯天主教會。到了亨利在1547年1月逝世時，英格蘭的宗教處境是有點兒矛盾的。雖然亨利對信義宗思想作出某些讓步，他自己的偏愛卻似乎是保留至少某些傳統的天主教信念和做法。例如，他的遺囑定規了為他的靈魂祈禱——雖然事實上亨利已經至少在兩年前就嘗試關閉教徒為自己死後作彌撒而捐獻的教堂，但這正是為這個目的而存在的！

從以上英格蘭宗教改革運動在亨利八世治下的起源的概述，清楚見到支持亨利目標的理由，是對那場宗教改革運動的起始十分重要的。亨利的議程是政治性的，而且是由維護繼承權的期望所主導的。經過一連串的發展，這需要與羅馬教會分裂，以及對信義宗思想採取愈來愈寬容的態度，不論是在德意志地區或英格蘭。亨利對信義宗思想的寬容，大約在1536年間達到頂峯，看來卻不是首要建基在宗教的考慮上。

這不是說信義宗的觀念在英格蘭毫無影響力。正如我們將會見到的，許多重要的英格蘭教士都是贊同新的觀念，而且原則上他們大致在教會和社會中都得到喜悅的傾聽。事實上，有理由認為民眾至少在某程度上支持信義宗的觀念，是導致亨利以某種方式進行他的政策的主要因素。要點是亨利的改革政策的**起源**本身，不是宗教性質的。

最後，英格蘭宗教改革運動隨著一項國家法令而被承認。若與德意志地區的情況比較，那是十分有啟發性的。路德的改革是建基在神學的基礎和平台上進行的。基本的動力是宗教性(在其中直接針對的是教會的生命)和神學性(在其中改革的提案是取決於一套神學的前提)的。在英格蘭，改革主要是政治性和實用性的。實際上，教會的改革是亨利(相當有違他的本性)為了獲得和確保他在英格蘭的個人權力而付上的代價。

英格蘭宗教改革運動的鞏固：從愛德華六世至伊利莎白一世

隨著亨利八世逝世，英格蘭宗教改革運動的一個重要時代面臨終結。在許多方面，英格蘭宗教改革運動的第一階段是由亨利的個人議程所驅動和引導的，而且有不同的妥協牽扯他在內。當亨利在1547年1月逝世時，他已經不能作出可以把他的改革制度化的基本改變。英格蘭的主教管區和教區結構仍然一成不變，尤其是涉及它們的崇拜形式。克藍麥可能擁有雄心勃勃的概念，改革英格蘭教會的禮儀和神學；亨利八世沒有讓他有機會進行。

在亨利統治的最後年間，隨著一個建基於西摩（Edward Seymour）的黨派逐步取得權勢，宮廷中已經出現微妙的權力鬥爭。西摩的家族擁有強烈的新教傾向。正當愛德華六世仍然幼小時，他的權力是由樞密院（Privy Council）授予的，而樞密院最初是由西摩控制的（他那時已經是索美塞得公爵〔Duke of Somerset〕和護國主〔Lord Protector〕）。英格蘭教會開始朝向新教的路線。克藍麥現在可以伸展他在亨利八世治下所不能舒坦的神學肌肉，開始引進一連串改革。

其中最重要的大概是《公禱書》（*The Prayer Books*）於1549年的修訂，其在1552年再次修訂。有關修訂顯得相當重要，尤其是關乎聖餐的神學。不過，克藍麥也負責一系列其他發展，意圖鞏固新教。克藍麥認識到直到那時所引進的改革在神學上的薄弱，就從歐洲大陸邀請新教神學領袖前來英格蘭，並且為英格蘭的宗教改革運動賦予一個新的神學方向和基礎。殉道者彼得被委任為牛津大學欽定講座教授，而布塞珥則被委任為劍橋大學的欽定講座教授。他們的到達指向一個新的決定，即把英格蘭宗教改革運動與它的歐洲同伴聯成一線，尤其是它的改革宗選區成員。克藍麥草擬的〈四十二條信綱〉（The Forty-Two Articles, 1553）擁有強烈的新教傾向，《講道集》（*Book of Homilies*，指一系列允許在教區教會宣講的講章）亦然。

愛德華的早逝（1553年）結束了上述由國家支持的英格蘭國家教會新教化。瑪麗．都鐸繼承了王位，施行了一連串措施，在英格蘭帶來了天主教會的復興。她委任了樞機主教波爾——一個在亨利八世治下被流放的忠心天主教主教——為坎特伯雷大主教。當克藍麥在牛津被判火刑處死時，回復舊觀的措施就尤其不得人心。到了那時，大多數新教徒，有能力和辦得到的，都已經逃離英格蘭，在歐洲避難。大約800人是已經按這方式接受流放，等待返回英格蘭的機會，再次開始宗教改革運動。他們流亡到諸如日內瓦和蘇黎世等城市，讓他們得以直接接觸歐洲大陸的新教主要代表人物，而且實際上創造了一羣能夠讀寫神學和相當積極的第五縱隊(Fifth Column)，他們只是在等待一個把他們的觀念實踐出來的機會。

或許他們會感到驚訝的是，機會是早些而不是遲些來到。瑪麗．都鐸和波爾都是死於1558年11月17日。君主和最高主教同時退下舞台，現今可以在方向上作出徹底的轉變。伊利莎白一世起初在流露她的宗教傾向上十分謹慎，很快地推動措施，建立「宗教安定」(Settlement of Religion)，最後導致一個較為明確的新教國家教會的產生。其中尤其重要的是〈三十九條信綱〉(1563年)的規劃，為英格蘭教會賦予了一個具有特色的神學身分。

從上述的分析中，清楚見到神學在英格蘭宗教改革運動中沒有扮演主要的角色，而那是可以在(例如)信義宗的宗教改革運動中見到的。不過，神學對於發展相對沒有那麼大的影響，並不意味著在英格蘭的宗教改革運動沒有涉及神學的因素，也不代表當時沒有神學的爭論。在以下的段落中，我們將會探討歐洲大陸思想被英格蘭神學家所挪用的兩個主題——因信稱義的教義，以及「聖餐爭論」(supper-strife，指對於主餐中真實臨在的性質的辯論)。每場辯論所用的方式，提供了英格蘭宗教改革運動的獨特性質的重要理解，至少指出它那相當衍生性的特質。英格蘭的改教家可以加入他們自己的和聲，但旋律則是在德意志和瑞士撰寫的。

在英格蘭宗教改革運動中的因信稱義

正如上文所述，因信稱義的教義對於宗教改革運動第一階段是十分重要的。這項教義可以看成是路德的個人神學議程的中心，而且無疑在1520年至1530年間塑造了路德改教運動的發展。那麼，它在英格蘭的發展和挪用又如何呢？

在我們對因信稱義的教義在歐洲大陸發展的討論中，我們曾提到「法律式稱義」(參本書第6章) 這概念的出現。這個觀念雖然可以被認為在1520年間的路德著作中只是含蓄地出現，卻是明確地在〈奧斯堡信條〉(1530年) 中陳述。由於這點對於該教義的挪用在英格蘭改教圈子中的重要性，我們可以概述奧古斯丁的稱義觀念與那些關乎墨蘭頓的思想之間的區別。這些理解的最重要元素被加以強調，以比較它們。

> 奧古斯丁：稱義是一個成為義的內在過程，基督的義在其中授予 (imparted) 我們。
> 墨蘭頓：稱義是被宣稱為義的外在事件，基督的義在其中歸算於 (imputed) 我們。

墨蘭頓把「稱義」與「重生」作出以下的區分。「稱義」是一項外在的事件，上帝在其中宣稱我們為義；「重生」是一項內在的過程，上帝藉此使我們成為義。

早期的英格蘭宗教改革運動傾向把稱義看成是「成為義」，顯示偏向奧古斯丁多過墨蘭頓對稱義的取向。這究竟是反映了拒絕墨蘭頓觀點的深思熟慮的決定，還是一個內含的假設，因著宗教改革運動是代表回到奧古斯丁，因而完全以奧古斯丁的用語來定義稱義，那就不清楚了。雖然信義宗對稱義的立場是正確而完整地在巴恩斯的著作中列出（巴恩斯已知曾到過威登堡大學，從1520年代初開始就熱心擁護路德的觀點），這卻顯然是例外而非常規。

為了說明這一點，我們可以考慮1536年7月的〈十條信綱〉。這信綱的日期源自亨利八世為了政治理由，積極尋求與德意志信義宗關係更密切的時期。普遍認為這段時期所建立的政治聯繫，直接反映在代表英格蘭教會出版的官方神學聲明上。不過，稱義基本上仍然是以奧古斯丁的用語來定義的，沒有提到基督的義之歸算。

《君王書》（1543年）普遍被視為是代表了撤回宗教改革運動的觀點，原因是英格蘭國內日漸不穩。亨利想讓英格蘭的天主教徒消除疑慮的期望，清楚地反映在它的稱義觀念上，把其定義為「讓我們得以在上帝面前為義，在此之前我們是不義的」。這確實是奧古斯丁的定義，暗示在邁向亨利統治結束之時，官方對於歐洲大陸宗教改革運動在稱義性質的觀念上，沒有多大熱情。

隨著亨利的逝世和愛德華六世的登基（1547年），舞台預備給較為明確的新教神學觀念在英格蘭教會中發展。這時期論述稱義的最重要文獻是一份題為〈論人類拯救的講論〉（A Sermon of the Salvation of Mankind）的講章，一般被認為是由克藍麥撰寫的。這篇講章提出了一套稱義的神學，

完全沒有涉及「歸算的義」的概念，後者在1540年代的信義宗思想中是十分典型的：[1]

> 由於所有人都是罪人，惹犯上帝者，以及破壞祂律法和誡命者，故此沒有人可以因他自己的行為、工作和功績，就像他們永遠不會那麼善良似的，得以在上帝面前稱義和成義：不過每個有需要的人是要尋求另外的義或稱義，從上帝手上獲取，即是說，他在這等錯事上的罪惡過犯得蒙寬恕、原諒和赦免。而這稱義或義是我們藉著上帝的恩慈和基督的功德而獲取，因著信心而得到，被上帝採納、接受和認可成為我們完全的稱義。

請留意，稱義是定義為赦罪和接受義的用語。尤其有趣的是，克藍麥——假設他是這段話的作者——清楚顯示在幾個論點上直接取材自墨蘭頓的著作，卻似乎故意刪去他對義的歸算的論述。

上述觀察的意義難以評估。信義宗對惟獨憑信稱義的教義的每一層面，事實上都已併入這篇講章中；惟一的例外是對歸算的義這個概念的明確陳述。這只是一個誤解嗎？還是涉及某些更深入的問題？例如，是否憂慮「歸算的義」的概念可能引致道德的鬆懈——這樣的懼怕已知在1520年代瑞士改教家圈子中曾經流露出來？

從以上的討論可見，克藍麥相當重視路德的因信稱義的教義，尤其是他在墨蘭頓的著作中所讀到的。克藍麥娶了一個德意志信義宗信徒，可能視之為這個正面評價的反映或原因！然而，這不是說克藍麥對於路德的任何一項思想都是同等重視。正如我們將會見到的，克藍麥否定了路德對真實臨在的觀點，而採納了慈運理和埃科蘭巴狄的較極端的看法。在以下的一節中，我們將會稍為詳細地探討這個問題。

在英格蘭宗教改革運動中的「真實臨在」

英格蘭宗教改革運動對於真實臨在最重要的陳述，見於克藍麥（1489～1556年）的著作。克藍麥於1489年生於諾丁罕郡（Nottinghamshire），於1503年進入劍橋的耶穌學院（Jesus College）。1529年起受到亨利八世的注意，當時他試圖讓國際間認可亨利提出與亞拉岡的凱瑟琳離婚。亨利八世邀請克藍麥在渥蘭於1532年逝世之後繼任坎特伯雷大主教。克藍麥顯然有些勉強，最後卻答允了。雖然他在亨利八世之下影響英格蘭宗教改革運動的進程和狀況的機會稍為有限，在愛德華六世之下卻發展出新的情勢。正如上文所述，克藍麥的影響在愛德華的統治之下達到高峯。

他最重要的工作之一是修訂《公禱書》。克藍麥認識到改變民眾的敬拜方式是改變他們思想的最有效途徑，他視《公禱書》的修訂是鞏固宗教改革運動原則極其重要的手段，而且引領他們直接觸及教區的聖職人員和平信徒。克藍麥的修訂本身十分有趣，我們在此將會注目於他對真實臨在的觀點，這是從《公禱書》的1549年和1552年版本中可以清楚推論的。

1549年的《公禱書》對真實臨在採納了一個頗為傳統的觀點，顯示出對路德立場的強烈迴響。這是可以預期的。

克藍麥已經表明自己是那類與慈運理有關的「紀念論者」的觀點的強硬反對者。他在1533年主持弗里思的公開處刑，回應後者對在聖餐中真實臨在的否定。克藍麥也嚴厲批評瑞士改教家瓦狄亞努斯的紀念論觀點。1549年的《公禱書》是由克藍麥起草的，包括表明信義宗對真實臨在的大體理解的材料。例如，以下的說話是對那些領受聖餐者直接說出的：「我主耶穌基督的身體〔血〕為你而賜下，保守身體和靈魂進入永生」。然而，這些說話在1552年的《公禱書》中就刪去了，這部《公禱書》列出了克藍麥對這個問題的成熟立場——這立場沒有包括一個物質性「真實臨在」的任何概念。

克藍麥對聖餐的成熟觀點，尤其清晰地在他的《真正和大公的聖禮教義的辯護》(*Defence of the True and Catholic Doctrine of the Sacrament*) 中說明，初版見於1550年。對克藍麥來說，主餐具有3個重要功能：

1. 它是基督捨己 (sacrifice) 的紀念。
2. 它代表了對那捨己的「讚美之祭」(sacrifice of praise)。
3. 它強調了「屬靈上靠著基督餵養」的重要性。

克藍麥的成熟觀點非常接近慈運理和埃科蘭巴狄發展出來的看法。克藍麥拒絕所謂的「天主教變質說教義」，視之為「直接違反上帝的話語」。雖然克藍麥的早期觀點可以說是有點近似變質說（可能反映了與路德觀點的相似性），他後期的立場卻明顯不同。

克藍麥留意到爭論的問題之一，是新約所運用的語言的性質。正如上文所述，「這是我的身體」一語的確實意思，在1520年代極受爭論，路德認為這句說話要按照字面解釋，而慈運理則認為經文是以比喻或象徵來解讀。克藍麥顯然傾向慈運理的取向：[2]

> 親愛的讀者，基督在設立那聖禮時以象徵 (figures) 說話，不必對此驚奇，因為所有聖禮的本質都是象徵的。雖然聖經可以充滿圖解、借喻和象徵，卻在論到聖禮時特別運用它們。

確定新約運用「借喻」(tropes) 和其他非字義的表達方式，尤其是與聖禮有關者，只是克藍麥主張聖餐是表達了基督救贖受死的紀念的一小步。[3]

> 基督稱餅為祂的身體 (正如古老的作者所記載的) 因為它是代表祂的身體，並且示意他們遵照基督的命令吃那餅，而他們是在屬靈上吃祂的身體，並且藉著祂受到屬靈的餵養。不過，餅仍然是在那裏，正如聖禮表明相同的意義。

換言之，餅沒有改變過，它仍然是那個樣子。請留意克藍麥是如何提到「古老的作者」——意思是教父作家，他們被埃科蘭巴狄引用支持他對聖餐的紀念論觀點。

在克藍麥整理支持他對聖餐的紀念論觀點的論據中，我們可以特別提到其中一點。克藍麥認為——依循慈運理，尤其是慈運理的英格蘭門生弗里思——基督如今是坐在上帝的右邊。假如他的確真是在上帝的右邊，祂不可能是在其他地方。故此，基督不可能臨在於聖餐中：[4]

〔主〕現在坐在祂父親的右邊，而且在那裏直至末日，那時候祂將會回來審判活人和死人。

克藍麥也堅決主張，主餐對缺乏信心的人是沒有好處的。所有人，不論是否有信心，都可以在肉身上吃喝聖禮的東西。然而，它們所代表或表明的好處，卻只是實施在那些相信者身上。[5]

顯然，所有人，不論善惡，都可以眾人皆見地以他們的口吃基督的身體和血的聖禮；不過所吃的不是真正的身體和血本身，而是屬靈上的，並且那是基督的屬靈成員，住在基督之內，而且有基督住在他們之內，他們藉祂得以更新，並且擁有永恆的生命。

克藍麥秉持那種慈運理式的真實臨在的觀點，不會受到信義宗或天主教歡迎。在愛德華六世之下，這不是一個特別重要的問題。然而，在伊利莎伯一世治下，情況就不同了。伊利莎伯在她登位時面臨國內國外的複雜政治議程，她就判斷「宗教安定」是首要優先的問題。1552年的《公禱書》作出改動，以致較能接納範圍廣闊的神學立場。例如，可考慮對那些領受聖餐者所說的話：

1549年：「我主耶穌基督的身體〔血〕為你而賜下，保守你的身體和靈魂進入永生。」
1552年：「拿起和吃〔喝〕這個，紀念基督為你而死，並且在你的心中存著感恩而享用祂。」

> 1559年：「我主耶穌基督的身體〔血〕為你而賜下，保守你的身體和靈魂進入永生。拿起和吃〔喝〕這個，紀念基督為你而死，並且在你的心中存著感恩而享用祂。」

1549年的用語基本上反映了信義宗的立場；1552年的用語較為傾向慈運理的態度。1559年的說法把兩者結合在一起，沒有試圖作出任何神學決議的形式。不論是信義宗信徒和慈運理派都可以找到某些他們能夠贊同的地方，而似乎期望在那裏問題得以解決。伊利莎伯的「宗教安定」實質上是實務性而不是神學性的。或許，這可以視為是在伊利莎伯治下的英格蘭宗教改革運動最大的特色：期望在神學上和社會上分崩離析的國家中，使各方人士和好，重新恢復國家統一的意識。

註釋

1 'A Sermon of the Salvation of Mankind,' in *The Two Books of Homilies* (Oxford, 1859), p. 24.

2 *Archbishop Cranmer on the True and Catholic Doctrine and Use of the Sacrament of the Lord's Supper,* ed. C. H. H. Wright (London, 1907), p. 156。請留意拼寫的方式是加以現代化，以便理解這段經文的意思。

3 *True and Catholic Doctrine,* p. 36.

4 *True and Catholic Doctrine,* p. 97.

5 *True and Catholic Doctrine,* p. 213.

進深閱讀

P. N. Brooks, *Thomas Cranmer's Doctrine of the Eucharist,* 2nd edn

(Rochester, NY: 1993).

P. Collinson, *Archbishop Grindal 1519～1583: The Struggle for a Reformed Church* (London, 1979).

C. Cross, *Church and People 1450～1660: The Triumph of the Laity in the English Reformation* (London, 1976).

A. G. Dickens, *The English Reformation,* 2nd edn (London, 1989).

E. Duffy, *The Stripping of the Altars: Traditional Religion in England, c. 1400～c. 1580* (New Haven, CT, 1992).

W. P. Haugaard, *Elizabeth and the English Reformation* (Cambridge, 1968).

N. L. Jones, *Faith by Statute: Parliament and the Settlement of Religion* (London, 1982).

D. MacCulloch, *Thomas Cranmer* (New Haven, CT, 1996).

A. E. McGrath, *Iustitia Dei: A History of the Christian Doctrine of Justification,* 2nd edn (Cambridge, 1998), pp. 285～292.

R. Rex, *Henry VIII and the English Reformation* (Basingstoke, 1993).

D. Starkey, *The Reign of Henry VIII* (London, 1991).

14

宗教改革運動思潮對歷史的影響

每個研究某一課題的人，都樂見那課題在本身的狹窄範圍之外有其適切性。本章作為全書的結尾，目的是要論證宗教改革運動的宗教觀念在某些方面是改變了歷史的某些方式，不論是藉著建立新看法和觀點的基礎，或是清除這些發展的智性障礙。本章將會追溯在這段時期發展的某些概念，而且考慮它們對西方文化的長期影響。正如我們將會見到的，宗教改革運動可以說是把一種創造性的衝擊注入了歷史，結果就塑造了我們所屬的世界。

沒有意識到建基在**教義**基礎上的價值、態度和行為的程度，無疑頗大程度上使得造成近年某些歷史著作變得淺薄。宗教改革運動所涉及的新觀點和態度，既不是反覆無常，也不是純粹對社會或經濟力量的回應。宗教改革運動的特徵是充滿對俗世秩序的積極和委身的態度，在一連串神學的設想上，承擔起塑造現代西方文化的重要責任。

不過，我們可以從考慮兩個不能令人滿意的理解方式開始，在其中理論與實踐、思想與社會的實存互相影響。某些宗教改革運動的學者，尤其是19世紀期間的，躲藏在我們所謂的「浪漫唯心主義」(Romantic Idealism) 中，以為宗教觀念是16世紀西方歷史的惟一刺激動力。「純粹宗教的因果關係」是基於一個不可靠的假設，即宗教觀念是完全抽象或遠離社會或物質因素而運作的。

事實上，宗教觀念的發展，有時深受它們所處身的社會處境影響。有一個例子可以說明這一點。加爾文對於在日內瓦基督教的事奉（在1541年開始）之觀點， 其最主要特色之一就是「事奉的四個等級」(four orders of ministry)——博士、長老、牧師和執事。上述的第四個事奉等級——「執事」(或者較專門的用語 diaconate)——尤其有趣。到了中世紀結束時，執事已經被視為是差不多等於教士階級的學徒，容許通過一個合宜的中間過程，讓一個人最終得就聖職。加爾文堅持，執事應該是一種與別不同的平信徒事奉，本身具有一套清楚的功能和責任。在某程度上，這樣強調執事的獨特角色是建基在加爾文對新約的研讀上：加爾文在註釋使徒行傳六章1至6節中，把執事與使徒照顧窮人的責任連在一起。

這個觀念可能實際上完全是出自聖經的；不過，它在實踐的方式上卻徹底是日內瓦式的。在此，正如其他地方一樣，加爾文在1541年的〈教會敕令〉規範了日內瓦教會的秩序，代表了對日內瓦現存的公民結構的協調。加爾文認為應該有5個執事，其中4個是「代理官」(*procureurs*)，另一個是「醫務官」(*hospitallier*)。然而，他從哪裏得到這些十分明確的觀念？[1]

在宗教改革運動之前，日內瓦已經建立了一個機構，稱為「總收容院」(*Hôpital-Général*)，負責城市中的社會福利計劃。該市委任了6名人士，以這個機構為基礎，提供在該市中救助窮人的服務；其中5名是擔任「代理官」，負責社會福利計劃的一般行政工作；第6名被委派為「醫務官」，主責管理醫院 (*hôpital*) 本身。除了對「代理官」的人數有些微改動之外，加爾文只是採納了一種現存的俗世習俗，用於他的宗教思想。這正好說明了日內瓦影響了加爾文的地方，正如加爾文影響日內瓦一樣——以及社會架構如何影響了觀念。

最近有人以類似馬克思主義 (quasi-Marxist) 的分析，指出 (以不同程度的確信和熱忱) 觀念基本上是一個上層結構 (superstructure)，建立在社會經濟的下層結構上 (substructure)。後者決定了前者。在它較為堅決的版本中，這建議認為社會的根本性重建，也可以去除宗教觀念，其中他們的社會經濟基礎被摧毀。雖然這個取向愈來愈受懷疑，卻一直間接地造成影響，像康拉德 (Franziska Conrad) 所指的「一種沒有公平對待宗教改革運動時期的靈性和宗教成份的社會學主義。」[2]。

不再以一種**排他的**神學或宗教取向對待宗教改革運動，並非暗示神學或宗教在這運動中沒有特殊角色；那是承認在當時的社會境況中，在觀念和實踐上相互影響的複雜性。觀念是由歷史所影響的；歷史是由觀念所影響的。觀念與歷史的這樣互相影響的複雜性，會使某些人不快，他們因著或這或那的原因，一方面想漠視宗教觀念，或在另一方面漠視那些觀念的歷史處境。在本章餘下的部分，我們將會探討宗教觀念在宗教改革時期中帶來的某些文化成果。

對世界持肯定的態度

著名的宗教改革學者羅倫 · 培登 (Roland H. Bainton) 曾經指出，當基督教嚴肅地對待自己時，它若不是要離棄世界，就必然是要控制世界。倘若前者的態度是中世紀基督教的主要特徵，那麼後者就主導了宗教改革家的思想。宗教改革運動在對待俗世秩序的態度上，見證了一個值得注意的轉變。修道院式的基督教(這幾乎是中世紀時期所有最好的基督教神學和靈修作品的產生之地)多少以鄙視的眼光來看待世界以及在其中營營役役的人。**真正**的基督徒會離開世界，進入一所修道院的屬靈保障中。不過，對於改教家來說，一個基督徒的真正天職是在世界中服事上帝。修道院對這目標是不適切的。基督徒生活的真正本份是在俗世的城鎮、市集和議事堂裏，而不是在修道院幽室的遺世獨立中。

這個觀念上的改變之重要性，是絕不會誇大的。我們可能以為修道院式的基督教只是中世紀基督教的其中一類——可能甚至不是最重要的一類。然而，柯修斯(Ernst Curtius)與許多學者一樣，強調我們往往忽略了一個歷史事實，即我們經常提到的「中世紀基督教」實際**在性格和根源上差不多完全是修道院式的**。結果，中世紀基督教表現出強烈反俗世的態度。在日常世界中生活是一個次等的選擇；認為日常世界是有價值的，這樣的看法被視為是屬靈的荒謬，可以造成靈性的墮落。

在中世紀，修道院愈來愈離開人羣獨處。由於逐漸緊密地結合於褪色中的中世紀世界，修道院似乎不可能對在平信徒之間流傳的宗教和印刷術的科技發展產生新的興趣。修道式的取向，在修道院之外對基督徒的生活影響極微，甚至在聖職人員之間也是一樣。平信徒的日常生活，根本與修道院圍牆內所發生的事扯不上關係。修道式的取向對基督徒生活所設想的生活方式與觀念，對一般信徒來說十分陌生。

這一點可以用一個例證説明。一般稱為「現代靈修運動」(*Devotio Moderna*) 的最著名作品是金碧士 (Thomas à Kempis) 的《效法基督》(*De imitatione Christi*，英文書題是 *On the Imitation of Christ and Contempt for the World*) 。對世界持守一個消極的回應，被視為是對耶穌基督的積極回應。對於金碧士來説，世界基本上差不多等於是麻煩事。它使教士分心離開他世的沉思。假如教士想得到世界的經驗，他所需要的只不過是看看他的小房子。我們是這個世界的客旅，在旅行往天家的過程中；若是投身於現今的世界 (或甚至是一項興趣)，就有可能危及整個修道生活的目標——在這個世界中保持聖潔，在另一個世界中得到拯救。

這不是一個獨立的例子；不過它説明了在大多數修道組織中深藏的態度。教士是要盡力獨處，不只是離開世界，更要離開其他人羣。不論何時，若是可以，他都要留在他的單人小室中。聖德里的威廉 (William of St Thierry) 是中世紀許多靈修作家之一，他以拉丁文的一個相關詞指稱單人小室 (cell)：即 *cella*。單人小室把修士隱藏 (*celare*，拉丁文字根，是英文「隱藏」〔conceal〕一詞的根源) 離開世界，而且把天堂 (*coelum*) 開放給他。克路特 (Geert Groote) 一般被視為是「現代靈修運動」的創始人，他拋棄所有物質財富和學術事務，為的是完全離開世界去尋找上帝。

由於宗教改革運動，基督徒思想和生活的形塑中心逐漸由修道院轉往市集，歐洲的大城市成為基督徒思想和行動的新模式的搖籃和熔爐。這樣的轉變，反映在政治、社會、經濟和教會的改變中，那是處於現代西方文化的形成的核心。主流的宗教改革運動拒絕了抽離世界的修道式衝動——不過主要是在**神學性**考慮的基礎上，而不是**社會性**。

這些神學上的考慮，其中有兩點可以略述。

1. 重新強調創造與救贖的教義。加爾文對世界肯定的神學令人印象深刻，可以說是建基於主張上帝與世界在本體論上是完全區分，又同時拒絕把兩者分開的可能性。「可以區分但不可以分割」(*distinctio sed non separatio*) 的主旨，突出了加爾文神學的許多層面，重現在他對基督徒對待社會的理解中。一個上帝創造者的知識，不可能抽離祂的創造的知識，基督徒預期要對世界表達尊重、關心和委身，那是由於對它的創造者上帝的忠誠、順服和愛。世界對基督徒忠誠沒有一個直接要求，那是一個非直接的要求，在於承認上帝與祂的創造之間存在著來源的獨特關係。在尊崇自然為上帝的創造物時，我們是在敬拜上帝，而不是敬拜自然。

故此，作為一個基督徒不是——實際上是**不可能**——說要拋棄世界；因為拋棄世界即是拋棄奇妙地創造它的上帝。世界雖然墮落，卻不是邪惡的。基督徒蒙召在世界中工作，為的是救贖世界。委身於世界，是活出基督徒的救贖教義的一個重要層面。缺乏對世界的委身和工作，就等於宣稱它不可能(以及不應) 被救贖。

2. 重新發現一個基督徒的召命的概念。雖然修士的呼召觀念必然是把世界拋開，改教家卻斷然否定這個觀念。上帝呼召祂的子民不只是得著信心，更是在生命的相當範圍中表達信心。一個人蒙召首先是成為一個基督徒，而其次是在世界的一個相當活動範圍中，活出他或她的信心。宗教改革思想在這層面上的衝擊，可以見於「聖召」(*vocatio*) 一語，那是現今意味著「一個此世的活動或事業」。在這個現代習慣的背後是有一個觀念，它在16世紀宗教改革運動中受到廣泛接納——基督徒是蒙召在世界中服侍上帝。

這個觀念與信徒皆祭司的中心教義息息相關，為一個人投身在日常世界中賦予了新的動機。正如我們已經見到，改教家否定了中世紀認為在「神聖」(sacred) 與「俗世」(secular) 之間必定存在的區別。在「屬靈」(spiritual) 與「俗世」(temporal) 的層級之間，沒有地位上的真正不同。所有基督徒都是蒙召成為祭司，而那召命是延伸至日常世界中。他們蒙召在當中潔淨和聖化世界的日常生活。路德簡潔地說明了這一點：「那似乎是俗世的工作，實際上是對上帝的讚美，而且是代表了討祂喜悅的一個順服。」對於這個呼召的概念是沒有限制的。路德甚至讚美家庭事務的宗教價值，宣稱雖然「那是沒有明顯的聖潔表現，然而這些家庭雜務是比修士和修女的所有工作更有價值」。再一次，「上帝並不關心要做的工作是否無足輕重，卻注目於在工作中服侍祂的心靈。這是真的，即使每日工作是洗餐具或擠牛奶」。路德的英國跟隨者丁道爾採納了這個概念，堅持儘管「洗餐具與傳講上帝的話語」是代表了不同的人類活動，但「在討上帝的喜悅上」是沒有分別的。

「正如所說，每個人的生活方式是由上主分派給他的位置。」根據加爾文的觀點，上帝把個別的人放在祂想他們成為的位置上。(順便提一句，這一點對加爾文批判人類的野心特別重要，他認為那是由於不願意接納上帝分派給我們的行動範圍。) 這個位置有甚麼社會地位是沒有關係的，那是一個沒有屬靈意義的人類發明而已。我們不能讓人 (例如修道士) 對一份工作的地位的評價，淩駕在上帝的審判之上。所有人類工作皆可以「顯出真正的可敬，並且在上帝的眼中被視為極度重要的」。沒有任何工作，沒有任何呼召，是過於卑賤或過於低微，以致不可以被上帝的臨在所施恩。

這一點將進一步被討論，因為它是新教工作倫理的一個重要層面——無疑是宗教改革運動對塑造西方文化的最重大貢獻之一。

新教工作倫理

若要理解宗教改革時期出現的工作倫理的意義，就必須明白早期基督教傳統對於工作的強烈厭惡（見於修道士作家）。對於該撒利亞的優西比烏（Eusebius of Caesarea）來說，完美的基督徒生活就是一個人奉獻出來服侍上帝，不受肉體勞動所玷污。那些選擇工作餬口維生的人，是次等的基督徒。在世界中生活和工作，就是喪失了一個最佳的基督徒召命，以及這所暗示的一切。早期修道傳統似乎是繼承了這個看法，結果工作往往被視為是貶低身分的活動，最好留給社會（和屬靈）地位低微的人去做。假如古代羅馬的顯貴認為工作是由比他們地位低下的人所做的，那麼必須說，在早期基督教中發展出一個屬靈的貴族階級，以同樣否定和輕視的態度，對待體力勞動。在中世紀期間，這樣的態度很可能達到它影響的高峯。

這不是說中世紀作家否定了工作的重要性，但更確切地說，它只是被視之為一种需要，但總卻是有失身分的事。基督徒致力維生，在日常世界中工作，顯然就是次等的基督徒。正如蒂爾（Adriano Tilgher）對工作在西方世界的決定性研究中總結說，修道院的屬靈觀永遠不會認為在世界中的日常工作是有任何價值的。那些選擇在世界中生活和工作的人，最好「以寬大博愛待之」。簡而言之，工作對一個真正的基督徒來說，不是一個嚴肅的選擇。伊拉斯姆以輕蔑來回應這個觀念：難道謙卑農夫的工作不會比修道院的儀式更討上帝的喜悅嗎？

宗教改革運動改變了這樣的態度，既是決定性的，也是不可逆轉的。若要說明這種態度上的轉變，我們可以細想馬丁．路德所用的德文字詞「召命」(*Beruf*)。在中世紀時期，「召命」的意思是一個修道或聖職的召命——換言之，那是成為一個專業的教會職務的呼召。路德開始用同一個字詞指俗世的責任。路德藉著運用「召命」一詞來指日常世界的活動，把修道召命的宗教嚴肅性應用到世界的活動中。我們是蒙上帝召命在世界中以某種特定的方式服侍祂。在此，現代的字眼「聖召」(vocation) 或「召命」(calling) 的使用和意義，可以被視為是藉著對工作的新態度，出現在宗教改革的時代中。歐洲各地的語言受到宗教改革運動的影響，在16世紀期間對工作的用詞意思，顯出了決定性的轉變：德文 (*Beruf*)、英文 (*calling*)、荷蘭文 (*beroep*)、丹麥文 (*kald*)、瑞典文 (*kallelse*) 等等。

類似的變化可以見於「銀子」(talent) 一詞。這個用詞——在比喻中是「銀子」(路十九11～27)——的字面意義是指金或銀的條子，而不是我們現今世間稱為「銀子」的專門用語。中世紀基於這段比喻的講章，是以比喻的方式解釋銀子，視之為上帝賜給某些敬虔的基督徒的屬靈恩賜或恩典。然而，加爾文把銀子解釋為基督徒的世界呼召，以及上帝按照秩序賜給他們的能力和天賦，以致他們可以在世界中有效地發揮功能。再一次，一個與工作有關的用字的現代意義，可以視之為是通過源自宗教改革運動對工作的新穎的、正面的態度而出現的。

對於改教家來説，那是在工作的人(就像工作的結果那樣)，在上帝的眼中有其重要性。屬靈與現世、神聖與俗世的工作之間，沒有差別。所有人類的工作，不論如何卑下，都是能夠榮耀上帝的。工作根本就是一項讚美的行為——一種可以有生產力的讚美的行為。正如路德評論説：「整個世界可以充滿上帝的服侍——不只是教會，還有家庭、廚房、地下室、工場和田間。」值得注意的是，路德和加爾文都提到生產性活動對基督徒的自尊的重要性。基督徒藉著為上帝做事，可以得到一份滿足和自尊的感覺，那是其他途徑所做不到的。

對於改教家來説，人類行為的終極動機是置放於一個以上帝為引導的方向。一個改教家與另一個改教家之間可能有不同的強調之處，不過基本的主題是不變的：工作是上帝主動加給我們的恩慈之自然回應，藉此我們證明我們對祂的感恩，同時在這個世界中榮耀和服侍祂。工作是某些可以榮耀上帝的東西；那是為大眾求福祉的東西；那是某些藉此人類創造力可以表達自己的東西。必須強調的是，最後兩項是由首項所包括的。作為加爾文的英國跟隨者珀金斯(William Perkins)説：「我們生活的真正目標，是在服侍人之中服侍上帝。」對於加爾文自己，人類的共同責任是在上主的花園中勞動，不論以甚麼方式，一方是一個人蒙上帝所賜的天賦與能力，另一方是現況的需要。對於工作的共同責任是偉大的社會平等主義者，這是一個提示，即所有人類都是由上帝平等創造的。

工作的地位通過這倫理在歷史中的轉變，相當值得注意。加爾文的神學，是直接源自工作是社會低下的(即使實際上有需要）活動而最好留給社會地位低微的人的看法，變成了一種觀點，即認為那是讚美和肯定上帝在祂的創造中（而且進一步使之更美好）的莊嚴和榮耀的途徑。毫不意外地，這些接納新教的歐洲地區很快發現自己在經濟上昌盛——但那是額外收穫，而不是一個預期和預先考慮的結果，而這正是源自對工作賦予全新的宗教上的重要性。這為我們帶來宗教改革運動思想的經濟影響，以及韋伯關乎新教思想與資本主義之關係的著名論文。

宗教改革運動思想與資本主義的根源

韋伯（Max Weber）論題的通俗版本宣稱，資本主義是新教改革運動的直接結果。從歷史的角度來説，這是站不住腳的説法，而且無論如何，韋伯都沒有這樣説過。在他的《新教倫理與資本主義精神》（*Protestant Ethic and the Spirit of Capitalism*）中，韋伯強調他已經：

> 絲毫沒有意思主張這樣一個愚昧和教條主義式的命題，就是資本主義精神……可以僅是由於宗教改革運動的某些影響而產生的結果。在本質上，資本主義式的商業組織的某些重要形式已知在實際上比宗教改革運動更為古老，足以反駁這樣的宣稱。

中世紀天主教會主要銀行家族的運作（例如麥迪奇家族或富格爾家族），顯然都是在宗教改革時期之前採納資本主義思想和方法的例證。在宗教改革運動的前夕，諸如安特衞普、奧斯堡、列日市（Liège）、里斯本（Lisbon）、盧卡

(Lucca) 和米蘭等城市，都是按照中世紀形式的資本主義中心。在宗教改革運動之前，資本主義在宗教上的重要性也不應受到忽略。麥迪奇家族最後可以公然購買教宗的寶座。富格爾家族差不多能夠控制在德意志、波蘭和匈牙利每一個主教的任命，他們甚至可以資助查理五世當選成為皇帝。這些事件顯示，在宗教改革前夕，資本主義作為一股宗教力量的重要性。此外，20世紀下半葉的歷史學者德魯弗 (Raymond de Roover) 對於中世紀會計運作擁有罕見的知識，他的先鋒性研究證明，資本主義的思想和方法整體來說已經在中世紀社會中根深柢固。

那麼，韋伯實際上說了甚麼？首先，他提到資本主義在宗教改革運動之前久已存在。資本家的態度正如中世紀商人鉅子的特徵 (而他們是屬於傳統的農民社會)，韋伯稱他所認識的資本主義在中世紀是「冒險家的資本主義」(adventurer capitalism)。他認為，這種資本主義的形式是投機取巧和不講道德的；它傾向把所賺來的收益花費在奢華和頹廢的生活方式上。雖然中世紀社會容許賺錢的活動，它們卻仍然普遍被視為是不合倫理法則的。韋伯認為，在16世紀出現了一種新的「資本主義精神」。它不是那麼**資本主義**，而是一種需加解釋的**特定形式**的資本主義。

相對於中世紀「冒險的資本主義」(adventure capitalism)，這種資本主義的現代版本擁有一個強烈的倫理基礎。它可以鼓勵賺取商品和財富，卻同時對它們採取一種禁欲式的態度。韋伯認為，這種資本主義的形式並不傾向快樂主義的。相反地，事實上，它有時似乎是故意逃避生活的直接享受。韋伯問道，這樣在態度上的戲劇性轉變，可以怎樣解釋？

韋伯基於他對14和15世紀佛羅倫斯的研究，建議在這時期裏那些積聚財富者的心思中，存在他們賺錢活動的一方與他們靈魂得救的另一方的嚴重矛盾。例如，雅各布·富格爾（Jakob Fugger）顯然在他的銀行活動與那些傳統上被天主教會視為有助拯救的行動之間，擁有嚴重的分歧。不過在16和17世紀初期的新教社會中，資本的積聚沒有被視為是會對個人得拯救造成一種威脅。故此，這種在態度上的戲劇性轉變，似乎是有宗教上的解釋。

韋伯把這種新態度聯上新教主義的興起。這尤其是證諸於一些17世紀加爾文主義作者，例如富蘭克林（Benjamin Franklin），他的著作結合了稱揚資本家通過與世界的交戰而增值，同時卻批判它的消費。資本是要增加的，而不是花費耗盡。英國的清教徒主義歷史學者希爾（Christopher Hill）把這些新教與天主教態度的差異總結如下：

> 成功的中世紀商人在逝世時都是感到罪疚的，而且把金錢留給教會作為非生產性的用途。成功的新教商人在生時不再對他們的生產活動感到羞愧，而在逝世時會把金錢留下，協助其他人仿傚他們。

韋伯認為，新教造就了對現代資本主義發展甚為重要的心理先決條件。事實上，韋伯把加爾文主義的根本貢獻定位於它因著信仰系統而造成的心理動力。韋伯尤其強調「召命」的概念，他把它聯繫於加爾文派的預定觀念。加爾文派確保他們個人得拯救，能夠從事俗世的活動，不用嚴重掛慮他們的拯救有何結果。假如資本不是以難以接納的方法得到，或在放蕩的方式中消費，它的產生和累積是沒有道德上的困難的。

我無意在此評論韋伯的論題。在某些圈子中，韋伯的論題被視為是完全不能取信的；在其他圈子中，它卻是存活的。我所關心的只是要指出，韋伯正確地認識到宗教觀念可以對早期現代歐洲造成強大的經濟和社會衝擊。關鍵是，韋伯建議，宗教改革運動的宗教思想能夠提供現代資本主義發展所需要的刺激，正是它本身需要研究這段時期的宗教觀念的有力見證。還有其他這樣的關聯存在嗎？而且它們可以怎樣被察覺，除非歷史學者熟悉這段時期的語言和觀念？若要提議和評價這樣的理論，首先需要的，便是宗教改革運動思想並其延續及斷裂的知識。

人權與有據弒君的概念

宗教改革運動可以說是改變了歐洲的政治面貌，部分是通過它所帶來的政治和社會改變，部分是因著某些危險的新觀念，得以在一個沒有懷疑的歐洲得以實現。某些一直以來被視為有助西歐政治和社會穩定的信念，被受質疑。其中一個信念是關乎現存社會結構的「既予性」(givenness)。例如斯金納 (Quentin Skinner) 等政治理論家認為，宗教改革運動 (或更具體是指加爾文主義的發展) 可作為手段，把中世紀的俗世秩序概念——建基於「一種被想像成自然和永恆」的秩序——影響和轉變成「建基於改變」的現代秩序。換言之，中世紀的世界觀是靜態的：這是在出生和傳統的基礎上，一個人在社會中被分派一個位置，而且它是沒有可能改變這處境的。然而，加爾文主義提出了一個「轉變的意識形態」(ideology of transition)，在其中個人在世界中的位置，被宣稱是在於(至少部分是)他或她的努力。這樣的一個建議，對於法蘭西的農民——或實際上是指遍佈歐洲的中產階級(*bourgeoisie*)——顯然十分吸引。對於一個社會階層，由於在一個社會中由傳統和家庭聯繫所支配，而它沒有能力作出重大的進步而被挫折，那麼現存社會秩序的基本**可變性**(changeability)的教義，已經相當吸引。英格蘭加爾文派的波內(John Ponet)和古德曼(Christopher Goodman)運用了這個原則，詳細闡述了在這個基礎上有據弒君(justifiable regicide)的理論，帶來了與中世紀概念基本的分別，後者認為現存權力結構是一些由上帝任命的東西，因而是不可侵犯和不可改變的。

在1572年聖巴多羅買日(St Bartholomew's Day)屠殺慘案事件結束後的一段時期，類似的觀念在法蘭西發展(這慘案是精心安排的公眾協力宣示反新教的情緒，大量法蘭西新教徒被屠殺)。最初，法蘭西的加爾文主義把它的政治反省僅限於良心自由的一般領域上。在1550年代，加爾文派的影響在法蘭西明顯地增長，法蘭西加爾文派的政治煽動逐漸集中於宗教寬容上。它暗示，作為一個加爾文派信徒與作為一個法蘭西人之間是沒有基本衝突的；作為一個法蘭西人與一個加爾文派信徒(或一個預格諾派信徒〔Huguenot〕，這兩個用語或多或少可以互換)沒有不忠於王權的含義。這個立場的邏輯和理據(其中尤其歸於加爾文)，在1560年5月因著昂布瓦斯陰謀(Conspiracy of Amboise)而粉碎，這次密謀企圖綁架法蘭西斯二世(Francis II)，似乎是得到一羣加爾文派牧師(使加爾文反感)的明顯支持和唆使。然而，聖巴多羅買日屠殺慘案(1572年)卻促使法蘭西加爾文派的政治思想徹底改變。

反暴君派（monarchomachs）——期望嚴厲限制君權和維護人民反抗暴君的**責任**（不僅是**權利**）者——的出現，是直接回應1572年屠殺之後一段時期所持續的震撼氣氛。1559年，加爾文——或許開始認識到這個問題在實踐和政治上的重要性——已經承認統治者可能會逾越他們的權力範圍，因著他們自己對抗上帝；他暗示，他們因此已經失去了他們自己的權力。

> 上主是萬王之王……我們服從那些被置於我們之上的人，不過只是在祂裏面。假如他們命令任何有違祂旨意的事，那必然對我們來說是無足輕重的。在這樣的情況下，我們應該不理會一切地方行政官員所擁有的尊貴。逼使這種尊榮順服於上帝的真正、獨一和至高的能力（*summa potestas*），並不是不義的。由於這個原因，當但以理要違抗一個由後者作出的不虔敬法律時，否認他對抗君王是有任何罪過的，因君王已經逾越了上帝為他設下的限制，而且不只無禮地對待人類，更是違背上帝——而且這樣做，是廢除了他自己的權力。

事實上，加爾文設定了任何統治者若超越他或她的權限（那是由上帝所委任的），便不再成為一個統治者，並且不再行使那統治的權利和特權。因此，加爾文認為地方行政官員（並不是私下的個人）在某些情況下，採取某些（沒有具體說明）行動對抗他。雖然這樣的反省是模糊不清的，它們卻促使其他人進一步發展——尤其是他的法蘭西跟隨者，回應1572年的震撼事件。霍特曼(François Hotman)撰寫了著名的 *Franco-Gallia*、伯撒的 *Droits des Magistrats*、杜普雷西－莫納(Philippe Duplessis-Mornay)的 *Vindiciae contra tyrannos*，以及其他次要的作者所撰寫的一部又一部小冊子，全都是按照同一論點撰寫的：暴君要加以抗拒。順服上帝的責任，要淩駕在順服人類統治者的義務之上。

這些極端的新理論，在法蘭西加爾文主義的熔爐中鍛造，可以被視為標誌著封建制度過渡現代民主政權之間的重要一點，天賦人權的概念是在神學基礎上被清楚表達和辯護的。雖然大多數法蘭西加爾文主義者在亨利四世統治期間放縱地公然反抗君主政體，尤其是在〈南特勒令〉(Edict of Nantes)公佈之後，重要的新政治理論在法蘭西的政治角鬥場中釋放出來。一般認為，正是這些觀念，在純粹的俗世形式中，在法蘭西啟蒙運動中浮現，當自然人權的觀念(剝盡它的神學裝飾時)混合了加爾文的日內瓦的共和主義，在盧梭(Jean-Jacques Rousseau)的 *thèse républicaine* 所述——與伏爾泰(Voltaire)現代性的 *thèse royale* 和孟德斯鳩(Montesquieu)的 *thèse nobilaire* 相反——宣稱16世紀的日內瓦是一個理想的共和國，那是可以成為18世紀法國的一個榜樣。故此，加爾文的日內瓦成為一個活潑和有影響力的理想，抓住在革命之前的法國的想像力。或許1789年的法國大革命，可以被視之為1535年日內瓦革命的開花結果。

不過，即使這個**政治**革命沒有把它的靈感歸功於加爾文，16世紀後期和17世紀初期的**科學**革命卻是堅固地置於宗教觀念之上，後者是在宗教改革的時代形成的，正如我們在以下的段落中得見的。

宗教改革運動思想與自然科學的出現

現代世界的最大特色之一就是高舉自然科學。現代自然科學的根源既複雜又充滿爭議。嘗試解釋自然科學非凡發展的理論，若說是由單一元素所支配，那是過分和普遍難以置信的；顯然不是一個，而是涉及數個有助的因素。其中一個無疑是宗教，而且是由於加爾文。

大量社會學研究（可以延伸超過一個世紀）已經顯示，在基督教之中產生第一流的自然科學家，在新教與羅馬天主教傳統的能力之間是有一定的差異。這工作的一個例子，是康多爾（Alphonse de Candolle）對在1666至1883年間巴黎科學院（*Académie des Sciences*）的外籍成員的重要研究。這些差異橫跨廣闊的時代與國家，可以這樣總結：新教在促進自然科學的研究上，看來比羅馬天主教會較優勝。因此，宗教改革運動似乎涉及推動贊同自然科學的態度。

驟眼看來，這似乎是不大可能的。因為在過去百多年中，宗教改革家例如加爾文對待哥白尼（Copernicus）的日心說（heliocentric theory）的態度，成為備受揶揄的對象。懷特（Andrew Dickson White）在他那充滿爭論的《科學與神學之戰的歷史》（*History of the Warfare of Science with Theology*, 1968）一書中寫道：

> 加爾文在他的《創世記註釋》中帶頭責難所有主張地球不是宇宙中心的人。他咬緊的是經常引用的詩篇九十三篇第一節，問道：「誰敢把哥白尼的權威凌駕在聖靈的權威之上？」

這項斷言被一個又一個作者在論「宗教與科學」的主題時重

複申述。似乎沒有人走去查考它們的來源。加爾文根本沒有寫過這樣的話，也沒有在他已知的著作中表達過類似的意見。這項斷言首次見於（顯然是沒有事實根據的）19世紀聖公會坎特伯雷教長法拉爾（Frederick William Farrar, 1831～1903）的著作中，這位作者過分依靠他那往往不大可靠的記憶作為資料來源而聞名。

事實上，加爾文可能對於自然科學的評價和發展作出了兩項重要貢獻：首先，他正面地鼓勵了對自然界作出科學的研究；其次，他排除了上述研究發展的一個主要障礙。他的第一個貢獻特別與他強調受造界的秩序有關；不論是物質的世界或人類的身體，都見證了上帝的智慧和性情。

> 為使沒有人會被排除在獲得快樂的途徑之外，上帝已經喜悅，不只是把我們剛提及的宗教種籽置於我們的心思，更是讓祂的完美在整個宇宙的結構中得被知曉，並且每天把祂自己置放於我們的觀點中，在這樣的一個方式中，我們不能張開我們的眼睛而沒有被迫注意到祂。……為證明祂的非凡智慧，天與地把我們置於無數的證據中——不只是那些較先進的證明，即天文學、醫學和其他一切自然科學所打算說明的，而是驅使它們受到最知識淺陋的農夫所注目的證明，他們不能開啟祂的眼睛而沒有見到他們。

故此，加爾文讚賞天文學和醫學的研究。它們比神學更能深入探討自然的世界，從而發現受造界秩序的更多證據，以及它的創造者的智慧。

故此，加爾文可以說是為自然界的科學探究提供了一個新的宗教動機。這在現今被視為是洞悉上帝在創造中的智慧之手的途徑，因而提高了對祂的存在的信念，以及祂在其中所有的尊重的信念。〈比利時信條〉(1561年)是一份加爾文派的信條，在低地國家(這地方尤其以植物學家和自然科學家著名)特別具影響力，它宣稱自然界是「在我們眼前的一本佳作，在其中的一切受造之物，無論大小，都引導我們觀摩上帝不可見的事」。上帝是可以藉著對祂的創造之詳細研究，從而辨別出來。

這些觀念由皇家學院(Royal Society)充滿熱情地採納，皇家學院是在英國提升科學研究與學習的最重要的機構。它的早期成員許多都是對加爾文欽佩的人，熟悉他的著作，以及它們與其研究領域的潛在關係。這樣，本特利(Richard Bentley, 1662～1742)在1692年發表了一系列講論，那是建基在牛頓的《數學原理》(*Principia Mathematica*, 1687)上，其中由牛頓所建立的宇宙規律性是被解釋為設計的證據。加爾文在此清楚明白暗示宇宙是一座「上帝榮耀的劇院」，人類在其中是一個心存讚賞的觀眾。對於受造界的詳細研究，導致更多留意它的創造者的智慧。

加爾文的第二個主要貢獻是消除了對於自然科學發展的一個重要障礙：聖經的字面主義(biblical literalism)。這樣把科學觀察和理論從粗糙的聖經字面理解釋放出來，這出現在兩個層面上。首先，他宣稱聖經不是關乎世界結構的詳述，而是傳講耶穌基督的福音。其次，他堅持不是所有關於上帝或世界的陳述都是要按照字面理解。我們可以分別考慮這些論點。

加爾文建議，聖經要被視為是主要關乎耶穌基督的知識。它不是一本天文學、地理學或生物學的課本。這個原則的最清楚陳述，或許可以見於1543年加爾文對奧里維坦(Olivétan)的新約譯本(1534年)撰寫序言所加的一段：聖經的全部要點是帶給我們耶穌基督的知識。它沒有(而且從來沒有意圖)向我們提供天文學和醫學知識的一個絕對可靠的寶庫。故此，自然科學實際上不受神學的規範所束縛。

加爾文的第二個貢獻是關於聖經對科學現象的陳述的地位。他的貢獻的重要性，最好被理解為考慮到非常不同於馬丁路德所接納的立場。1539年6月4日，路德對哥白尼說地球環繞太陽運行的理論提出了刻薄的評論——在1543年出版：聖經不是堅持與此相反的觀點嗎？約書亞不是說太陽停在某一點嗎？故此，路德在日耳曼改教家典型的聖經字面主義的基礎上，駁斥了日心說的理論。(正如我們早前見到，他在與慈運理爭論耶穌在最後晚餐所說話的意思中——「這是我的身體」(太二十六26)——路德堅持「是」字只可能解釋為「照字面地完全相同」。這對慈運理來說不論是在宗教上或在語言學上都是荒謬的，完全看不到語言運作的不同層次。在這個情況中，「是」的意思是「表明」。)

加爾文對於科學發現與聖經陳述之間的關係的討論，普遍被視為是他對基督教思想最有價值的貢獻之一。加爾文在此發展出一套通常用「俯就」(accommodation；或譯作「調適」)一語指稱的精緻理論。「俯就」一語在此的意思是「調校或適應以面對處境的需要和人類理解它的能力」。

加爾文認為，在啟示中上帝親自作出調適，俯就人類思維與心靈的能力。上帝是以我們理解的能力描繪祂自己的肖像。加爾文的想法是以一個人類的演說家作為在這一點背後的類比。一個優秀的演説家知道他的聽眾的限制，而且會因而調節他説話的方式。若要達成溝通，演説者與聽眾之間的鴻溝就必須跨越。耶穌所講的比喻完美地説明了這一點：它們是運用語言和例證的(例如基於羊與牧人的類比)，完全符合祂在巴勒斯坦農村的聽眾。保羅也會運用適合他聽眾處境的觀念，取材自他的大多數讀者所生活的城市的商業和法律世界。

相似地，加爾文認為，上帝若向我們啟示祂自己，就已經降到我們的水平。上帝親自作出調節，以吻合我們的能力。正如一個人類的母親會屈身親近她的孩子一樣，上帝也會俯就我們的水平。啟示是上帝屈尊俯就的一項行動，藉此上帝跨越了祂自己及其能力與罪性的人類及其軟弱能力之間的鴻溝。就像任何優秀的演説家一樣，上帝明白祂的聽眾——而且會因而調節祂的用語。

這樣俯就的一個例子，就是聖經對上帝的描繪。加爾文指出，上帝經常描述彷彿祂有口、眼、手和腳。那樣似乎暗示上帝是一個人。它可以意味著，永恆與屬靈的上帝以某種方式降低成為一個肉身的人類，就像我們一樣！(這個論題往往稱為「神人同形論」〔anthropomorphism〕——意思是上帝以人類的形式來描繪。) 加爾文認為，上帝因著我們軟弱的理解能力，不得不以這樣描繪的方式來啟示祂自己。上帝以口或手來代表祂的形象，是上帝的「啞啞兒語」，上帝以此方式俯就至我們的水平，運用我們所能掌握的形象。以更精密的方式來論述上帝，當然是可以的——只不過我們可能不能明白它們罷了。

在聖經的創造故事這事例中(創世記一章)，加爾文認為，它們是調適至一羣相對簡單、沒有那麼複雜的人的能力和水平；它們是無意以**字面方式**來表達實況的。他斷言，創世記的作者「被任命成為未受教育和原始者，以及學問精深者的老師；故此若不是降低至這樣教導的粗糙方式，就不能達到他的目標」。「六日創造」的用語不是表明6個24小時的日子，而只是調適至人類的思考方式，代表一段長期的時間。「空氣以上的水」只是談及雲的一種調適方式。

這些觀念對於科學理論的影響是十分巨大的，尤其是在17世紀期間。例如，英國作家萊特(Edward Wright)針對聖經字面主義者，為哥白尼的日心説辯護，就是藉著主張：首先，聖經不是關乎物理學的；第二，它説話的方式是「調適至普羅大眾理解和説話的方式，就像是褓姆對著幼兒一樣」。這些論據都是直接源自加爾文的，他可以説是在這幾點上對於自然科學的出現作出了重要貢獻。

結論

在有限的篇幅中，沒有可能詳細分析宗教改革運動的觀念對以後人類歷史發展的可能影響。不過，在這最後一章中所陳述的，指出觀念擁有改變事情的潛能。宗教改革運動就像俄羅斯的革命一樣，讓人想到觀念不只是社會的產物；有時，它們會把那些社會領向實質的變動。列寧與加爾文的生動比較，經常出現在近期對法國改革家的研究中，指出人民擁有極端的觀念，在歷史中某些構成要點的歷史重要性。本書試圖清晰論述那些觀念，而且讓更多人可以明白，以至更能理解這些迷人時期所造成的結果。

一段歷史若是忽略了觀念，就不能算是把故事説好，而且肯定也不是把故事説得完全。宗教改革運動是一個由宗教觀念扮演主要角色的運動。其他的因素——社會、經濟、政治和文化——也在這場運動中被涉及到。那些其他因素應該也必須一聞。不過，若是述說宗教改革運動的故事，而沒有認可宗教觀念的創造力量，就是荒謬的事情。對於現代某些這場運動的俗世詮釋者來說，正確地評價宗教力量是一種歷史動力，可能會感到困難。因為他們的世界已經不再是由宗教所直接塑造的，他們就假設這是常態。不過，情況不是這樣子的。或許，我們還沒有學曉一切歷史技巧中最艱難的部分：擁有能力把我們自己沉浸在一個已逝文化的世界中，而且想像我們自己是在一個深受宗教觀念和態度主宰的世界中。本書沒有完全達到那個目標；不過，它嘗試揭開了少許帷幔，讓我們更明白其他部分可能仍然完全是一個謎。

註釋

1 Robert M. Kingdon, 'The Deacons of the Reformed Church in Calvin's Geneva,' in *Mélanges d'histoire du XVIe siècle* (Geneva, 1970), pp. 81～89.

2 Franziska Conrad, *Reformation in der bäuerlichen Gesellschaft: Zur Rezeption reformatorischer Theologie im Elsass* (Stuttgart, 1984), p. 14.

進深閱讀

關於韋伯的論題，參：

H. Lüthy, 'Variations on a Theme by Max Weber,' in *International Calvinism 1541～1715*, ed. M. Prestwich (Oxford, 1985), pp. 369～390.

G. Marshall, *In Search of the Spirit of Capitalism: An Essay on Max*

Weber's Protestant Ethic Thesis (London, 1982).

Max Weber, *The Protestant Ethic and the Spirit of Capitalism* (London, 1930).

關於宗教改革運動思想的政治層面，參：

Q. Skinner, *The Foundations of Modern Political Thought* (2 vols; Cambridge, 1978), vol. 2, pp. 219～240.

關於宗教改革運動思想與科學的關係，參：

J. Dillenberger, *Protestant Thought and Natural Science* (London, 1961).

R. Hooykaas, *Religion and the Rise of Modern Science* (Edinburgh, 1972).

E. Rosen, 'Calvin's Attitude towards Copernicus,' *Journal of the History of Ideas* 21 (1960): 431～441.

附錄1：**神學及歷史用語彙編**

讀者如欲作進深討論，在英語中的標準神學參考書籍為 *The Oxford Dictionary of the Christian Church* (Oxford, 3rd edn, 1997)。許多有用的資料均可見於另一套較舊的參考書：*The New Schaff-Herzog Encyclopedia of Religious Knowledge* (12 vols; Grand Rapids, Mich., 1957)，此套書特別對16世紀信義宗與改革宗的論爭提供十分有用的資料。關於中世紀晚期神學名詞的彙編，可見於 Heiko A. Oberman, *The Harvest of Medieval Theology: Gabriel Biel and Late Medieval Nominalism* (Cambridge, Mass., 1963), pp. 459～476。關於稱義這教義的專有名詞，可參考本書作者所著的 *Iustitia Dei: A History of the Christian Doctrine of Justification* (2 vols; Cambridge, 1986), vol.1, pp. 188～190。

adiaphora　中性之事

字義為「無關痛癢之事」。改教家認為這是指可以容忍的信念或行為，因為這些事聖經均無明顯地拒絕或規定。例如，牧師在教會崇拜中所穿戴的服飾，經常被認為屬於「無關痛癢之事」。這觀念的重要性，乃因其容許改教家對許多信念與行為，採取一種務實的進路，由此避免了許多不必要的衝突。

Anabaptism　重浸派

字義為「重浸者」。此名詞常指宗教改革運動的極端派別，那是基於門諾．西門或胡布邁爾等人的思想而發展的。

anti-Pelagius writings　反伯拉糾著作

奧古斯丁有關伯拉糾論爭的著作，其中他辯明了其對恩典與稱義的看法。另參「伯拉糾主義」。

Apostolic era　使徒時代

對於人文主義者與改教家，此乃基督教會的權威性時期，始於耶穌基督的復活(約為公元35年)，終於最後一位使徒的去世(約為公元90年？)。此段時期的觀念與實踐，在人文主義與宗教改革的圈子中廣泛地被認為具有規範性的作用。

Augustinianism　奧古斯丁主義

此用語有兩個主要意義。首先，這是指希坡主教奧古斯丁對拯救教義的立場，強調神聖恩典的需要。在此意義上，這名詞可說是伯拉糾主義的反義。其次，它是指在中世紀奧古斯丁修會的整體立場，不論這些看法是否源於奧古斯丁。進一步可參David C. Steinmetz, *Luther and Staupitz: An Essay in the Intellectual Origins of the Protestant Reformation* (Durham, N.C.,1980)。

Calvinism　加爾文主義

這是一個含混的名詞，使用時具備兩個截然不同的意義。首先，這是指一些宗教團體(例如改革宗教會)或個人(例如伯撒)的宗教觀，他們均是深深地受到加爾文其人或其著作所影響。其次，這是指加爾文本身的宗教思想。雖然其首要意義至今仍最為普遍，但愈來愈多人發現此字的意義，極易為人誤解。

catechism　教理問答

基督教教義的普及參考手冊，通常是以問答的形式寫成，作為宗教訓育之用。宗教改革運動由於對宗教教育相當重視，因此在這時期出現了不少重要的教理問題作品，最著名的是路德的〈教理小問答〉(1529年)，以及馳名的〈海德堡教理問答〉(1563年)。

Christology　基督論

基督教神學有關耶穌基督身分的教義部分，特別是有關其人性與神性關係的問題。除了1529年路德與慈運理在馬爾堡對此教義之分歧外，基督論正如三一論的教義一樣，於宗教改革運動期間無大爭議。

cinquecènto　16世紀

指1500年至1599間，即16世紀。

confession　信條；認信

雖然這名詞基本上是指認罪，但在16世紀卻加上頗為不同的技術性意義——指包含了新教教會信仰原理的文獻。故此〈奧斯堡信條〉(1530年)包含了早期信義宗的思想，〈第一紇里微提(瑞士)信條〉(1536年)則代表了早期的改革宗教會。「信條主義」(Confessionalism)一詞常指16世紀後期宗教取向的僵化，如信義宗與改革宗的教會日漸捲入權力鬥爭，特別是在德意志地區。

Donatism　多納徒主義

在公元4世紀後期於羅馬北非地區發生的一次分裂運動，強調教會成員和領袖在純淨和聖潔上的需要。多納徒主義堅持教會是聖徒的羣體，而不是（正如奧古斯丁教導的）義人和罪人的混合物。在宗教改革運動期間，多納徒爭論再度出現，提出主流教會可以如何改革，而無需形成分裂羣體的問題。

ecclesiology　教會論

基督教神學處理有關教會理論的部分（拉丁文*ecclesia*即教會之意）。在宗教改革時期，爭論中心所圍繞的問題，是關乎新教教會可否被視為與主流基督教一脈相承——換句話說，他們究竟是基督教的一個改革版本，還是某些完全嶄新的基督教，而與1500年來基督教歷史甚少或完全沒有關連？

evangelical　福音派

這名詞是指初期的宗教改革運動，特別是在1510年代至1520年代之間當時的德意志與瑞士地區。這名詞後來在斯派爾的第2次議會之後，由「新教」（Protestant）一詞所取代。

évangeliques　福音運動

這名詞常用作指法蘭西的宗教改革運動，特別是介乎1520年代與1530年代之間，圍繞著熱那瓦的瑪嘉烈王后（Margaret of Navarre）與布里康力（Guillaume Briçonnet）等人為主。

Evangelism　福音運動

這名詞經常用於英語學術界，指介乎1511與1545年間於意大利的宗教改革運動，主要人物為孔塔里尼（Gasparo Contarini）與波爾。

exegesis　釋經

經文解釋的科學，通常特別是指解釋聖經。「聖經釋經」（biblical exegesis）一詞基本上是指「解釋聖經的過程」。在解釋聖經中所用的具體技巧，通稱為「詮釋學」（hermeneutics）。

Fathers　教父

「教父作家」（patristic writers）的另一稱謂。

Hermeneutics　詮釋學；釋經學

對一段經文的解釋或釋經的基本原理，特別是指聖經而言。宗教改革運動的首階段是基於人文主義與經院哲學而產生了一連串解釋聖經的方法。慈運理首先本於伊拉斯姆的人文主義而發展了一套詮釋的架構，而路德則從經院神學發展出另一套體系。

Humanism　人文主義

在本書第3章中詳細討論的一個複雜運動，與歐洲文藝復興有關。這運動的核心不在於（正如這個字的現代意義所暗示的）一系列世俗或世俗化的觀念，而是對古代的文化成果的新興趣。這被視為是在文藝復興期間歐洲文化與基督教的更新的一個主要資源。人文主義對宗教改革運動的影響是十分重大的，而且在本書中有所討論。

Justification by faith, doctrine of　因信稱義的教義

基督教神學處理有關個別的罪人如何能進入與上帝的團契的教義。雖然馬丁．路德與其威登堡之同僚對此深感重視，但這教義對像慈運理等瑞士改教家們來說，興趣相對較少。

liturgy　禮儀

公眾崇拜的成文程序，特別是指聖餐禮。因著禮儀在宗教改革運動時由神學所預先決定，故此禮儀的改革就顯得異常重要。

Lutheranism　信義宗；路德主義

與馬丁．路德有關之宗教觀念，特別見於〈教理小問答〉（1529年）與〈奧斯堡信條〉（1530年）。在路德死後（1546年），信義宗內部有一連串的爭論，出現在強硬派（所謂「純正路德派」〔Gnesio-Lutherans〕或「弗喇秋派」〔Flacianists〕）與溫和派（另稱「腓力派」〔Philippists〕）之間，引致信義宗內部不和，終於以〈協同信條〉（*Formula of Concord*, 1577）作為解決，而這信條常被視為信義宗神學的權威性條文。

Magisterial Reformation　憲制的／主流的宗教改革運動

這名詞代表在宗教改革運動中，信義宗與改革宗的改教派別，相對於極端的宗教改革運動（重浸派）而言。

Nominalism　唯名論

嚴格來說，這是指與「唯實論」對立的知識理論。不過，這名詞往

往是指「新路派」。

patristic　初期教父的

這形容詞通常指教會歷史的起初數世紀，緊接著新約聖經的著作時期（初期教父時期）或是在這時期的思想家著作（初期教父作家）。因此，對於改教家來說，這時期標誌著公元100至451年之間（即新約聖經形成至迦克墩會議之間的時期）。改教家傾向認為新約聖經和（較為次要的）初期教父時期，對於基督徒的信仰與行為具有規範性的作用。

Pelagianism　伯拉糾主義

這思想在關於人如何可以賺取拯救的立場上，與希坡主教奧古斯丁採取完全對立的看法，極之強調人行為的角色，減低對神聖恩典這觀念的重要性。

Protestantism　新教主義

這名詞是於斯派爾會議（1529年）之後，用以形容那些「抗議」羅馬天主教教會的行為與信仰的人。早於1529年之前，這些人與羣體自稱為「福音派」。

quattrocénto　15世紀

指1400年至1499年間，即15世紀。

Radical Reformation　極端的宗教改革運動

這名詞愈來愈多指重浸派的運動——即超越了路德與慈運理的構想的宗教改革派別。

sacrament　聖禮

從純粹歷史的角度，這名詞是指傳統上接受由耶穌基督親自設立的教會崇拜或禮儀。雖然中世紀的神學與教會生活承認有7個聖禮，改教家卻辯稱從新約聖經中只能找到2個聖禮（洗禮與聖餐禮）。關於聖禮的理論極富爭論性，甚至改教家也不能對聖禮的真正目的，達成一致看法。

schism　教會分裂

決意與教會整體的分離，被早期教會的重要教父如居普良與奧古斯丁所激烈斥責。改教家被他們的反對者譴責為「分裂教會者」

(schismatics)。因此，改教家發現他們難以一方面要強調奧古斯丁的恩典觀，另一方面把他對教會分裂的看法置之不理。

schola Augustiniana moderna　新奧古斯丁派

中世紀晚期哲學的其中一種形式，一方面強調奧古斯丁的恩典觀，另一方面又對「共相」的問題採取唯名論的立場。

Scotism　蘇格徒主義

關於敦司．蘇格徒的經院派哲學。

Scripture Principle　聖經原則

對教會的運作與信仰的理論，認為兩者應建基於聖經之上，這特別為改革宗神學家所提倡。所有對信徒具有約束力的事情，均應無疑地證明是基於聖經的。「唯獨聖經」一詞充分表明此原則。

Septuagint　〈七十士譯本〉

舊約聖經的希臘文譯本，成文日期約為公元前3世紀。

Sermon on the Mount　登山寶訓

基督對道德與牧養教訓的標準表述形式，具體記載於馬太福音五至七章。

sodality　宗教社

這名詞通常指在15世紀晚期與16世紀早期，在許多歐洲北部城市與大學中的人文主義者的結社。例如，在維也納以科林米修斯(Georg Collimitius)為中心的科林米修斯宗教社(*sodalitas Collimitiana*)，以及在紐倫堡以施道比茨為中心的施道比茨宗教社(*sodalitas Staupitziana*)。

Soteriology　救恩論

基督教神學中處理拯救(希臘文為 *soteria*)教義的部分。

Thomism, via Thomae　多馬斯主義；多馬斯派

與多馬斯．阿奎那有關的經院哲學。

transubstantiation　變質說

中世紀教義之一，認為在聖餐中的餅與酒轉化作基督的身體與血，卻又保持其外形。

trecènto 14世紀

指1300年至1399年間，即14世紀。

Turmerlebnis 高塔經驗

德文，字義為「高塔經驗」(tower experience)，經常用以代表路德突破轉變的時刻。在其後(更複雜)的描述中，路德提及他是在威登堡的奧古斯丁修道院的高塔中獲得其神學突破——故以此為「高塔」。

via antiqua 舊路派

這名詞是代表經院哲學的形式之一，例如多馬斯主義與蘇格徒主義對共相問題採取唯實論的立場。

via moderna 新路派

這名詞廣義地有兩方面意義。首先，它是指經院哲學的形式之一，在共相的問題上採取唯名論的立場，與「舊路」的唯實論哲學相反。其次，這名詞更重要的是代表了一種經院哲學(前稱為「唯名論」)，那是建基於俄坎威廉及其後人，例如德埃利與比爾。

Vulgate 〈武加大譯本〉

聖經的拉丁文譯本，大部分源於耶柔米，為中古神學主要的基礎。嚴格來說，〈武加大譯本〉應指耶柔米所翻譯的舊約聖經(但不包括詩篇，因〈武加大譯本〉的詩篇是取自〈加利亞詩篇集〉〔Gallican Psalter〕)和他所翻譯的次經作品(不包括〈智慧篇〉〔Wisdom〕、〈傳道經〉〔Ecclesiasticus〕、〈馬加比一書〉和〈馬加比二書〉〔1 and 2 Maccabees〕，以及〈巴錄書〉〔Baruch〕，因以上書卷是取自〈舊拉丁文譯本〉〔Old Latin Version〕的)，以及他所翻譯的全部新約經卷。這譯本中許多不準確的發現，對宗教改革運動有莫大重要性。

Zwinglianism 慈運理主義

這名詞常代表慈運理的思想，但卻通常特別指他對聖禮的立場，即對「真實臨在」的看法(對慈運理來說，這其實屬於一種「真實缺席」〔real absence〕)。

附錄2：主要原始資料的中英譯本

加爾文

加爾文最重要的著作是《基督教要義》的1559年版本。這版本有幾個英文譯本，特別推薦以下兩個版本：

Institutes of the Christian Religion, trans. Henry Beveridge (2 vols; Grand Rapids, Mich., 1975).

Institutes of the Christian Religion, ed. J. T. McNeill, trans. Ford Lewis Battles (2 vols; Library of Christian Classics 20～21: Philadelphia London, 1975).

《基督教要義》的1536年版本也有英文譯本：*Institution of the Christian Religion,* trans. F. L. Battles (Atlanta, 1975)。

中文譯本參：

加爾文著，徐慶譽、謝秉德譯：《基督教要義》(3冊，香港：基督教輔僑出版社，1955～1959)。

加爾文許多尚存的著作，尤其是他的短文和新約註釋，均是由加爾文翻譯協會(Calvin Translation Society)在19世紀翻譯成英文的：

Calvin's Tracts (3 vols; Edinburgh, 1844～1851).

Calvin's Commentaries (47 vols; Edinburgh, 1843～1859).

還有一部新的新約註釋譯本：

Calvin's Commentaries, ed. D. W. Torrance and T. F. Torrance (Edinburgh, 1959～).

以下的譯本也值得留意：

Calvin's Commentary on Seneca's 'De Clementia,' ed. F. L. Battles and A. M. Hugo (Leiden, 1969).

John Calvin and Jacopo Sadoleto: A Reformation Debate. Sadoleto's Letter to the Genevans and Calvin's Reply (New York, 1996).

Jean Calvin: Three French Treatises, ed. F. H. Higman (London, 1970).

Calvin's Theological Treatises, ed. J. K. S. Reid (Library of Christian Classics 22: Philadelphia, 1954).

鹿特丹的伊拉斯姆

伊拉斯姆著作最完整的英文版本是 *The Collected Works of Erasmus* (81 vols; Toronto, 1969～)，仍然在編輯出版中。當這套叢書完成時，將會是伊拉斯姆著作的權威性英文版本。宗教改革運動的歷史學者對於以下的卷冊會特別感興趣：書信（卷1～22），尤其是第993至1251封信函（卷7～8），範圍是1519至1521年間，當時伊拉斯姆的心思開始深深縈繞在「路德的悲劇」(*Lutherana tragoedia*) 上；還有是新約的學術著作（卷41～60），建構了宗教改革運動的理性基礎。這些卷冊應該與下書同讀：Erika Rummel, *Erasmus' Annotations on the New Testament: From Philologist to Theologian* (Erasmus Study 8: Toronto, 1986).

馬丁．路德

路德著作受到最廣泛使用的英文譯本是所謂 *American edition: Luther's Works* (55 vols; St Louis / Philadelphia, 1955～1975)。這個版本除了有一冊指南之外，還包括路德大部分的解經著作（1～30卷），以及短文、講章和政治論著（卷31～54）。解經作品是以聖經書卷的次序編排，而不是按照路德的撰寫次序。

一部有用的選集是 *Martin Luther: Selections from his Writings,* ed. John Dillenberger (New York, 1962)。1520年的3大「宗教改革文獻」都收錄在 *Three Treatises* (Philadelphia, 1973)。

路德的中譯著作甚多，近年最完整的出版計劃是：《路德文集》（香港：香港路德會文字部，2003～）（現已出版兩卷）。

慈運理

迄今最完整的英文譯本是3冊的 *The Latin Works of Huldreich Zwingli*，分別如下：

The Latin Works and Correspondence of Huldreich Zwingli, vol. I: 1510～1522, ed. S. M. Jackson (New York, 1912).

The Latin Works of Huldreich Zwingli, vol. II, ed. W. J. Hinke (Philadelphia, 1922)；再版是 *Zwingli on Providence and Other Essays* (Durham, N.C., 1983)。

The Latin Works of Huldreich Zwingli, vol. III, ed. C. N. Heller (Philadelphia, 1929)；再版是 *Commentary on True and False Religion* (Durham, N.C., 1981)。

補充的作品有：

Huldrych Zwingli Writings: The Defense of the Reformed Faith, ed. E. J. Furcha

(Allison Park, Pa., 1984).

Huldrych Zwingli Writings: In Search of True Religion, ed. H. Wayne Pipkin (Allison Park, Pa., 1984).

還有兩部文集也是值得留意的：

The Selected Works of Huldrych Zwingli, ed. S. M. Jackson (Philadelphia, 1901; reprinted 1972).

Zwingli and Bullinger, ed. G. W. Bromiley (Library of Christian Classics 24: Philadelphia, 1953).

附錄3：主要期刊和資料的標準縮略語

以下的縮略語，常見於討論宗教改革時期的歷史和思想的著作中。由於某些作品沒有統一的標準縮略語，所以情況有點麻煩。假若使用數個縮略語的話，就會註明較傾向採用的一個。對於代表二手資料的縮略語，最有用的指南是 Siegfried Schwertner, *Internationales Abkürzungsverzeichnis für Theologie und Grenzgebiete* (Berlin/New York, 1973)。(這本《神學與相關科目的國際詞彙縮略語》，通常簡稱 *IATG*)。

原始資料

讀者把以下短註與〈附錄2〉和〈附錄4〉一同閱讀，將會感到那是很有幫助的。

CR *Corpus Reformatorum* (Berlin/Leipzig/Zurich, 1834～)。這是墨蘭頓(卷1～28)、加爾文(卷29～87)和慈運理(卷88～)等人著作的標準版本。加爾文的部分有時(令人迷惑不解地)稱為*OC*。參〈附錄4〉關於加爾文和慈運理的短註。

CWE *Complete Works of Erasmus* (Toronto, 1969～)。這套叢書仍然在編輯出版中，將成為伊拉斯姆著作的標準英文譯本。

EE *Erasmi Epistolae,* ed. P. S. Allen (Oxford, 1905～1958)。伊拉斯姆書信的標準版本。

LB *Desiderii Erasmi Opera Omnia,* ed. J. LeClerc (Leiden, 1703～1706; reprinted London, 1962)。伊拉斯姆著作的萊頓(Leiden〔Lugduni Batavorum〕)版本。

LCC *Library of Christian Classics* (London/Philadelphia, 1953～)。這套叢書包括布塞珥、慈運理和墨蘭頓等人的作品，以及加爾文《基督教要義》1559年的合用譯本。

LW *Luther's Works*, ed. Jaroslav Pelikan and Helmut Lehmann (55 vols; St Louis/Philadelphia, 1955～1975)。路德作品「美國版本」(American edition)的英文譯本。

OC *Opera Calvini*。這是 *Corpus Reformatorum* 的加爾文作品部分另一個有點困惑的簡稱：參 *CR*。

OS *Opera Selecta Ioannis Calvini*, ed. Peter Barth (5 vols; Munich, 1926～1936)。加爾文主要作品一個有用的評鑑版本，包括《基

督教要義》的1536年和1559年版本。

S *Huldrich Zwingli's Werke*, ed. M. Schuler and J. Schulthess (8 vols; Zurich, 1828～1842)。慈運理著作的第一個版本，現在已經逐漸由 *Corpus Reformatorum* 這版本所取代。

SS 慈運理著作的上述版本（Schuler-Shulthess edition）的另一簡稱：參 *S*。

WA *D. Martin Luthers Werke: Kritische Gesamtausgabe*, ed. J. K. F. Knaake, G. Kawerau et al. (Weimar, 1883～)。路德著作的權威「威瑪版本」（Weimar edition），也包括了他的書信（*WABr*）、德文聖經（*WADB*）和「桌邊談」（Table-Talk, *WATr*）。

WABr *D. Martin Luthers Werke: Briefwechsel* (15 vols; Weimar, 1930～1978)。路德著作的威瑪版本的書信部分。

WADB *D. Martin Luthers Werke: Deutsches Bibel* (Weimar, 1906～)。路德著作的威瑪版本的「德文聖經」部分。

WATr *D. Martin Luthers Werke: Tischreden* (6 vols; Weimar, 1912～1921)。路德著作的威瑪版本的「桌邊談」部分。

Z *Huldreich Zwinglis sämtliche Werke*, ed. E. Egli et al. (*Corpus Reformatorum,* vols 88～ : Berlin/Leipzig/Zurich, 1905～)。慈運理著作的最佳評鑑版本，仍然在編輯出版中，取代了19世紀的舊版本（Schuler-Schulthess edition）。另有兩個指稱這個版本的方法，也應一提：第一個方法是「*CR* 並跟著的冊數號碼是88或者更大」，讀者知道那是指 *Corpus Reformatorum* 系列屬於慈運理部分的哪一冊；第二個方法是 *CR (Zwingli)*，讓讀者知道那是指 *Corpus Reformatorum* 系列第88冊之後。故此， *CR (Zwingli) 1*是指 *Corpus Reformatorum* 系列的慈運理部分的第1冊，也即是第88冊。另參〈附錄4〉。

ZW 上述慈運理著作版本（*Huldreich Zwinglis sämtliche Werke*）的另一簡稱；較適當的縮略語是 *Z*。

二手資料

ADB *Allgemeine Deutsche Biographie* (55 vols; Leipzig, 1875～1912; reprinted Berlin, 1967～1971).

AGBR *Aktensammlung zur Geschichte der Basler Reformation in den Jahren 1519 bis Anfang 1534* (3 vols; Basle, 1921～1937).

AGZR *Aktensammlung zur Geschichte der Züricher Reformation in den*

Jahren 1519～1533, ed. Emil Egli (Zurich, 1879; reprinted Aalen, 1973)。

ARG *Archiv für Reformationsgeschichte.*

BHR *Bibliothèque d'humanisme et Renaissance.*

CIC *Corpus Iuris Canonici* (2 vols; Leipzig, 1879; reprinted Graz, 1959).

CICiv *Corpus Iuris Civilis* (3 vols; Berlin, 1872～1908).

EThL *Ephemerides Theologicae Louvaniensis.*

FcS *Franciscan Studies.*

FS *Franziskanische Studien.*

HThR *Harvard Theological Review.*

JThS *Journal of Theological Studies.*

QFRG *Quellen und Forschungen zur Reformationsgeschichte* (Gütersloh, 1911～).

RGG *Religion in Geschichte und Gegenwart* (6 vols; Tübingen, 3rd edn, 1957～1965).

RGST *Reformationsgeschichtliche Studien und Texte* (Münster, 1906～).

RThAM *Recherches de théologie ancienne et médiévale.*

SJTh *Scottish Journal of Theology.*

SMRT *Studies in Medieval and Reformation Thought,* ed. H. A. Oberman (Leiden, 1966～).

ZKG *Zeitschrift für Kirchengeschichte.*

ZKTh *Zeitschrift für katholische Theologie.*

ZThK *Zeitschrift für Theologie und Kirche.*

Zwa *Zwingliana: Beiträge zur Geschichte Zwinglis, der Reformation, und des Protestantismus in der Schweiz.*

留意某些作者傾向把「神學」(Theology) 一詞簡稱為 T 而不是 Th，因此 *SJTh*、*JThS* 和 *HThR* 往往縮略成 *SJT*、*JTS* 和 *HTR*。

附錄4：如何引用主要的原始資料

對於宗教改革運動人物或觀念的主要研究作品，經常假設它們的讀者曉得如何解釋基本原始資料的參考文獻。經驗顯示，這是一個過分樂觀的假設。本附錄的主旨，是為了讓讀者在遇到以下4個主要人物的材料時，能夠掌握最通用的徵引方法：加爾文、伊拉斯姆、路德和慈運理。

原始資料所代表的縮略語，可以在〈附錄3〉中找到。主要著作的英文譯本見於〈附錄2〉。

加爾文

加爾文的《基督教要義》差不多總是指1559年的版本。這版本分為4個主要段落（即4卷），各自處理一個範圍廣泛的大課題。然後，每卷再分章，各章再分節。故此，這本著作的1559年版本的徵引方式，包括了3個數字，分別是**卷**（book）、**章**（chapter）和**節**（section）。卷數一般是用大寫的羅馬數字，章數是用小寫的羅馬數字，而節數則用阿拉伯數字。故此，卷2的12章1節可以寫成 II.xii.1，儘管也可以寫成 II, 12, 1 或 2.12.1。

此外，徵引的文獻可以是指某一版本（例如 *Corpus Reformatorum* 或 *Opera Selecta*）或某一英文譯本。例如，徵引方式如 *Institutio* III.xi.1; *OS* 4.193.2～5，是指《基督教要義》1559年版本卷3的11章1節，特別註明是 *Opera Selecta* 第4冊，頁193，第2至5行那一段。同樣地，*Institutes* IV.v.5; tr. Beveridge, 2.243 的徵引方式是指《基督教要義》卷4的5章5節而可見於柏衛基（Henry Beveridge）翻譯的著名版本的第2冊的243頁（參〈附錄2〉）。

引用加爾文的聖經註釋和講章，經常涉及 *Corpus Reformatorum* 版本，只要簡單註明冊數和頁數。故此，*CR* 50.437 是指第50冊的437頁。冊數是在1至59冊的範圍中。可惜的是，由於惱人的做法，有時會引起混淆，幸好這一般只限於較舊的加爾文研究作品。*Corpus Reformatorum* 的版本包括墨蘭頓（1～28冊）、加爾文（29～87冊）和慈運理（88冊～ ）的著作。因此，加爾文著作的第1冊就是整套叢書的第29冊——較舊的著作有時會用這個較大的冊數來談到加爾文的作品。假如你發現提到這版本的加爾文作品時，冊數是在60至87的範圍之間，那麼你應該減去28，就會得到正確的冊數。假如你發現提到加爾文的某項引用資料是沒有意義的，尤其是在較舊的作品中，那麼就減去28，再試一次！

伊拉斯姆

最經常用到的伊拉斯姆拉丁文著作的版本是勒克萊爾版本 (LeClerc edition)，1703年在萊頓印行 (1963年再版)，以及信函的亞倫版本 (Allen edition)。

勒克萊爾版本差不多總是以下述方式徵引：開首的數字是代表**卷數** (volume)，第二個數字是**欄數** (column，每頁都分為兩欄，各自賦予數字)。然後是一個**字母** (letter，A～F)，指出在該欄中某一段落的位置。這些字母是為了參考之便，印在勒克萊爾版本的書頁上。在此舉出數例說明：*LB*V. 153 F；*LB*X. 1754 C～D；和 *LB* II.951 A～B。第一個例子是指卷5的153欄，字母F表示該段是在欄底之處。第二個例子是指卷10的1754欄，字母C～D表示該段可在欄的中間找到。最後一個例子是指卷2的951欄，字母A～B表示該段是在頁頂的位置。

信函的亞倫版本一般是首先註明**卷數** (volume)，然後是**頁數** (page) 和**行數** (line) ——故此，*EE* 2.491.133～9是指在12卷中的卷2，頁491，第133至139行。有時，**信函的數目** (letter number) 也會加以說明——故此， *EE* 2, no. 541是指第541封信函 (由伊拉斯姆致卡皮托〔Capito〕，日期是1517年2月26日)，載於亞倫版本的卷2中。

馬丁．路德

路德著作的惟一評鑑版本現今一般是指卷帙浩繁的「威瑪版本」，那是在1883年開始的工作，作為慶祝這位德意志改教家誕生400週年紀念的部分。這版本分為4個主要部分：

1. 這套著作的主要部分，包括他的主要神學著作 (簡稱*WA*)。
2. 信函 (簡稱*WABr*)。在目錄中，這部分一般是用德語稱為 *Briefwechsel*。
3. 所謂「桌邊談」(簡稱*WATr*)。在目錄中，這部分一般是用德語 *Tischreden*。這份材料不是由路德自己撰寫的，而是路德在進餐時間與朋友交談的記錄。這些材料的可靠性經常受到質疑。
4. 「德文聖經」(簡稱*WADB*)。在目錄中，這部分一般是用德語稱為 *Deutsches Bibel*。

故此，若要辨認威瑪版本的一般引文，首先要判斷那是屬於這套著作的哪一部分。在大部分的情況下，最有可能是指這套著作的主要部分。

處理的方法較為簡單。文獻出處的表達方式一定是按次序給予卷數、頁數和行數。在註明卷數的方法上有某些變化，某些作者會用羅馬數字，某些作者則用阿拉伯數字。故此，*WA* 4.25.12～17和*WA* IV.25.

12～17兩者都是指這套著作主要部分的卷4，頁25，第12至17行。要指出的惟一困難，是某些卷冊是再有分部的。若然的話，部的數目就會緊貼在卷數之後。3個主要系統代表部的數目都是相同的。*WA* 55 II.109.9、*WA* LV/2.109.9 和 *WA* 55^2.109.9 等文獻出處指示都是指威瑪版本卷55的第2部，頁109的第9行。

信函（*WABr*）和德文聖經（*WADB*）一般是用相同的方式徵引。故此，*WABr* 1.99.8～13 是指書信的卷1，頁99的8至13行。不過，在「桌邊談」的情況中，一般是用了稍微不同的徵引方式。「桌邊談」分為近6000段，通常的做法是先註明卷數，然後加上段數。故此，*WATr* 2.2068 是指第2068段，載於威瑪版本6卷漫談部分的卷2。在少數較罕見的情況中，這些段落會再劃分：分段是以字母識別的——例如，*WATr* 3.3390b。

慈運理

近代研究著作的徵引都是指出色的 *Corpus Reformatorum* 版本，一般是以*Z*代表（至於其他的指稱，參〈附錄3〉）。幾部沒有載於這個現代版本的作品，可以在 Schuler-Schulthess 版本中找到。故此，研究者必須能夠應付這些版本。

Corpus Reformatorum 版本是以卷數、頁數和行數註明的。卷6再作細分，一般是以小寫的羅馬數字代表。故此，*Z* III.259.32 是指 *Corpus Reformatorum* 版本卷3，頁259，第32行，而*Z* VI iii.182.3～5則是指卷6的第3部分，頁182，第3至5行。在較舊的著作中，有時是用88或更大的卷數，代表 *Corpus Reformatorum* 版本的慈運理部分。這是因為 *Corpus Reformatorum* 版本把3位改教家（另外兩位是墨蘭頓和加爾文，載於卷1至87中）的作品收集在一起。若要轉換這個較舊的系統，就要從卷數中減去87。故此，*CR* 90.259.32 是等於 *Z* III.259.32。

Schuler-Schulthess 版本是以卷數、頁數和行數註明的。卷2和卷6再作細分，以小寫的羅馬數字代表。故此，*S* IV.45.26～8 是指卷4，頁45，第26至28行；而 *S* VI i.602.48 是指卷6的第一部分，頁602，第48行。

附錄5：**16世紀引用詩篇的方式**

16世紀宗教改革家，有幾本重要著作，其形式是對全卷或個別詩篇作出註釋——例如，馬丁·路德在1513至1515年間的著名講學，一般稱之為〈詩篇講義〉。研究者可能會感到困惑的一大難題，是在於詩篇的徵引方式。16世紀的作者大多數採用稱為〈武加大譯本〉的拉丁文聖經。由於難以簡單解釋的某些原因，使得詩篇在〈武加大譯本〉中的章節計算方式，有別於希伯來經文的用法，因而也不同於依循後者的現代之英文譯本。故此，當路德提到詩篇七十篇時，他是指**根據〈武加大譯本〉計算的詩篇七十篇**，即等於大多數現代之英文譯本的詩篇七十一篇。顯然，由此產生了兩個難題。首先，我們要怎樣從〈武加大譯本〉的篇數轉換成英文聖經的篇數？其次，鑑於計算方式的上述差異，我們可以如何徵引詩篇？我們將會分開處理這些問題。

〈武加大譯本〉詩篇的計算方式

我們可以把〈武加大譯本〉與現代英文譯本之間的差異列出如下：

〈武加大譯本〉	**現代之英文譯本**
1～8	1～8
9.1～21	9
9.22～39	10
10～112	11～113
113.1～8	114
113.9～26	115
114	116.1～9
115	116.10～19
116～145	117～146
146	147.1～11
147	147.12～20
148～150	148～150

顯而易見，〈武加大譯本〉與現代之英文譯本對詩篇的計算方式，只有11篇詩篇是相同的(詩篇一至八篇、一四八至一五〇篇)。

故此，當路德提到詩篇二十二篇時，他實際上是指今天大多數人所認識的詩篇二十三篇。某些現代之英文譯本根據計算方式的差異，修改了詩篇的徵引篇數，不過當研究者閱讀原文時，必須對詩篇的篇數自行作出修正。假如你發現某段詩篇的引文是沒有意義時，就嘗試按照上表修改篇數。

詩篇的徵引

以下徵引詩篇的方式，是現今在討論宗教改革運動（尤其是路德）的學術作品中通行的做法。假如在英文譯本與〈武加大譯本〉的經文之間有詩篇篇數的差異，**那麼首先註明〈武加大譯本〉的篇數，然後把英文譯本的篇數放在括號中。**因此，討論「路德對詩篇七十篇（七十一篇）的註解……」〔英文則為：Luther's exposition of Psalm 70（71）〕，意即**根據〈武加大譯本〉的計算方式**是詩篇七十篇，**根據英文譯本的計算方式**是詩篇七十一篇。同樣地，詩篇二十二篇（二十三篇）3節〔英文：Psalm 22（23）: 3〕的說法，就是指**根據〈武加大譯本〉的計算方式**是詩篇二十二篇3節，**根據英文譯本的計算方式**則是詩篇二十三篇3節。有時情況會更加複雜，因為某些詩篇在〈武加大譯本〉與英文譯本之中的「節數」不同。例如，詩篇八十四篇11節（八十五篇10節）〔英文：Psalm 84:11（85: 10）〕是指在〈武加大譯本〉中的詩篇八十四篇11節，在英文譯本中則是八十五篇10節。

附錄6：宗教改革運動的最新書目

本書列出了討論宗教改革運動思潮的重要著作的廣泛書目。然而，書目列出的作品很快就會過時，尤其是在宗教改革運動這麼多學者致力的研究領域。故此，研究者可能會對這樣的一份書目如何保持更新感到疑惑。以下的建議，期望可以提供幫助。

宗教改革運動歷史檔案（*Archiv für Reformationsgeschichte*）文獻補充

在宗教改革運動的領域中，主要的期刊是《宗教改革運動歷史檔案》（*Archiv für Reformationsgeschichte*），在每年的10月出版。自從1972年開始，這份期刊會刊載一篇補充文獻的書評（*Literaturbericht*），提供與宗教改革運動歷史或思想有關的數以千計近期出版的書籍或論文的詳細資料。某些是有註解的，不論是英文或德文。這個書評是以部（sections）和分部（subsections）劃分的，按照德文分類。它的最重要類別列出如下：

1 通論
2 宗教和文化
  2.1 在宗教改革之前
  2.2 路德
  2.3 慈運理
  2.4 加爾文
  2.5 新教思想
3 精神和文化
  3.1 哲學和政治神學
  3.2 人文主義
6 歐洲國家的宗教改革運動

研究者應該選擇他感興趣的部分或分部，然後繼續查考在其下列出的出版刊物。

書評論文和出版書目

有一些書評論文或書目是定期出版的。每年出版的 *Luther-Jahrbuch*、*Zwingliana* 和 *Calvin Theological Journal* 的11月號，各自包括了討論路德、慈運理和加爾文的珍貴記錄。*Ephemerides Theologicae Louvaniensis*

這份期刊出版一份全年的書目，包括天主教的改革運動的許多相關研究。研究者也應在圖書館目錄的「書目」(Bibliography) 一欄之下，查考著名改教家的部分——例如路德、加爾文或慈運理——就會找到類似以下的著作：

J. Bigane and K. Hagen, *Annotated Bibliography of Luther Studies, 1967～1976* (St Louis, Mo., 1977).

A. Erichson, *Bibliographia Calviniana*, 3rd edn (Nieuwkoop, 1965).

W. Niesel, *Calvin-Bibliographie (1901～1959)* (Munich, 1961).

S. E. Ozment (ed.), *Reformation Europe: A Guide to Research* (St Louis, Mo., 1982).

H. W. Pipkin, *A Zwingli Bibliography* (Pittsburg, Pa., 1972).

翻查近期主要的歷史或神學期刊也是有用的——例如 *Church History*、*Journal of Ecclesiastical History* 或 *Journal of Theological Studies*——心中要有兩個目標。首先，尋找近期出版著作的書目。假如有一本書是被上述期刊之一所評論，那麼這本書就似乎是十分重要的。第二、尋找書評論文——即是總結在某一領域中近期著作的論文。

這些書評的例子如下：

James Atkinson, 'Luther Studies,' *Journal of Ecclesiastical History* 23 (1972): 69～77.

L. C. Green, 'Luther Research in English-Speaking Countries since 1971,' *Luther-Jahrbuch* 44 (1977):105～126.

Robert White, 'Fifteen Years of Calvin Studies in French (1965～1980),' *Journal of Religious History* 21 (1982): 140～161.

最後，研究者應該翻查任何近期討論宗教改革運動著作的書目部分，而且留意近期面世的相關著作。作者若是運用哈佛系統 (Harvard system，即「作者－日期」)，尤其容易做到這一點，因為這類方式立即顯示了作品的出版日期。

期刊文獻搜尋

有些主要期刊出版了討論宗教改革運動思潮的重要英文論文。你應該閱讀這些期刊的任何一期，而且留意任何與你的關趣有關的研究。以下的主要期刊是根據其重要性依次列出的：

Archiv für Reformationsgeschichte

Sixteenth Century Journal
Church History
Journal of Ecclesiastical History
Harvard Theological Review
Journal of Theological Studies

讀者若對極端的宗教改革運動感到興趣，那麼也應該閱讀*Mennonite Quarterly Review*。而*Archiv für Reformationsgeschichte* 出版了差不多相近數量的英文和德文論文；不過，那些以德文出版的文章也會包括一段英文摘要，那是很有幫助的。

讀者若懂得德文，也應查考以下期刊：
Zeitschrift für Kirchengeschichte
Zeitschrift für Theologie und Kirche
Kerygma und Dogmma

摘要的服務

有些機構和期刊提供了論文和／或書籍的摘要，按照主題編排。美國神學圖書館聯會（American Theological Library Association）提供了兩份重要刊物：
Religion Index One: Periodicals
Index to Book Reviews in Religion

這些著作可以在大多數北美的大學和學院的圖書館中找到。以下的著作也是十分有幫助的：
Guide to Social Science and Religion in Periodical Literature
Religious and Theological Abstracts
Social Sciences and Humanities Index

每一間圖書館的編目方式都略有不同。若你找不到這些參考作品，請向你的圖書館員查詢。

附錄7：**政治與思想歷史年表**

1348 第一所日耳曼大學在布拉格（Prague）創立。

1365 維也納大學創立。

1378～1417 西方教會大分裂，在亞威農與羅馬分別出現「對立教宗」（anitpopes）。

1386 海德堡大學創立。維也納大學法規改革，由「新路派」的思想主導。

1388 科隆大學（University of Cologne）創立。

1392 愛爾福特大學創立。

1409 萊比錫大學創立。

1414～1418 康斯坦茨會議結束西方教會大分裂。

1425 魯汶大學（University of Louvain）創立。

1453 君士坦丁堡淪陷：操希臘語的學者攜同他們的古卷逐漸向西遷移。

1457 布賴斯高河的弗賴堡大學（University of Freiburg-im-Breisgau）創立。

1460 巴塞爾大學創立。

1472 因戈爾施塔特大學創立。

1474 「新路派」在巴黎受到譴責，「新路派」的同情者遷往其他日耳曼大學。

1477 法蘭西與哈布斯堡王朝爆發戰爭。

1481 法蘭西撤銷針對「新路派」的議令。

1483 11月10日，馬丁．路德生於薩克森選侯領地的艾斯萊本。

1484 1月1日，慈運理出生。比爾獲委任杜平根大學的教席。

1491 弗羅本在巴塞爾開展印刷業。

1492 哥倫布（Christobal Colon〔Columbus〕）發現美洲。

1498 慈運理開始就讀於維也納大學。

1501 路德開始就讀於愛爾福特大學。

1502 薩克森選侯腓特烈創立威登堡大學。

1503 伊拉斯姆的《基督精兵手冊》初版面世。

1505 7月17日，路德進入愛爾福特的奧古斯丁修院。

1506 奧古斯丁著作的阿默巴赫版本面世。

1508 威登堡大學的法規改革。路德在威登堡大學講授道德哲學。

1509 7月10日，加爾文在努瓦永的皮喀第（Picardy）出生。伊拉斯姆的《愚人頌》(*Enconium Moriae*)出版。亨利八世在英格蘭登基。

1512 1月至2月，路德往訪杜平根；路德開始在威登堡講授聖經。墨蘭頓抵達杜平根。

1515 《愚昧人之書》(*Letters of Obscure Men*)出版，嘲諷科隆的道明會修士。伊拉斯姆的《基督精兵手冊》刊行第三版。路德開始在威登堡講授羅馬書。9月，瑞士聯邦在馬里尼亞諾戰敗；蘇黎世自此宣布永不加入任何外國聯盟。

1516 摩爾的《烏托邦》(*Utopia*)出版。伊拉斯姆的〈希臘文新約聖經〉出版。9月25日，路德與迦勒斯大在闡釋奧古斯丁思想上產生衝突。

1517 4月26日，迦勒斯大為151條奧古斯丁主義論題而辯護。10月31日，路德張貼關於贖罪券的〈九十五條論綱〉。

1518 3月，迦勒斯大改革威登堡的神學課程，重新強調奧古斯丁與聖經。弗羅斯豪爾在蘇黎世開展印務。4月，路德出席海德堡辯論。10至11月，路德在奧斯堡面對卡耶坦的審查。慈運理被召往蘇黎世擔任民眾司鐸。

1519 慈運理開始在蘇黎世的格羅斯穆斯特(Grossmu[um]nster)公開講道。查理五世登基為神聖羅馬帝國皇帝。7月，路德、迦勒斯大與艾克在萊比錫展開辯論。8月30日，科隆大學譴責路德。11月7日，盧汶大學譴責路德。

1520 4月15日，巴黎大學譴責路德。6月15日，教宗諭令(*Exsurge Domine*)威脅要將路德革除教籍。路德出版3大宗教改革文獻：《致德意志民族基督教貴族書》、《教會被擄於巴比倫》與《基督徒的自由》。蘇黎世市議會頒布訓令，規定所有講道必須根據聖經。路德公開焚燒教宗諭令與教會法典著作。

1521 墨蘭頓的《教義要點》初版面世，成為信義宗系統神學的標準著作。「沃木斯帝國會議」；5月8日，路德被帝國褫奪公權。路德被藏於瓦特堡，暫受保護。當迦勒斯大在路德失蹤期間主持教會的事務時，威登堡發生動亂和破壞聖像。

1522 威登堡的動盪導致路德返回該城。蘇黎世停止舉行大齋期禁食。9月，路德的德文新約譯本出版。

1523 1月29日，蘇黎世舉行首次辯論會，由市議會負責主持蘇黎世的聖經講道。巴塞爾的市議會頒布訓令，根據蘇黎世在1520年的訓令，規定所有講道必須根據聖經。10月26至28日，蘇黎世舉行第二次辯論會，討論在教會中彌撒與圖像的問題。

1524 4月30日，諾瓦拉(Novara)戰役。6月15日，蘇黎世市議會頒布訓令，准許除掉教會的圖像。日耳曼農民戰爭爆發。

1525 重浸派漸漸成為強大的運動；1月21日，蘇黎世舉行首次重浸派的洗禮。2月25日，帕維亞(Pavia)戰役。慈運理撰寫的《論真假宗教的詮釋》出版，批評伊拉斯姆。日耳曼農民提出〈梅明根十二條信綱〉(The Twelve Articles of Memmingen)，表達他們的不滿，結果導致暴亂。4月12日，蘇黎世廢除彌撒。5月4日，路德撰寫《反對農民的搶掠與屠殺》。5月27日，閔次爾與53位支持農民叛亂的人被公開處決。6月13日，路德祕密娶了一個曾是修女的女子凱瑟琳為妻；公開的婚禮在6月27日舉行。路德的《論意志的捆綁》出版，造成與伊拉斯姆的嚴重分歧。

1526 6至8月，斯派爾議會。

1527 〈施萊特海姆信條〉(2月)；查理五世的軍隊劫掠羅馬城。亨利五世提出與凱瑟琳離婚。

1528 2月7日，伯恩接納慈運理的改革，包括廢除彌撒。7月17日，在聖加侖彌撒廢止。查理五世授權處死重浸派信徒。

1529 2月21日，斯派爾議會結束天主教地區對信義宗的容忍。6位諸侯貴族與14個城市抗議(protest)斯派爾議會，因此產生了「抗議宗」(Protestant；編按：本書一般譯為「新教」)的名稱。6月29日，查理五世與教宗革利免七世簽訂〈巴塞隆納條約〉(Treaty of Barcelona)。8月3日，法蘭西的法蘭西斯一世與查理五世簽訂康布雷和約(Peace of Cambrai)，同意和平。10月1至4日，黑森的腓力召開馬爾堡對談，結果夭折。12月28日，查理五世與威尼斯在波隆那定立和約；〈奧斯堡信條〉在奧斯堡的帝國會議上發表。

1530 教宗革利免七世於波隆那為查理五世加冕任神聖羅馬帝國皇帝。

1531 2月27日，施馬加登同盟成立，維護新教思想。查理五世離開德意志地區，造成真空，有利宗教改革運動的擴展。10月11日，慈運理死於卡佩爾(Cappel)的戰役中。

1532 加爾文出版了對塞尼加的《論寬恕》(*De clementia*)註釋。坎特伯雷大主教渥蘭逝世。

1533 克藍麥被委任為坎特伯雷大主教。11月1日，加爾文的摯友科普於諸聖日在巴黎發表演說。加爾文逃離巴黎。

1534 10月18日，「標語事件」(Affair of the Placards) 導致法蘭西斯一世採取行動對付法蘭西的福音派。加爾文定居在巴塞爾，撰寫《基督教要義》。路德的德文聖經初版(包括新舊約)面世。重浸派佔據了明斯特城，在當地引起激烈的動亂。「繼承法」、「至尊法」和「叛逆法」賦予亨利八世權力，淩駕在教會之上。

1536 3月，加爾文《基督教要義》初版面世。5月，布塞珥與路德在聖餐問題上達成共識。7月，法惹勒把加爾文留在日內瓦。亨利八世與德意志的信義宗信徒協商。加爾文介入洛桑辯論(Lausanne Disputation，10月)，使他在日內瓦的權威提昇。〈日內瓦信條〉出版。

1538 加爾文被逐出日內瓦，逃往斯特拉斯堡。

1539 加爾文的《基督教要義》第二版面世。路德作品全集的第一冊出版。〈六條信綱〉(Six Articles) 在英格蘭出版。

1540 黑森的腓力重婚。加爾文娶了寡婦伊蒂麗(Idelette de Bure)為妻。耶穌會正式成立。加爾文出版〈覆薩多雷托書〉和《羅馬書註釋》。

1541 4至5月，雷根斯堡對談。加爾文的《基督教要義》法文版初版面世。9月，加爾文回到日內瓦，建立其神權政體。

1545 12月13日，天特會議開始。

1546 2月18日，路德逝世。施馬加登戰爭爆發。天特會議第四輪會議(4月8日)。

1547 亨利八世逝世，由愛德華六世繼位。天特會議第六輪會議(1月13日)；第七輪會議(3月3日)；4月24日，施馬加登同盟大敗於米爾貝格(Mühlberg)。《講道集》出版。

1549 愛德華六世的第一本公禱書出版，由克藍麥撰寫。

1552 愛德華六世的第二本公禱書出版，由克藍麥撰寫。

1553 塞爾維特在日內瓦被判為異端處死。愛德華六世逝世，由瑪麗．都鐸繼位。

1555 奧斯堡的宗教和約承認，在神聖羅馬帝國之中存在信奉信義宗和羅馬天主教會的不同宗教區域。查理五世退位。

1556 克藍麥和其他人被處死刑。

1558 查理五世逝世。瑪麗．都鐸逝世，由伊利莎伯一世繼位。

1559 加爾文的《基督教要義》1559年版面世；建立日內瓦學院。

法蘭西的亨利二世逝世，以致法蘭西宮廷由反對新教的吉斯 (Guise) 家族掌權。伊利莎伯作出宗教的定案。

1560 「昂布瓦斯陰謀」顯示加爾文派在法蘭西的影響力逐漸增力，結果造成張力。加爾文的《基督教要義》最後一個法文版本面世。

1562 法蘭西宗教戰爭爆發。

1563 〈海德堡教理問答〉出版，顯示加爾文派在德意志地區的影響力增加。天特會議結束。〈三十九條信綱〉出版。

1564 加爾文逝世。

精選參考書目

宗教改革運動思潮現存最好的參考材料是 H. J. Hillerbrand (ed.), *The Oxford Encyclopaedia of the Reformation* (4 vols; Oxford, 1996)。對於宗教改革各方面的研究，這部百科全書都是不可或缺的參考工具，而且附有內容充實的書目。

本書目不是為了提供詳盡無遺的材料，而是列出英語現存有價值的研究成果〔譯按：若有中文譯本也會一併註明〕，以便本書讀者可作深入探討。有關書目是以下列結構分類的：

1 宗教改革運動綜覽
2 中世紀後期思想的研究
  2.1 經院哲學
  2.2 人文主義
3 個別改教家的研究
  3.1 路德
  3.2 慈運理
  3.3 加爾文
  3.4 伊拉斯姆
  3.5 其他
4 宗教改革運動思想各方面的研究
  4.1 聖經權威與解釋
  4.2 稱義與預定的教義
  4.3 教會、事奉與聖禮
  4.4 教會與社會
5 個別宗教改革運動的研究
  5.1 信義宗思想
  5.2 加爾文主義
  5.3 極端的宗教改革運動
  5.4 天主教的改革運動
  5.5 英格蘭的宗教改革運動

1 宗教改革運動綜覽

Bossy, J., *Christianity in the West 1400-1700* (Oxford, 1987).

Cameron, E., *The European Reformation* (Oxford, 1991).

Chadwick, O., *Pelican History of the Church*, Vol. 3: *The Reformation* (London, 1972).

Elton, G. R. (ed.), *New Cambridge Modern History*, 2nd edn, Vol. 2: *The Reformation 1520～1559* (Cambridge, 1990).

George, T., *The Theology of the Reformers* (Nashville, Tenn., 1988).

Hillerbrand, H. J., *The Protestant Reformation* (New York, 1968).

Léonard, E. G., *A History of Protestantism* (2 vols; London, 1965～1967).

Noll, M. A., *Confessions and Catechisms of the Reformation* (Grand Rapids, Mich., 1991).

Ozment, S. E., *The Age of Reform 1250～1550* (New Haven/London, 1973).

Pelikan, J., *The Christian Tradition*, Vol. 4: *Reformation of Church and Dogma, 1300～1700* (Chicago/London, 1984).

Reardon, B. M. G., *Religious Thought in the Reformation* (London, 1981).

Rupp, G., *Patterns of Reformation* (London, 1969).

Spitz, L. W, *The Protestant Reformation 1517～1559* (New York, 1986).

2 中世紀後期思想的研究

Bolton, B., *The Medieval Reformation* (London/Baltimore, 1983).

Lambert, M. D., *Medieval Heresy: Popular Movements from Bogomil to Hus* (London, 1977).

Leff, G., *Heresy in the Later Middle Ages* (2 vols; Manchester, 1967).

Oakley, E, 'Religious and Ecclesiastical Life on the Eve of the Reformation,' in *Reformation Europe: A Guide to Research*, ed. Steven Ozment (St Louis, Mo., 1982), 5～32.

Oberman, H. A., 'Fourteenth Century Religious Thought: A Premature Profile,' in *The Dawn of the Reformation: Essays in Late Medieval and Early Reformation Thought* (Edinburgh, 1986), 1～17.

______, 'The Shape of Late Medieval Thought,' in *The Dawn of the Reformation*, 18～38.

Ozment, S. E., *The Age of Reform 1250～1550: An Intellectual and Religious History of Late Medieval and Reformation Europe* (New Haven, 1973).

Strauss, G., *Manifestations of Discontent in Germany on the Eve of the Reformation* (Bloomington, Ind., 1971).

2.1 經院哲學

Gilson, E., *History of Christian Philosophy in the Middle Ages* (London, 1978).

______, *The Spirit of Medieval Philosophy* (London, 1936)〔中譯本：吉爾松著：《中世紀哲學精神》，沈清松譯，國立編譯館主譯（台北：商務印書館，2001）。〕

Janz, D. R., *Luther and Late Medieval Thomism* (Waterloo, Ont., 1983).

Levi, A. H. T., 'The Breakdown of Scholasticism and the Significance of Evangelical Humanism,' in *The Philosophical Assessment of Theology*, ed. G. R. Hughes (Georgetown, 1987), 101～128.

Nauert, C. G., 'The Clash of Humanists and Scholastics: An Approach to Pre-Reformation Controversies,' *Sixteenth Century Journal* 4 (1973): 1～18.

Oberman, H. A., *The Harvest of Medieval Theology* (Cambridge, Mass., 1963).

______, *Masters of the Reformation* (Cambridge, 1981).

Overfeld, J., 'Scholastic Opposition to Humanism in Pre-Reformation Germany,' *Viator* 7 (1976): 391～420.

Pieper, J., *Scholasticism* (London, 1961).

Steinmetz, D. C., *Misericordia Dei: The Theology of Johannes von Staupitz in its Late Medieval Setting* (Leiden, 1968).

2.2 人文主義

Boyle, M. O., *Rhetoric and Reform: Erasmus' Civil Dispute with Luther* (Cambridge, Mass., 1983).

Burckhardt, J., *The Civilization of the Renaissance* (London, 1944).〔中譯本：雅各布．布克哈特著：《意大利文藝復興時期的文化》，何新譯（北京：商務印書館，1979）。〕

Burke, P., *The Italian Renaissance: Culture and Society in Italy*, revised edn (Oxford, 1986).

Dowling, M., *Humanism in the Age of Henry VIII* (London, 1986).

Ferguson, W K., *The Renaissance in Historical Thought* (New York, 1948).

Grassi, E., *Rhetoric as Philosophy: The Humanist Tradition* (University Park, Pa., 1980).

Grossmann, M., *Humanism at Wittenberg 1485～1517* (Nieuwkoop, 1975).

Overfeld, J. H., *Humanism and Scholasticism in Late Medieval Germany* (Princeton, 1984).

Spitz, L. W, *The Religious Renaissance of the German Humanists* (Cambridge, Mass., 1963).

Trinkaus, C., *The Scope of Renaissance Humanism* (Ann Arbor, Mich., 1983).

3 個別改教家的研究

3.1 路德

Althaus, P., *The Theology of Martin Luther* (Philadelphia, 1966).〔中譯本：保羅．阿爾托依茲著：《馬丁路德神學》，段琦，孫善玲譯（新竹：中華信義神學院，1999）。〕

Bainton, R. H., *Here I Stand: A Life of Martin Luther* (New York, 1959).〔中譯本：羅倫培登著：《這是我的立場：改教先導馬丁路德傳記》，古樂人、陸中石譯（香港：道聲，1987）。〕

Brendler, G., *Martin Luther: Theology and Revolution* (New York, 1991).

Ebeling, G., *Luther: An Introduction to His Thought* (Philadelphia, 1970).

Hendrix, S. H., *Luther and the Papacy* (Philadelphia, 1981).

Kittelson, J. M., *Luther the Reformer: The Story of the Man and his Career* (Leicester, 1989).

Loewenich, W von, *Martin Luther: The Man and his Work* (Minneapolis, 1986).

Lohse, B., *Martin Luther: An Introduction to his Life and Writings* (Philadelphia, 1986).

McGrath, A. E., *Luther's Theology of the Cross* (Oxford/New York, 1985).

McSorley, H. J., *Luther–Right or Wrong?* (New York, 1969).

Oberman, H. A., *Luther: Man between God and the Devil* (New Haven, 1989).

Rupp, E. G., *The Righteousness of God* (London, 1953).

Steinmetz, D. C., *Luther in Context* (Bloomington, Ind., 1986).

Watson, P. S., *Let God be God* (London, 1947).

3.2 慈運理

Courvoisier, J., *Zwingli: A Reformed Theologian* (Richmond, Va., 1963).

Farner, O., *Zwingli the Reformer* (New York, 1952).

Furcha, E. J., and Pipkin, H. W (eds) , *Prophet, Pastor; Protestant: The Work of Huldrych Zwingli* (Allison Park, Pa., 1984).

Gäbler, U., *Huldrych Zwingli: His Life and Work* (Philadelphia, 1986).

Potter, G. R., *Zwingli* (Cambridge, 1976).

Stephens, W P., *The Theology of Huldrych Zwingli* (Oxford, 1986).

3.3 加爾文

Bouwsma, W. J., *John Calvin: A Sixteenth Century Portrait* (Oxford, 1989).

Ganoczy, A., *The Young Calvin* (Edinburgh, 1988).

George, T. (ed.), *John Calvin and the Church: A Prism of Reform* (Louisville, Ky., 1990).

Leith, J. H., *Calvin's Doctrine of the Christian Life* (Adanta, Ga., 1989).

McGrath, A. E., *A Life of John Calvin* (Oxford/Cambridge, Mass., 1990).

Parker, T. H. L., *John Calvin* (London, 1976).

Reid, W S., *John Calvin: His Influence in the Western World* (Grand Rapids, Mich., 1982).

Reist, B. A., *A Reading of Calvin's Institutes* (Louisville, Ky., 1991).

Selinger, S., *Calvin against Himself An Inquiry in Intellectual History* (Hamden, Conn., 1984).

Stauffer, R., 'Calvin,' in *International Calvinism 1541～1715*, ed. M. Prestwich (Oxford, 1985), 15～38.

Wallace, R. S., *Calvin, Geneva and the Reformation* (Edinburgh, 1988).

Wendel, F., *Calvin: The Origins and Development of his Religious Thought* (London, 1963).

3.4 伊拉斯姆

Bainton, R. H., *Erasmus of Christendom* (New York, 1969).

McConica, J. K., *Erasmus* (Oxford, 1991).

Phillips, M. M., *Erasmus and the Northern Renaissance* (London, 1949).

Rummel, E., *Erasmus as Translator of the Classics* (Toronto, 1985).

Schoeck, R. J., *Erasmus of Europe: The Making of a Humanist 1467～1500* (Edinburgh, 1990).

3.5 其他

Baker, J. W, *Heinrich Bullinger and the Covenant: The Other Reformed Tradition* (Athens, Ohio, 1980), 55～140.

Fraenkel, P., *Testimonia Patrum: The Function of the Patristic Argument in the Theology of Philip Melanchthon* (Geneva, 1961).

______, 'Bucer*'s Memorandum* of 1541 and a 'lettera nicodemitica' of Capito's,' *BHR* 36 (1974): 575～587.

Hobbs, G., 'Bartin Bucer on Psalm 22: A Study in the Application of Rabbinical Exegesis by a Christian Hebraist,' in *Etude de l'exégèse au XVIe siècle.* ed. O. Fatio and P. Fraenkel (Geneva, 1978): 144～163.

Kittelson, J. M., *Wolfgang Capito: From Humanist to Reformer* (Leiden, 1975).

Maxcey, C. E., *Bona Opera: A Study in the Development of the Doctrine in Philip Melanchthon* (Nieuwkoop, 1980).

Quere, R. W., *Melanchthon's Christum cognoscere: Christ's Efficacious Presence in the Eucharistic Theology of Melanchthon* (Nieuwkoop, 1977).

Stephens, W. P., *The Holy Spirit in the Theology of Martin Bucer* (Cambridge, 1970).

4 宗教改革運動思想各方面的研究

4.1 聖經權威與解釋

The Cambridge History of the Bible, ed. P. R. Ackroyd et al. (3 vols; Cambridge, 1963～1969).

Bendey, J. H., *Humanists and Holy Writ: New Testament Scholarship in the Renaissance* (Princeton, N.J., 1983).

Bradshaw, B., 'The Christian Humanism of Erasmus,' *JThS* 33 (1982): 411～447.

Evans, G. R., *The Language and Logic of the Bible: The Road to Reformation* (Cambridge, 1985).

Gerrish, B. A., 'The Word of God and the Word of Scripture: Luther and Calvin on Biblical Authority,' in *The Old Protestantism and the New: Essays on the Reformation Heritage* (Edinburgh, 1982), 51～68.

Oberman, H. D., 'Quo vadis, Petre? Tradition from Irenaeus to *Humani Generis*,' in *The Dawn of the Reformation: Essays in Late Medieval and Early Reformation Thought* (Edinburgh, 1986), 269～296.

Tavard, G. H., *Holy Writ or Holy Church? The Crisis of the Protestant Reformation* (London, 1959).

Tracy, J. D., '*Ad Fontes:* The Humanist Understanding of Scripture as Nourishment for the Soul,' in *Christian Spirituality II: High Middle Ages and Reformation,* ed. Jill Raitt (New York, 1988), 252～267.

4.2 稱義與預定的教義

Knox, D. B., *Doctrine of Faith in the Reign of Henry VIII* (London, 1961).

McGrath, A. E., *Iustitia Dei: A History of the Christian Doctrine of Justification,* 2nd edn (Cambridge, 1998).

______, 'Justification and the Reformation,' *ARG* 81 (1990): 5～20.

Muller, R. A., *Christ and the Decree: Christology and Predestination from Calvin to Perkins* (Grand Rapids, Mich., 1988).

Penny, D. A., *Freewill or Predestination? The Battle over Saving Grace in Mid-Tudor England* (London, 1990).

Santmire, P. H., 'Justification in Calvin's 1540 Romans Commentary,' *Church History* 33 (1964): 294～313.

Wallace, D. D., *Puritans and Predestination: Grace in English Protestant Theology, 1525-1695* (Chapel Hill, N.C., 1982).

4.3 教會、事奉與聖禮

Avis, P. D. L., *The Church in the Theology of the Reformers* (Basingstoke, 1980).

Brooks, P. N., *Thomas Cranmer's Doctrine of the Eucharist* (London, 1965).

Clark, F., *Eucharistic Sacrifice and the Reformation,* 2nd edn (Devon, 1981).

Eire, C. M. N., *War against the Idols: The Reformation of Worship from Erasmus to Calvin* (Cambridge, 1986).

George, T., 'The Presuppositions of Zwingli's Baptismal Theology,' in *Prophet, Pastor, Protestant: The Work of Huldrych Zwingli,* ed. E. J. Furcha and H. Pipkin (Allison Park, Pr .,1984), 71～87.

Gerrish, B. A., 'Gospel and Eucharist: John Calvin on the Lord's Supper,' in *The Old Protestantism and the New* (Edinburgh, 1982), 106～117.

Hall, B., '*Hoc est corpus meum*: The Centrality of the Real Presence for Luther,' in *Luther: Theologian for Catholics and Protestants*, ed. George Yule (Edinburgh, 1985), 112～144.

McClelland, J., *The Visible Words of God: An Exposition of the Sacramental Theology of Peter Martyr Vermigli* (London, 1957).

Steinmetz, D. C., 'Scripture and the Lord's Supper in Luther's Theology,' in *Luther in Context* (Bloomington, Ind., 1986), 72～84.

4.4 教會與社會

Cargill Thompson, W D. J., 'The "Two Kingdoms" and the "Two Regiments": Some Problems of Luther's *Zwei-Reiche-Lehre*,' in *Studies in the Reformation: Luther to Hooker* (London, 1980), 42～59.

______, *The Political Thought of Martin Luther* (Brighton, 1984).

Cranz, F. E., *An Essay on the Development of Luther's Thought on Justice, Law and Society* (Cambridge, Mass., 1959).

Green, R. W. (ed.), *Protestantism and Capitalism: The Weber Thesis and Its Critics* (Boston, Mass., 1959).

______ (ed.), *Protestantism, Capitalism and Social Science: The Weber Thesis Controversy* (Boston, Mass., 1973).

Höpfl, H., *The Christian Polity of John Calvin* (Cambridge, 1985).

______ (ed.), *Luther and Calvin on Secular Authority* (Cambridge, 1991).

Hunt, R. N. C., 'Zwingli's Theory of Church and State,' *Church Quarterly Review* 112 (1931): 20～36.

Marshall, G., *Presbyteries and Profits: Calvinism and the Development of Capitalism in Scotland, 1560～1707* (Oxford, 1980).

O'Donovan, J. L., *Theology of Law and Authority in the English Reformation* (Atlanta, Ga., 1991).

Skinner, Q., *The Foundations of Modern Political Thought*, vol. 2 (Cambridge, 1978).

______, 'The Origins of the Calvinist Theory of Revolution,' in *After the Reformation,* ed. B. C. Malament (Philadelphia, 1980), 309～330.

Steinmetz, D. C., 'Luther and the Two Kingdoms,' in *Luther in Context* (Bloomington, Ind., 1986), 112～125.

Tonkin, J., *The Church and Secular Order in Reformation Thought* (New York/ London, 1971).

Torrance, T. E, *Kingdom and Church: A Study in the Theology of the Reformation* (Edinburgh, 1956).

Zaret, D., *The Heavenly Contract: Ideology and Organization in Pre-Revolutionary Puritanism* (Chicago, 1985).

5 個別宗教改革運動的研究

5.1 信義宗思想

Burgess, J. A., *The Role of the Augsburg Confession* (Philadelphia, 1980).

Elert, W., *Structure of Lutheranism* (St Louis, Mo., 1962).

Gritsch, E. W., and Jenson, R. W, *Lutheranism: The Theological Movement and its Confessional Writings* (Philadelphia, 1976).

Maurer, W., *A Historical Commentary on the Augsburg Confession* (Philadelphia, 1976).

5.2 加爾文主義

Armstrong, B. G., *Calvinism and the Amyraut Heresy: Protestant Scholasticism and Humanism in Seventeenth Century France* (Madison, Wis., 1969).

Ball, B. W., *A Great Expectation: Eschatological Thought in English Protes-*

tantism to 1660 (Leiden, 1975).

Baron, H., 'Calvinist Republicanism and its Historical Roots,' *Church History* 7 (1939): 30～42.

Collinson, P., 'Calvinism with an Anglican Face,' in *Reform and Reformation: England and the Continent,* ed. D. Baker (Oxford, 1979), 71～102.

Kendall, R. T., *Calvin and English Calvinism to 1649* (Oxford, 1980).

Klauber, M. I., 'Continuity and Discontinuity in Post-Reformation Reformed Theology,' *Journal of the Evangelical Theological Society* 33 (1990): 467～475.

Platt, J., *Reformed Thought and Scholasticism: The Arguments for the Existence of God in Dutch Theology, 1575～1670* (Leiden, 1982).

Prestwich, M. (ed.), *International Calvinism 1541～1715* (Oxford, 1985).

Strehle, S., *Calvinism, Federalism and Scholasticism: A Study of the Reformed Doctrine of Covenant* (Berne, 1988).

5.3 極端的宗教改革運動

Blickle, P., *The Revolution of 1525* (Baltimore/London, 1981).

Clasen, C.-P., *Anabaptism. A Social History 1525～1618* (Ithaca/London, 1972).

Cohn, H. J., 'Anti-Clericalism in the German Peasants' War 1525,' *Past and Present* 83 (1979): 3～31.

Keeney, W. E., *Dutch Anabaptist Thought and Practice, 1539～1564* (Nieuwkoop, 1968).

Littel, F. H., *The Anabaptist View of the Church,* 2nd edn (Boston, 1958).

Scribner, R. W., and Benecke, G. (eds), *The German Peasant War 1525: New Perspectives* (London, 1979).

Stayer, J. M., *Anabaptists and the Sword*, 2nd edn (Lawrence, 1976).

______, *The German Peasants' War and Anabaptist Community of Goods* (Montreal, 1991).

Yoder, J. H., *The Legacy of Michael Sattler* (Scottdale, Pa., 1973).

5.4 天主教的改革運動

Dickens, A. G., *The Counter Reformation* (New York, 1979).

Evennett, H. O., *The Spirit of the Counter Reformation* (Notre Dame, Ind., 1970).

Fenlon, D., *Heresy and Obedience in Tridentine Italy: Cardinal Pole and the Counter Reformation* (Cambridge, 1972).

Jedin, H., *A History of the Council of Tent* (2 vols; London, 1957～1961).

O' Connell, M. R., *The Counter Reformation 1560～1610* (NewYork, 1974).

5.5 英格蘭的宗教改革運動

Clebsch, W A., *England's Earliest Protestants 1520-1535* (New Haven, 1964).

Dickens, A. G., *The English Reformation*, revised edn (London: Batsford, 1989).

Haigh, C. (ed.), *The English Reformation Revised* (Cambridge, 1987).

Hall, B., 'The Early Rise and Gradual Decline of Lutheranism in England (1520-1600) ,' in *Humanists and Protestants* (Edinburgh, 1990), 208～236.

Hughes, P. E., *The Theology of the English Reformers* (London, 1965).

O' Day, R., *The Debate on the English Reformation* (London, 1986).

Rupp, E. G., *Studies in the Making of the English Protestant Tradition* (Cambridge, 1947).

Smeeton, D. D., *Lollard Themes in the Theology of William Tyndale* (Kirksville, Mo., 1986).

中英對照索引

二劃

人文主義 humanism *26～28, 53～*89
- 回到本源作為人文主義者口號 *ad fontes* as humanist slogan *60～62, 208*
- 在法蘭西 in France *66～67*
- 在威登堡 at Wittenberg *80～82*
- 在英格蘭 in England *68～70*
- 在意大利 in Italy *54～56*
- 在瑞士 in Switzerland *64～66, 78～80*
- 在德意志 in Germany *63～70*
- 在歐洲北部 in northern Europe *62～70*
- 克里斯特勒的觀點 P. O. Kristeller's view of *59～60, 185～186*
- 對慈運理的影響 influence on Zwingli *78～80*
- 對路德的影響 influence on Luther *80～82, 157～158*
- 與文藝復興的關係 in relation to the Renaissance *53～58*
- 與古典學術 and classical scholarship *57～58*
- 與宗教改革運動的關係 in relation to the Reformation *59～68*

丁道爾 William Tyndale *336, 375*

人權 human rights *382～385*

三劃

大公性的概念 concept of catholicity *302～306*

大分裂 Great Schism *45～48*

工作倫理與宗教改革運動 work ethic, and Reformation *376～378*

四劃

中世紀基督教 aspects of medieval Christianity
- 人文主義 humanism *53～86*
- 反教權主義 anticlericalism *36～41*
- 民族主義 nationalism *46～47*
- 民間宗教 popular religion *35～36*
- 教義的多元主義 doctrinal pluralism *41～44*
- 經院哲學 scholasticism *91～115*
- 權威的危機 crisis of authority *44～48*

《公禱書》〔1549年和1552年〕 *Prayer Books* of 1549 and 1552 *358, 363～367*

反抗〔合理的〕 right of resistance *282～285*

戈特沙爾克〔奧爾拜斯的〕 Godescalc (Gottschalk) of Orbais *197*

反教權主義作為宗教改革的要素 anticlericalism as factor in Reformation *36～41*
- 天主教的改革運動 Catholic Reformation *14～15*
- 論因信稱義 on justification by faith *174～181*
- 論聖禮 on the sacraments *272～274*
- 論聖經 on Scripture *210～211, 217～218, 228～230*

天特會議 Council of Trent *14～15*
- 論因信稱義 on justification by faith *174～181*
- 論聖禮 on the sacraments *272～274*
- 論聖經 on Scripture *210～211, 217～218, 228～230*
- 論傳統 on tradition *228～230*

巴恩斯 Robert Barnes *68, 336, 361*

文藝復興的概念 concept of Renaissance *54～56*

比代 Guillaume Budé *66*

比爾　Gabriel Biel　*98, 158～159*

五劃

四重意義〔聖經的〕　fourfold senses of Scripture　*158*
四重意義〔聖經的〕與聖經的解釋　*Quadriga* and biblical interpretation　*158, 217～221*
加爾文　John Calvin　*10～11, 25, 67～68, 132～136, 383～385*
　作為「日內瓦的獨裁者」　as 'dictator of Geneva'　*25, 328～329*
　英文譯本著作　in English translation works of　*402*
　著作引用　referring to works by　*408*
　悔改　conversion of　*188～189*
　與人文主義　and humanism　*65～68*
　與經院哲學的關係　in relation to scholasticism　*109～113, 193～194*
　論「教會的記號」　on the 'marks of the church'　*292～295*
　論因信稱義　on justification by faith　*172～173*
　論宗教法庭　on the Consistory　*296～299*
　論俗世權力　on secular authority　*326～329*
　論拯救的確據　on assurance of salvation　*178～180*
　論俯就／調適　on accommodation　*238～239, 266, 389～391*
　論基督的功德　on the merits of Christ　*111～113*
　論執事　on the diaconate　*369～371*
　論教會　on the church　*295～302*
　論教會與國家　on church and state　*326～329*
　論聖經的權威　on biblical authority　*212～213*
　論聖禮　on the sacraments　*238～239, 265～271*
　論預定　on predestination　*187～195*
加爾文主義　Calvinism　*10～12*
古騰堡　Johann Gutenberg　*15～16*
召命的概念　concept of calling / concept of vocation　*371～379*
布塞珥　Martin Bucer　*85, 131～132, 337*
　論因信稱義　on justification　*171～172*
　論俗世權力　on secular authority　*321, 325～326*
　論教會與國家　on church and state　*321, 325～326*
布靈爾　Heinrich Bullinger　*10, 156, 211*
平信徒的角色　role of laity　*72, 285～287*
弗蘭克　Sebastian Franck　*214, 216, 287～289*
民族／國族主義作為在宗教改革運動的原素　nationalism, as factor in Reformation　*46～48*
民眾宗教在中世紀晚期的增長　popular religion, growth of in late Middle Ages　*35～36*
瓦狄亞努斯　Vadian（Joachim von Watt）　*65*
瓦拉　Lorenzo Valla　*73～75, 77, 207*

六劃

伊利莎伯一世〔英格蘭的女皇〕Elizabeth I, Queen of England　*31～32, 312, 336, 359, 366～367*
伊拉斯姆〔鹿特丹的〕　Erasmus of Rotterdam　*17, 70～77, 206～208*
　英文著作　in English works of　*403*
　著作引用　referring to works of　*409*
　論聖經的解釋　on the interpretation of Scripture　*221*
印刷術的重要性　importance of printing　*15～20, 334～336*
因信稱義的教義　doctrine of Justification by faith　*139～181*
　天特會議　at Council of Trent

173～181
加爾文 in Calvin 171～173
布賽爾 in Bucer 171～172
法律式稱義 forensic justification 164～168, 174～176, 360
英格蘭的宗教改革運動 in English Reformation 360～363
奧古斯丁主義的理解 Augustinian understandings of 164～166, 174～177, 360～361
慈運理 in Zwingli 168～170
路德 in Luther 144～163
稱義之信心的性質 nature of justifying faith 152～157, 178
墨蘭頓 in Melanchthon 167～168
地方語言譯本〔聖經的〕 vernacular versions of Scripture 205～206, 333～334
多元主義〔教義的；在宗教改革前夕〕 pluralism, doctrinal, on eve of Reformation 42～44
多納徒主義 Donatism 199, 278～282, 291
字面的意義〔聖經的〕 literal sense of Scripture 217～220
次經〔概念之源頭〕 apocrypha, origins of concept 209～211
自然的意義〔聖經的〕 natural sense of Scripture 217～220
自然科學與宗教改革運動 natural science, and Reformation 386～391
艾克 Johann Eck 81, 122, 213

七劃

亨利八世〔英格蘭的皇帝〕 Henry VIII, King of England 29, 47, 243, 354～357
伯拉糾主義 Pelagianism 98～102
伯撒 Theodore Beza 10, 190, 19, 384
克藍麥 Thomas Cranmer 355～359, 361～367
希伯來文的研讀 Hebrew, study of language 28
希臘文的研讀 Greek, study of language 28, 56, 73
形式原因〔稱義的〕 formal cause of justification 177
亞里士多德 Aristotle 58, 93～94, 188, 195～196, 248～249, 263

八劃

佩脫拉克 Petrarch 60
兩個國度的教義〔路德〕 Luther's doctrine of Two Kingdoms 26, 313～321
宗教改革動思想的擴散 diffusion of Reformation thought 333～351
宗教改革運動 Reformation 2～15
成因 contributing causes to：反教權主義 anticlericalism 36～41；權威的危機 crisis of authority 44～48；教義多元主義 doctrinal pluralism 42～44；國族主義 nationalism 46～48；民間宗教 popular religion 35～36
定義 definition of：加爾文派 Calvinist 10～12；天主教的 Catholic 14～15；信義宗的 Lutheranism 8～9；憲制的 magisterial 7～12；極端的 Radical 12～14；改革宗派別的 Reformed wing of 10～12
居普良〔迦太基的〕 Cyprian of Carthage 280～282
彼得〔殉道者〕 Peter Martyr；參威爾米革立 Pietro Martire Vermigli
〈武加大譯本〉 Vulgate 73～75, 204～205
天特會議宣告其權威性 declared authoritative by Council of Trent 229
作為中世紀神學的基礎 as basis of medieval theology 204～205
源頭 origins of 204～205
與天特會議 and Council of Trent 229
翻譯的錯誤 translation errors of 73～75
波爾 Reginald Pole 202, 359
法律式稱義 forensic justification

164～168, 174～176, 360
采爾蒂斯 Konrad Celtis 64
門諾．西門 Menno Simons 13, 288
阿奎那〔多馬斯〕 Thomas Aquinas 42, 93～94, 303
阿爾迪內印刷所 Aldine Press 16, 207
阿默巴赫 Boniface Amerbach 44, 76～77

九劃

信心的性質 nature of faith 152～157, 178～179
信條〔新教〕 Confessions of Faith, Protestant 341～345
信義宗的宗教改革運動 Lutheran Reformation 8～9, 80～82
俗世權力的範圍 scope of secular authority
  加爾文 in Calvin 326～329
  布塞珥 in Bucer 325～326
  慈運理 in Zwingli 321～325
  極端的宗教改革運動 in Radical Reformation 309～312
  路德 in Luther 313～323
俄坎的威廉 William of Ockham 98, 112, 263
城市與宗教改革運動 cities and the Reformation 21～26
威爾米革立 Pietro Martire Vermigli 190, 337～338, 358
〈施萊特海姆信條〉 Schleitheim Confession 14, 310
洗禮 baptism；參聖禮 sacraments
科學、自然與宗教改革運動思想 sciences, natural, and Reformation thought 385～391
胡布邁爾 Balthasar Hubmaier 13, 309
英格蘭的宗教改革運動 English Reformation 28～29, 353～367
迦勒斯大 Andreas Bodenstein von Karlstadt 81～83, 122, 159, 249
重浸派 Anabaptism；參極端的宗教改革運動 Radical Reformation
神祕的／屬靈的意義〔聖經的〕 anagogical sense of Scripture 217～220

十劃

韋伯論現代資本主義源頭的論文 Weber thesis on origins of modern capitalism 379～382
俯就／調適的原則 principle of accommodation 238～239, 266, 389～391
借喻的／道德的意義〔聖經的〕 tropological sense of Scripture 217～220
埃科蘭巴狄 Johann Oecolampadius 255～256, 364～365
恩典 grace 99～102
  概念 concept of 99～102, 141～142
  與因信稱義 and justification by faith 139～181
  與預定 and predestination 183～199
書籍作為傳播宗教改革運動的媒介 books, as means of propagating Reformation 15～20, 334～336
格雷貝爾 Conrad Grebel 12
〈海德堡要理問答〉 Heidelberg Catechism 11, 340～341
真實臨在的學說 theories of real presence 224, 248～250, 253～259, 262～25, 263～267, 272～274
馬爾貝克 Pilgram Marbeck 13
馬爾堡對談 Colloquy of Marburg 264～265
高塔經驗〔路德的〕 Luther's *Turmerlebnis* 148
〈海德堡辯論講辭〉 Heidelberg Disputation 85

十一劃

拯救的確據 assurance of salvation 178～180
唯名論 nominalism 96～106
唯實論作為哲學立場 realism, as philosophical position 96～98
唯獨信心作為神學口號 *Sola fide*, as

theological slogan 152～157
唯獨聖經作為神學口號 *Sola Scriptura*, as theological slogan 83, 201, 212～217
《基督教要義》 *Institutes of the Christian Religion* 11, 19, 134～135, 225～226, 335, 345～351
康斯坦茨會議 Council of Constance 45
《康普路屯多語對照聖經》 Complutensian Polyglot 73
教父作家與宗教改革運動 patristic writers, and Reformation 17, 27～28, 76～77, 83, 215～216
教理問答 catechisms 338～314
教會法庭作為日內瓦教會生活的層面 Consistory, as aspect of Genevan church life 296～302
教會的教義 doctrine of church 277～306
  大公性 catholicity 302～306
  不可見的教會 invisible church 302～306
  加爾文 in Calvin 292～302
  多納徒主義 in Donatism 278～282, 291
  奧古斯丁 in Augustine 278～82, 291
  極端的宗教改革運動 in Radical Reformation 287～290
  路德 in Luther 382～387, 290～292
「教會站立或跌倒所據的條文」 *articulus stantis et cadentis ecclesiae* 199, 278
教會與國家的看法 approaches to church and state
  加爾文 in Calvin 326～329
  布塞珥 in Bucer 325～326
  慈運理 in Zwingli 321～325
  極端的宗教改革運動 in Radical Reformation 309～313
  路德 in Luther 313～321
教會論 ecclesiology；參教會的教義 doctrine of church
教義多元主義〔在宗教改革前夕的〕 doctrinal pluralism on eve of Reformation 42～44

十二劃

寓意的意義〔聖經的〕 allegorical sense of Scripture 217～221
華菲德 Benjamin B. Warfield 198

十三劃

傳統 tradition 202～204
  抗拒〔極端的宗教改革運動內部的〕 rejection of, within Radical Reformation 214～215
  單一來源說 single source approaches to 202～204, 214～217
  與天特會議 and Council of Trent 217
  雙重來源說 dual source approaches to 202～204, 214～217
奧古斯丁〔希坡的〕 Augustine of Hippo 17, 76～77, 81, 83～84, 93, 150～151, 198～199
  阿默巴赫版本 edition of Amerbach 17, 76～77
  論恩典 on grace 99～102, 189, 198～199
  論教會 on the church 198～199, 278～282, 291～292
  論稱義 on justification 99～102, 164～165, 174～178
奧古斯丁主義 Augustinianism 105～106, 107～109
〈奧斯堡信條〉 Augsburg Confession 342, 360
弒君〔有據〕 justifiable regicide 382～385
慈運理 Huldrych Zwingli 12～13, 65～66, 127～129
  早期改革計劃 early reforming programme of 127～129, 185～187
  英文譯本著作 in English translation works of 403～404
  著作引用 referring to works of 410
  對伊拉斯姆的評論 critique of Erasmus 181

論人文主義　on humanism　*77～80, 185～187*
論因信稱義　on justification by faith　*168～171*
論俗世權力　on secular authority　*321～325*
論洗禮　on baptism　*260～261*
論真實臨在　on real presence　*224, 251～259, 262～265*
論教會與國家　on church and state　*321～325*
論聖經的解釋　on interpretation of Scripture　*221～222, 224～226*
論預定　on predestination　*183～187*
愛德華六世〔英格蘭的皇帝〕　Edward VI, King of England　*337, 357～358*
新教主義作為歷史詞彙　Protestantism, as historical term　*8*
新奧古斯丁派　*schola Augustiniana moderna*　*105～110*
新路派　*via moderna*　*102～104, 144～16, 158～159*
極端的宗教改革運動　Radical Reformation　*12～14*
與「禁令」　and the 'Ban'　*289, 311*
論非暴力　on non-violence　*309～313*
論俗世權力　on secular authority　*309～311*
論政教分離　on separation of church and state　*309～313*
論教會　on the church　*287～290*
論教會紀律　on church discipline　*289, 311*
論傳統　on tradition　*214～215*
論聖經的解釋　on biblical interpretation　*214～215*
「禁令」作為教會紀律的工具　'ban' as instrument of church discipline　*289, 311～313*
經院哲學　Scholasticism　*91～115*
多馬斯主義　Thomism　*97*
形式　forms of　*96～106*
定義　definitions of　*92～94*
新奧古斯丁派　*schola Augustiniana moderna*　*105～106*
新路派　*via moderna*　*102～104, 144～146, 158～159*
對加爾文的影響　impact on Calvin　*109～113*
對路德的影響　impact on Luther　*106～109*
蘇格徒主義　Scotism　*97*
經卷　Scripture；參聖經　Bible
聖經　Bible　*201～230*
文本　text of　*206～208*
正典　canon of　*209～211*
意義　senses of　*158, 217～221*
的解釋　interpretation of　*158, 217～221*
與人文主義　and humanism　*206～208*
翻譯　translation of　*73～76*
權威　authority　*83, 228～230*
聖經原則　Scripture principle　*83, 201, 211～213,*
聖餐守兩類　Communion in both kinds　*245～246*
聖餐禮　Eucharist；參聖禮　sacraments
聖禮　sacraments　*74～75, 235～274*
中世紀的理解　medieval understandings of　*74～75, 235～237*
天特會議論　Trent on　*272～274*
加爾文的觀點　Calvin's views on　*237～239, 265～271*
多納徒派觀點　Donatist views concerning　*244～245*
洗禮　baptism　*260～261*
英格蘭的宗教改革運動　in English Reformation　*363～367*
慈運理的觀點　Zwingli's views on　*251～261, 262～265*
聖餐禮　Eucharist　*240～250, 262～265, 272～274*
路德的觀點　Luther's views on　*239～250, 262～265*
墨蘭頓的觀點　Melanchthon's views on　*239*
變質說的教義　doctrine of transubstantiation　*246～250, 273～274*
解釋〔聖經〕　biblical exegesis；參聖

經的解釋　Bible, interpretation of
詮釋學〔聖經〕　biblical hermeneutics；參聖經的解釋　Bible, interpretation of
資本主義與宗教改革運動　capitalism and Reformation　*379～382*
路德〔馬丁〕　Martin Luther　*8～9, 26, 46, 120～126*
兩個國度的教義　doctrine of Two Kingdoms　*313～321*
英文著作　in English works of　*403*
著作徵引　referring to works of　*409～410*
經院哲學的影響　influence of scholasticism　*107～109*
對上帝的義的發現　discovery of the righteousness of　*146～152*
對伊拉斯姆的評論　critique of Erasmus　*187*
與新路派的關係　relation to *via moderna*　*107～109, 144～146, 158～159*
論上帝的義　on the righteousness of God　*146～152*
論因信稱義　on justification by faith　*146～163*
論信心　on faith　*152～157*
論信徒皆祭司　on the priesthood of all believers　*285～287, 313～315*
論俗世權力　on secular authority　*313～321*
論真實臨在　on the real presence　*239～250, 262～265*
論教會　on the church　*282～287, 290～292*
論教會與國家　on church and state　*313～321*
論聖經的解釋　on the interpretation of Scripture　*218～221, 222～225*
論聖禮　on sacraments　*239～250, 262～265*
預定　predestination　*183～199*
加爾文　in Calvin　*187～195*
信義宗　in Lutheranism　*197～198*
後期加爾文主義　in later Calvinism　*195～198*
奧古斯丁　in Augustine　*189*
慈運理　in Zwingli　*183～187*

十四劃

漢恩　Cornelius Hoen　*253～255*
瑪麗．都鐸〔英格蘭的女皇〕　Mary Tudor, Queen of England　*336, 358～359*

十五劃

墨蘭頓　Philipp Melanchthon　*129～130, 156*
論大公性　on catholicity　*305～306*
論因信稱義　on justification by faith　*167～168, 360～361*
論聖禮　on the sacraments　*239*

十六劃

憲制的宗教改革運動　magisterial Reformation　*7～12*
諾克斯　John Knox　*338*

十九劃

羅拉德派　Lollardy　*48～50, 354*

二十劃

蘇格徒　John Duns Scotus　*42, 95, 110～112*
議會主義　conciliarism　*45～46*

二十二劃

權威　authority
危機〔在宗教改革前夕〕　crisis of, on eve of Reformation　*44～48*
聖經的　of Scripture　*211～213*
俗世的〔與宗教改革運動〕　secular, and Reformation　*44～48, 309～313*
贖罪券的爭論〔在威登堡〕　indulgence controversy at Wittenberg

39～41, 160～162

二十三劃

變質說　transubstantiation　*246～250, 273～274*

緊扣時代 服事教會

以文字傳揚基督真道

讀者意見表

衷心多謝你購買本社書籍。本社一直致力以出版事工服事教會，幫助信徒扎根於神的話語，促進靈命增長。為使我們的出版更能滿足你的需要，請填寫下列各項資料，並寄回或傳真予本社。

所購書籍：________________

本書最吸引你的地方：

☐作者 ☐適切性 ☐文筆 ☐設計 ☐實用性

☐其他：________________

購買本書地點：

☐基道書樓 ☐基督教書店 ☐非基督教書店

性別：☐男 ☐女 職業：________________

信仰：☐基督徒 ☐非基督徒

年齡：☐ 16 歲或以下 ☐ 17～25 歲 ☐ 26～35 歲 ☐ 36～55 歲 ☐ 56 歲或以上

學歷：☐中三或以下 ☐中五 ☐預科 ☐大學 ☐研究院

☐我欲更多了解基道出版社的事工及考慮支持，請寄給我下列資料：

☐機構簡介 ☐新書資料 ☐基道會員通訊

☐《基道文字事工通訊》

姓名：________________ 電話：________________

地址：________________

____

傳真：________________ 電子郵件：________________

其他意見：________________

____

多謝賜教！

意見表可以傳真（2687-0281）或直接郵寄以下地址：
香港沙田火炭坳背灣街26號富騰工業中心1011室
基道出版社編輯部收